# Réflexions sur les relations et les coopérations internationales

**Collection « Diversités »**
*Dirigée par Hedi SAIDI, historien.*

Cette collection est destinée à présenter les travaux théoriques, empiriques et pratiques des chercheurs scientifiques, et des acteurs sociaux. Elle a vocation à publier des ouvrages essentiellement universitaires, traitant des rapports sociaux, de la mémoire, de l'histoire et de l'altérité. Elle se propose de constituer un portail d'accès à l'étude des sociétés contemporaines et offrir une plateforme d'échanges à des chercheurs de plusieurs disciplines.
La collection entend faire connaître la production française dans les domaines historiques et sociologiques mais aussi relayer les travaux de chercheurs étrangers et devenir ainsi un point d'appui dans le développement des échanges scientifiques au niveau international en sciences humaines et sociales.



Dernières parutions

Jean-Charles FROMENT (dir.), *Les petites structures pénitentiaires en France. Un modèle pour les prisons de demain ?*, 2024.
Jamil SAYAH, *Mohamed Sayah. Homme d'État au service de la Tunisie*, 2023.
Mihaela DACIANA NATEA (ed.), *Disinformation Crossing Borders. The Multilayered Disinformation Concerning the War in Ukraine*, 2022.

Sous la direction de
Jean-Paul Burdy et Jamil Sayah

# RÉFLEXIONS SUR LES RELATIONS ET LES COOPÉRATIONS INTERNATIONALES

Le Kiosque

*Mélanges offerts à Jean Marcou*

L'Harmattan

**DES MÊMES AUTEURS AUX ÉDITIONS L'HARMATTAN :**

■ JEAN-PAUL BURDY

*Eurorient N° 41-42 : Syrie. La régionalisation et les enjeux internationaux d'une guerre imposée,* 2013

■ JAMIL SAYAH

*Participations et citoyennetés depuis le Printemps arabe,* 2012.

*La révolution tunisienne : la part du droit,* 2013.

*L'acte II de la Révolution tunisienne : La Constitution,* 2015.

*Frontières et mobilité,* 2016

*L'acte III de la Révolution tunisienne. La contre-révolution,* 2020.

*Penser en temps de pandémie,* 2021.

*Mohamed Sayah. Homme d'État au service de la Tunisie,* 2023.

Maquettiste : A. Ayati



5-7, rue de l'École-Polytechnique ; 75005 Paris

http://www.editions-harmattan.fr

ISBN : 978-2-336-49975-8

EAN : 9782336499758

# Sommaire

# Avant-propos

« “Le Kiosque”... Le titre de ces Mélanges offerts à Jean Marcou peut laisser perplexe. Mais nous l'avons choisi pour rappeler un moment fort dans la carrière de Jean, alors maître de conférences de droit public à l'IEP de Grenoble : son détachement à Istanbul, de 1988 à 1992, comme premier coordinateur du programme franco-turc de Département francophone de sciences politiques et administratives (DFSPA), développé au sein de l'Université de Marmara. Le DFSPA s'est installé à Tarabya, sur la rive européenne du Bosphore, dans un *yalı*, un palais en bois historique, qui avait été la résidence d'été des ambassadeurs de France auprès de la Sublime Porte, quand les ambassades siégeaient encore à Constantinople. Comme dans presque tous les *yalı* ottomans, un kiosque vitré (en turc : *köşk*) donnait directement sur le Bosphore, permettant de suivre le va-et-vient incessant des navires de commerce de tous pavillons, et des vaisseaux de la flotte soviétique puis russe. À Tarabya, qu'il soit surchauffé en été ou glacial en hiver – les vents de la mer Noire sont violents dans ce corridor –, le *köşk* servait de salle des enseignants et de salon de thé pour les enseignants turcs et les missionnaires français – une forme de lieu symbolique de la coopération universitaire et des amitiés nouées au fil des années. La photographie de couverture date de 1992. Sur les marches du *köşk*, autour du coordinateur français, elle réunit la plus grande partie de l'équipe enseignante turco-française des premières années du programme du DFSPA. En quelque sorte, elle illustre les débuts de Jean dans la coopération universitaire internationale, dont une partie s'est déroulée en Turquie à l'occasion de deux longs séjours, et d'innombrables missions de plus courte durée...

# INTRODUCTION

# Introduction

**Jamil Sayah, Jean-Paul Burdy**

Il est des universitaires, brillants, mais éphémères, coqueluches de leur temps, qui tôt s'évanouissent dans la poussière de l'oubli. Il y a les classiques établis, de bon ton, de renom, restant constamment au même niveau d'estime officielle, par l'universalité de leur pensée et l'élégance académique de leur engagement. Ainsi en va de Jean Marcou.

Jean appartient, en effet à une catégorie d'universitaire dont la carrière est composée de plusieurs étapes prouvant que l'esprit l'emporte sur le lieu. Pendant ces années d'enseignement et de recherches, en France ou ailleurs, il a toujours su rester fidèle à une règle d'or qu'il s'est imposée, guidé par sa foi en la grandeur de la transmission du savoir. Ce que nous qualifions ici de « règle d'or » est une attitude, à la fois tout à fait simple, et d'exceptionnel : aller jusqu'au bout de ses projets, sans faiblir (voilà l'exceptionnel) devant les contraintes.

De là vient l'intensité et la plénitude d'une vie qu'on pourrait raconter comme une série de découvertes, de rencontres et de réalisations. De Grenoble à Istanbul, en passant par Le Caire, Jean a pu consolider, *in situ*, un savoir et une expertise faisant de lui un spécialiste de la région au double sens du terme : le Professeur et l'Expert. Car, ces deux séjours, qui seront posés comme historiquement référentiels, orienteront après coup l'interprétation de son parcours académique en le distinguant avant et après ces deux étapes. On imagine sans mal combien une telle interaction (vie personnelle, vie académique et un savoir scientifique) a pu insuffler une forte envie de construire une pensée, sa propre pensée, débarrassée des clichés qui lui sont instantanément collés. Cette fois, nous sommes, sans aucun doute, au cœur de l'originalité d'un parcours universitaire pas comme les autres.

C'est un parcours qu'on peut aborder de plusieurs points. Juriste de formation, professeur de droit public, débutant sa carrière à la faculté de droit de Grenoble et la poursuivant à l'IEP, qui se nomme aujourd'hui Sciences Po. Mais cette enveloppe de publiciste n'annonce pas un itinéraire linéaire. Très vite, sans abandonner sa spécialité originelle, il l'a enrichie en s'ouvrant à d'autres disciplines des sciences sociales et humaines. Ce glissement transdisciplinaire fait paraître une logique plus libre et conduit, par des perspectives élargies à une plurielle spécialité, laquelle éclaire une œuvre, qui, par l'accentuation de la recherche et la diversité des rencontres, a fini par se fixer au sein de la grande sphère de la géopolitique. Ce glissement à dessein évoque, chez lui, une constante envie de faire dialoguer les idées. D'où l'importance à ses yeux de la nouvelle révolution cosmologique dont nous sommes contemporains sous le nom de la globalisation et l'importance d'avoir bâti sa carrière autour du dialogue des savoirs.

Ainsi, d'une discipline à l'autre, d'un pays à l'autre, le professeur Jean Marcou s'engage volontairement pour restituer la beauté et la force des idées en se débarrassant délibérément de la négativité du monde pour opter pour une autre posture : celle d'un enseignant capable d'inversion cosmo-ontologique transcendant les différences.

D'ailleurs, peut-être est-ce pour cette raison que l'on aime collaborer avec Jean. Il est à la fois un juriste attaché à la rigueur des concepts et au formalisme du style pour mieux appréhender l'armature intelligible du réel, un politiste portant une extrême attention à la singularité des faits et des êtres, et notamment aux jeux des acteurs, et un géo-internationaliste examinant avec un grand intérêt la complexité des jeux et l'intelligibilité des enjeux internationaux qui peuvent parfois modeler l'ordonnancement d'une région ou du monde dans son ensemble. Jean ne se prive d'aucune variation de ses centres d'intérêt. Les élargissements qu'il fait sans cesse, les espaces réflexifs qu'il invente, tout à la fois théoriques et empiriques, où se meuvent à l'instant, les idées et les concepts, font de lui un archéologue de la pensée.

Cette fois, nous sommes, sans aucun doute, de l'autre côté du miroir. Nous avons affaire au cœur même de l'autre face de la carrière académique de Jean : diriger des thèses de doctorat. La noblesse de la transmission est au centre de cette mission. Dans ce cadre, il va s'octroyer un surplus d'engagements attribuant à cette posture une absolue humanité. Les doctorant(e)s sont traité(e)s avec le souci de ne point dénaturer l'authenticité de la parole créatrice à travers l'instauration d'un échange bienveillant et constructif. Cette position témoigne avant tout de son désir d'accompagner les idées de l'Autre sans vouloir les transformer. C'est pourquoi, ses disciples voient en lui à la fois un « maître », une morale et un tour d'esprit qui cherchent à reconstituer en eux un savoir qui leur soit propre. Il est donc intéressant de constater que, sous une apparente légèreté et sous un air constant de respect de l'Autre, Jean est un de ceux qui ont exercé sur une génération d'étudiant(e)s la plus durable et la plus subtile influence.

Cette influence, on la retrouve aussi et autrement chez les autres étudiants qui ont croisé Jean dans leur cursus universitaire, notamment les étudiants du master « Méditerranée-Moyen-Orient » dont il a été le co-fondateur. On peut en dire plus encore du plaisir qu'il ressent à enseigner dans ce cadre. Il a conçu une véritable passion pour cette formation dont la diversité des matières dispensées, des formateurs et des formés exclut tout enfermement et laisse l'esprit dans une certaine universalité. Cette option pédagogique génératrice d'une liberté de pensée, est révélatrice d'une profonde sagesse (au sens grec du terme) d'appréhension des faits, des idées et des êtres. Là, nous décelons le désir de Jean de faire de cette formation un espace d'enseignement très différent dans lequel se mêle et se démêle à plaisir le nœud du savoir.

Nous n'avons pas conçu cet ouvrage comme un « portrait », mais plutôt comme un « hommage » à notre collègue. Il nous a semblé qu'il représente dans sa singularité propre une vérité qui mériterait d'être reconnue.

# Art, poésie et anthropologie

**Jean-Jacques Gleizal**

Cher Jean,

Que de souvenirs ensemble ! Surtout pendant toute cette période où j'ai dirigé votre thèse. Après, nous nous sommes peu vus. Pas assez. Il est vrai que nos pays d'étude et de prédilection différaient. Mais combien ont été riches, nos échanges pendant ces travaux qui vous conduisaient au doctorat. Je savais que vous étiez particulièrement attaché à votre sujet, et notamment à la période étudiée, liée à la mémoire de votre père.

Dans ces textes que je vous offre pour votre départ à la retraite, il n'est pas question à proprement parler de droit. Pour rendre compte de notre proximité, je tiens à dévoiler ici un aspect de mes activités, l'écriture poétique qui, je crois, a aussi traversé votre vie.

Je me souviens de nos enseignants de Lyon qui, dans les années soixante, nous disaient que les professeurs de droit étaient les derniers poètes subventionnés. Ils faisaient alors allusion à notre service de 75 heures de cours par an. Mais peut-être était-ce plus profond et que le droit a un rapport avec la poésie. Pensons à Giambattista Vico qui dans « Origine de la poésie et du droit » (1721), y voit des origines communes. Aux temps anciens, le droit n'était-il pas dit par des poètes ? On peut aussi établir un parallèle entre la doctrine juridique et la poésie. Toutes deux sont performatives. Voici un beau sujet de thèse. Mais je ne vous le proposerai pas, mon cher Jean, car ce n'est pas l'objet de cet ouvrage.

Mais je ne veux pas trop insister sur les liens entre le droit et la poésie d'autant plus que ma passion pour l'art en général et ma pratique poétique m'ont sans doute permis d'accéder à une compréhension du monde plus riche que celle offerte par les Facultés de droit. Ce n'est pas par hasard si j'ai créé avec quelques amis, dans les années soixante-dix, le mouvement Critique du droit. Déjà le droit ne permettait pas de constituer notre horizon de vie.

Le premier texte constitue une réflexion sur la poésie et sa présence actuelle dans nos sociétés. Le second, une analyse des rapports entre poésie et anthropologie en partant du livre de Nastassja Martin, « Croire aux fauves » (Verticales, 2019). Le troisième, un texte/poème sur Cézanne. Pourquoi ce peintre ? Parce qu'il porte l'art à ses sommets.

### La poésie est morte. Vive la poésie !

La mort de la poésie est une idée qui rôde dans l'air.

Notamment annoncée avec fracas par le poète et photographe Denis Roche dans les années quatre-vingt, voici une **affirmation paradoxale** alors même que, quelques années plus tard, elle connaît un regain. De jeunes poètes qui fleurissent et d'anciens qui resurgissent. Vivants ou morts.

La poésie, plus que le roman sans doute, permet de pousser le cri qui exprime les inquiétudes face aux grands bouleversements que nous connaissons. D'un côté, les guerres et, d'un autre, une volonté de vivre autrement. Écologie, biodiversité, redéfinitions des rapports entre les hommes et les femmes.

Pourquoi la poésie plus que le roman ? Cette question vaut pour notre époque et non pour le XIX$^{e}$ siècle où, comme l'a si bien montré Kundera, les grands romans « frisaient » la poésie. Ceux de Flaubert en sont de flamboyants exemples. Mais ce n'est plus le cas aujourd'hui où l'art romanesque s'empêtre souvent dans le narratif et essaie de dire son temps. La profusion romanesque étant la preuve de cette quête désespérée.

Ceci ne signifie pas pour autant que la poésie ne connaisse pas aussi cette crise qui avait conduit Denis Roche à écrire ses derniers poèmes pour signifier la mort du genre. Ne faut-il pas voir dans ce jugement l'incapacité de la poésie de trouver la forme de son temps ? Les derniers grands poètes appartiennent à la fin du XIX$^{e}$ siècle et au début du XX$^{e}$ siècle. De nombreux peuvent être cités, Valéry et Rilke par exemple et plus récemment les poètes surréalistes comme Eluard, Desnos ou René Char.

Mais on ne peut en rester à cette conclusion. Ne serait-ce que parce qu'il existe aujourd'hui « une demande de poésie ».

### Une demande de poésie

Comment analyser et comprendre « la demande de poésie » ? Avec cette idée simple selon laquelle la poésie, qui travaille la langue, va à « un essentiel » de l'être humain. La poésie est moins un genre littéraire que la réponse à une quête qui sera toujours d'actualité. Elle interroge l'homme et la femme dans ce qui les fait tels. De ce point de vue, la poésie répond à un besoin de spiritualité. Mais la poésie n'en est pas pour autant désincarnée. Car elle prend en compte l'homme dans sa totalité. Corps et âme. La poésie est en effet moins une affaire de cœur que de corps. Un corps qui parle.

Dans les catégories universitaires, la poésie appartient à la littérature. Mais la poésie a tant de liens avec d'autres formes artistiques qu'on aimerait ne pas la cantonner pour souligner par exemple sa proximité avec notamment la musique et surtout la danse. La poésie est peut-être une forme d'art particulière. En tout cas, les poèmes chantent. Les poèmes dansent. L'écrit poétique rompt avec celui du roman. Il brise la logique d'une narration pour s'envoler vers des terres inconnues.

### Une « chercherie »

En ce qui concerne la poésie et la réflexion sur son « état actuel », il faut repartir de ce qui la caractérise en profondeur. Ce que Jean-Michel Maulpoix, a parfaitement saisi en la qualifiant de « chercherie » ? Une chercherie radicale. Une chercherie qui doit trouver ses formes.

Il est difficile, voire paradoxal, de théoriser sur la poésie qui semble échapper à l'encadrement d'une pensée rationnelle. « Écris ou lis de la poésie et tais-toi » ! Mais pourquoi se priver d'une « réflexion sur » qui mettrait en valeur ses caractéristiques et qui ferait comprendre son actualité.

Sur ce point, j'ai beaucoup réfléchi ces derniers temps. Et je pense notamment qu'il faut caractériser la « chercherie ». La poésie intègre la dite chercherie dans ce qu'elle est profondément. Elle crée une rupture dans la chaîne causale. Elle vit « en suspens ». Disons que la poésie est une **chercherie dans l'indicible.**

Là nous nous éloignons bien évidemment du droit en donnant au juriste le goût du grand large.

Ceci précisé, quelles sont les formes de poésie aujourd'hui ?

### Le slam

Tout d'abord la poésie envahit de nouveaux secteurs de la création avec le slam qui a notamment comme intérêt de la rendre populaire. Ce qui contredit radicalement la thèse de sa fin programmée par un auteur de la très parisienne revue « Tel Quel ».

Il s'agit là d'une pratique de la poésie qui fait moins appel à l'écrit qu'à une parole dite et chantée. La poésie et la chanson se marient, magistralement, il faut le souligner, avec Bob Dylan devenu prix Nobel de littérature.

### La poésie deux fois

Dans le même temps que l'arrivée du slam, la poésie « classique » prend un chemin nouveau qui l'éloigne d'une expression romantique. Le romantisme est laissé à la chanson.

La poésie d'aujourd'hui ne peut que se retourner sur elle-même. Elle se doit d'être critique. Elle pleure deux fois : sur le monde qui va et sur elle qui cherche (double chercherie) le monde dont on ne sait pas où il va et même s'il va.

On peut objecter que la poésie a toujours conduit à une réflexion sur elle-même. Certes mais cette attitude est devenue systématique, centrale, structurelle, fondamentale. Au cœur de ce qu'elle est. De là peut naître un nouveau romantisme. Un romantisme qui concerne non seulement le monde dans lequel elle naît mais ce qu'elle devient. Une poésie de son impossibilité dans un monde au bout d'un chemin. On peut penser peut-être au romanticisme de Stendhal. Qui sait ?

## Des formes nouvelles

Et c'est là où se manifeste un autre axe d'orientation de la poésie contemporaine qui imagine des formes nouvelles.

Le nouveau ne l'est pas entièrement car la « chercherie » a travaillé depuis un certain temps. En premier lieu avec le mouvement Dada qui a voulu faire table rase de la poésie classique pour une poésie déconstruite et par là révolutionnaire.

Dada a rebondi avec Fluxus sans garder une influence directe dans les milieux de la création. Mais Dada est resté dans notre vie culturelle et artistique comme une « utopie agissante » qui insuffle dans la création d'aujourd'hui un souffle permanent de renouveau.

C'est en tout cas ce souffle qui agite la création contemporaine et notamment la poésie.

Quelles pistes ? Quelles recherches ? Où et comment la poésie se renouvelle-t-elle ?

Il me semble déjà que la poésie actuelle se caractérise par une remise en cause de l'usage des formes classiques que sont les vers, la versification. Et ceci souvent au profit de la prose. Il y a là comme une volonté de rompre avec une « idée de poésie ». Celle des équilibres et de l'harmonie. Comment en rester à de « jolis » vers organisés selon des règles établies dans un monde de guerre et de sang ?

Plus que jamais les poètes « travaillent » leur forme à la fois pour faire évoluer la poésie et pour en trouver une plus en accord avec les désordres du monde.

Certes Baudelaire avait largement eu recours à la prose. Mais de façon marginale. Aujourd'hui la prose devient une forme privilégiée sans doute pour éviter le classicisme du vers mais aussi pour chercher une *musique interne à la poésie.*

## Lorsque le roman « fait poésie »

Mais ce qui me semble le plus significatif dans cette évolution est l'intégration de la poésie dans des formes nouvelles pour elle à partir d'un investissement dans de nouveaux champs et en relation avec de nouvelles disciplines non fréquentées jusque-là. C'est ce que révèle au grand jour le roman de Marie de Quatrebarbes « Aby » (POL, 2022) qui devrait faire date dans notre histoire littéraire.

Donc un roman qui tiendrait une place importante dans l'histoire de la poésie. Et qui contredirait nos premières analyses du genre dont nous avons noté un déclin à la fin du XX<sup>e</sup> siècle.

Son propos est simple. Il s'agit de raconter un épisode de la vie du grand critique d'art Aby Warburg, celui de son internement en asile psychiatrique suite à de graves troubles mentaux. Période de son existence qui n'est généralement pas mentionnée dans ses biographies et que Marie de Quatrebarbes place sous une lumière. Celle de la poésie.

Dans son enquête, l'auteure, qui est poétesse, convoque l'histoire et d'autres sciences sociales comme notamment la psychiatrie. En quoi le traitement du sujet relève de la poésie ? Je pense que cette dernière est déjà présente dans le choix de l'objet traité et plus précisément de ses cibles qui sont celles du corps et de sa maladie. C'est parce que Aby est malade dans son corps que la poésie peut être convoquée. La poésie qui fouille le corps en crise. Un corps dans un état extrême.

Car c'est cela la poésie, l'art des états extrêmes comme champ révélateur de ce qu'est l'être humain dans ses profondeurs.

Du coup l'écriture doit suivre. Une écriture non linéaire, choisie comme telle, à la recherche de secrets. Pour la poétesse le problème n'est pas de savoir de quoi Aby est malade mais de suivre le cheminement de quelqu'un qui, notamment inspiré par les Indiens Hopis, met de côté sa raison pour délirer et revenir finalement sur terre. L'écriture de Marie lui permet « d'épouser » Aby dont elle perce les méandres cachés/révélés.

Le livre est très profondément documenté mais ce n'est pas ce qui le caractérise. Non, Marie de Quatrebarbes est à la recherche de ce qui anime une vie entre deux mondes. Le parallèle avec la folie de Nietzsche s'impose. Retenons ce que Freud écrit à ce sujet : « Là où, dans l'histoire et la biographie, s'ouvre une lacune irrémédiable, le poète peut entrer et tenter de deviner comment les choses se sont passées ».

Dans un monde en morceaux, Marie de Quatrebarbes (quel nom de poésie !) écrit un livre en bribes mais dont l'axe central se dévoile peu à peu. En quoi ce roman relève-t-il de la poésie ? Parce que, au cœur de « l'indicible »,'il s'organise dans une quête perpétuelle. L'autrice nous mène dans les cheminements de la vie d'un homme qui se situe entre le rêve et la réalité. Quelle merveille toutes les errances d'Aby ! Avec la danseuse Loïc Fuller ou avec les « artistes fous » découverts par Prinzhorm. Pourquoi une poésie contemporaine ? Parce que sa forme porte en elle la lacune à l'origine du moment d'exception vécu par Aby. Une forme qui rend compte des traces laissées par un homme sur les berges de la vie.

La « chercherie » est en pleine action. Pour cela l'autrice imagine aussi une construction originale. Parfois elle s'évade puis revient à son objet. Son chemin est sinueux comme pour rien oublier de ce qui pourra nous plonger dans la quête d'Aby. Quête aussi de l'auteure qui fait poésie en cherchant le secret de l'aventure.

Il y aurait beaucoup à dire de la folie d'Aby. Fou mais pas entièrement ne serait-ce que parce qu'il « revient ». La poésie a peut-être à voir avec ce « passage » de la folie qui, décrite par Marie de Quatrebarbes, permet à celle-ci de côtoyer des limites qui sont justement celles où nous mène la poésie.

En terminant mon propos, il me vient l'idée de la naissance aujourd'hui d'un vaste renouveau de la poésie qui va du rap aux recherches savantes. Une poésie aux multiples facettes et dans lesquelles les hommes et les femmes s'interrogent en suivant les sentiers de la littérature.

### Miedka

Ce texte/poésie est particulier. Il a été rédigé à partir du récit de Nastassja Martin, « Croire aux fauves », Verticales, 2019. Le terme de Miedka désigne quelqu'un qui a été attaqué par un ours et qui désormais est moitié humaine moitié ours.

Dans cette aventure et dans ce récit, je vois une rencontre entre l'anthropologie et la poésie. L'autrice mène une réflexion sur ce qui lui est arrivé. Quels sont la nature et le sens de sa nouvelle hybridité que constitue son état de Miedka ?

À la fin de son ouvrage, Nastassja Martin cite Artaud et Char. Elle écrit : « Je dis qu'il y a quelque chose d'invisible qui pousse nos vies vers l'inattendu » (p.124). Et aussi : « il s'agit de vivre plus loin » (p.138)

*C'est ce « plus loin »* qui me semble relever de la poésie. Difficile de dire précisément ce qui est advenu dans cette rencontre avec du non humain.

Mais une porte s'est ouverte. De celle que la poésie aime franchir pour nous guider sur un autre chemin.

*J'ai moi-même recours à la poésie pour revenir sur ce qui s'est passé un jour dans les montagnes du Kamtchatka*

Agressée par l'ours
Désormais humain et animal
Quelle destinée

Dans la forêt
Il lui emporte le visage
Du sang
La joue
Des cheveux arrachés
Le miroir dit la nouvelle et terrifiante réalité

La science
Une aventure en pays lointain
Le hasard
Comment y croire

Des policiers plus sauvages
Que des ours
Des médecins plus sauvages
Que des policiers
Une nouvelle distribution
De notre part de bestialité
Une nouvelle distribution
De notre part d'humanité

La rencontre avec l'ours
Inscrite à jamais
En somme une histoire
De vérité
*Il faut croire aux fauves*
À leur silence
*Le corps marqué*

*Le corps en révolution*

Tant de douleur
Pour cette surgissante identité
Hommes et nature mêlés
Lorsque l'ours l'a décidé

La poésie présente
Lancinante
Structurante
Chez celle qui incarne désormais
*La déesse des bois*

Une « chercherie » a commencé
*Elle veut du sombre, une grotte*
*Un refuge*
*Du froid dehors, du chaud dedans*
*Aller plus loin* sans doute
*Inside out*
Miedka
Impénétrable

Pourquoi Cézanne plus que d'autres
Dieu
Pour Matisse et Picasso

Cézanne peintre de tableaux
(Matisse : je ne peins pas une femme, je peins un tableau)
Par touches
Qui se heurtent de front et de biais
Des couleurs
Dont il cherche les correspondances
« Les couleurs montent des racines du monde »
Et si la couleur ne vient pas : un blanc

Toujours
La présence du motif
La femme à la cafetière
Le jardinier Vallier
(Le dernier surtout)
Le motif qui est là
Bien là
De corps et d'esprit
Cézanne peintre de la nature
(Autre chose que la représenter)
Pas celle idéalisée
La nature de l'homme
Que la peinture soit nature
Nature au paradis (Sollers)
Son obsession
La quête d'une vie
Jusque dans la solitude

Bien sûr la Sainte-Victoire
Mais aussi
Les baigneuses et les baigneurs
Qui sortent de l'eau
Sans visages
Jaillissent comme des flammes

Cézanne cherche
Approfondit
La solution se trouve au fond de son âme
Lointaine
Incertaine
Peu importe le temps passé
Que l'œuvre soit ou non achevée
Une histoire de sensations
De vérité
Impénétrable
Se disait-il

Voici pourquoi Cézanne est unique
À travers le jeu de ses touches
(Comme celles de Jaspers Johns qui possédait un Cézanne)
Pourquoi il est un guide
En peinture
En tout art ?
Dans une alchimie
Divine
Il nous livre des sensations
Qu'il organise
Pour faire voir et sentir
L'homme en nature
L'homme entier

Cézanne échappe à l'histoire de l'art
Il la désoriente
Comme Rimbaud à celle de la poésie
Le peintre et le poète
Des fulgurances
Qui écrasent le temps

# RÉFLEXIONS SUR LES CONSTITUTIONS, LE DROIT ET LE POLITIQUE

# La logique post-moderne de la démocratie

**Ibrahim Kaboğlu**

« L'expérience constitutionnelle turque »[1] fut ma première lecture parmi les publications de Jean Marcou. J'ai été frappé par cet article rédigé par un collègue de l'extérieur, mais si détaillé, et soutenu par une riche bibliographie.

Lors des travaux pour une proposition constitutionnelle[2] auprès de l'Union des barreaux de Turquie, le congrès international de droit constitutionnel en janvier 2001 fut l'occasion d'inviter le professeur Marcou. Cette opportunité a sans aucun doute été le premier pas pour tisser des relations amicales, et enrichir régulièrement des échanges scientifiques.

Jean Marcou a publié des dizaines d'articles sur la vie politico-constitutionnelle de la Turquie. Je vais donc me contenter de citer ici quelques publications et travaux communs à partir de « l'expérience constitutionnelle turque », afin de donner une vue d'ensemble sur l'approche de Jean Marcou, de fournir des éléments de réflexions pour ceux qui s'intéressent au droit constitutionnel turc, et pour ceux qui souhaitent approfondir la question.

## I. L'expérience constitutionnelle turque

Les expériences constitutionnelles fondatrices : à la recherche de l'État moderne et « Les expériences constitutionnelles contemporaines :

1 RDP, 2-1996, pp.425-462.

2 Les travaux destinés à la quête d'une nouvelle constitution étaient une pratique fréquente à partir des années 1990.

à la recherche de la démocratie représentative » constituent deux des titres principaux de l'article précité. L'héritage ottoman et l'héritage kémaliste sont conçus comme les expériences fondatrices, alors que la seconde République (1960-1980) et le système politique turc contemporain sont étudiés comme les expériences contemporaines.

L'article s'achève par le sous-titre « *Les limites de la Constitution de 1982 et les enjeux politiques contemporains* » dont la conclusion est comme suit : « En tout état de cause, les incertitudes du système politique turc contemporain continuent à alimenter un débat sur les questions de fond auxquelles le prochain gouvernement sera confronté : fonctionnement de la démocratie, garantie des droits, avenir de la laïcité, forme de l'État. À l'aube du troisième millénaire, ce pays veut rompre avec le cercle vicieux qui, au cours des trois dernières décennies, l'a conduit de coups d'État en réformes constitutionnelles, en passant par des périodes incertaines de libéralisation débouchant sur l'instabilité sociale et montée des forces religieuses. Confrontée aujourd'hui au retour de l'islam et au problème kurde, la Turquie est à la recherche d'une laïcité plus tolérante, plus consensuelle et d'une administration de son territoire moins centralisée. Il ne s'agit pas d'abandonner l'État-nation laïque auquel les Turcs restent attachés dans leur majorité, mais en fait de retrouver aussi une identité trop souvent négligée par une soif de réforme et de modernisation. Plus que jamais ainsi, entre Orient et Occident, la Turquie doit construire un système politique qui lui soit propre, et qui lui permette d'affronter les mutations nationales et internationales en cours. Son expérience politique et constitutionnelle dense est sans doute le meilleur gage de sa capacité à y parvenir. »[3].

## II. Constitutionnalisme et culture constitutionnelle en Turquie

À Ankara, lors du congrès international de droit constitutionnel, par son intervention intitulée « Le constitutionnalisme et culture constitutionnelle en Turquie »[4], le professeur Marcou avait évoqué la même

3 « L'expérience constitutionnelle turque », p.462.

4 Jean Marcou, "Türkiye'de Anayasacılık ve Anayasa Kültürü", (s.61-75) ; "Constitutionnalisme et culture constitutionnelle en Turquie" (pp.1043-1058) ; *Uluslararası Anayasa Hukuku Kurultayı*, Türkiye Barolar Birliği, 9-13 Ocak 2001, Ankara.

problématique constitutionnelle d'une façon nuancée. Au cours de son long séjour à Istanbul en tant que pensionnaire de l'Institut français d'études anatoliennes (IFEA), et en tant que professeur à l'Université de Marmara, nous avons eu l'occasion d'échanges réguliers. Parmi d'autres, les colloques sur la laïcité et les droits sociaux ont été organisés à l'Université de Marmara en collaboration avec J. Marcou[5].

## III. La Turquie à l'heure de l'Europe[6]

*La Turquie à l'heure de l'Europe* se situe parmi les publications qui visaient à contribuer au droit à l'information sur la candidature de Turquie à l'UE, et à la formation de l'opinion publique européenne en la matière. La double citation suivante peut être conçue de ma contribution à l'ouvrage commun réalisé à la suite d'un projet européen[7] : « Pour finir, il nous paraît opportun de citer les remarques finales d'un livre rédigé par deux collègues français et intitulé « La Turquie à l'heure de l'Europe » : « À côté des discours politiques et des éditoriaux de presse, la littérature, le cinéma, la musique, et les itinéraires mêmes des écrivains, réalisateurs, musiciens, hommes et femmes, témoignent ainsi des mutations profondes de la Turquie des dernières décennies, de ses contradictions et de ses violences, de ses progrès et de ses espoirs, à l'heure européenne et de la mondialisation. Soulignant la complexité et la richesse des évolutions en cours, ces productions culturelles permettent utilement de sortir des clichés passionnels, des partis pris et des lieux communs qui

5 V. Comme exemple pour son rapport introductif: : "Giriş Raporu", Anayasal Sosyal Haklar (Avrupa Şartı, Karşılaştırmalı Hukuk ve Türkiye), (ed. İ. Kaboğlu), Legal, Şubat 2012, pp.11-13.

6 Jean- Paul Burdy et Jean Marcou, *La Turquie à l'heure de l'Europe,* Presses universitaires de Grenoble (PUG), mai 2008,

7 İ. Kaboğlu, "Le défi de cinquante ans d'association renforcée pour une adhésion en suspens", in *Lıberty And Language/ The global dimension of European constitutional integration, a cura di E. Castorina et P. Policastro,* Unıversıta Deglı Studı Dı Catanıa – Faculta Dı Gıurısprudenza, (Con il patrocinio del Comune dı Ragusa,19 Aprile 2008). Le projet de recherche: Linguaggio e Constituzione : una questione chiave per l'integrazione europea/econet/European Constitutional Network pp.401-419.

accompagnent trop souvent les débats et les polémiques sur la « vocation européenne » de la Turquie post-kémaliste et post-islamiste... »[8].

## IV.- *Crise de la Constitution ou Constitution de la crise ?*[9]

*Vous avez récemment signé une chronique dans BirGün intitulée « Crise de la Constitution ou Constitution de la crise ? ». La Constitution turque serait-elle la cause des crises politiques du pays ?*

Ibrahim Kaboğlu : La Turquie connaît une situation de crise politique à répétition, entre les différentes instances politiques, mais aussi entre les différents pouvoirs, civils, militaires, judiciaires. Tous ces pouvoirs s'appuient sur la Constitution pour légitimer leurs positions, et l'instrumentalisent dans le but de justifier une crise permanente. Or le cadre constitutionnel doit régir les caractéristiques fondamentales de l'État de droit qui comporte deux piliers, la séparation des pouvoirs et les droits de l'homme. Ces principes sont acquis, mais des zones d'ombre subsistent. Par exemple, le système de scrutin n'est pas proportionnel et un parti politique doit atteindre le seuil de 10 % au niveau national pour être représenté au Parlement. Ce seuil est très élevé et limite la représentation des différentes composantes de l'opinion publique. (...)

*Les récentes affaires politico-judiciaires révèlent une certaine confusion dans le pouvoir judiciaire turc à l'heure actuelle. Comment l'expliquer ?*

IK : Ces affaires sont en effet difficiles à lire. Le niveau politique des acteurs engagés montre des problèmes évidents dans la législation. L'arrestation simultanée de 40 militaires et leur détention collective dans le cadre de l'affaire Balyoz est une démonstration de force du pouvoir politique pour maîtriser les milieux militaires. Dans le même temps, l'arrestation du procureur d'Erzincan, soupçonné d'avoir participé au « plan d'action contre la confrérie Gülen » montre la volonté gouvernementale

8 Jean- Paul Burdy et Jean Marcou, *La Turquie à l'heure de l'Europe*, Presses universitaires de Grenoble (PUG), mai 2008, p.160. (cité dans la page 419).

9 « ... Le 11 mars dernier, Ibrahim Kaboğlu était l'invité du séminaire sur la Turquie contemporaine de l'IFEA pour évoquer la citoyenneté et l'État de droit. Dans le sillage de cette conférence, Jean Marcou et Benoît Montabone sont revenus avec Ibrahim Kaboğlu sur les aspects les plus importants de son propos, en lui demandant également son analyse de la réforme constitutionnelle en cours. ».(Extrait de l'entretien).

d'imposer son autorité aux milieux judiciaires. Mais le schéma d'affrontement entre les tenants de l'islam politique (gouvernement, confréries...) et l'État profond (armée et justice) se complexifie de plus en plus. Au sein même de la Justice, l'opposition entre les tenants des deux bords s'affiche au grand jour. (...)

*Si la Constitution est un des fondements de ces crises politiques, il sera nécessaire de la modifier pour dépasser cette situation quasi-structurelle. Une nouvelle Constitution est-elle envisageable ? Sur quels principes ?*

IK : Une nouvelle Constitution est en effet nécessaire, elle est évoquée depuis 20 ans maintenant. Entre 1987 et 2004, une dizaine de modifications constitutionnelles ont beaucoup contribué à affermir la garantie des droits et des libertés en Turquie. Les gouvernements ont insisté sur les droits de l'homme, mais ont négligé les aspects institutionnels, qui sont pourtant le deuxième pilier de l'État de droit. Depuis, des constitutionnalistes ont développé plusieurs projets à la demande d'associations, de syndicats ou d'autres corps de métiers. La difficulté principale vient du fait que les trois premiers articles de la Constitution actuelle sont inaltérables. (...)

*Une nouvelle compréhension de la citoyenneté turque vous apparaît nécessaire. Comment la redéfinir ?*

IB : La définition de la citoyenneté est un des trois conflits profonds, une des trois ondes de choc qui traversent la société turque, à savoir le problème des identités, la question de la laïcité et les relations entre centre et périphéries. Ces trois questions sont à prendre en compte quand on veut définir les liens entre la Constitution et les pratiques politiques. La nationalité est définie dans l'article 66 de la Constitution, qui stipule : « est Turc quiconque est attaché à l'État turc par la citoyenneté ». La citoyenneté est donc définie par la notion de nationalité. Cette définition est très problématique, car elle n'est pas cohérente avec le bloc des dispositions constitutionnelles inaltérables. Le dénominateur commun de ces trois articles est la définition même du pays comme « République de Turquie » (Türkiye Cumhuriyeti). Par conséquent, l'appartenance ethnique n'est pas un critère de définition de la citoyenneté, mais il a été interprété comme tel dans certains arrêts de la Cour constitutionnelle qui font jurisprudence. Cet article doit être révisé ou reformulé. Deux choix ont été proposés dans le cadre des projets de nouvelle Constitution : une nouvelle formulation basée sur le mot « Turquie », ou la renonciation à formuler une définition de la citoyenneté. Dans le premier cas, on peut proposer « Citoyen de la République de Turquie » (Türkiye Cumhuriyeti Yurttaşı), « citoyen de Turquie » (Türkiye Yurttaşı) ou « Celui qui est de Turquie » (Türkiyeli). Le sens territorial de Yurt (Pays) permettrait ainsi d'élargir la question de la citoyenneté et de la démarquer totalement de l'ethnicité.

*Le gouvernement a lancé le 22 mars dernier une révision constitutionnelle qui, d'une part, restructure le Conseil supérieur des juges et des procureurs (HSYK) et la Cour constitutionnelle et, d'autre part, réforme la procédure de dissolution des partis politiques. Quelle analyse faites-vous de ce projet de réforme ?*

IK : Une bonne partie des modifications envisagées sont relatives à des articles concernant les droits de l'homme. Cependant, elles sont très dispersées, manquent de cohérences internes et ne reflètent pas toujours des priorités... En fait, le paquet constitutionnel s'appuie sur les trois piliers suivants : la restructuration de la Cour constitutionnelle, la restructuration du HSYK, et la procédure de dissolution des partis politiques. (...)

*Comment analysez-vous ce nouveau statut de la Cour constitutionnelle ?*

IK : Personne ne conteste le besoin de réformer la Cour constitutionnelle. Toutefois, par la réforme envisagée la Cour constitutionnelle risque d'être transformée en une Cour dévouée à l'AKP, du fait que la majorité de ses membres pourront être désignés d'une façon directe ou indirecte par les pouvoirs exécutif et législatif. Par exemple, le Président de la République va désigner trois membres parmi les candidats proposés par le Conseil de l'Enseignement supérieur (YÖK). Or, celui-ci fonctionne comme un organe gouvernemental. (...) Si les modifications concernant la Cour constitutionnelle sont envisagées dans leur globalité, il est possible d'avancer que l'objectif visé est plutôt d'avoir un “Conseil gouvernemental” qu'une Cour vraiment indépendante et impartiale.

*Qu'en est-il des modifications qui affectent la composition du HSYK ?*

IK : Le HSYK, composé actuellement, d'une part, de juges élus par la Cour de cassation (3) et le Conseil d'État (2) et, d'autre part, du ministre et du secrétaire d'État à la justice, verra sa composition modifiée essentiellement pour limiter l'influence de ces deux cours suprêmes. (...) Une remarque rapide peut être faite à cet égard. L'élargissement et la diversification des membres du HSYK peuvent certes être conçus comme une ouverture positive. En revanche, le pouvoir de nomination accordé au chef d'État et la présence d'un ministre et d'un secrétaire d'État dans ce Conseil montrent plutôt une volonté de maintenir une influence de l'exécutif sur la justice, au lieu d'assurer à celle-ci un statut totalement indépendant.

*Qu'en est-il des dispositions qui modifient la procédure de dissolution des partis politiques ?*

IK : (...) En ce qui concerne l'opportunité d'une telle réforme, on peut d'abord se demander pourquoi le paquet constitutionnel ne cherche pas à réduire les raisons qui peuvent permettre de justifier la dissolution des partis politiques, au lieu d'insister sur l'octroi d'une garantie politique ? Ensuite, si une telle mesure peut être protectrice pour les grands partis politiques, elle le sera beaucoup moins pour les partis politiques qui ne sont pas représentés à l'Assemblée nationale, notamment pour ceux qui en sont empêchés par le fameux barrage national de 10 %. Les petits partis risquent donc de pâtir d'une double sanction : une sanction politique et une sanction législative, à la fois arbitraire et anti-démocratique.

C'est pourquoi, je pense que les aspects principaux de la révision constitutionnelle qui est en cours reflètent plus des préoccupations partisanes que le souci d'assurer l'indépendance et l'impartialité de la justice ou celui d'accroître les garanties démocratiques pour les partis politiques. Si le paquet constitutionnel est adopté par le Parlement ou approuvé par référendum, un tel processus risque de consolider la Constitution de 1982, alors même que le renouvellement de celle-ci est à l'ordre du jour en Turquie, depuis deux décennies...[10]

10 Propos recueillis par Jean Marcou et Benoît Montabon (OVIPOT: 21 AVRIL 2010).

## V.- Le constitutionnalisme et le mouvement constitutionnel en Turquie [11]

À l'occasion de la table ronde internationale de l'Association internationale de droit constitutionnel, l'IACL[12], il m'a paru opportun d'accorder à Jean Marcou le soin de présenter et le rapport introductif, et une réflexion sur la Turquie. D'après Jean Marcou, la Constitution de 1982, directement issue du coup d'État du 12 septembre 1980, reste contestée en Turquie, en dépit des amendements nombreux, dont elle a été l'objet. Cette contestation a débouché sur un débat et des projets qui envisagent aujourd'hui la rédaction d'un nouveau texte fondamental, et qui s'inscrivent dans un mouvement constitutionnel riche et ancien. La Turquie a notamment réussi à marier des principes libéraux d'origine occidentale à une société qui reste profondément musulmane, en dépit de la laïcisation de l'État[13].

Pour J. Marcou la révision de 2001 serait « un tournant qui permet à la Turquie de disposer d'une base de protection de droits et libertés qui la rapproche des standards européens »[14]. Après avoir expliqué les modifications intervenues en 2007 et 2010, la conclusion était faite de la façon suivante : « Beaucoup craignent que ce phénomène de concentration du pouvoir ne soit conforté par une remise en cause du texte constitutionnel et qu'il ne fragilise un État de droit., qui a révélé certaines failles au cours de la seconde législature de l'AKP. Les affaires de complot, marquées notamment par un certain nombre d'irrégularités ou d'opacités, font craindre des règlements des comptes ou de manipulations contre les milieux d'opposition... Dans un tel contexte, plus que jamais, la question constitutionnelle est au cœur des principaux enjeux des mutations politiques de la Turquie »[15].

11 Renouvellement de la Constitution : rapport introductif présenté par J. Marcou : "Anayasacılık ve Türkiye'de Anayasal Hareketler" (pp. 2-24) et "Le constitutionnalisme et le mouvement constitutionnel en Turquie" (pp.23-50). *Anayasa Hukuku Dergisi/Journal of Constitutional Law/Revue de droit constitutionnel.*

12 Pour la première fois, IACL (International Association of Constitutional Law) et ANAYASA-DER (L'Association des Recherches sur le Droit constitutionnel). ont organisé une table ronde.

13 P.26

14 P.43.

15 P. 48 (Istanbul-Grenoble, 20 septembre 2011)

## VI. Turquie : où en est le projet de nouvelle constitution ?[16]

**Question 1 (par JP.Burdy et J.Marcou) : Quelle est la procédure suivie pour l'élaboration de la nouvelle Constitution ?**

Réponse d'I.Kaboğlu / Le projet de renouvellement constitutionnel est ancien, et discuté depuis longtemps. Mais le premier pas concret pour la rédaction de cette nouvelle constitution a été fait en juin 2011, juste après les élections législatives [qui ont confirmé la majorité AKP à l'assemblée]. Pour la première fois dans l'histoire constitutionnelle turque, le travail a été confié à la Grande Assemblée nationale de Turquie (GAN : Türkiye Büyük Millet Meclisi, TBMM). À partir du 19 septembre 2011, elle a réuni 24 professeurs de droit public spécialistes de droit constitutionnel. (...)

À l'automne 2011, le président de l'Assemblée nationale Cemil Ciçek (AKP) a décidé que c'était à l'actuelle assemblée de se charger du renouvellement, car l'élection d'une nouvelle assemblée constituante aurait porté atteinte à la souveraineté de l'assemblée élue en 2011. Le président de l'assemblée a donc appelé les 4 partis politiques représentés (AKP, CHP, MHP, BDP) à désigner chacun 3 représentants pour former la Commission de réconciliation constitutionnelle (CRC : Anayasa Uzlaşma Komisyonu, AUK). L'AUK comprend donc 13 membres, 12 députés et le président Ciçek. À l'exception de la députée du BDP [pro-kurde] Ayla Ata Akat, tous les membres sont des hommes.

16 "Un entretien exclusif avec le professeur İbrahim Kaboğlu par Jean-Paul Burdy et Jean Marcou", 2013. "À l'occasion de son séjour à l'IEP de Grenoble comme professeur-invité, nous l'avons interrogé sur l'état d'avancement du projet de nouvelle constitution (dit antérieurement de « constitution civile » pour rappeler que l'actuel constitution turque, bien qu'amendée 17 fois, a été élaborée dans le sillage du coup d'État de 1980) qui vise soit à amender profondément la Constitution de 1982 (très sécuritaire car rédigée juste après le coup d'État militaire du 12 septembre 1980), soit à rédiger un texte constitutionnel entièrement nouveau.". Source: Jean-Paul Burdy et Jean Marcou (2013, 6 février). Turquie : où en est le projet de nouvelle constitution ? Un entretien exclusif avec le professeur İbrahim Kaboğlu. Observatoire de la vie politique turque. Consulté le 18 mai 2024, à l'adresse https://doi.org/10.58079/smsq

**Q2/ Quel est le calendrier prévu ? Quelles sont les principales étapes ?**

IK/ La Commission a défini la procédure à suivre par une feuille de route de 15 articles. Celle-ci prévoit l'achèvement de la nouvelle constitution au bout d'un an, soit en décembre 2012. Plusieurs étapes étaient prévues.

– Première étape du 1er octobre 2011 à avril 2012 : des échanges généraux avec les toutes les parties intéressées, notamment les organisations de la société civile, soit en allant sur le terrain, soit en les invitant à la GANT. (...)

– Deuxième étape à partir de début mai 2012. On a dépassé le stade des auditions par les sous-commissions. La Commission de réconciliation a commencé à rédiger le texte en présence des experts consultants des différents partis. Elle a commencé par la première partie, consacrée aux droits de l'homme. (...)

À la fin de l'année 2012, après le rejet de cette proposition AKP, et compte tenu du retard pris par le travail de la commission, le Premier ministre a reproché leur retard aux membres de la commission, et leur a demandé d'accélérer la rédaction du texte, pour qu'elle soit achevée fin mars 2013. Sinon, faute de consensus, il proposera le projet de l'AKP de régime présidentiel : en effet, il souhaite que l'évolution institutionnelle soit entérinée en 2013 dans la perspective des présidentielles d'août 2014, et des élections législatives et locales de 2015. (...)

**Q3/ Etes-vous optimiste ou pessimiste sur ce calendrier et sur l'adoption du projet ?**

IK/ Je balance entre optimisme modéré et pas très optimiste ! Je me réjouis de la recherche du consensus, mais elle ralentit beaucoup le processus. Mais je suis inquiet de l'intransigeance des partis sur des points essentiels, ce qui va mener au blocage. Intransigeance de l'AKP sur la laïcité et la liberté de religion. La liberté de croyance et de religion, c'est aussi celle de croire ou de ne pas croire. (...)

**Q4/ Vous qualifiez le projet de régime présidentiel présenté par l'AKP de projet présidentiel *"a la turca"* : qu'entendez-vous par là ?**

IK/ (...) Dans le cas présent, l'AKP entend faire élire le président de la République au suffrage universel, supprimer le poste de Premier ministre, et donner au président d'une part un pouvoir important pour l'élaboration du budget, d'autre part la prérogative de dissolution de l'Assemblée. Mais le président resterait aussi le chef de son parti. On voit bien qu'on essaie de proposer une formule « *à la turque* » (différente du système américain de stricte séparation des pouvoirs où le président ne dirige pas de majorité au sein du Congrès et ne peut dissoudre ce dernier, NDLR), qui donnerait beaucoup de pouvoir au président, sans doute trop. On a un peu l'impression qu'il y a volonté de tailler une constitution sur mesure pour M. Erdoğan, qui ne veut pas partager le pouvoir ni en tant que Premier ministre (actuellement), ni en tant que président de la République (s'il est élu en 2014). Or, nous ne sommes pas, comme la Tunisie ou l'Égypte actuellement, dans une phase de transition, où la constitution serait adaptée à une transition : nous discutons d'un texte constitutionnel qui organisera la Turquie peut-être pour un siècle ! (...)"[17].

## VII.- Deux feuilles de route ouvertes : L'Europe et la Constitution[18]

### L'incertitude de l'issue des négociations avec l'UE :

La période de candidature et de négociation avec l'UE est l'aspect le plus difficile pour la société turque, car il s'agit d'un processus « à durée indéterminée »: il n'est pas certain qu'il se terminera par une adhésion. Ainsi, même si la Turquie remplit les conditions de l'UE, elle pourrait ne pas devenir membre. Le discours de certains membres, comme l'Allemagne, sur le « *partenariat privilégié* » est une recherche d'alternative à l'adhésion...

Le principal problème ici est que le processus ne peut avancer qu'avec la volonté des deux parties, et que la volonté unilatérale de la Turquie n'est pas suffisante pour aboutir. Malgré cette incertitude, la Turquie n'a pas quitté la table des négociations. Cependant, elle n'a pas non plus rempli ses propres obligations. À cet égard, les gouvernements de l'AKP ont montré la plus grande résistance, jusqu'au récent changement de ton à propos du Groupe des Cinq de Shanghai, qui a marqué la dernière semaine.

17 Ibidem, Observatoire de la vie politique turque. Consulté le 18 mai 2024, à l'adresse https://doi.org/10.58079/smsq

18 Traduit de turc par Neslihan Çetin de l'article rédigé en rentrant à Istanbul de Grenoble: "İki 'ucu açık': Avrupa ve Anayasa", (İ. Kaboğlu, BirGün, 7.02. 2013).

**L'incertitude de l'issue des travaux pour une nouvelle Constitution :** En 2011, les partis représentés au Parlement turc se sont réunis autour du slogan « *volonté civile et démocratique* » pour élaborer une nouvelle constitution. La Commission de Réconciliation Constitutionnelle a commencé avec une « *feuille de route* » ouverte de 15 articles. Il n'y avait aucun facteur interne (la tutelle militaire !) ou externe (l'Europe) pour équilibrer ou assombrir cette volonté. La performance d'un an de travaux de la Commission en termes de procédure ne s'est pas reflétée dans le contenu. Le faible consensus, limité à un très petit nombre d'articles, en est la preuve. Dans sa deuxième année, des interventions extérieures à la Commission, tant sur la procédure que sur le fond, accompagnées de la menace de « *quitter la table* », ont forcé le processus à prendre une autre direction, même si elle reste « *ouverte* » : celle de préparer la « *constitution du parti* ».

**Sont-elles contradictoires ? :** En fait, du point de vue des critères de Copenhague, la table des négociations avec l'Europe et celle de la Constitution se recoupent largement dans leurs objectifs : droits de l'homme, démocratie et État de droit... À cet égard, les deux processus sont importants. Il est évident que la constitution est plus précieuse ; car elle représente pour la Turquie une occasion de prouver, à la fois à l'intérieur et à l'extérieur, son niveau de développement et ses acquis. De plus, cela dépend entièrement de sa propre volonté ; c'est-à-dire que sa volonté unilatérale est suffisante pour cela.

**L'Europe évolue, mais... :** De la France à l'Autriche, de l'Italie à la Suède, 15 à 20 États membres de l'UE sont représentés par des étudiants qui font des présentations sur la position de leur pays concernant l'adhésion de la Turquie. Par exemple, pourquoi la France s'y oppose-t-elle, tandis que l'Italie la soutient ? Ce cours de méthode vise également à doter les étudiants en sciences politiques de Grenoble de la capacité de voir le sujet de manière neutre et multidimensionnelle. Les jeunes générations d'Europe, en dehors des « *stéréotypes politiques* »...

Cependant, la triste réalité reflétée par les six heures de présentations et de discussions est que la volonté de pays comme la Suède, qui soutiennent l'adhésion de la Turquie depuis le début, est obscurcie par les actions d'Ankara : une chaîne de violations de plus en plus complexes et intenses, allant de la liberté d'expression aux arrestations massives, sans parler des questions sur l'éventuel agenda caché de l'AKP, éloigne progressivement notre pays de l'Europe. Les jeunes générations ont du mal à comprendre les raisons de ces violations ; pourtant, elles – surtout celles de droite – ont une opinion plus favorable de notre pays par rapport aux acteurs politiques...

**Parallélisme dans les menaces ? :** Les étudiants demandent au professeur Jean Marcou ce que signifie le « *groupe de Shanghai* ». Il y a une apparente parallèle entre l'ultimatum du Premier ministre à l'UE et l'élan donné à « *l'épée de Damoclès* » suspendue au-dessus de la Commission de Réconciliation Constitutionnelle : un éloignement des valeurs telles que les droits de l'homme, la démocratie et l'État de droit.

Si la Turquie se tourne vers l'Asie au lieu de l'Europe, elle apportera peu à ce continent ; mais il ne fait aucun doute qu'elle s'éloignera des valeurs modernes.

Si elle se détourne de la Commission de Réconciliation Constitutionnelle pour revenir à la « *Constitution du Parti* », ce sera une constitution façonnée par la « *volonté d'une personne* » plutôt que par la « *volonté civile et démocratique* ».

**Et le Conseil de l'Europe ? :** Selon les décisions de la Cour européenne des droits de l'homme (CEDH), le bilan d'Ankara en matière de droits de l'homme est très mauvais. En fait, des préparatifs sont en cours pour suspendre l'adhésion de la Turquie au Conseil de l'Europe. Dans un tel contexte, le fait qu'Ankara défie l'UE au lieu de respecter les normes minimales en matière de droits de l'homme - affaiblissant ainsi sa position même dans les problèmes où elle a raison - soulève des questions inquiétantes en ce qui concerne le « *régime politique pluraliste* ».

## VIII.- « Logique poste-moderne de la démocratie »

Le mouvement protestataire de Gezi a commencé en été 2013 comme une action de défense de l'environnement à la suite du projet de destruction par un projet immobilier du parc de Gezi sur la place Taksim, au cœur d'Istanbul, et s'est transformé en mouvement d'opposition populaire de masse au gouvernement, soutenu par les revendications de différentes catégories de la population. Cette opposition a fait l'objet d'une violente répression gouvernementale, donnant lieu à la violation permanente des droits fondamentaux et des libertés publiques. Les revendications de démocratie et de liberté exprimées par des manifestants pacifistes ont été qualifiées de tentative de coup d'État et ces accusations ont été introduites dans les réquisitions du ministère public[19].

Deux ans plus tard, nous étions comme d'habitude dans le grand amphithéâtre de l'Université de Marmara à Haydarpaşa pour aborder des thèmes qui n'avaient jamais perdu leur actualité. Car le titre de la conférence donnée par J. Marcou le 16 octobre 2016 était : « *La démocratie comme valeur de l'Union européenne et la Turquie* »[20]. Les évènements de Gezi étaient encore d'une pleine actualité. Pour le gouvernement, les évènements de Gezi étaient qualifiés d'insurrection visant à renverser le gouvernement, alors que pour l'opposition, les grandes manifestations à travers le pays s'étaient développées spontanément, avec des citoyens qui s'appropriaient ainsi les droits et libertés reconnus par la Constitution. Pour Jean Marcou, les évènements de Gezi reflétaient « *une logique post-moderne de la démocratie* ». Depuis lors, j'ai utilisé souvent cette formule dans mes chroniques de *BirGün,* en faisant référence à cette qualification par Marcou. À l'Assemblée nationale, en m'opposant à la condamnation par les députés de l'AKP des évènements de Gezi comme vandalisme, j'ai bien souligné le caractère de ces évènements : la logique post-moderne de la démocratie[21].

Un an plus tard, lors de lancement de « L'initiative pour la démocratie »[22], Jean Marcou était parmi les 27 professeurs qui ont contribué à l'ouvrage commun : *L'ordre du jour constitutionnel de la Turquie*[23,] qui reflète l'héritage constitutionnel de la Turquie, et le fait que la configuration

19 Pour le détail, v. L'ouvrage collectif avec les résumés en français en en anglais: *Gezi Rapouru/ Demokrasi ve Totalitarisme Sarkacındaki Türkiye,* Gezi Hukuki İzleme Grubu, Av. Halit Çelenk Ödülü, Türkiye Barolar Birliği yay., Aralık 2014.

20 La conférence était organisée par la Délégation de l'UE pour la Turquie en coopéé ration avec l'Université de Marmara à l'occasion de la journée de la démocratie. Elle était présidée par moi-même.

21 À la base de la détention et de la condamnation de Mrs Osman Kavala, Can Atalay et Tayfun Kahraman ainsi Mmes Çiğdem Mater et Mine Özerdem se trouve l'approche revanchiste de Mr Erdoğan, Premier ministre de l'époque et actuellement le chef de l'État qui détient aussi le pouvoir exécutif, étant à la fois le ledeur de Parti de Justice et de Développement (AKP) d'après la configuration de 2017.

22 Le 1[er]Juin 2016 (Hill Hotel, Taksim).

23 *Türkiye'nin Anayasa Gündemi,* İletişim yay., İstanbul 2016 et 2018.

constitutionnelle de 2017 a supprimé les acquis politico-constitutionnels de la Turquie (y compris ceux de l'Empire ottoman).

## IX.- La présidentialisation en Turquie & Le devenir l'État de droit [24]

Parmi d'autres publications de Jean Marcou, relatives à la configuration constitutionnelle de 2017, il convient de citer son article publié l'année suivante dans la *Revue méditerranéenne de droit public.* Il y souligne que « constitutionnellement, la République de Turquie n'a jamais été un régime présidentiel ou présidentialiste... la Constitution de 1924... permet d'ailleurs l'établissement, dans la pratique, d'un régime parlementaire, lorsqu'après la Seconde Guerre mondiale, la Turquie, qui se lie alors au bloc occidental, accepte le pluralisme partisan et l'organisation d'élections libres. Par la suite, au cours de la seconde moitié du 20e siècle et pendant la première décennie du 21e siècle, ce pays va demeurer attaché au parlementarisme, en dépit des interventions militaires, qui vont périodiquement en interrompre la pratique ».

Il rappelle aussi les avancées politiques relatives aux travaux constitutionnels : « Au printemps 2012, alors que les travaux de la commission de conciliation, chargée de rédiger la nouvelle Constitution s'enlisent, Recep Tayyip Erdoğan commence à évoquer avec insistance la nécessité de passer à un régime présidentiel. Le débat qui s'ensuit affecte et compromet les travaux de la commission de conciliation qui, au terme d'efforts laborieux, était parvenue à rédiger une soixantaine d'articles de la nouvelle constitution »[25].

D'après la conclusion de Jean Marcou, « Le référendum constitutionnel d'avril 2017, rendu possible par une alliance avec le MHP, le parti moribond d'extrême droite de Devlet Bahçeli, a permis d'institutionnaliser la présidentialisation du régime, inéluctable depuis l'échec du putsch, ce qui amène İbrahim Kaboğlu à parler de « *Constitution du 15 juillet* ». Au terme de cette nouvelle réforme constitutionnelle, le pouvoir judiciaire est une nouvelle fois affaibli, et le président, qui peut dissoudre le

24 Jean Marcou, "La présidentialisation en Turquie & le devenir l'État de droit », *Liberté (s) ! En Turquie ? En Méditerranée ! Revue méditerranéenne de Droit Public,* V.IX,, 2018, pp. 201-208.

25 P.206.

parlement, reste le seul maître à bord, car le Premier ministre disparaît. La perspective de cette disparition a provoqué depuis un déplacement du centre de gravité de l'appareil d'État et une concentration de ses structures essentielles (administrations centrales, services de renseignement, direction des industries d'armement, direction des affaires religieuses...), autour de la présidence... Le processus donne au système qui s'affirme... un caractère de plus en plus « *sultanique* », au sens de Juan Linz dans son analyse des régimes autoritaires »[26].

## X.- « La Constitution turque de 1921 : Perspectives conclusives et comparée, dans le temps, et l'espace du constitutionnalisme moderne »

Jean Marcou a également contribué récemment au centenaire de la Constitution de 1921[27] avec notre chère collègue, la professeure Aurore Gaillet[28]. Ils ont rédigé le rapport de synthèse de l'ouvrage commun sur le Centenaire : « *La Constitution turque de 1921. Perspectives conclusives et comparée, dans le temps et l'espace du constitutionnalisme moderne* »[29]

Je vais me contenter de citer les premiers et les derniers paragraphes de cette contribution commune :

« Située aux confins de l'Europe et de l'Asie, au carrefour de l'Orient et de l'Occident, la Turquie est marquée par une histoire complexe qui est celle de l'Empire ottoman (1299-1922), avant la fondation d'un État-nation à l'issue de « la guerre d'indépendance » (1919-1922). Pour le constitutionnaliste soucieux d'observer les évolutions du constitutionnalisme, par-delà le tropisme occidental, l'intérêt de l'histoire constitutionnelle turque se trouve renforcé par ces éléments, croisant inexorablement différents horizons géographiques, historiques et conceptuels.

L'occasion du centenaire de la Constitution de 1921 était toute choisie pour se pencher sur ce qui s'apparente à un débat constitutionnel permanent en Turquie, aussi porté par la quête d'une modernité turque, entre

26 P.208.

27 Le centenaire de la loi organique de 1921 et son héritage constitutionnel, 1921-2021. ANAYASA-DER/PLATON, 2021, İstanbul.

28 Professeure de droit constitutionnel, à la Faculté de Droit, Université de Toulouse- Capitole

29 Pp.538-564 (y compris sa version en turc).

États et Empire, réforme (par le haut) et révolution (par le bas), influences venues d'ailleurs et récit national turc revendiqué ici »[30].

En soi, la Constitution de 1921 n'est qu'une étape dans une période de transition, avant l'abolition du sultanat (octobre 1922), la proclamation de la République (29 octobre 1923), l'abolition du califat (mars 1924) et la promulgation de la Constitution du 20 avril 1924. Si les vingt-trois articles de la Loi fondamentale de 1921 sont ainsi remis en cause dès 1924, ils n'en sont pas moins le produit d'une lutte nationale, tendant à la construction d'un nouvel État, ouvrant ce faisant la voie à une modernisation constitutionnelle sans précédent en Turquie. » [31]

« Au début du 20e siècle, la constitutionnalisation qui avait transformé les monarchies européennes depuis la Révolution française, affecta également les grands empires orientaux. En 1904-1905, le Japon modernisé de la période Meiji, doté d'un gouvernement constitutionnel, infligea une humiliante défaite à l'Empire tsariste, lui-même contraint peu après, et notamment à l'issue de la révolution de 1905, de se doter d'une charte constitutionnelle (1906). Au même moment, la révolution constitutionnelle persane provoquée par la soumission du Shah aux intérêts britanniques, voyait l'Iran s'engager dans un processus de constitutionnalisation.

Pourtant au sein de ce mouvement constitutionnel oriental, le propre de l'expérience ottomane-turque reste sa proximité avec le constitutionnalisme européen. La Constitution de 1921, puis son émule républicaine de 1924, conduiront aux premières expériences de démocratisation parlementaire après la Seconde Guerre mondiale. En dépit des raidissements et des coups d'État qui ont marqué l'histoire de la Turquie, au cours de la deuxième moitié du 20e siècle, les textes qui ont suivi n'ont pas abdiqué l'idée d'achever un jour, et notamment dans un cadre européen, un processus original de constitutionnalisation initié de longue date. Mais il est vrai qu'aujourd'hui plus que jamais, dans un contexte géopolitique renouvelé, la Turquie connaît d'autres influences. Il n'empêche, à l'heure où ses dirigeants parlent de doter ce pays d'une nouvelle Constitution, le

30 A. Gaillet et J. Marcou, "La Constitution turque de 1921...",

31 P.538

devenir du tropisme européen de ses fondateurs, qui avait marqué l'esprit de la Constitution de 1921, reste sans doute un enjeu majeur. »[32]

-------------

On conclura par cette formule : « **Türkiyeli Fransız Jean Marcou** » !

Les citations que nous venons de rappeler, étalées sur quatre décennies, illustrent sans doute aucun la maîtrise qu'a Jean Marcou de l'évolution du constitutionnalisme en Turquie, et montrent jusqu'à quel degré il est devenu familier des développements politico-constitutionnels en Turquie. Les constitutionnalistes turcs sont reconnaissants à Jean Marcou de ses réflexions et de ses travaux approfondis sur le constitutionnalisme et sur la vie politique en Turquie. Et ses collègues qui ne lisent pas le turc lui sont et seront reconnaissants de pouvoir accéder, grâce au large éventail de ses recherches, aux fondements et aux arcanes de la vie politico-constitutionnelle de la Turquie.

« Türkiyeli Fransız Jean Marcou » / « Français celui qui est de Turquie », n'est donc en rien une appellation exagérée ou usurpée.

32 "La Constitution turque...", p.547-548.

# L'échec de la transition démocratique en Tunisie ? L'étau islamiste

**Farhat Horchani**

Toutes les conditions étaient réunies pour que la Tunisie de 2011 accède au club des pays démocratiques. Un miracle dans le monde arabe ! Le pays est géographiquement très bien situé, un peuple peu nombreux et relativement éduqué, ouvert, habitué à la négociation et aux compromis, une élite formée selon les standards internationaux, une classe moyenne formant le socle de la pyramide sociale, une place considérable accordée à la femme... Et pourtant rien de tout cela n'a semblé déterminant !

Que s'est-il passé pour que la seule expérience démocratique sérieuse du printemps arabe soit sérieusement compromise et chavire peut-être vers un échec inévitable et irréversible ?

L'objet de cette contribution, offerte au professeur Jean Marcou qui s'intéresse beaucoup à la Tunisie et au monde arabe en général depuis que je l'ai connu à l'occasion d'une belle expérience académique à l'Université Saint-Joseph à Beyrouth en 2005, n'est pas de porter un jugement sur l'issue de cette expérience mais de comprendre, si le recul nous le permet, les facteurs qui peuvent expliquer le non accomplissement des objectifs de la révolution tunisienne de 2011.

D'abord deux observations liminaires, la première est exprimée par le point d'interrogation dans l'intitulé de cette contribution. L'expression « échec » peut, en effet, ne pas être appropriée parce que les transitions démocratiques ne suivent jamais une évolution linéaire et sont très rarement bordées de roses. Il peut y avoir et il y a souvent des coups d'arrêt, des pauses, de retour en arrière (backsliding[1]), et au mieux des hésitations. Le facteur temps dans les transitions politiques et des révolutions doit être apprécié sur le long terme.

La deuxième observation est qu'en admettant qu'il y a effectivement échec définitif, cela ne doit pas étonner, la plupart des expériences des révolutions avortées et des transitions démocratiques malheureuses dans le monde constituent la règle. C'est davantage la réussite des transitions et leur passage vers une expérience démocratique réelle qui constitue l'exception. À cet égard, les observateurs mettent la lumière le déclin de la démocratie partout dans le monde et n'épargne pas les démocraties accomplies[2] et a fortiori, bien entendu les jeunes démocraties. C'est une lapalissade que de dire que la raison principale réside dans la fragilité et l'incertitude du processus démocratique lui- même, par rapport aux dictatures/ autocraties qui semblent plus facilement déployables, du moins dans le court/ moyen terme.

Trois facteurs essentiels d'inégale importance peuvent expliquer le blocage de la transition démocratique tunisienne

– Des facteurs Constitutionnels
– Des facteurs politiques
– Des facteurs économiques

**1- Les facteurs Constitutionnels**

La constitution de 2014, issue de la révolution de 2011 à la suite d'une élection d'une assemblée constituante, a joué un rôle essentiel dans les dérives de la transition. Une précision toutefois. Ce n'est pas tant la constitution qui en est responsable, que, son application défectueuse.

La constitution de 2014 est une constitution de compromis. Dans le contexte politique tunisien, cela veut dire qu'elle a voulu satisfaire toutes les composantes de la société politique et contient de nombreuses dispositions

1 Selon l'expression de David Waldner cité par Hamadi Redissi, La transition bloquée, Diwan éditions, 2021, page 8

2 Voir Hamadi Redissi, la transition bloquée précité page 8 qui se réfère notamment aux travaux de L. Diamond qui dénombre vingt-cinq retour en arrière depuis les années 2000

contradictoires[3]. Même si c'est compréhensible dans un contexte post dictatorial, cela a entraîné des incohérences et des blocages qui ont beaucoup desservi la transition. C'est particulièrement le cas de la nature du régime politique choisi. Celui-ci, très proche d'un régime parlementaire, voire d'assemblée place les autres pouvoirs y compris le pouvoir exécutif ainsi que d'autres instances de contrôle et de régulation, sous le dictat du parlement. Ce dernier s'avère être la pièce maîtresse de l'échiquier politique- tant sur le plan organique, fonctionnel que du contrôle exercé.

Or ce pouvoir législatif même s'il est soumis à une grande hégémonie des partis et en particulier des islamistes en son sein, il n'est pas armé pour résoudre les exigences de la transition et répondre aux attentes du peuple. Les décisions importantes y compris celle de nature économique font souvent l'objet de longues tractations et les négociations lassantes sur de nombreuses questions ont érodé peu à peu la transition.

Or la réussite de la transition et les revendications populaires ont besoin de rapidité dans la prise de décision. De manière générale, le manque, voire l'absence de traditions démocratiques n'est pas adapté au jeu subtil du parlementarisme et des rapports de contrôle entre les pouvoirs.

Le bon fonctionnement d'un régime politique et du régime parlementaire en particulier exige le déploiement de véritables partis politiques. Dans le contexte tunisien, excepté les islamistes qui s'apparentent davantage à une confrérie religieuse qu'a un parti politique[4], la plupart des autres « partis » ont un caractère soit résiduel soit « commercial »,

3 Cela est vrai aussi pour les droits et libertés. L'exemple type à cet égard est l'article 6 qui protège en même temps « la liberté de croyance et de conscience », ce qui constitue en soi un exploit dans le monde arabe. En même temps il impose à l'Etat la « protection de la religion » et du « sacré », en même temps qu'il lui impose « à diffuser les valeurs de modération et de tolérance ». Ces ambiguïtés définitionnelles (le sacré, la tolérance, etc.) sont de nature à donner aux juges un pouvoir illimité. En Tunisie ceci risque de lier ces droits à la conception que se fait le juge de ces notions. Autre exemple, celui du droit à la vie qui est « sacré » mais la peine de mort est permise : « Le droit à la vie est sacré. Il ne peut y être porté atteinte, sauf dans des cas extrêmes fixés par la loi » Article 22.

4 Voir notamment Sarah Ben Nefissa, et Jallel Saada, « Affaiblissement de l'État et solidité du tandhim : les particularités idéologiques et organisationnelles d'Ennahda entre l'islamisme universel et le nationalisme stato- centré » p75 et spécialement pages 77 et s.

voire familial et certains s'insèrent même dans une logique de prédation.

Sur le plan strictement constitutionnel, la configuration politique choisie par la Constitution de 2014 est intenable : un parlement qui a tous les pouvoirs et qui tire sa légitimité directement du peuple face à un gouvernement, issu d'élections législatives, qui a certes beaucoup de pouvoirs mais qui est soumis à une hégémonie parlementaire excessive. Le président de la République dont la légitimité populaire directe est similaire au parlement se trouve marginalisé par des pouvoirs constitutionnellement limités. Bien entendu cette architecture – à la tunisienne – ne peut pas fonctionner ni normalement ni durablement, comme le prévoit la constitution elle-même, et donne nécessairement naissance à un régime réel différent de celui légal prévu par le texte fondamental.

**La Constitution de 2014 a abouti à une forte** instabilité gouvernementale, à la dispersion des pouvoirs et au caractère hybride, inefficace et largement impraticable du régime politique choisi[5].

Or un État a besoin d'un cadre constitutionnel stable et cohérent pour résoudre les nombreux problèmes aigus qui, en raison de leur aggravation constante, ont fait planer le doute sur le bien-fondé même de la révolution accomplie.

Un rapide bilan du régime politique issu de l'application de la Constitution depuis son adoption en 2014 jusqu'en 2025 date de l'adoption de la deuxième constitution du 25 juillet, fait ressortir une dichotomie entre un régime légal prévu par le texte constitutionnel et un régime réel différent pratiqué depuis 2014. Ceci apparaît sur des niveaux multiples :

La plus importante règle de la plupart des régimes à orientation parlementaire est que le chef du gouvernement est censé être la pièce maîtresse du régime tel que choisi par la Constitution (articles 91 et 92). C'est lui qui détermine la politique générale de l'Etat et veille à sa mise en œuvre, sous réserve des questions de défense et des relations internationales, qui elles relèvent de la sphère de compétences du président de la République. De même, l'article 92 donne au chef du gouvernement de nombreux et importants chefs

5 Salabil Klibi parle d'un parlement délabré, « le délabrement du pouvoir exécutif » in la transition bloqué, précité p.141.

de compétence[6]. Ce dernier se contente « d'informer le président de la République des décisions prises dans le cadre de ses compétences (...) »[7].

Toutefois, dans la réalité, le chef du gouvernement a eu moins de pouvoirs qu'il ne devrait avoir et selon ce que lui confèrent le texte et l'esprit de la Constitution.

Au cours de la première application de la Constitution, après les élections de 2014, il peut être qualifié davantage de « Premier ministre » que de « chef de gouvernement ».

De même, il est difficile de parler de gouvernement (ou d'entité gouvernementale) au sens indiqué par la Constitution dans la section 2 de son chapitre 4 (art 89 à 101). L'absence factuelle de gouvernement engendre l'absence de solidarité gouvernementale. Ceci résulte aussi de l'appartenance partisane (ou autres) multiple des ministres, chaque parti se contentant de soutenir ses ministres[8]. Parfois même en raison de la faible appartenance et de l'absence de traditions partisanes, le parti se désolidarise de son ministre en cas de crise avec les syndicats ou avec l'opinion. Cette situation a eu plusieurs conséquences fâcheuses :

– La fragilisation des gouvernements, dans la mesure où les gouvernements n'ont pas d'assise politique à même de défendre leurs politiques et leurs choix au sein du parlement, auprès de l'opinion et dans les régions.

– La perturbation des règles prévues par la Constitution. L'absence d'entité gouvernementale politiquement responsable devant le seul parlement pervertit les règles du régime parlementaire et crée un régime hybride esclave d'une logique partisane et qui échappe à l'autorité du chef du gouvernement.

6 C'est lui qui procède à la création, ou la suppression des ministères, la déterminaa tion de leurs compétences, la cessation de fonctions d'un ou de plusieurs membres du Gouvernement, la création, la modification ou la suppression des organismes publics, les nominations aux emplois civils supérieurs et leurs cessations. De même, le Chef du Gouvernement dispose de l'Administration et conclut les traités internationaux à caractère technique. Il préside le Conseil des ministres.

7 Article 92 : « Le Chef du Gouvernement informe le Président de la République des décisions prises dans le cadre de ses compétences pré-citées ».

8 Les gouvernements successifs étaient composés par des coalitions de partis en plus des indépendants. Toutefois la composition n'était pas toujours proportionnelle à l'importance des partis au sein du parlement, Souvent ce sont des contingences politiques, des négociations informelles qui commandent la composition des gouvernements. Ainsi les islamistes ont toujours accepté d'être en retrait, voire minoritaire, au sein de l'exécutif préférant une hégémonie sur le parlement.

– L'illisibilité de la frontière entre la majorité et l'opposition qui ont tendance à changer au gré des circonstances, en tout cas en dehors de toute rationalité constitutionnelle ou partisane[9].

Une autre question est celle du bicéphalisme qui est une des caractéristiques essentielles des régimes de type parlementaire[10]. Le problème concerne particulièrement le chef de l'État. En substance, la Constitution de 2014 prévoit que :

– Le président de la République est le chef de l'État[11],

– Il est élu directement par le peuple, sa légitimité est donc directement issue de la volonté populaire[12],

Malgré cette forte légitimité, à laquelle on doit ajouter le poids culturel de la place du chef /leader dans un pays comme la Tunisie, la sphère de ses compétences est limitée à trois domaines essentiels (article 77)[13] :

– « Déterminer la politique générale en matière de défense » ;

– « Déterminer la politique générale en matière de relations étrangères » ;

– « Déterminer la politique générale en matière de sécurité nationale en relation avec la protection de l'État et du territoire national des menaces intérieures et extérieures (...) »

Pourtant sur le plan strictement constitutionnel, les compétences du chef de l'État semblent dépasser ces trois chefs de compétence et peuvent même empiéter ceux du chef du gouvernement.

9 La Constitution de 2014 prévoit explicitement (article 60) que « l'opposition est une composante principale de l'Assemblée des représentants du peuple... »

10 Article 71 : « Le pouvoir exécutif est exercé par le Président de la République et un gouvernement présidé par le Chef du Gouvernement ». Voir sur ce sujet, Mohamed Chafik Sarsar, « La fragilisation du pouvoir exécutif » in La transition bloquée page 131.

11 Article 72 : Le Président de la République est le Chef de l'État et le symbole de son unité. Il garantit son indépendance et sa continuité et veille au respect de la Constitution.

12 Article 75 : Le Président de la République est élu au cours des soixante derniers jours du mandat présidentiel, pour un mandat de cinq ans au suffrage universel, libre, direct, secret, honnête et transparent et à la majorité absolue des suffrages exprimés.

13 Article 77 : Le Président de la République représente l'État. Il lui appartient de déterminer les politiques générales dans les domaines de la défense, des relations étrangères et de la sécurité nationale relative à la protection de l'État et du territoire national des menaces intérieures et extérieures, et ce, après consultation du Chef du Gouvernement.

En effet, la formulation de l'article 71 le place en premier dans l'exercice du pouvoir exécutif.[14]

L'article 77 lui donne de larges pouvoirs en matière de sécurité nationale.[15] Or celle-ci n'a pas seulement une signification sécuritaire ni militaire. Elle peut avoir une dimension financière, énergique, alimentaire[16]... Par conséquent, le chef de l'État peut en quelque sorte dépasser - par la Constitution même - les pouvoirs qui lui sont octroyés.

De plus, selon l'article 72 de la Constitution, le chef de l'État est garant du respect de la Constitution. Or cette dernière contient de nombreuses questions qui dépassent stricto sensu les questions de défense et de sécurité. Même sur ce plan, il partage la sécurité avec les compétences du chef du gouvernement. Or la frontière à cet égard est très poreuse entre la sécurité intérieure qui relève des compétences du chef du gouvernement et la sécurité nationale qui relève des compétences du chef de l'État.

Dans la réalité le chef de l'État ne s'est pas cantonné aux compétences qui lui sont dévolues par les dispositions constitutionnelles. Au contraire il n'a pas raté une occasion pour exercer des fonctions purement internes[17].

Mais la contradiction principale résulte du statut même du chef de l'État. Nous avons, d'un côté un président élu par le peuple mais dont les compétences sont limitées aux domaines de la défense et de la diplomatie. Et même dans ces domaines, il a l'obligation soit de consulter le chef du gouvernement (article 77)[18], soit de se concerter avec lui (article 89)[19]. De l'autre côté, même

14 « Le pouvoir exécutif est exercé par le Président de la République et un gouvernee ment présidé par un Chef du gouvernement ».

15 « Il préside le Conseil de la sécurité nationale auquel doivent être convoqués le Chef du Gouvernement et le Président de l'Assemblée des représentants du peuple »

16 Souvent les questions qui font partie de l'ordre du jour de ce conseil sont très variées et ont touché des questions économiques, sociales, sanitaires...

17 Comme par exemple l'amendement de certaines dispositions répressives du Code pénal sur la consommation de la drogue ou l'homosexualité ou encore des relations avec les syndicats.

18 Le Président de la République représente l'État. Il lui appartient de déterminer les politiques générales dans les domaines de la défense, des relations étrangères et de la sécurité nationale relative à la protection de l'État et du territoire national des menaces intérieures et extérieures, et ce, après consultation du Chef du Gouvernement.

19 Le Gouvernement se compose du Chef du Gouvernement, de ministres et de secrétaires d'État choisis par le Chef du Gouvernement, et en concertation avec le

s'il est, théoriquement issu d'une majorité législative, le chef du gouvernement a une légitimité d'autant plus amoindrie, par rapport à celle du chef de l'Etat, qu'elle n'est pas proportionnelle aux larges pouvoirs dont il dispose constitutionnellement.

Ici une contextualisation politique et historique s'impose. Les règles adoptées par la Constitution de 2014 ne sont pas, en effet, nées de rien.

Les constituants de 2011 ont négocié les contours du régime politique non pas seulement sur la base d'un texte existant mais en tenant compte de l'histoire immédiate de la Tunisie afin d'éviter les dérives du passé et en particulier l'hégémonie.

Deux types de dérives hantaient les esprits au sein de l'Assemble constituante et dans l'opinion publique influente :

– Les premières faisaient partie du passé post-indépendance (1956- 2011) largement partagées par de nombreux pays, en particulier du printemps arabe, c'est-à-dire l'hégémonie du pouvoir exécutif et en particulier la tradition autoritariste du président de la République. Ceci explique le régime choisi, c'est-à-dire un parlement avec de larges prérogatives. Ceci explique tous les mécanismes prévus par la Constitution pour limiter et surtout prévenir cette hégémonie du chef du pouvoir exécutif. De plus, pour « affaiblir » le président de la République, il fallait diviser le pouvoir exécutif. C'est-à-dire le rendre non seulement bicéphale, mais aussi déposséder le chef de l'État de certaines prérogatives en particulier les compétences de nature « interne ». À défaut d'être honorifiques, ses compétences se sont limitées aux domaines de la « défense » contre les dangers extérieurs et des relations « internationales ». Même pour ces compétences, il n'a pas les mains entièrement libres[20].

– Le deuxième type de dérives que craignaient les constituants remonte à un passé proche, c'est-à-dire postérieur à 2011. Il est en même temps le fruit d'un compromis difficile – et sans doute boiteux- au sein de l'Assemblée

Président de la République en ce qui concerne les ministères des Affaires étrangères et de la Défense

20 Même pour ces questions (politiques générales dans les domaines de la défense, des relations étrangères et de la sécurité nationale relative à la protection de l'État et du territoire national des menaces intérieures et extérieures) il doit consulter le Chef du Gouvernement. Même s'il s'agit d'une consultation, l'avis du chef du gouvernement pourrait être déterminant.

constituante. Il faudrait se souvenir que la Tunisie a essayé un régime politique assez particulier entre 2011 et 2014, qui était proche d'un régime d'assemblée où l'instance législative jouissait des pouvoirs d'un organe constituant et d'un organe législatif et de contrôle et face à un exécutif faible, elle avait pratiquement tous les pouvoirs.

Le régime choisi par la loi constituante n° 2011-6 du 16 décembre 2011 portant organisation provisoire des pouvoirs publics – faisant œuvre d'une constitution provisoire entre 2011 et 2014- consacrait en effet l'hégémonie quasi totale du parlement. Le président de la République, sans réels pouvoirs, était élu au suffrage indirect par la chambre législative.

Là encore ce sont les islamistes qui ont influencé indirectement la structure même du régime choisi.

Dès lors dans la nouvelle Constitution de 2014, un président élu au suffrage universel direct, était perçu comme une garantie, un contre-pouvoir voire un rempart face à un super parlement dominé par un parti dont les ambitions faisaient craindre sur le modèle de société et les acquis de l'État national.

C'est cette conception dont la consécration a été le fruit d'un difficile compromis entre les modernistes et les islamistes qui a prévalu dans la Constitution de 2014. Une autre conception défendue par les islamistes n'a pas prévalu lors des débats de la constituante. Cette conception comparable à celle consacrée entre 2011 et 2014 par la « constitution provisoire » a fait prévaloir un régime politique où l'exécutif était soumis au pouvoir législatif et était responsable devant lui avec un gouvernement issu du parlement et un président de la République élu au suffrage indirect.

Par conséquent, le clivage entre les tenants des deux conceptions du régime politique se superposait, en réalité, avec un autre clivage entre modernistes et islamistes. Les islamistes défendaient le régime parlementaire pur avec un chef de l'État sans réels pouvoirs et des compétences simplement honorifiques. Ceci reflétait en réalité leurs forces mais surtout leurs faiblesses au cours de cette période. D'une part une stratégie d'hégémonie durable qu'ils pouvaient exercer sur l'organe législatif en raison de leur bonne implantation au sein de la société et dans les régions, mais en même leur faiblesse due à une absence de personnalités politiques charismatiques potentiellement candidates à des élections présidentielles.

Par contre, les modernistes, sans doute forts de la personnalité de leur leader issu de ce qui reste de la culture bourguibienne[21], défendaient un régime où le président pouvait se prévaloir d'une légitimité populaire, c'est-à-dire élu au suffrage direct et capable de contrecarrer le danger (parlementaire) islamiste.

En réalité, ce schéma constitutionnel cadrait avec un contexte partisan bien particulier et sans doute conjoncturel, voire exceptionnel. Or, normalement, les constitutions sont généralement faites pour durer et pour s'appliquer à une variété de contextes politiques. En tout cas cette architecture constitutionnelle était politiquement et logiquement difficilement praticable.

**Ceci explique sans doute que tout au long de cette période de la transition, en particulier entre 2015 et 2019,** ce sont davantage des mécanismes informels, parallèles, qui ont été utilisés pour provoquer ou résoudre des crises ou des tensions politiques. Ainsi, jusque-là, excepté l'article 98 (le vote de confiance)[22] les mécanismes formels de la Constitution (motion de censure de l'article 97, recours à l'article 99[23],

21 Beji Caïd Essebsi, ancien ministre de Bourguiba

22 Le Chef du Gouvernement peut demander à l'Assemblée des représentants du peuple un vote de confiance sur la poursuite de l'action du Gouvernement. Le vote a lieu à la majorité absolue des membres de l'Assemblée des représentants du peuple. Si l'Assemblée ne renouvelle pas sa confiance au Gouvernement, il est réputé démissionnaire. Cet article a été utilisé une fois et aboutit à un vote de défiance le 30 juillet 2016 à l'égard du 1re gouvernement issu des élections de 2014.

23 Le Président de la République peut demander à l'Assemblée des représentants du peuple, deux fois au maximum durant tout le mandat présidentiel, le vote de confiance sur la poursuite de l'action du Gouvernement. Le vote a lieu à la majorité absolue des membres de l'Assemblée des représentants du peuple. Si l'Assemblée ne renouvelle pas sa confiance au Gouvernement, il est réputé démissionnaire. Dans ce cas, le Président de la République charge la personnalité la mieux à même d'y parvenir de former un gouvernement, dans un délai maximum de trente jours, conformément aux paragraphes 1er, 5 et 6 de l'article 89. Si le Gouvernement n'est pas formé dans le délai prescrit ou s'il n'obtient pas la confiance de l'Assemblée des représentants du peuple, le Président de la République peut dissoudre l'Assemblée des représentants du peuple et appeler à des élections législatives anticipées, dans un délai de quarante-cinq jours au minimum et quatre-vingt-dix jours au maximum. Si les deux fois, l'Assemblée renouvelle sa confiance au Gouvernement, le Président de la République est réputé démissionnaire.

dissolution du parlement) n'ont jamais été utilisés pour résoudre ou mettre fin à une crise.

Cette tendance qui a considérablement nuit à la transition, peut être expliquée par plusieurs facteurs : Il y a bien sûr la culture tunisienne du compromis, de la négociation permanente, quitte à transgresser les règles clairement établies par la constitution.

Il y a surtout la faiblesse flagrante de traditions démocratiques dans un environnement politique, certes nouveau, mais dominé par une culture politique ancienne de la personnalisation du pouvoir.

Toutefois, la raison la plus sérieuse porte sur la dispersion et la fragmentation des pouvoirs. En effet, aucun acteur politique, aucun pouvoir n'est assez fort pour pouvoir imposer sa vision des choses ni même pour gouverner. Nous avons assisté pendant de longues années à une forme de démocratie « négative », une démocratie de « blocage » où personne ne gouverne réellement. Or une démocratie et un régime de séparation des pouvoirs, quel qu'il soit, suppose d'un côté l'équilibre entre les pouvoirs, aucun pouvoir n'exerçant une hégémonie sur l'autre. Mais de l'autre cote, le système ne peut fonctionner sans la collaboration et la coopération entre les pouvoirs. Et c'est cette coopération qui explique le fonctionnement efficace des régimes politiques dans les démocraties établies.

De plus, la transition tunisienne a un caractère « clientéliste » due à la faiblesse extrême de l'État et des traditions démocratiques. Les mécanismes formels ne fonctionnent pas durablement ou fonctionnent souvent en concomitance avec ceux informels. Les principes du contrat social, de la République, de l'intérêt supérieur de l'État, de l'intérêt général, de la redevabilité sont faiblement établis. Le pouvoir est perçu souvent comme une source de reconnaissance, de protection, de réseautage et de puissance[24].

Ce sont ces mécanismes complexes, parallèles qui déforment le fonctionnement régulier du régime politique constitutionnellement prévu et par là- même dénaturent la transition démocratique.

24 Sarah Ben Nefissa et Jallel Saada ont mis en lumière le projet islamiste d'affaibliss sement de l'État (par l'absence de toute réforme sérieuse et l'expansion du secteur informel et de la contrebande) et de ses institutions formelles et qui vise en réalité à offrir plus de facilités de passage de l'État-nation moderne à l'État islamique, précité p. 90

Cette démocratie négative peut favoriser deux tendances opposées :

– Soit une tendance « conflictogène », en particulier dans une hypothèse de « cohabitation », c'est-à-dire lorsque le chef de l'État n'est pas issu du parti vainqueur aux élections législatives, ou lorsque le chef du gouvernement n'est pas de la même mouvance politique que le chef de l'État ou simplement lorsqu'il n'y a pas de collaboration entre les deux personnages de l'État pour des raisons personnelles ou /et politiques[25]. Mais là encore, il faudrait que les mécanismes prévus par la Constitution soient appliqués et respectés pour que l'on puisse parler de cohabitation.

– La deuxième tendance est une hégémonie inévitable exercée par le chef de l'État, lorsque nous sommes dans une hypothèse de « convergence ». Lorsque le chef de l'État et le chef du gouvernement sont issus du même parti vainqueur aux élections législatives ou lorsqu'ils sont de la même mouvance, ou lorsque le chef du gouvernement est une personnalité indépendante désignée par le chef de L'État. Dans ces cas, le chef de l'État sera le vrai leader. Car le président de la République est élu directement par le peuple. Aux yeux de l'opinion publique, c'est « l'élu » au suffrage universel direct qui est le véritable chef. Tout dépendra aussi de la personnalité forte ou non de chacun des deux, de sa capacité à accepter les compromis, de son charisme...[26]

Théoriquement, cette hypothèse d'hégémonie et de conflit n'est pas systématique. Car les deux têtes de l'exécutif peuvent parfaitement se mettre d'accord sur un partage de compétences ou sur une division tacite du travail. Pour ce faire, il faudrait un grand sens de l'État, une grande intelligence politique, un sens considérable de l'intérêt général et une collaboration intense, y compris avec le parlement et surtout une tradition démocratique bien ancrée. Il reste que toutes ces hypothèses d'hégémonie du chef de l'État ne sont conformes ni au texte de la Constitution ni à son esprit, cette dernière a bien conçu un régime politique ou le chef de l'État a un rôle secondaire même s'il bénéficie d'une légitimité populaire.

En définitive, ce n'est pas tellement le régime politique tel qu'il résulte du texte de la constitution de 2014 ou de son application qui peuvent expliquer les déboires de la transition et le développement de pratiques

25 C'était le cas lorsque le deuxième chef du gouvernement Youssef Chahed s'est mis en conflit avec le président Beji Caïd Essebsi

26 C'est cette hypothèse qui s'est concrétisa entre 2015 et 2017

politiques parallèles. Les raisons sont plus profondes, elles tiennent au contexte politique qui a considérablement mis à mal la transition tunisienne.

### 2 - Un contexte politique délétère

La configuration politique n’était pas favorable à une transition apaisée. Notre thèse est que l’entrée en force des islamistes très tôt après le 14 janvier 2011 et tout au long de la décennie voire au-delà, jusqu’au 25 juillet 2022, est l’un des facteurs majeurs de la déroute de la transition démocratique en Tunisie soit directement soit indirectement, soit par action ou par omission.

Après la dissolution du Rassemblement constitutionnel destourien (RCD)[27], ancien parti au pouvoir en Tunisie, les islamistes ont dominé tout le champ politique tunisien. L’effervescence dans la création des partis, favorisée par la nouvelle législation[28] n’a pas permis la création d’un véritable parti pouvant garantir cet équilibre partisan, nécessaire pour un fonctionnement correct du régime politique tunisien. Les démocraties établies fonctionnent à peu près selon le même schéma de deux grands partis ou formations, ou coalitions, généralement, une, libérale / conservatrice, l’autre sociale/réformiste. Cette configuration favorise l’alternance qui constitue la base même d’une démocratie apaisée[29]. Or le champ politique de la Tunisie post 2011 est fondamentalement déséquilibré. D’un côté nous avons un grand parti islamiste bien organisé et largement implanté dans tout le pays y compris à l’étranger ; et de l’autre un conglomérat de partis et groupuscules, idéologiquement concurrents ou sans référentiels déterminés, et incapables de former une coalition durable pour gouverner le pays.

L’autre problème fondamental provient du parti islamiste lui-même. Il ne s’agit pas d’un parti conservateur au sens où on l’entend dans les démocraties conventionnelles fondées sur l’alternance et l’acceptation

27 Parti au pouvoir avant la révolution de 2011

28 Décret-loi n° 2011-87 du 24 septembre 2011, portant organisation des partis politiques

29 L’alternance est la base de l’idée de l’acceptation de la minorité et par là- même des minorités ou de l’opposition

de l'autre[30]. Les partis islamistes sont à juste titre suspectés de constituer des confréries voire des sociétés secrètes avec parfois des ramifications armées, dont la stratégie vise à s'emparer définitivement du pouvoir et de l'État, et de changer le modèle social et culturel du pays. Les islamistes tunisiens n'ont pas réussi à « briser cette image » malgré leur profession de foi démocratique ou parfois des concessions de sécularité concédées ici ou là dans une stratégie de conquête de pouvoir y compris par la ruse. Au contraire, par leur attachement à des débats identitaires, par un double langage permanent, ils ont contribué à créer un profond climat de méfiance à leur égard et les concessions qu'ils ont parfois concédées apparaissaient comme une arme tactique utilisée souvent comme un prélude nécessaire à la prise du pouvoir. Les islamistes tunisiens ont été incapables d'améliorer leur nature fondamentalement sectaire, et de créer un parti civil. Leur but ultime est de déconstruire l'État national à travers une soi-disant ré-islamisation de la société et des institutions de l'État. Comme le fait observer Hamadi Redissi « à l'épreuve du pouvoir, l'islamisme se trouve contraint d'opérer seulement des transformations au niveau du paraître et du discours, sans pour autant devenir un parti civil capable de gouverner le pays... ».[31]

Pourtant, la loi électorale qui a été choisie pour l'élection de l'assemblée constituante a été précisément conçue pour empêcher l'hégémonie d'un seul parti. Le scrutin proportionnel aux plus forts restes a permis la participation d'un grand nombre de partis et d'indépendants aux travaux de la constituante et à l'élaboration de la loi fondamentale du pays[32].

D'ailleurs, malheureusement, le même scrutin a été repris pour les élections législatives de 2014 ; ce qui a favorisé l'éparpillement et l'instabilité même si, là encore, aucun parti ne dominait à lui seul la vie politique du pays. Mais rien ne pouvait remettre en cause la domination des islamistes sur la scène politique.

30 On pense aux formations /partis appartenant à la mouvance de la démocratie chrétienne en Europe par exemple

31 La transition bloquée précité p.9, voir aussi la contribution de Sarah Ben Nefissa et Jallel Saada précité, spéc. P. 81 et s..

32 Les islamistes avaient proposé le scrutin proportionnel avec la plus forte moyenne, qui était de nature à écarter les petites formations et à consacrer une hégémonie écrasante des grands partis.

C'est aussi là une des faiblesses de la transition politique tunisienne. C'était une transition populaire, par le bas, non dirigée par une quelconque formation politique. Dès lors, après la phase de nécessaire déconstruction en 2011, le champ était vide, le pouvoir était à prendre par ceux qui étaient les plus aptes à le prendre. Seuls les islamistes étaient capables de le faire, même si souvent, ils n'apparaissaient pas au-devant de la scène ou même s'il y avait des formations séculières plus ou moins influentes qui les ont accompagnés dans l'exercice du pouvoir.

La récupération a été rapide, les islamistes ont réussi à se placer vite comme les grands vainqueurs de la révolution de 2011. Ils avaient comme seule légitimité d'être les principales victimes de la dictature. Les années de « braise » leur ont permis de bénéficier d'une « légitimité carcérale » qui n'est pourtant pas justifiée ni par leur présence dans les mouvements qui ont abouti à l'effondrement du régime de Ben Ali, ni dans les revendications des manifestants à travers tout le pays avant 2011[33].

Fins manipulatrices, ils ont réussi à s'imposer comme des acteurs incontournables de la transition en Tunisie. Il est vrai qu'ils disposaient d'une organisation et d'une discipline exemplaires. Ensuite, sur le plan du fond ils ont posé et imposé les termes du débat sociétal et constitutionnel qui permettait d'asseoir leur domination.

Très vite ce sont des questions identitaires qui ont dominé et essoufflé la scène politique tunisienne post 2011 et, en même temps, appauvri la transition de tout son contenu social et économique.

En particulier, des questions aussi polémiques que l'identité de l'État, la place de la religion et de Shari'a en tant que source du droit, les limites aux droits et libertés, la place de la femme et d'autres questions encore [34] ont occupé une place centrale lors de l'adoption de la constitution de 2014 et même durant de longues années après. Ces questions, non seulement ont épuisé l'opinion publique et l'élite, mais surtout ont occulté les véritables questions qui expliquent d'ailleurs l'échec ou le coup d'arrêt de la transition tunisienne.

33 Aucun mot d'ordre relatif à l'Islam ou à l'application de la charia ou à la place de la femme n'a été levé

34 Le financement islamique, la gestion islamique des biens immobiliers, le tourisme islamique, enseignement islamique et écoles coraniques, etc.

Des points de fractures ont dominé la transition tunisienne, la plus importante étant celle entre les modernistes et les islamistes. D'une bataille à une autre, tant au sein de la constituante que dans la société, la transition politique est devenue non une phase dans le développement de la Tunisie mais un enjeu de pouvoir pour imposer ou contrecarrer un modèle de société, pour s'emparer des institutions de l'État voire pour supprimer l'adversaire politique. Loin d'être apaisée, la transition était devenue un butin de guerre.

Pourtant les islamistes tunisiens avaient une chance inouïe d'affirmer d'abord leur « tunisianité », mise à mal par des allégeances étrangères plus ou moins suspectes qu'ils entretenaient. De plus, leur appartenance supposée à l'Internationale islamiste (frères musulmans, union internationale des savants musulmans notamment) au-delà des frontières nationales jette la suspicion sur leur prétendue défense des intérêts nationaux.

Ils avaient fait face à un autre défi plus important. C'était de montrer au monde extérieur que l'islam et la démocratie étaient conciliables et que le premier n'était pas synonyme de totalitarisme. Or le néo islamisme au pouvoir en Tunisie depuis 2011 est fortement soupçonnée d'utiliser la démocratie en tant que méthode procédurale jetable non pas pour y entrer de manière irréversible, mais pour s'emparer définitivement du pouvoir par les élections (la théorie de l'échelle[35]) en vue de reproduire un modèle théocratique de pouvoir.

Curieusement d'ailleurs, par conviction ou par opportunisme l'exercice réel du pouvoir par le post islamisme tunisien en Tunisie s'est éloigné d'un modèle religieux qui leur est de prime abord attaché.

Hamadi Redissi écrit à cet égard « Le post-islamisme sort de l'islamisme, non pas pour entrer dans la démocratie, mais pour entrer dans une sorte de clan politico-mafieux sur le modèle plus traditionnel de la politique de droite de n'importe quel pays. (...) un type de pouvoir clanique en rapport avec la corruption, la distribution des préventes, la mise au pas des institutions de l'État. C'est à la fois une tentation néo-autoritaire mais

35 On accède au pouvoir les élections et une fois installé au pouvoir on « pousse l'échelle » pour interdire aux autres d'y accéder ou leur rendre difficile d'y accéder par diverses méthodes indirectes.

aussi de type clanique »[36]. Même si on considère que c'est une appréciation excessive, cela n'est pas très loin de la perception des islamistes auprès de larges pans de la société tunisienne.

D'un autre côté, les rapports avec les autres partis au pouvoir (souvent sécularisés) n'a pas permis de créer un système de gouvernement et de gouvernance vertueux et des pratiques permettant de créer en Tunisie des traditions démocratiques honnêtes d'exercice du pouvoir.

Des alliances contre- nature n'ont pas permis de résoudre les problèmes de la Tunisie, mais ont permis, au contraire, de créer des pratiques non démocratiques qui ont joué un rôle considérablement négatif dans la déliquescence de la transition : par exemple affaiblir les autres forces politiques alliées au pouvoir ou partenaires au sein du gouvernement en vue de leur implosion,[37] tolérance avec des pratiques mafieuses des groupes d'influence, alliances internationales suspectes...

En 2014, la victoire courte des « modernistes » n'a pas permis de sauver la transition. Forts d'avoir un chef charismatique, expérimenté et ayant un appui international appréciable, ils avaient pourtant échoué. Une alliance contre nature avec les islamistes, une très faible cohérence idéologique, des conflits internes, un leader empêtré dans des agendas « familiaux », sont parmi les raisons de l'échec. De plus, les mêmes pratiques de clientélisme, de prédation se sont reproduites y compris au sein d'une nouvelle génération de jeunes militants modernistes.

Une gestion chaotique du pouvoir y compris au sein des plus hautes institutions de l'État (parlement par exemple[38]) finira par discréditer totalement l'idée même de transition démocratique.

Au total, il n'y a plus de partis attractifs annonçant des idées et offrant des programmes susceptibles d'apparaître comme une alternance crédible au modèle islamiste.

36 https://www.institut-ega.org/l/quel-bilan-tirer-de-la-transition-democraa tique-en-tunisie/

37 C'est pratiquement le cas de toutes les formations qui se sont alliés avec les islamistes

38 Voir Salsabil Klibi, « le délabrement du pouvoir législatif », in la transition bloquée, précitée, p.141.

La transition a créé malheureusement un système défectueux et arrogant. Excepté la lutte contre le terrorisme,[39] elle a même suscité le désarroi, le désespoir ou la résignation chez les jeunes et dans les régions déshéritées.

Enfin le terrorisme n'a pas servi les islamistes tunisiens. Au contraire, ils n'ont pas pu convaincre l'opinion publique de la sincérité de leurs déclarations contre le terrorisme en raison de leur double langage récurrent (par exemple les nombreuses déclarations de leurs dirigeants), leur proximité avec les mouvements terroristes[40], leur laxisme et leur implication reconnue par eux, dans des actes de nature terroriste avant 2011[41].

### 3. Transition politique et problèmes économiques

La transition politique tunisienne pose un problème d'une importance cruciale qui dépasse, d'ailleurs, le cas restreint de la Tunisie. Peut-on mener une transition à son terme heureux, c'est-à-dire démocratique, sans un pré- requis minimal de conditions économiques. En d'autres termes peut-on réaliser une transition démocratique sans prospérité économique et un bien-être collectif ?

À l'exception de très rares exceptions dans le monde, la démocratie ne semble pas survivre longtemps dans un contexte de crise économique durable, de forts déséquilibres structurels et de récession profonde ou de misère humaine. Souvent, elle est soit interrompue, soit pervertie par des pratiques qui dénaturent l'idée même de démocratie. Sans la prospérité, la démocratie est altérée dans sa substance même. Tôt ou tard elle finira par échouer. Dans le meilleur des cas nous aurons une pseudo démocratie, de nature procédurale limitée au seul aspect électoral plus ou moins libre et transparent.

39 Indéniablement la lutte contre le terrorisme était une réussite. En dépit des coûts élevés, la Tunisie a réussi à réduire considérablement le danger terroriste malgré la promiscuité de la Libye et le nombre important de Tunisiens recrutées dans les zones de conflit.

40 Par exemple lors de l'attaque de l'ambassade des États-Unis, ou lorsqu'ils ont incité les jeunes Tunisiens à rejoindre le « jihad » en Syrie.

41 Attaque de Sousse et Bab Souika en 1987

La transition tunisienne a vécu une décennie[42] sans prospérité, ce qui est extrêmement risqué et dangereux pour une démocratie naissante.

Il y avait un décalage reçurent entre : d'une part une élite politique préoccupée par les débats constitutionnels et l'étau identitaire tendu par les islamistes et d'autre part les revendications et aspirations de ceux qui se sont soulevés avant 2011 contre le régime de la dictature. On a vite oublié que la révolution tunisienne a été d'abord éthique contre la corruption et les pratiques mafieuses et ensuite sociale contre les inégalités sociales et pour le bien-être.

Or, force est de constater que les autorités politiques de la transition ont particulièrement privilégié le chantier de la transition démocratique au détriment de la transition économique et sociale. L'échec de la révolution à traduire la démocratie en progrès social, a fini par exacerber la défiance de larges couches de la population envers les institutions de représentation démocratique[43]. Les disparités entre les régions, le modèle de développement archaïque, inégalitaire, et vulnérable aux aléas climatiques et autres, la faiblesse d'un secteur privé réellement national préoccupé davantage par un esprit rentier voire prédateur pour certains, l'incapacité de l'État à initier un nouveau modèle de développement ou au moins une nouvelle dynamique économique. Enfin, l'instabilité politique n'a pas permis de traduire la transition démocratique en progrès social et à créer les conditions ou les prémices d'une indispensable prospérité. Au final cette non-concordance a fini par discréditer totalement l'idée de transition voire même l'idée même de démocratie.

42 On a beaucoup parlé de la « décennie noire ». En fait, ce terme- médiatique- ne reflète pas tout à fait la réalité car il n'est pas exact de parler de décennie car toute la question est de déterminer le début de la décennie : est-ce le 23 octobre 2011 date des élections de l'assemblée constituante chargée adopter la nouvelle constitution ou le 26 octobre 2014 date de l'élection de la première Assemblée législative issue de la nouvelle constitution de 2014 et qui est normalement chargée de mettre en œuvre les nouvelles politiques économiques ?

43 Voir Par Abdessalam Jaldi et Yasmine Akrimi, Tunisie : de la révolution de 2011 à la chute de la IIème République, Policy Center for the New South, Rabat, Maroc, aout 2022, notamment page 10 et s. Disponible sur internet : https://www.policycenter.ma/publications/tunisie-de-la-revolution-de- 2011-la-chute-de-la-iieme-republique

Ceci pose en réalité une question un peu taboue mais qui doit être posée : peut-on réaliser, assez rapidement, le développement économique et social, le bien-être général dans un contexte de démocratie, de liberté et donc de palabres et de négociations incessantes ? La question ne concerne pas des pays où la démocratie est bien établie, mais ceux où elle n'est pas considérée comme un bien commun.

Il est indéniable qu'en Tunisie comme dans de nombreux pays comparables, la démocratie entendue seulement comme siège des libertés y compris des femmes et des minorités et d'élections transparentes est la chose des élites modernistes. À dire vrai, les élites islamistes et conservatrices par exemple ne croient pas beaucoup à cet aspect de la démocratie, sauf s'ils en sont acculés. C'est un simple moyen utilitaire pour accéder au pouvoir et le conserver par tous les moyens.

Quant aux couches populaires, elles n'ont ni la patience ni les moyens de supporter durablement l'indigence et la pauvreté. Si la démocratie ne peut pas assurer au moins la croissance économique et si possible la justice sociale, elle est vite délaissée. La croissance économique exige une rapidité décisionnelle et ne peut supporter durablement les négociations propres au modèle démocratique.

En effet, une évidence semble gagner l'espace public tunisien qui peut être résumée par cette question : « à quoi sert la liberté si elle ne garantit pas le pain ».

En réalité il y a comme un profond quiproquo : on a considéré comme allant de soi que la démocratie produit de la prospérité. Or la démocratie dans sa signification première (demos cratos) n'a rien à voir avec le bien-être économique même si son devenir y est très lié. Les choix des peuples peuvent même être dangereux si par exemple ils aboutissent à une forme de populisme ou à des modèles/ choix économiques non efficients.

D'un autre côté, sur le plan strictement premier du sens de la démocratie, on peut déplorer une certaine impatience dans la transition tunisienne, car il semble tout à fait irréaliste de vouloir passer, en si peu de temps, d'un long passé colonial et d'une succession, de dictatures ou de pouvoir autocratique à une démocratie apaisée.

Les démocraties établies, si elles sont solides, c'est parce qu'elles ont souvent payé un lourd et long tribut pour arriver à un système bien ancré dans la société, apaisé et irréversible.

Devrait-on connaître le même long cheminement ? Pas forcément, car avec le développement prodigieux de l'économie, des moyens de communications et d'échanges, y compris des idées, de la solidarité internationale, de la mondialisation... le temps peut être considérablement raccourci, même si chaque peuple doit vivre sa propre expérience et a sans doute besoin d'un temps minimum pour s'approprier son cheminement vers la démocratie.

En définitive, il faut admettre que la démocratie en Tunisie reste encore à inventer. À l'instar de l'Afrique sub-saharienne où elle a connu des fortunes diverses, elle se heurte de manière presque tragique à une incapacité de transposer des principes supposés universels et à une difficulté majeure de s'approprier ces principes.

La réussite de toute transition dépend en effet d'une double capacité, à savoir le respect et la mise en œuvre de principes universels, sans lesquels il ne peut y avoir de démocratie, mais surtout de l'adaptation des moyens choisis en vue de s'approprier ces principes.

La nécessité d'une transition politique, démocratique, civile, apaisée et inclusive suppose une vision commune. Pour aboutir à cette vision commune, il faut un seuil tolérable des inégalités. Or en Tunisie les disparités sont insupportables et constituent un obstacle majeur pour la réussite de la transition démocratique.

Seule la disparition ou au moins une atténuation de ces disparités est de nature à faciliter l'appropriation de principes consensuels et de valeurs propres tels que le pardon, la réconciliation, l'inclusion, la tolérance et le dialogue.

L'avenir de la transition démocratique dépend certes de la réussite d'une transition économique[44]. Mais, à notre avis, seul le contexte politique est décisif : seul(e)s des politi(ques) (ciens) éclairé(e)s peuvent élaborer et mettre en œuvre une vision économique appropriée pour la réussite de la transition démocratique tunisienne.

44 Abdessalam Jaldi, Tunisie : la démocratie à l'épreuve de la transition économique, Policy Center for the New South (PCNS), Rabat, Morocco, avril 2021, www.policycenter.ma

# Le nouveau « spectre » qui hante l'imaginaire social[1]

**Ahmet Insel**

Jacques Derrida, dans *Spectres de Marx*[2], s'inspirant du célèbre début du *Manifeste communiste,* – « Un spectre hante l'Europe : le spectre du communisme. »– aborde le thème du fantôme et de la hantise. Il s'agit de la hantise du spectre. *Spectres de Marx* est une version élargie d'une longue conférence que Derrida a donnée à l'université de Californie en avril 1993 : « *Where is Marxism going ?* » Dans cette conférence, Derrida sous-entend le retour du marxisme, déclaré mort dans une période d'effondrement des régimes communistes et le surgissement « d'un nouveau désordre mondial tentant d'établir son néocapitalisme et son néolibéralisme ». Il s'agit d'une lutte pour une nouvelle hégémonie qui permet à Derrida de rappeler que « la hantise est inhérente à toute hégémonie ». Parce que la hantise est un « être » qui oscille justement entre l'existence et la non-existence, elle perturbe la progression rectiligne du temps. D'où la proposition de Derrida que la hantise peut être le sujet d'un domaine d'analyse. L'hantologie ou science de la hantise aurait comme but de définir et d'analyser la logique spectrale de la pensée et de son surgissement, en l'occurrence le retour du marxisme.

S'agit-il néanmoins d'un vrai retour ou d'un retour hanté ? La hantise en question n'est pas seulement le retour du passé. C'est aussi un futur que le passé anticipe, mais qui ne revient jamais. La montée quasi simultanée

1 Une version plus courte de cet article a été publiée en turc sur le site de la revue *Birikim* en février 2024.

2 Jacques Derrida, *Spectres de Marx,* Galilée, 1993.

de la vague d'extrême-droite dans de nombreux pays aujourd'hui, et la capacité des gouvernements autoritaires/autocratiques à continuer à consolider leur pouvoir avec le consentement ou l'indifférence de l'électorat, ne sont-elles pas liées à la hantise d'un tel spectre dans l'imagination politico-sociale contemporaine ?

C'est ce que l'on observe peut-être plus clairement dans les pays d'Europe centrale et orientale au cours des trois dernières décennies qui ont suivi l'effondrement de l'Union soviétique. Sadeq Rahimi, dans *The Hauntology of Everyday Life*[3], en mobilisant les méthodes de l'ethnographie et de la psychanalyse clinique, développe l'observation de Derrida, et attire notre attention sur le fait que ce n'est pas la mémoire des disparus qui hante, mais ce qui vient à sa place, ou plutôt ce qui est promis à venir.

En reprenant cette proposition de Rahimi, on peut se poser la question suivante : la raison principale de l'expression croissante d'une sorte de nostalgie pour le passé de l'ère communiste dans l'ancien bloc de l'Est aujourd'hui est-elle cette hantise qui surgit du non-évènement ? Dans les sondages d'opinion réalisés en Roumanie, en 2019 par exemple, 52 % des personnes interrogées déclaraient que l'ancien régime communiste était meilleur pour la Roumanie, et que la vie était plus confortable à l'époque[4]. Cette nostalgie a augmenté notamment au cours de la décennie écoulée. Une situation similaire est observée en Russie et dans presque tous les pays de l'ancien bloc de l'Est, en particulier parmi les pauvres, les habitants des petites villes et des provinces reculées, et chez les retraités.

Certes, les résultats de ces sondages doivent être interprétés avec prudence. Ils ne révèlent pas le passé, mais la perception du présent à l'aune d'un passé mythifié. On peut aussi avoir un écart de perception entre la situation réelle matérielle d'aujourd'hui et celle d'antan. Dans la plupart des anciens pays membres du Pacte de Varsovie, les données économiques montrent que tout le monde a plus ou moins profité de la croissance dans les trente dernières années. En revanche, les inégalités économiques se sont creusées en parallèle, les écarts entre les groupes sociaux se sont amplifiés notamment en termes de capacité à bénéficier

3 Sadeq Rahimi, *The Hauntology of Everyday Life*, Palgrave, 2021.

4 Alexandra Iancu, « Filling the Ideological Void: "Restorative" Nostalgia and the Radical Right Parties in Romania », *Sociologia- Slovak Sociological Review*, 55 (2), 2023.

de nouvelles opportunités, les espoirs pour l'avenir s'assombrissent pour les franges vulnérables de la population, les liens sociaux se délitent, la corruption quasi institutionnalisée dans les pourtours du pouvoir conduit à l'émergence de nouvelles classes oligarchiques. En conséquence, se renforce une nostalgie alimentée par le fait que le paradis terrestre promis lors du renversement des régimes communistes soit resté une chimère. Comme les conditions de réalisation de ce qui avait été promis, notamment les structures d'un État-providence ont également été démantelées et détruites au cours de la transition, la nostalgie est condamnée à se transformer en illusion. Pendant que le passé est détruit, l'avenir promis disparaît de l'agenda social, et donc l'avenir possible et souhaitable disparaît de l'horizon.

Dans ce contexte, même si la croissance économique se poursuit, une partie importante de la société, parfois même sa majorité, a de plus en plus tendance à « confier son destin » à un pouvoir autoritaire qui est censé protéger la population des attaques destructrices des forces du marché non réglementé. Il s'agit d'une sorte de nostalgie de l'État paternaliste, « qui châtie bien parce qu'il aime bien ». Cependant, ces figures protectrices, tout en pointant inlassablement les « dangers imminents et réels » tels que l'invasion par les immigrants, la perte ou la dilution de l'identité nationale, les conspirations des forces du mal contre la nation, les ennemis internes qui perturbent l'union nationale et bien d'autres périls similaires, ne sont pas moins les principaux organisateurs et acteurs du capitalisme autoritaire d'aujourd'hui saupoudré de nationalisme et du culte de l'authenticité culturelle.

Cette hantise n'est pas propre au monde du post-régime communiste. Dans son livre sur la politique des « rackets », Kai Lindemann analyse dans les pays venant du capitalisme libéral les attaques menées par les politiques néolibérales sous le prétexte de l'impérieuse nécessité de la « destruction créatrice », et sa perception par une large partie de la population comme simplement une destruction de leur environnement social[5]. Il montre les modalités de ces politiques de confiscation organisée, qu'il définit comme « la pratique des classes dirigeantes », et

5 Kai Lindemann, *Die Politiks der Rackets. Zur Praxis der herrschenden Klassen*, Verlag Westfalisches Dampfboot, 2021 [Politique de rackets. La pratique des classes dominantes].

les contextualisent dans un ordre étatique qui perd peu à peu sa dimension de solidarité. Cette politique de confiscation a été réalisée au vu et au su de tous, et d'une manière particulièrement massive dans les « pays en transition » après la chute des régimes communistes. Il a fallu vingt ans pour que s'effondre le mythe de l'effet de ruissellement selon lequel l'enrichissement des plus riches profite *in fine* aux pauvres. Cela signifie également que les promesses de l'idéologie de transition néolibérale ou de marché intégral, tellement à la mode au début des années 1990, se sont avérées n'être guère plus qu'une chimère.

C'est cet effondrement qui alimente, trente ans après la chute de Ceausescu en Roumanie, la nostalgie de cette ère dans environ la moitié de la population. En Pologne, les conservateurs-autoritaires du Parti droit et justice (PiS) ont pu arriver au pouvoir et y rester huit ans en canalisant cette nostalgie de l'État providence (en le restaurant en partie) et le rejet du techno-libéralisme. Le régime d'autocratie élective en Hongrie constitue aujourd'hui dans une certaine mesure le modèle le plus abouti d'un national-capitalisme autoritaire[6], bien résilient, avec un système électoral libre mais sans État de droit et sans la séparation des pouvoirs.

Un spectre similaire hante aussi les sociétés issues du capitalisme libéral. La nostalgie, alimentée par la prise de conscience que la situation réelle n'a rien à voir avec ce qui avait été promis par « la fin de l'histoire » ou par la société de marché, que l'avenir est sombre et que ce qui avait été promis est impossible à réaliser ou qu'elle se réalise bien autrement dans le techno-capitalisme financiarisé aux profits d'une petite minorité, ne suffit pas pour rendre les mouvements de gauche au sens large aux yeux du grand nombre. Le nouveau spectre qui hante l'Europe et les Amériques, souvent par défaut, est celui de l'extrême-droite xénophobe, celui des partis prônant l'ordre national. Le contexte de crise sociale, au grand dam de la gauche, devient un terrain fertile pour l'émergence des démagogues qui promettent de rétablir l'âge d'or perdu. Et quand ils arrivent au pouvoir, l'incapacité de réaliser l'âge d'or promis aboutit finalement à l'augmentation de la dose de violence et d'oppression du régime,

6 Pierre-Yves Hénin et Ahmet Insel, *Le national-capitalisme autoritaire, une menace pour la démocratie*, Éditions Bleu autour, 2021.

à la domination des politiques d'exclusion et de création d'ennemis intérieurs et extérieurs.

La grande désillusion engendrée par la promesse du paradis terrestre de la société de marché n'a pas permis aux mouvements de gauche, qui sont censés agir conformément aux objectifs d'égalité, de liberté et de solidarité, de gagner en crédibilité dans la plupart des sociétés. Au cours des quinze dernières années, par la surpolitisation passionnelle des uns, alimentée notamment par la profusion des théories complotistes et de dépolitisation des autres, les électeurs qui continuent à aller aux urnes se sont retournés de plus en plus vers des *strongmen* et les mouvements d'extrême droite ou populisto-autoritaires. D'où la tentation dans certains courants de la gauche radicale de canaliser ce tropisme pour l'extrême-droite par des coups de menton « de gauche » au risque de légitimer sa version authentique. C'est le summum de l'emprise par ce qui hante.

Plus fondamentalement, une raison importante de la relative inaudibilité des propositions de la gauche en général dans ce contexte d'implosion sociale découle des fondements épistémologiques de la pensée de gauche. Son univers de réflexion, en tant que pensée issue de la modernité, est marqué par la croissance économique. Les idéaux de la gauche, notamment l'égalité, sont compatibles avec la liberté dans une dynamique d'amélioration générale des conditions de vie de tous. Les quelques expériences d'égalisation des conditions par la seule redistribution forcée ont montré les résultats régressifs pour tous, sauf pour ceux qui sont aux commandes. Mais d'autre part, c'est aussi la gauche, et pas seulement sa composante écologiste, qui rappelle que la croissance économique est la source majeure des problèmes d'aujourd'hui et encore plus ceux d'avenir. Dans un large spectre allant des écologistes aux socialistes et aux mouvements de la gauche radicale, la dénonciation des catastrophes imminentes a pris le pas sur l'imagination d'un avenir souhaitable possible. Ce qui alimente encore plus la hantise. Or donner la priorité à l'annonce des catastrophes imminentes rend encore plus difficile de faire face au spectre qui hante l'imagination, ce spectre d'un avenir politico-social qui a été promis dans le passé mais n'a jamais été réalisé. Quand la gauche, qui est censée guider l'imaginaire socialo-historique pour instituer un avenir humain possible et souhaitable, adopte la « fin du monde imminente » comme le thème politique principal de sa mobilisation, n'encourage-t-elle pas *in fine* les masses, dont l'imaginaire social est hanté par le spectre des disparus, à se tourner vers les bras tendus des *strong leaders* ?

Jean Marcou soulignait en 2017 cette « quête obsessionnelle d'un pouvoir fort » en Turquie, exacerbée par le long règne d'Erdogan et de son parti[7]. Cette quête n'est-elle pas le fruit d'un autre spectre qui hante la société turque, celle des violences perpétrées et une paix promise jamais arrivée ?

7 Jean Marcou, « Turquie. La quête obsessionnelle d'un pouvoir fort », *Le Monde Diplomatique,* avril 2017.

# Le droit et la science politique dans les études européennes : quelle synergie ?

**Sabine Saurugger, Fabien Terpan**

L'objet de cette contribution est de proposer quelques éléments de réflexion sur les interactions entre disciplines, et plus particulièrement entre droit et science politique, dans le champ des études européennes, interactions rendues difficiles par l'existence de frontières institutionnelles multiples. En France, les frontières entre droit et science politique ont été érigées après une période fusionnelle, celle de l'agrégation commune aux deux disciplines (avant 1988). En prenant ses distances par rapport au droit, la science politique française s'est constituée en discipline autonome, tout en entretenant une proximité avec la sociologie[1]. La science politique relève de la Section 04 du CNU, tandis que le droit se sépare en deux disciplines selon que l'on se rattache au droit privé (Section 01) ou au droit public (Section 02).

Le découpage en disciplines est aujourd'hui fortement institutionnalisé, au sein des communautés académiques nationales, de sorte qu'il est difficile de s'en écarter. Si les frontières disciplinaires peuvent varier d'un État à un autre, et parfois même au sein d'un même État[2], cela reste marginal. Largement acceptée, la catégorisation des disciplines a sans doute son utilité. Elle structure l'organisation de l'enseignement et de

1 Dans le cadre du CNRS, une autre forme d'interaction a été mise en place, entre sociologie et sciences du droit, au sein de la section 36. Voir aussi Favre, Pierre. La science politique en France depuis 1945. *International Political Science Review*, 2(1), 1981, 95-120.

2 Voir, par exemple, les différences de délimitation qui existent, en France, entre les sections du CNU et les sections du CNRS.

la recherche, et par ricochet les carrières académiques. La spécialisation disciplinaire, qui en découle, offre la garantie d'une certaine maîtrise des outils et présupposés de la discipline. Dès lors qu'il est déjà difficile de maîtriser parfaitement sa propre discipline, comment pourrait-on disposer de compétences équivalentes dans les autres disciplines, même voisines ? Enfin, l'ancrage disciplinaire facilite les collaborations : les chercheurs d'une même discipline, d'où qu'ils viennent, sont unis par un langage commun, des cadres d'analyse qui leur sont propres, et qui facilitent les travaux collectifs.

Mais si les frontières disciplinaires ont leur utilité, elles peuvent aussi nous brider dès lors qu'elles empêchent de répondre pleinement à certaines questions de recherche. La structuration en disciplines et la spécialisation de la recherche qu'elle induit, entraînent un risque de cloisonnement disciplinaire. Or, les interactions entre disciplines, au sein des sciences sociales, mais aussi entre sciences sociales et sciences et techniques, sont nécessaires si l'on ne veut pas laisser trop d'angles morts dans la recherche académique.

Ce type de questionnement n'est pas propre aux questions européennes : tous les objets d'études peuvent se prêter à la pluridisciplinarité (étude d'un sujet par juxtaposition de disciplines) ou à l'interdisciplinarité (étude d'un sujet par entrecroisement de disciplines). Mais on peut défendre l'idée que l'Union européenne se prête particulièrement au croisement des disciplines. Dès lors qu'on cherche à comprendre dans sa globalité le phénomène que constitue l'intégration européenne (et sa désintégration éventuelle), on sera tenté de développer des approches holistiques, et donc pluri- ou interdisciplinaires. Nous développerons cette idée en montrant pourquoi (I) mais aussi comment (II) les frontières disciplinaires doivent/peuvent être dépassées dans le champ des études européennes.

## 1. Pourquoi les frontières disciplinaires doivent être dépassées

La compréhension de l'Union européenne suppose de multiplier et diversifier les points de vue et approches. Cela implique, pour les juristes, d'avoir une approche ouverte sur les sciences sociales, et pour les politistes, de ne pas rejeter comme non pertinents, ou hors de leur champ d'analyse, les aspects juridiques des questions étudiées.

**Les limites d'une approche positiviste et technicienne du droit**

La volonté d'être pleinement ancré dans les disciplines du droit public ou du droit privé amène un grand nombre de juristes à développer essentiellement des approches positivistes et techniciennes du droit de l'Union européenne (UE) consistant à étudier le droit existant –ou droit positif- en se focalisant sur les traités, le droit secondaire et sur l'interprétation qu'en donne le juge, sans se préoccuper de la manière dont ce droit a été conçu, ni de ses effets pratiques.

En droit de l'UE, cette approche est longtemps restée la seule existante, que ce soit dans les publications anglophones[3] ou francophones[4], jusqu'à ce qu'elle fasse l'objet de critiques à partir des années 1980. Ces critiques sont venues en grande partie des États-Unis, dans le contexte de la montée du réalisme juridique[5]. Martin Shapiro, en 1979, dépeint une publication relevant de l'approche doctrinale comme :

> « a work which was a careful and systematic exposition of the judicial provisions of the 'constitution' of the [EEC] ... But it represents a stage of constitutional scholarship which American constitutional law must have passed about seventy years ago ... It is constitutional law without politics. [The work] presents the Community as a juristic idea; the written constitution as a sacred text; the professional commentary as a legal truth; the case law as the inevitable working out of the correct implications of the constitutional text; and the constitutional court as the disembodied voice of right reason and constitutional teleology ... [S]uch an approach has proved fundamentally arid in the study of individual constitutions."[6]

Sans doute l'approche positiviste et technicienne permet-elle d'améliorer la connaissance du droit de l'UE en offrant une description la plus exacte possible du matériau empirique observé. Les tenants de cette approche étudieront minutieusement les changements opérés par telle

3 Par exemple : D. Lasok and J. W. Bridge, *An Introduction to the Law and Institutions of the European Communities*, London: Butterworths, 1973.

4 Par exemple : G. Vandersanden & A. Barav, *Contentieux Communautaire*, Bruylant, 1977.

5 Par exemple : R. A. Posner, Legal Formalism, Legal Realism, and the Interpretation of Statutes and the Constitution, *Case Western Reserve Law Review*, 37,1986, p.179.

6 M. Shapiro, Comparative Law and Comparative Politics, *Southern California Law Review*, 53, 1979, p.538.

directive ou commenteront tel arrêt de la Cour de justice. Il en résultera une multitude d'études de cas permettant d'acquérir des connaissances empiriques sur des aspects précis du droit de l'Union européenne. À condition d'être clair sur le fait qu'on ne prétend pas faire autre chose qu'une fine description empirique du droit positif, il n'y a donc aucune raison de discréditer ce type d'approches.

Bien que nécessaire, ce pointillisme juridique n'est toutefois pas suffisant, car il ne permet pas de répondre à des questions plus générales, qui sont communes aux différentes sciences sociales. Il masque le fait que le droit – et plus particulièrement l'interprétation qu'en donne le juge – n'est pas « la » réalité, ou n'en constitue qu'une partie. Si l'on se contente d'une conception resserrée de la science juridique, relevant de l'approche doctrinale, cela débouche sur un cloisonnement qui, en fin de compte, dessert la recherche de manière générale. La science du droit peut aussi s'enrichir d'autres approches épistémologiques, communes aux sciences sociales, comme le font les tenants de l'approche dite « contextualiste » (voir *infra*, partie 2).

**Les limites d'une science politique qui se désintéresse des institutions formelles**

La tentation du cloisonnement n'est pas propre à la discipline juridique. La science politique ignore souvent le droit, la technique juridique, les institutions publiques, la règle de droit ou les sources juridiques des politiques publiques. Les raisons sont multiples : « pureté disciplinaire », manque d'intérêt pour la matière juridique, ou minimisation de l'importance du droit dans les sociétés humaines (où seuls compteraient les rapports de force et les déterminants socio-économiques). En France, la proximité entre science politique et sociologie renforce une tendance au rejet du droit, et plus généralement au rejet des institutions formelles.

Alors que les juristes oublient parfois – ou masquent le fait – que les dispositions des traités, des règlements, des directives, ne sont pas « la » réalité, mais uniquement une forme d'encadrement juridique des activités sociales, les politistes, en mettant de côté le cadre juridique, masquent le fait que les choix opérés par les acteurs sont aussi déterminés par les règles issues des traités européens, des règlements, des directives, de la jurisprudence. Prenons l'exemple de la jurisprudence de la Cour de justice de l'Union européenne (CJUE). Une position trop strictement juridique voudrait qu'il existe une bonne interprétation du droit de l'UE (que la Cour doit trouver et qu'elle va appliquer en fonction de critères uniquement juridiques). Une position trop strictement politiste voudrait que la Cour soit une actrice politique, totalement libre de ses choix, sans contrainte issue du droit existant. Or, les bonnes réponses sont sans doute à mi-chemin : Oui, la CJUE, comme toutes les cours, dispose d'une marge d'interprétation et effectue des choix, en fonction de critères qui ne sont pas uniquement juridiques[7]. Mais elle le fait dans les termes et selon la logique du droit, en développant une argumentation juridique, au risque, si elle ne le faisait pas, de perdre toute légitimité.

L'hyper-cloisonnement des disciplines doit donc être évité. Sans aller jusqu'à un abolissement des frontières disciplinaires, il faut laisser place à des approches qui mêlent les différentes disciplines des sciences sociales.

## 2. Comment les frontières disciplinaires peuvent être dépassées

Deux formes d'ouverture disciplinaire seront évoquées dans cette seconde partie. La première se situe dans le cadre de travaux individuels, la seconde suppose une collaboration entre auteurs de disciplines différentes.

### Le choix individuel du décloisonnement

Un groupe d'auteurs, bien qu'ils soient le plus souvent ancrés institutionnellement dans une discipline, ont fait le choix de l'ouverture.

Pour les juristes européanistes, une approche ouverte consistera à intégrer à son analyse des éléments de « contexte » extra-juridique, ainsi qu'une approche méthodologique nourrie des différentes sciences sociales[8]. Les tenants de cette approche « contextualiste » sont apparus plus particulièrement dans les années 1980, date à partir de laquelle l'analyse du droit européen se diversifie. Ils ont en commun, outre le refus

7 M. Blauberger, A.,Heindlmaier, D. Kramer, D. Martinsen, J. S. Thierry, A. Schenk & B. Werner, ECJ judges read the morning papers. Explaining the turnaround of European citizenship jurisprudence, *Journal of European Public Policy*, Vol.25, n°10, 2018, pp.1422-1441.

8 Pour une présentation synthétique des différentes approches en droit de l'Union européenne, voir F. Terpan, Les approches juridiques de l'intégration européenne : lignes de fracture et complémentarité, in F. Larat, M. Mangenot, S.

de s'enfermer dans la technicité et le pointillisme juridique, une volonté de répondre à des questions générales, au-delà du matériau empirique étudié, et le souci d'appréhender les facteurs (juridiques ou non) expliquant les transformations du droit.

Cet ancrage du droit dans les sciences sociales reste cependant plus marqué dans le monde anglo-saxon et dans les publications en langue anglaise, que sur le continent européen et dans les publications non anglophones. Il n'est pas étonnant que les premières approches contextualistes de l'intégration européenne aient émané dans un premier temps d'universitaires américains tels que Joseph H. H. Weiler ou Eric Stein[9]. La tradition juridique de l'Institut Universitaire européen de Florence, initiée par le projet « Integration through law » à la fin des années 1980[10], a beaucoup joué en faveur du développement de ces approches. Dans le même temps, en 1987, Francis Snyder fait de l'ouverture aux sciences sociales une des « nouvelles directions » qu'il assigne au droit européen, et plus particulièrement à l'*European Law Journal*, revue qu'il crée, avec d'autres, en 1995, et qui se donne pour objectif de situer le droit européen dans son contexte social, culturel, politique et économique.

Aujourd'hui, un plus grand nombre de juristes tendent à défendre une vision réformée et/ou élargie de leur discipline, dans la lignée des deux traditions précitées (European law in context / Integration through law). Certains juristes sortent de l'analyse doctrinale / technicienne pour intégrer la théorie du droit (Zanon Bankowski, Pavlos Eleftheriadis, Martin Loughlin, Bert van Roermont, Neil Walker) ou pour se rapprocher d'autres disciplines voisines, en particulier la science politique (Kenneth Armstrong, Anthony Arnull, Damian Chalmers, Deirdre Curtin, Bruno de Witte, Michelle Everson, Imelda Maher, Inge-Johanne Sand, Harm Schepel, Joanne Scott, Andrew Scott, Stijn Smismans, Iyiola Solanke, Fabien Terpan). Les initiatives en faveur du pluralisme des approches

Schirmann (Dir.), *Les études européennes, Genèse et institutionnalisation d'un objet d'études*, L'Harmattan, 2018, pp.263-292.

9 E. Stein, Lawyers, Judges and the Making of a Transnational Constitution, *American Journal of International Law*, 75, 1, 1981; Weiler J., The Community System: the Dual Character of Supranationalism, *Yearbook of European Law*, 1, 1, 1981, pp.267-306.

10 M. Cappelletti & M. Seccombe & J. H. H. Weiler (eds), Integration Through Law, Vol. 1, Book 1 & 2, Walter de Gruyter, 1986 et 1987.

se multiplient, que ce soit sous forme de publications[11] ou de réseaux de chercheurs[12].

En complément de cette approche contextualiste du droit, la science politique s'est mise à porter un intérêt de plus en plus fort au droit européen et à la CJUE en particulier. En choisissant le droit comme objet d'étude, ces politistes ont dû bien souvent développer une solide maîtrise des aspects techniques du droit. Ainsi, les travaux des politistes sur l'intégration juridique et la Cour de justice (Karen Alter, Michael Blauberger, Lisa Conant, Miriam Hartlapp, Dan Kelemen, Dorte Martinsen, Daniel Naurin, Susanne Schmidt, Alec Stone-Sweet), mais aussi ceux sur l'application / non-application du droit (Gerda Falkner, Miriam Hartlapp, Tanja Börzel) ou encore sur l'implémentation du droit sont le fait de politistes ayant acquis une maîtrise réelle de la technicité juridique.

Le souci de décloisonnement dans les travaux individuels des chercheurs peut, par ailleurs, aboutir à des situations d'hybridité. Aux États-Unis sans doute plus qu'en Europe, on trouve beaucoup d'universitaires à double profil juriste/politiste, y compris dans le champ des études européennes (Anne-Marie Slaughter Burly, Charles F. Sabel), à tel point qu'il est parfois difficile de savoir si l'on est en présence de juristes intégrant les dimensions politiques (Martin Shapiro) ou de politistes maîtrisant les rouages du droit (Karen Alter, Dan Kelemen, Alec Stone Sweet).

**Combiner les approches disciplinaires dans des publications collaboratives**

Deux modalités peuvent être distinguées.

La première consiste à **accoler les perspectives mono-disciplinaires d'un même sujet, dans le cadre d'une recherche collective**

11 R. Deplano, G. Gentile, L. Lonardo (Eds.), *Pluralising international legal scholarship: The promise and perils of non-doctrinal research methods*, Edward Elgar, 2019; R. Deplano, G. Gentile, L. Lonardo, T. Nowak, *Interdisciplinary Research Methods in Eu Law: A Handbook*, Edward Elgar, 2024.

12 Par exemple : EU Futures, réseau créé par Elaine Fahey, Fabien Terpan et Rebecca Zahn au sein de UACES, avec le soutien du James Madison Charitable Fund. Ce réseau a le souci de favoriser l'interdisciplinarité, et d'intégrer des approches méthodologiques utilisées dans les sciences sociales.

**(pluri-disciplinarité)**. À titre d'exemple, on citera le projet H2020 EMU Choices[13], portant sur les préférences des États membres en matière économique et fiscale, qui relève essentiellement de la science politique, mais réserve en son sein une place aux aspects juridiques, lesquels ont font l'objet d'une publication spécifique sur la manière dont les constitutions nationales ont intégré l'Union économique et monétaire[14]. Cette modalité présente l'avantage de montrer qu'un même sujet peut être appréhendé sous plusieurs angles, tout en permettant aux chercheurs de rester dans le confort de leur discipline. Mais elle ne permet pas une réelle synergie entre les disciplines.

Une seconde modalité consiste, pour des auteurs relevant de différentes disciplines, à **co-signer des ouvrages ou articles écrits à plusieurs mains**. Ainsi a-t-on vu apparaître dans la littérature européaniste, un nombre non négligeable de duos juristes-politistes (Anne-Marie Burley et William Mattli, Dermot Hodson et Imelda Maher, Mark Pollack et Gregory Shaffer, Christian Joerges et Michael Zürn). Les auteurs du présent chapitre se situent dans cette lignée, qu'il s'agisse de leurs publications sur la CJUE ou sur la *Soft Law*.

S'agissant de la Cour, notre travail consiste précisément à combiner science politique et droit public[15]. Sur le plan méthodologique, le choix a été fait de sélectionner un nombre d'arrêts limité, permettant de livrer une analyse systématique de la jurisprudence dans un domaine précis (Union économique et monétaire, marchés publics de défense, pouvoirs externes du Parlement[16]) et sur une période prédéterminée. Ceci nous a permis

13 EMU Choices est un projet de recherche financé par l'Union européenne, et dont l'objet est d'analyser les préférences des États membres en matière d'intégration économique et financière. https://emuchoices.eu/, consulté le 28 juin 2024.

14 S. Griller, E. Lentsch, *EMU Integration and Member States' Constitutions*, Hart Publishing, 2022.

15 S. Saurugger, F. Terpan, *The Court of Justice of the European Union and the Politics of Law*, Palgrave Macmillan, 2017. S. Saurugger, F. Terpan, The Politics of the Court of Justice of the European, in P.-J.- Cardwell & M.-P. Granger (Eds.), *Research Handbook on The Politics of EU Law*, Edwar Elgar, 2020, pp.31-49, S. Saurugger et F. Terpan, *European Court of Justice (ECJ)* in *Oxford Encyclopedia of European Union Politics*, Oxford University Press, December 2019.

16 S. Saurugger, F. Terpan, Integration through (case) law in the context of EMU and Covid-19 crises: Courts and monetary answers to crises, *Journal of European Integration*, Vol.42, N°8, 2020, pp.1161-1176; S. Saurugger et F. Terpan, The Court of

d'effectuer un travail d'analyse du contenu des arrêts (relevant du droit) tout en recherchant des explications causales (hors du champ juridique). Ce niveau d'analyse permet de dépasser le stade du commentaire d'arrêt tout en évitant l'écueil des études portant sur un trop grand nombre d'arrêts, lesquelles s'appuient généralement sur une sélection d'arrêts choisis à titre d'exemple ou parce qu'on les estime « importants ».

Quant aux travaux sur la *soft law*, ils nécessitent un solide fondement juridique, pour définir la *soft law*, en déterminer les critères, et positionner la *soft law* par rapport à la *hard law*[17]. Sur ce fondement, il est alors possible de comprendre comment et pourquoi la *soft law* se transforme en *hard law*[18], quel impact elle a en termes de différenciation et de désintégration[19], comment et pourquoi elle -ou elle n'est pas- utilisée au sein des États membres[20].

--------

Notre texte doit être compris comme une forme de plaidoyer pour l'interdisciplinarité, appliqué au cas des études européennes. L'ouverture aux autres disciplines permet d'éviter les angles morts de la recherche, angles morts liés au fait que certaines questions ne peuvent recevoir de réponses qu'à partir d'un croisement des disciplines. Cela permet aussi d'éviter de tirer des conclusions qui s'avéreraient faussées par une forme de cécité disciplinaire (la pluridisciplinarité permet de vérifier la validité des hypothèses élaborées dans le cadre d'une discipline). Il ne s'agit donc pas de discréditer les analyses monodisciplinaires, mais plutôt de dénoncer les effets induits par un trop grand cloisonnement des disciplines. Or,

Justice of the EU, conflicts of sovereignty and the EMU crisis, *Journal of European Integration*, Vol.41, n°7, 2019, pp.903-920; S. Saurugger, F. Terpan, Assessing Judicial Activism of the CJEU, The Case of the Court's Defence Procurement Rulings, *Journal of European Integration*, Vol.41, n°4, 2019, pp.543-561.

17 F. Terpan, Soft Law in the European Union - The Changing Nature of EU Law, *European Law Journal*, 21(1), 2015, pp.68-96. F. Terpan, The Definition of Soft Law, in M. Eliantonio, U. Mörth, E. Korkea-Aho (Eds.), *Handbook on Soft Law*, Edwar Elgar, 2023.

18 S. Saurugger, F. Terpan, Normative Transformations in the European Union: on Hardening and Softening Law, Special Issue, *West European Politics*, Vol.44, 2021.

19 F. Terpan, S. Saurugger, Does Soft Law Trigger Differentiation and Disintegration?, *European Papers*, 2022, Vol. 7, 2022, N° 3, pp. 1229-1242.

20 Voir les travaux menés dans le cadre du projet Efsolaw : https://www.efsolaw.eu/, consulté le 16 mai 2024.

paradoxalement, l'interdisciplinarité est aujourd'hui encouragée lorsqu'on cherche des financements pour un projet de recherche, elle l'est beaucoup moins dans les carrières des enseignants-chercheurs, lesquelles fonctionnent encore selon des logiques monodisciplinaires.

Fort heureusement, les disciplines demeurent suffisamment diverses pour laisser place à l'ouverture. Bruno de Witte[21] a montré que la manière d'appréhender le droit de l'Union européenne diffère en fonction de la culture juridique (distinction entre *common law* et *civil law*) et de l'État où sont produits les travaux (les juristes publient encore beaucoup dans leur langue nationale, ce qui les rattache à leur communauté académique nationale). En outre, des querelles internes divisent les communautés scientifiques nationales sur des questions telles que la primauté et l'effet direct, ou encore l'idée d'une constitutionnalisation de l'UE. À cela nous ajouterons un autre niveau de diversité, évoqué *supra*, qui est lié au choix d'une approche purement juridique ou ouverte aux sciences sociales.

Un raisonnement similaire peut être tenu pour la science politique, qui englobe à la fois analyses quantitatives et qualitatives, positivisme et constructivisme, pureté disciplinaire ou ouverture pluridisciplinaire. Si en France l'ouverture de la science politique se fait généralement vers la sociologie, ailleurs il arrive qu'elle se fasse aussi vers le droit.

Dans le champ des études européennes, cette ouverture est un enrichissement. Elle doit donc être non seulement préservée, mais sans doute à l'avenir développée plus encore, que ce soit sous la forme d'une juxtaposition de perspectives monodisciplinaires ou, mieux, sous la forme d'une réelle interdisciplinarité.

21 B. De Witte : European Union Law : À Unified Academic Discipline ? *EUI Working Paper*, 2008.

GÉOPOLITIQUE ET RELATIONS INTERNATIONALES

# Négocier au-delà de Westphalie

**Bertrand Badie**

La négociation interétatique – plus spécialement encore la négociation de paix – s'est peu à peu imposée dans l'ère westphalienne comme une évidence qui se nourrissait pourtant d'une série de paradoxes. Deux ou plusieurs gladiateurs, pour reprendre l'image de Hobbes, n'avaient pas d'autres choix que de trouver ensemble la bonne transaction, s'ils ne voulaient pas s'épuiser dans des guerres sans fin. L'absence d'institutions ou de lois communes venait même étrangement favoriser ce processus en laissant aux partenaires le maximum de latitude dans le mode de construction de leur négociation. En un mot, la souveraineté favorisait la montée aux extrêmes, tant dans les circonstances de l'affrontement que dans l'inéluctabilité finale du compromis. La négociation devenait ainsi un acte noble, garanti par sa valeur de miroir : l'égalité souveraine des partenaires lui donnait sens et même légitimité. Le fait était acquis : on ne négociait pas avec l'inégal de soi, le « terroriste », le non-semblable... On voit déjà se profiler les incertitudes futures !

Le paradoxe ne s'arrêtait pas là : l'État westphalien, fondé sur l'absolue souveraineté, la totale séparation et l'intégrale compétition avait empiriquement créé les conditions d'une négociation de nature *transactionnelle* dont la seule condition tenait à l'homologie des partenaires. Plus le jeu hobbesien de gladiateurs se révélait dans sa pureté initiale, plus la négociation s'imposait : le coût élevé de la confrontation et de la montée aux extrêmes commandait, au-delà d'un certain seuil, un répit rationnel, tandis que l'affrontement simple entre gladiateurs uniquement dépendants des princes rendait la manœuvre facile, même si la négociation pouvait être longue. Les peuples, ces acteurs sociaux turbulents, porteurs de rationalités complexes et surtout d'émotions multiples ne venaient pas compliquer la tâche : nationalisme, patriotisme, fierté collective n'interféraient pas. On ne s'étonnera pas, pour cette raison, que la négociation devînt infiniment plus compliquée à mesure que la guerre et la paix firent l'objet d'appropriation sociale, et qu'elle eût tant de mal à survivre au-delà de 1856 (Traité de Paris mettant fin à la guerre de Crimée) : aucune des deux guerres mondiales ne donna lieu à une négociation réelle et transactionnelle entre vainqueurs et vaincus...

L'histoire européenne a ainsi réservé des surprises qui pèsent encore sur le jeu international contemporain et mondialisé : dans cette tradition, la grammaire guerre prime toujours sur celle de la paix, et celle-ci reste entièrement et rationnellement bâtie sur la force et la ruse chères à Machiavel ; ce faisant, elle a d'autant plus de chance d'aboutir qu'elle se conçoit dans l'entre-soi princier, loin des sociétés, des peuples et du droit... Volontiers définie comme « non-guerre », elle semble se tenir à l'écart des vertus sociales et n'exister paradoxalement qu'en fonction des rapports de force construits. Face à un tel cynisme, la réaction exaspérée de l'Abbé de Saint Pierre et l'œuvre philosophique amorcée par Grotius, poursuivie jusqu'à Kant et Léon Bourgeois n'y firent rien : peu importaient en fait les besoins sociaux des populations, leur appel à la dignité, leur exaspération devant l'humiliation et la domination... Le choix du prince, maquillé en « raison d'État », faisait seul la décision...

Pourtant, l'avènement récent de la décolonisation et de la mondialisation a produit peu à peu un autre paysage international qui a conduit à un réajustement de l'idée de négociation, bricolé plus que pensé, et faisant place à une certaine dose d'illusion. Encore que, là aussi, l'ambigüité demeure et même ne cesse de s'aggraver : on est passé insensiblement du réalisme d'hier à une sorte d'idéalisme teinté d'hypocrisie. Woodrow Wilson, choqué par une guerre dont il devinait les dimensions nouvelles et pré- apocalyptiques, expliquait, en bon juriste, que la construction institutionnelle, dont les négociations d'hier n'avaient guère besoin, devenait l'indispensable instrument de la paix moderne. L'idée lui inspira le projet d'une Société des Nations et donna naissance plus tard à l'institutionnalisme libéral qui conduisit l'une de ses figures les plus illustres, Robert Keohane, à considérer que les États maximisaient leurs intérêts en déployant une politique active de coopération entre eux, garantie et renforcée par un cadrage institutionnel aussi inclusif que possible. Partisan enthousiaste du multilatéralisme, Keohane replaçait ainsi la négociation dans l'ordre inédit de la mondialisation. Les régimes internationaux et les institutions multilatérales devaient, à l'en croire, réduire les coûts de transaction entre Etats et faciliter la relance des négociations (Keohane, 1984, pour une critique, Moravcsik, 1999)...

Logiquement, le progrès pouvait paraître réel, même si la nouvelle étape avait bien mal commencé, le Congrès des États-Unis s'empressant de rejeter le projet de SDN. Derrière cette réaction brutale, une première aporie venait pourtant à apparaître : le monde changeait mais les États gardaient leurs accents souverainistes, et leur attachement hobbesien à l'idée de puissance. En un mot, le conservatisme étatique était plus fort que l'imagination multilatérale : contrairement à ce qu'annonçait l'optimisme de Keohane, le multilatéralisme, devenu carcan pour des États frappés d'une fièvre souverainiste constante, augmentait les coûts de transaction au lieu de les diminuer ! Dans une vision qui restait westphalienne, ces coûts étaient subjectivement moins lourds dès lors que chaque État en définissait librement et contractuellement les contours et les montants : ils étaient en revanche perçus comme insupportables dès lors qu'ils étaient fixés par l'institution... Une telle dérive dans la perception, dont le mode de composition et de fonctionnement du Conseil de sécurité de l'ONU fut la première cristallisation, paralyse évidemment toute chance de négociation renouvelée. Mais ce conservatisme travesti n'est pas seul à l'œuvre : il est aggravé par tout un faisceau de facteurs nouveaux qui empêchent une réactivation amendée des vieilles traditions négociatrices.

Certains de ces nouveaux paramètres sont d'ordre général et concernent tout type de négociation. Dans un contexte mondialisé et d'interdépendance croissante, la négociation bilatérale devient exceptionnelle, souvent même plombée par un jeu complexe d'interconnexions : or, négocier à plusieurs relèves d'un art autrement plus complexe. Jadis, même les négociations à plusieurs, dont la fameuse paix de Westphalie (1648), se décomposaient concrètement en pourparlers et en traités bilatéraux : la chose n'est pratiquement plus possible aujourd'hui. De surcroît, les protagonistes étaient jadis des voisins, souvent reliés par des mariages inter -dynastiques qui renforçaient leur proximité et surtout leur homogénéité culturelle. De nos jours, les négociations sont multiculturelles, gênant l'intercompréhension, voire la confiance réciproque, pourtant indispensable dans tout jeu de tractation. Mais surtout, la mondialisation a introduit l'idée de *globalité,* évident avatar de l'interdépendance : la banalisation des biens communs de l'humanité enlève toute pertinence à la méthode transactionnelle. On ne peut pas gérer convenablement le bien de l'ensemble en passant des compromis entre les parties qui le constituent. D'où le formidable blocage des négociations sur la sécurité globale et notamment la sécurité climatique, comme le montre la faible performance des COP sur le climat...

Tout ceci pèse déjà sur les négociations de paix qui connaissent, en outre, des difficultés qui leur sont propres. Négocier la paix aujourd'hui change de configuration fonctionnelle car la guerre elle-même a totalement changé de nature (Kaldor, 2006 [1999]). Trois différences majeures interviennent ici, qui entravent le travail du diplomate traditionnel. La première se banalise avec l'avènement du XX^e^ siècle pour connaître désormais une ampleur considérable : elle tient à l'appropriation sociale de la guerre et de la paix. L'acte martial n'est plus ce froid combat qui opposait jadis les seuls stratèges et leurs armées, sorte de tournoi princier. Les sociétés, d'abord en-dehors du jeu, y sont progressivement entrées de plain-pied, comme acteurs, comme victimes, voire présentement aussi comme spectateurs. La guerre en a retiré une dimension subjective plus accusée qu'on ne saurait négliger, dans laquelle la souffrance, le ressentiment, l'humiliation et parfois la rage jouent un rôle de premier plan, que les négociateurs d'hier pouvaient laisser de côté et qui dorénavant pèse sur eux, entrave leur fonction, jusqu'à leur enlever une bonne part de leur capacité transactionnelle (Badie, 2023) : ni autrefois le FLN à Evian, ni aujourd'hui Volodymyr Zelinsky ou Mahmoud Abbas ne peuvent plus négocier le compromis qui leur semblerait le plus rationnel en ignorant tout des attentes sociales qui les environnent.

L'institutionnalisation croissante (bien que souvent limitée) est paradoxalement une autre limite au jeu transactionnel qui ne peut pleinement s'accomplir que si le compromis est totalement libre. Inscrire le traité dans le droit international correspond à une posture nouvelle qui n'est pas dans la ligne du *bargaining* traditionnel : Kiev, au regard des dispositions juridiques sur l'intégrité territoriale des Etats ne peut pas céder la Crimée ou le Donbass comme autrefois on échangeait la Savoie ou la Silésie contre la paix. Il n'est pas simple, dans ces conditions, de passer de la transaction à l'agrément : face à une telle difficulté et faute de moyens, l'état de fait remplace désormais le traité institutionalisé. Combien de territoires ont été annexés *de facto* sans qu'aucun traité ne l'admette, alors qu'en silence tout le monde l'accepte (Abkhazie, Ossétie du Sud, Kosovo, Jérusalem-Est, Chypre-Nord...), y compris quand l'annexion ne dit pas son nom (Cisjordanie). La paix n'est plus alors qu'un cessez-le-feu pérenne...

Enfin et surtout, les conflits contemporains sont très majoritairement intraétatiques. Même s'ils impliquent, dès le début ou par internationalisation progressive, des États extérieurs, lointains ou non, ils banalisent un schéma qui rend caduque la vieille formule des plénipotentiaires se rencontrant autour d'une table, dotés de la même étiquette. Les règles d'hier sont ainsi bouleversées sans qu'on ne sache en définir de nouvelles : soit les États ne veulent pas négocier avec des acteurs relégués à l'identité de « terroristes », soit ces partenaires non-étatiques sont incapables, s'ils négocient, d'engager des garanties suffisantes et crédibles. On peut même s'interroger sur la valeur juridique de leur signature... Dans de telles conditions, la négociation disparaît, s'opère en cachette, ou par l'intermédiaire d'un tiers. Parfois même, il s'agit tout simplement d'une « négociation de façade » pour satisfaire un simple besoin d'image (accords de Doha entre les Taliban et les États-Unis en août 2021)...

Apparaît ainsi une nouvelle génération « d'accords » (on ne parle plus de traité) dont les contours sont fort imprécis, tant dans leur construction que dans leur portée juridique et leur efficacité future. Certains ont formellement mis fin à des guerres de décolonisation sans véritablement produire un cadre institutionnel durable (accords d'Évian en 1962, Accords de Lancaster House fondant le Zimbabwe en décembre 1979...), d'autres ont offert, avec des fortunes diverses, des portes de sortie diplomatiques à des guerres civiles. Ils aboutissaient à des résultats pour le moins incertains, tant les signataires n'étaient plus les seuls décideurs et tant le jeu des contractants était instable et complexe, loin de la raison d'État et des stratégies d'hier (Accords de Bicesse en mai 1991 entre le président angolais et l'UNITA ; accords d'Arusha, en 1993 sur le Rwanda ; accords d'Abidjan en 1996 sur la Sierra-Leone ; accords de Nairobi de 2005 sur le Darfour ; accords d'Alger en 2015 sur le Mali,...). De tels accords relèvent du cessez-le-feu plus que de la paix, leurs dispositions tiennent le plus souvent de la façade et non d'une vraie transaction sanctionnant un ordre nouveau, comme le faisaient jadis les traditionnels traités de paix. À l'inverse, aucun des grands événements qui ont suivi 1945 ne s'est déroulé sous la houlette d'une quelconque négociation : guerre de Corée, crise des missiles de 1962, effondrement de l'URSS, reconstitution de la puissance chinoise. Et qui peut sérieusement penser que les Accords de Paris ont réellement mis fin à la guerre du Vietnam ? Que ceux d'Oslo ont marqué un vrai tournant dans la tragédie proche-orientale ?

La négociation appartient-elle pour autant au passé et n'aurait-elle aucun avenir ? On peut parier sur l'hypothèse contraire : encore faut-il, pour cela, que le jeu s'adapte à un contexte qui n'est plus celui de la guerre de Trente Ans. De transactionnelle et dyadique, la négociation internationale ne pourra renaître qu'en devenant systémique et inclusive. Le transactionnel fait sens quand les deux protagonistes peuvent trouver un point d'équilibre fonctionnel en définissant, selon les rapports de force qui les opposent un compromis qui optimise leurs intérêts. Dans un monde d'interdépendance généralisée, ce jeu dyadique ne peut plus satisfaire les intérêts du système tout entier et risque même de les contrarier. D'où la progression de l'idée de gouvernance globale qu'une réflexion forte menée depuis les années quatre-vingt, au siècle dernier, tend à promouvoir (Thakur et al, 2005). D'où aussi l'importance d'une démarche inclusive, intégrant dans la négociation toute une diversité d'acteurs qui n'avait pas lieu d'être autrefois, et une pluralité d'enjeux, désormais autant sociaux que politiques. D'où enfin l'importance des multilatéralismes globaux et régionaux.

La négociation de paix n'est plus celle qui réunit les seuls gladiateurs d'hier, les « diplomates et les soldats » de Raymond Aron, mais celle qui a l'ambition de maîtriser la « tectonique des sociétés », de se saisir des pathologies sociales, de réunir les acteurs exclus ou marginalisés, de considérer la paix dans sa subjectivité, c'est-à-dire au travers des attentes sociales multiples qu'elle nourrit (Badie, 2023).

Fait de puissance hier, la négociation est devenue aujourd'hui un palliatif aux effets belligènes de la faiblesse : il serait étrange qu'elle ne doive pas, pour y parvenir, consentir un vaste effort de reconstruction et de modestie !

## Bibliographie

Badie, Bertrand, 2023, *Pour une approche subjective des relations internationales,* Paris, Odile Jacob.

Kaldor, Mary, 2006, [1999], *New and old wars: organized violence in a global era* (3rd ed.). Stanford, California: Stanford University Press.

Keohane, Robert,1984, *After Hegemony: Cooperation and Discord in the World Political Economy,* Princeton, Princeton University Press.

Moravcsik, Andrew. 1999. "A New Statecraft? Supranational Entrepreneurs and International Cooperation". *International Organization.* 53(2): 267-306.

Thakur, Ramesh, Cooper, Andrew, English, John, ed, 2005, *International commissions and the power of ideas,* Tokyo; New York: UN University Press.

# L'action européenne et internationale de l'Administration pénitentiaire française : structuration progressive et stratégie émergente

JEAN-CHARLES FROMENT

Même si, avec Jean, nous avions d'emblée ce point commun d'avoir eu le même directeur de thèse, Jean-Jacques Gleizal, ce qui nous a rapprochés, c'est avant tout l'expérience commune que nous avons vécue à la direction de Sciences Po Grenoble entre 2012 et 2020. Plusieurs années après, j'en suis convaincu, il n'y avait pas meilleur choix possible que Jean à la direction des Relations internationales de cet établissement. Pas seulement au titre de la confiance que nous avons toujours eue l'un envers l'autre, pas seulement au titre d'une personnalité rendant sa présence dans une équipe toujours positive et constructive, pas seulement au titre de l'importance de son expérience personnelle internationale, mais parce qu'il était l'expression même d'une sensibilité interculturelle rare, et ce, aussi bien avec les États du Sud qu'avec les États du Nord. Et à mes yeux, il y avait cela d'essentiel, pour la construction d'un vrai projet international pour un établissement d'enseignement supérieur, que de parvenir à un équilibre entre les coopérations nouées tant au Sud qu'au Nord, tant au titre des mobilités étudiantes entrantes et sortantes que des partenariats scientifiques et pédagogiques. Quels que soient les États, quels que soient les partenaires, quels que soient les collègues et les étudiants, il y a toujours eu chez Jean cette empathie et cette curiosité, culturelle et intellectuelle, faisant de l'expérience de la coopération internationale un réel projet de rencontre, d'interconnaissance et de partage. On repartait de peu, et il a fait beaucoup, pendant toutes ces années, pour replacer l'international au cœur du projet de cet établissement.

Et c'est pourquoi, exerçant actuellement sous les auspices d'un nouveau ministère, celui du ministère de la Justice et notamment de la Direction de l'Administration pénitentiaire (DAP), j'ai choisi de m'intéresser à la question de ce que peut vouloir dire et/ou ce qui rend incontournable l'élaboration d'une stratégie de coopération internationale pour cette administration. Pourtant, s'il y a bien une administration que l'on n'associerait pas spontanément à l'international, c'est bien celle-ci. Administration s'inscrivant dans une mission régalienne par essence - la mise en œuvre des peines prononcées par le juge sur le territoire national -, on imagine mal les partenariats internationaux pouvant être mis en œuvre entre États au titre de l'exécution des peines, si l'on excepte la question de l'entraide pénale internationale dans ses différents volets. Pourtant, au-delà de ce dernier aspect, les manifestations de la saisie de l'Administration pénitentiaire par l'international sont de plus en plus nombreuses. Ne serait-ce d'abord que parce que le droit pénal, qui définit les infractions et les peines, est régi par un ensemble de principes liés aux droits humains consacrés des règles internationales. Le droit de l'exécution des peines lui-même, tant en milieu fermé qu'en milieu ouvert, est lui aussi contraint par ces mêmes principes et textes supranationaux en matière de protection des libertés fondamentales. L'article L2 du nouveau code pénitentiaire le rappelle expressément en disposant que « *Le service public pénitentiaire s'acquitte de ses missions dans le respect des droits et libertés garantis par la Constitution et les conventions internationales ratifiées par la France, notamment la convention européenne de sauvegarde des droits de l'Homme et des libertés fondamentales* » ; mais ensuite parce que ces mêmes règles et principes font l'objet de déclinaisons spécifiques de plus en plus nombreuses dans le domaine pénitentiaire lui-même. Cette évolution n'est pas sans conséquence pour l'Administration pénitentiaire française. On pourra les identifier à trois niveaux : d'abord, elle l'oblige à prendre en compte, voire à se conformer, à un système de règles pénitentiaires européennes et internationales de plus en plus dense (I) ; ensuite, elle la conduit à participer aux instances en charge de l'élaboration de ces normes, ainsi qu'aux réseaux professionnels mis en place pour échanger sur les pratiques respectives des États adhérents.

C'est particulièrement vrai au niveau du Conseil de l'Europe qui amène la France à s'intégrer à un environnement institutionnel supranational de plus en plus structurant si elle veut pouvoir y jouer un rôle renforcé (II) ; ce qui suppose, enfin, dans les deux cas que l'Administration pénitentiaire française se dote, au sein du ministère de la Justice, de structures dédiées pour être en capacité de définir une véritable stratégie européenne et internationale qui lui soit propre (III).

## I – Se conformer à un système de règles pénitentiaires européennes et internationales de plus en plus dense

Une rapide revue des règles européennes et internationales en matière d'exécution des peines suffit à constater que les marges de manœuvre dont disposent les administrations pénitentiaires nationales sont de plus en plus restreintes. L'Administration pénitentiaire française, comme les autres, doit donc intégrer et/ou prendre en compte des normes supranationales de plus en plus nombreuses dans son domaine d'intervention[1]. Un rapide panorama peut en être dressé.

Sur le plan international, le corpus principal émane des Nations-Unies dont l'organisation spécialisée compétente en la matière est l'Organisation des Nations-Unies contre la drogue et le crime (ONUDC). Celle-ci a pour mandat d'aider les États à construire et à réformer leurs systèmes pénitentiaires, ainsi qu'à mettre en œuvre des peines carcérales et non privatives de liberté conformément aux principes des droits de l'homme et aux règles et normes des Nations-Unies en matière de prévention du crime et de justice pénale. Les principales règles internationales applicables au niveau mondial sont au nombre de trois : d'une part, les Règles minimales des Nations-Unies pour l'adoption des mesures non privatives de liberté (dites Règles de Tokyo adoptées par la résolution 45/110 de l'Assemblée générale le 14 décembre 1990) ; d'autre part les Règles des Nations-Unies pour le traitement des femmes détenues et les mesures non privatives de liberté pour les femmes délinquantes (dites Règles de Bangkok adoptées par la résolution 65/229 de l'Assemblée

1 JP.Céré, L'internationalisation du droit pénitentiaire, *RSCDPC*, avril 2009 ; JP.Céré, « L'éveil des prisons françaises au droit international et européen pénitentiaire », *Cahiers de la sécurité*, n° 12, avril-juin 2010, p. 62 et s

générale le 21 décembre 2010) ; enfin, les Règles minimales des Nations-Unies pour le traitement des détenus (dites Règles Nelson Mandela, adoptées par la résolution 70/175 de l'Assemblée générale le 17 décembre 2015). Ces règles sont complétées par de nombreux manuels et outils de formation ou de gestion ainsi que de réguliers Congrès mondiaux pour la prévention du crime et la justice pénale, élaborés et organisés par l'ONUDC, notamment la Commission sur la prévention du crime et la justice criminelle. Mais d'autres organisations du système des Nations unies, comme l'UNESCO ou l'OMS, développent aussi des programmes spécifiques sur le milieu pénitentiaire en lien avec leurs domaines de compétences : éducation, formation professionnelle ou santé.

Sur le plan européen, les normes émanent principalement des textes adoptés par le Conseil de l'Europe et de la jurisprudence de la Cour européenne des droits de l'homme (CEDH) relative à leur application. Elles sont nombreuses et couvrent de vastes domaines. Hors les normes générales en matière de protection des droits humains qui découlent de la convention européenne de sauvegarde des droits de l'homme et des libertés fondamentales (CESDHLF), dont il n'est plus nécessairement utile de rappeler aujourd'hui qu'« elles ne s'arrêtent pas aux portes des prisons »[2], le Compendium qu'a publié le Conseil de l'Europe en décembre 2021 sur les normes relatives à l'exécution des peines recense tous les textes afférents[3]. On y recense notamment : deux conventions avec leurs protocoles additionnels portant sur la surveillance des personnes condamnées ou libérées sous condition (1964)[4] et sur le transfèrement des personnes condamnées (1983), assortie d'un protocole additionnel de 1997 amendé en 2017 ; vingt-quatre recommandations qui concernent de nombreux domaines de l'exécution des peines tant en milieu fermé qu'en milieu ouvert[5], même si les plus connues sont les Règles pénitentiaires

2 Célèbre formule employée par la Cour européenne des droits de l'homme dans l'arrêt de la CEDH Campbell et Fell c/ Royaume-Uni, 28 juin 1984 (Requête no 7819/77 ; 7878/77)

3 https://rm.coe.int/compendium-f-2021/1680a4bdda

4 https://rm.coe.int/168006ff67

5 CM/Rec (2021) 6 concernant l'évaluation, la gestion et la réinsertion des personnes accusées ou reconnues coupables d'une infraction sexuelle ; CM/Rec (2018) 8 relatives à la justice restaurative en matière pénale ; CM/ Rec (2018) 5 concernant les enfants de détenus ; CM/Rec (2017) 3 relative aux Règles

européennes[6] (2006) et les Règles du Conseil de l'Europe relatives à la probation[7] (2010); des « Lignes directrices », comme celles consacrées aux orientations des services pénitentiaires et de probation concernant la radicalisation et l'extrémisme violent; des résolutions, par exemple : Résolution (70)-1 relative à l'organisation pratique des mesures de surveillance, d'assistance et d'aide post-pénitentiaire pour les personnes condamnées ou libérées sous condition; Résolution (67)-5 relative aux recherches sur les détenus considérés sous l'angle individuel et sur la communauté pénitentiaire; Résolution (62)-2 relative aux droits électoraux, civils et sociaux du détenu. Ces normes européennes, à portée plus ou moins contraignante, contribuent, d'une part, à faire respecter par l'ensemble des États membres des standards de traitement de détenus et des probationnaires compatibles avec les différents objectifs des sanctions prononcées, mais aussi, d'autre part, à permettre une évaluation des progrès (ou non) de ces mêmes États dans leur mise en œuvre[8].

européennes sur les sanctions et mesures appliquées dans la communauté (société civile); CM/ Rec (2014) 4 relative à la surveillance électronique; CM/ Rec (2014) 3 relative aux délinquants dangereux; CM/ Rec (2012) 12 relative aux détenus étrangers; CM/Rec (2012) 5 sur le Code européen de déontologie pour le personnel pénitentiaire; CM/ Rec (2010) 1 sur les règles du Conseil de l'Europe relatives à la probation; CM/Rec (2008) 11 sur les Règles européennes pour les délinquants mineurs faisant l'objet de sanctions ou de mesures; Rec (2006) 13 concernant la détention provisoire; Rec (2006) 2-rév sur les Règles pénitentia aires européennes; Rec (2003) 23 concernant la gestion par les administrations pénitentiaires des condamnés à perpétuité et des autres détenus de longue durée; Rec (2003) 22 concernant la libération conditionnelle; R (99) 22 concernant le surpeuplement des prisons et l'inflation carcérale; R (99) 19 sur la médiation en matière pénale; R (98) 7 relatives aux aspects éthiques et organisationnels des soins de santé en milieu pénitentiaire; R (97) 12 sur le personnel chargé de l'applin cation des sanctions et mesures; R (93) 6 concernant les aspects pénitentiaires et criminologiques du contrôle des maladies transmissibles et notamment du sida, et les problèmes connexes de santé en prison; R (89) 12 sur l'éducation en prison; R (82) 16 sur le congé pénitentiaire.

6 https://rm.coe.int/16806ab9b6

7 https://search.coe.int/cm/Pages/result_details.aspx?ObjectID=09000016805cfbbf

8 G.Cliquennois, Y.Cartuyvels, B.Champetier, « Le contrôle judiciaire européen de la prison : les droits de l'homme au fondement d'un panoptisme inversé ? », *Déviance et Société*, 2014/4 (Vol. 38), p. 491 et s.

Au simple énoncé de l'ensemble de ces textes, on mesure le développement de l'espace supranational du droit de l'exécution des peines, et la nécessité renforcée pour l'Administration pénitentiaire française d'en tenir compte, à défaut d'être en mesure de respecter toutes les normes qui en résultent... Mais il est moins ici question d'évaluer l'application de ces normes que de caractériser leur densité.

## II– S'intégrer à un environnement institutionnel européen de plus en plus structurant pour y jouer un rôle renforcé

À l'échelle européenne, deux instances principales peuvent intervenir en matière pénitentiaire, l'Union européenne et le Conseil de l'Europe. Toutefois, bien que l'intégration et les contraintes juridiques et politiques soient plus fortes dans la première de ces organisations, c'est la seconde qui constitue le principal cadre multinational dans lequel l'administration pénitentiaire doit inscrire son action. Au-delà des normes *stricto sensu* qui sont élaborées au sein du Conseil de l'Europe en matière d'exécution des peines, c'est bien une véritable stratégie de réforme pénitentiaire globale qu'il s'agit d'élaborer et de diffuser pour ce dernier. Et dans ce cadre, il convient pour l'Administration pénitentiaire française, non plus d'être un simple destinataire d'orientations déterminées indépendamment d'elle, mais bien de se positionner comme un partenaire co-auteur desdites normes. Et son rôle, à ce titre, sera d'autant plus important qu'elle parviendra à occuper une position proactive au sein des instances européennes.

Revenons préalablement, cependant, sur l'impact communautaire en la matière avant de développer cet aspect. Il est d'autant plus faible que la politique pénitentiaire relève du III^e^ pilier de l'Union européenne, consacré à la sécurité et à la justice, lequel repose sur des mécanismes de coopération intergouvernementale et non sur des actions pilotées par la Commission européenne. Mais cela ne veut pas dire pour autant qu'il est totalement nul. Ainsi, quelques tempéraments peuvent être apportés à ce constat. D'abord au titre de deux exceptions au principe précédent : d'une part, le traitement des détenus ou condamnés de nationalité européenne dans un État membre autre que celui de leur origine et d'autre part, le principe de reconnaissance mutuelle des décisions judiciaires de détention ou de probation prises par un État membre sur une personne ressortissant d'un autre État membre[9]. Ces dernières s'inscrivent dans un objectif clairement mentionné par le Livre vert de la Commission européenne du 14 juin 2011 sur l'application de la législation de l'UE en matière de justice pénale dans le domaine de la détention en ces termes : « *La Commission souhaite déterminer dans quelle mesure les questions relatives à la détention influencent la confiance mutuelle et, partant, la reconnaissance mutuelle et la coopération judiciaire en général au sein de l'Union européenne. Bien que les conditions de détention et la gestion des prisons relèvent de la responsabilité des États membres, la Commission s'intéresse à cette question en raison de l'importance capitale que revêt le principe de reconnaissance mutuelle des décisions de justice pour l'espace de liberté, de sécurité et de justice. Pour que la reconnaissance mutuelle fonctionne bien, les autorités judiciaires doivent éprouver une confiance réciproque. Les États membres doivent donc avoir une meilleure connaissance des systèmes de justice pénale de chacun* »[10]. On pourrait aussi évoquer le cadre spécifique des programmes européens d'assistance technique à l'égard des pays tiers ou encore de jumelages interétatiques dans le domaine de l'exécution des peines. Ici l'Administration pénitentiaire française intervient alors comme partenaire et prescriptrice de conseils à destination des administrations pénitentiaires non européennes et non comme destinataires de normes à mettre en œuvre. Mais là encore, à la condition d'être suffisamment active et organisée, notamment au titre de sa capacité à délivrer des prestations d'expertise, pour pouvoir y jouer un rôle structurant.

Le Conseil de l'Europe joue un rôle beaucoup plus important et dynamique en matière d'exécution des peines. Il peut s'appuyer à cet effet sur

9 Décisions-cadre du conseil concernant l'application du principe de reconnaissance mutuelle : aux jugements et aux décisions de probation aux fins de la surveillance des mesures de probation et des peines de substitution (n° 2008/947/JAI du 27 novembre 2008) ; aux jugements en matière pénale prononçant des peines ou des mesures privatives de liberté aux fins de leur exécution dans l'Union européenne (n° 2008/909/JAI du 27 novembre 2008) ; aux décisions relatives à des mesures de contrôle en tant qu'alternative à la détention provisoire (n° 2009/829/JAI du 23 octobre 2009).

10 https://cdre.eu/73-documentation-en-ligne/justice/documents/705-livvre-vert-de-la-commission-europeenne-du-14-juin-2011-renforcer-la-confiance-mutuelle-dans-l-espace-judiciaire-europeen-livre-vert-sur-l-application-de-la-legislation-de-l-ue-en-matiere-de-justice

plusieurs services et dispositifs pour définir sa stratégie. Ainsi, au sein de la Direction générale Droits de l'Homme et État de Droit qui couvre l'action pénitentiaire en se donnant pour objectif de « *Promouvoir des sanctions pénales plus humaines et efficaces sur le plan social* », plusieurs instances interviennent : le Comité des ministres du Conseil, qui adopte les règles et directives applicables par les États membres ; le Comité européen pour les Problèmes Criminels (CDPC) qui prépare les travaux du Comité des ministres auquel il soumet des projets de conventions, de recommandations, de déclarations, ainsi que d'études et de rapports ; la Conférence des Directeurs des Services pénitentiaires et de probation (CDPPS), qui réunit chaque année les directeurs d'administration centrale ou d'agences des États membres ; le Comité européen pour la prévention de la torture (CPT)[11] qui, par le moyen de visites dans toutes les structures dans lesquelles des personnes sont privées de liberté, examine le traitement dont elles sont l'objet en vue de lutter contre la torture et les peines ou traitements inhumains ou dégradants ; le Conseil de coopération pénologique (PC-CP) chargé d'examiner et réviser de façon régulière les normes et principes du Conseil de l'Europe dans le domaine de l'exécution des sanctions et mesures pénales privatives et non privatives de liberté ; le service en charge du recueil et du traitement statistique des données pénitentiaires du Conseil de l'Europe qui gère deux outils l'un concernant le milieu fermé (SPACE I), et l'autre le milieu ouvert (SPACE II). C'est donc de la capacité de l'administration pénitentiaire française à prendre une place active dans ces différents dispositifs que dépend sa capacité à jouer réellement un rôle dans la définition des orientations du Conseil de l'Europe.

Enfin, cette capacité d'influence ou pouvoir de représentation au sein du Conseil de l'Europe dépend aussi de sa faculté à s'impliquer de plus en plus fortement dans deux organismes complémentaires, dédiés au recueil de données et aux échanges professionnels dans l'espace européen qui, s'ils sont indépendants du Conseil de l'Europe, interagissent régulièrement avec lui. Ces deux organisations, qui jouent un rôle de plus en plus important aujourd'hui, sont les suivantes : d'une part, la Conférence

11 Créé par la Convention européenne pour la prévention de la torture et des peines ou traitements inhumains ou dégradants entrée en vigueur en 1987

européenne de probation (CEP)[12] pour le milieu ouvert. Fondée en 1981, elle se définit comme « la voix de la probation à Bruxelles ». Ses membres sont des organisations et des individus travaillant dans le domaine de la probation dans toute l'Europe et constituent un réseau d'expertise sur les méthodes de travail avec les délinquants dans la communauté ; d'autre part, l'Organisation européenne des services pénitentiaires et correctionnels (EUROPRIS)[13] pour le milieu fermé. Cette association réunit les directions, services et agences pénitentiaires dans 30 pays du Conseil de l'Europe avec pour objet de « *promouvoir les pratiques professionnelles pénitentiaires pour renforcer la sûreté et la sécurité publiques grâce à l'amélioration des normes et des pratiques de détention en Europe, à la réduction de la récidive et à un professionnalisme avancé dans le domaine correctionnel conformément aux droits de l'homme et aux règles et réglementations internationales* ». En particulier, EUROPRIS gère un système européen d'information pénitentiaire (EPIS)[14] qu'elle a créé pour fournir une base de connaissances centralisée des informations émanant des services pénitentiaires en Europe afin d'améliorer la transparence, la coopération inter-juridictionnelle et d'éviter la duplication des données couramment demandées. L'Administration pénitentiaire française participe à plusieurs groupes de travail au sein de ces réseaux d'action professionnelle, lesquels constituent à la fois des espaces d'échanges de « bonnes pratiques » et des vecteurs de circulation interétatique des modèles pénitentiaires[15]. La capacité de l'Administration pénitentiaire française à être représentée le plus systématiquement possible dans ces instances devient alors déterminante pour orienter ses propres politiques en renforçant les opportunités qui lui sont ici données de les nourrir d'expériences d'États partenaires. Même si ces réseaux ne se substituent pas aux coopérations bilatérales, ils organisent en effet des espaces de rencontres, d'interactions et de partage

12 https://www.cep-probation.org/
13 https://www.europris.org/
14 https://www.europris.org/epis/
15 M.Kaluszynski. Socio-histoire de l'État, Socio-histoire du pénal. La « circuu lation » au cœur de la construction du champ pénal », in JC.Froment, M.Mathieu. *Droit et politique, la circulation internationale des modèles en question*, PUG, p. 215 et s, 2014 ; M.Kaluszynski. La prison, un objet monde. MJ.Bernard, B.Fischer. *L'État ivoirien à l'épreuve de la détention préventive. Regards croisés sur l'internationalisation des réformes pénales*, L'Harmattan, p.7 et s., 2023, Diversités.

de dispositifs professionnels de plus en plus actifs dans lesquels il devient essentiel d'être présent. La question de s'appuyer sur des modèles européens et internationaux qui ont pu faire leurs preuves en les expérimentant de façon adaptée en France, est d'ailleurs posée aujourd'hui de façon de plus en plus explicite par la direction de l'Administration pénitentiaire. Quelques expressions récentes d'une telle stratégie peuvent déjà en être données : le développement progressif des Modules Respecto dans les établissements pénitentiaires français issus d'une expérience espagnole[16] ; l'ouverture de nouvelles catégories d'établissements, dont les structures d'accompagnement vers la sortie, partiellement inspirées des prisons semi-ouvertes scandinaves[17] ; l'adoption du dispositif du Bracelet anti-rapprochement en matière de violences conjugales importé du modèle espagnol[18] ; etc. Le constat d'une circulation des modèles pénitentiaires entre États n'est donc pas nouveau, mais il s'inscrit potentiellement aujourd'hui dans une stratégie revendiquée et assumée.

### III– Se doter d'une organisation renforcée pour définir une stratégie européenne et internationale adaptée à ses besoins

Le principal service en charge de la politique internationale au ministère de la Justice est la Délégation aux affaires européennes et internationales (DAEI). Devenue une délégation en 2019, elle est rattachée au Secrétariat général du ministère. Si la Direction des affaires criminelles et des grâces (DACG) et la Direction de l'action civile et des sceaux (DACS) restent compétentes pour les négociations internationales dans leur champ et pour la coopération judiciaire (entraide pénale et civile), la DAEI exerce une fonction de coordination complétée par des attributions qui lui sont propres[19]. Outre une cellule diplomatique dédiée

16 L.Hernandez, P.Mbanzoulou, *Les modules de respect : une métamorphose de la prison,* Les dossiers thématiques du CIRAP, ENAP, 2020.

17 JC.Froment (Sous la dir.), *Les petites structures pénitentiaires un modèle pour les prisons de demain ?,* L'Harmattan, Diversités, 2024.

18 L.Bony, A.Amado, F.Ollivon, J.Bastard. Présentation des résultats intermédiaires de la recherche « Le Bracelet anti-rapprochement (BAR) : état des lieux d'une mesure attendue ». *Le Bracelet anti-rapprochement (BAR) : état des lieux d'une mesure attendue,* Centre de recherche en droit pénal, 2023, Bruxelles, France.

19 Cf article 10 de l'arrêté du 30 décembre 2019 relatif à l'organisation du secrétariat général et des directions du ministère de la justice

à l'activité internationale du ministre et l'interface avec le ministère des Affaires étrangères, elle comporte trois bureaux (Droit comparé ; Coopération juridique et technique ; Europe et questions institutionnelles). Elle s'appuie sur un réseau de 18 magistrats de liaison à l'étranger et peut aussi mobiliser une soixantaine de magistrats en détachement ou mis à disposition d'autres services ou organismes européens ou internationaux.

La DAP, de son côté, s'est dotée en 2016 de son propre « Pôle des relations internationales, rattaché au cabinet du directeur, devenu « Pôle des relations européennes et internationales » (PREI) en 2020. Ses missions sont principalement : L'accueil de délégations européennes et internationales à la DAP et, plus exceptionnellement, l'organisation de visites d'études de représentants de la DAP à l'étranger ; la participation aux réseaux européens dont la DAP est membre, notamment à Europris et à la Conférence européenne de probation. À cela s'ajoute désormais une représentation directe au sein du comté pénologique du Conseil de l'Europe ; la production d'informations sur l'état des systèmes pénitentiaires étrangers soit directement en utilisant son réseau de partenaires pénitentiaires, soit indirectement en s'appuyant sur les magistrats de liaison. Si le PREI n'est pas chargé de recueillir des données juridiques, administratives ou statistiques sur l'organisation des systèmes pénitentiaires à l'étranger, il peut s'appuyer à ce titre sur deux bureaux de la sous-direction de l'expertise, le bureau de l'expertise juridique et celui de la donnée, de l'évaluation et de la recherche, même si le volet comparé de l'activité de ces deux bureaux reste à renforcer. Le PREI se présentait donc surtout, jusqu'à il y a peu, comme une cellule de coordination, de relais d'information et d'animation. Mais l'Administration pénitentiaire vient récemment de la renforcer pour la doter d'un projet désormais beaucoup plus politique et stratégique. En la rattachant directement au Directeur, en renforçant ses effectifs et en appuyant sa réorganisation sur une feuille de route qui consacre son rôle central dans l'élaboration d'une stratégie européenne et internationale renforcée de la DAP[20], elle

20 Elle fixe notamment au PREI quatre priorités : Affirmer l'action internationale de la DAP comme une véritable stratégie politique fondée sur la définition annuelle d'un ensemble d'objectifs et de priorités d'actions ; Renforcer l'articulation entre l'ensemble des intervenants de la DAP, mais aussi avec ceux de l'Enap, en matière

illustre ce besoin de s'adapter à une nouvelle donne supra-nationale devenue à la fois plus contraignante et omniprésente.

Parallèlement, l'École nationale d'Administration pénitentiaire (ENAP) est aussi dotée d'un service de relations internationales. Son action prend différentes formes : des projets de coopération bilatérale (plus d'une centaine de pays depuis 2000) dont l'objet est « *d'enrichir les méthodes pédagogiques et les contenus de formation ainsi que développer la recherche à l'international en matière pénitentiaire* » ; des colloques et voyages d'études à l'étranger pour transposer des pratiques étrangères ; l'implication active dans la création et l'animation d'un réseau des académies européennes de formation pénitentiaire en Europe, projet dit EPTA (2021-2024), financé par l'Union européenne. Ce réseau comporte à présent 34 institutions membres et se structure autour d'un site internet, d'une plate-forme en ligne et d'un système de gestion des connaissances. Ses membres se réunissent régulièrement et organisent notamment des ateliers d'échanges transfrontaliers entre personnels de formation. L'action internationale de l'Enap est donc volontariste et, pour témoigner du caractère de plus en plus stratégique et politique qu'elle entend lui donner, une récente réorganisation interne a conduit à la rattacher directement au directeur de l'école.

On le constate donc, tant à travers le renforcement progressif du PREI de la DAP que du SRI de l'ENAP, l'Administration pénitentiaire s'organise pour ne plus seulement appréhender les institutions européennes et internationales comme des contraintes externes à intégrer, mais bien comme des espaces stratégiques à investir pour en faire des éléments déterminants de sa propre politique. La construction de cette stratégie européenne et internationale reste cependant encore balbutiante et devra être confirmée dans l'avenir. Il conviendra notamment à cet effet, pour qu'elle devienne réellement structurante dans les choix opérés que,

européenne et internationale, pour créer les conditions d'une véritable synergie et optimisation de leur(s) action(s) ; Valoriser la connaissance, l'expertise et le savoir-faire pénitentiaire français à l'étranger ; Travailler à la diffusion d'une culture européenne et internationale dans les services internes de la DAP en encourageant plus systématiquement les sous-directions à rechercher des informations sur des expériences étrangères pour éclairer leurs décisions et en favorisant la production d'expertises statistiques et scientifiques de nature comparative.

non seulement elle puisse s'appuyer sur des moyens encore renforcés et consolidés, mais aussi sur une culture partagée dans ce domaine par le plus grand nombre de ses acteurs. Le chemin est donc encore long, mais il est désormais tracé et ouvre, s'il est réellement emprunté, de nouvelles perspectives pour cette administration.

## Vers une puissance européenne ?

**Henri Oberdorff**

La guerre en Ukraine, mais pas seulement, fait de plus en plus s'interroger sur l'émergence d'une puissance européenne à propos de l'Union européenne. Le point d'interrogation de mon article demeure essentiel, car il reste toujours délicat de prévoir cet avenir surtout face aux nombreuses incertitudes de notre période historique avec le retour de la guerre sur le sol européen et ses nombreuses conséquences. Les analyses géopolitiques se sont multipliées ces derniers temps.[1]

L'Union européenne reste une organisation internationale très originale. Elle n'est pas un État fédéral européen, ce ne sont pas les États-Unis d'Europe comme certains le souhaitent ou comme Victor Hugo l'avait imaginé. Les États membres continuent de jouer un rôle essentiel dans le fonctionnement de l'Union notamment au niveau du Conseil européen, surtout lorsqu'il faut l'unanimité des États pour faire certains grands choix politiques. Pour Jacques Delors, il s'agissait d'une fédération d'États-nations.

L'Union européenne n'a pas non plus la compétence de sa compétence comme les États. Ce sont les États par les traités qui donnent des compétences à l'Union européenne. Mais les États peuvent aussi décider de confier des responsabilités spécifiques à l'Union et à ses institutions, notamment à la Banque centrale européenne pour gérer l'euro, une forme

1 Bruno Tertrais, La guerre des mondes, le retour de la géopolitique et le choc des empires, l'Observatoire, 2023; Thomas Gomart, L'accélération de l'histoire, les nœuds géostratégiques d'un monde hors de contrôle, Ed Tallandier, 2024; François Heisbourg, les leçons d'une guerre, Odile Jacob, 2023

de souveraineté monétaire partagée. Pour Céline Spector, « à condition de ne pas se contenter de construire le marché régi par la concurrence pure et parfaite, l'Union peut revivifier la démocratie et contribuer à l'expansion des droits ».[2]

Face à une succession de crises et de défis, l'Union européenne est en quelque sorte invitée par les États et les peuples à trouver rapidement des solutions. Ces dernières années, les défis se sont succédés à un rythme très soutenu : la crise monétaire de 2008 ; la crise migratoire depuis 2015 ; le Brexit à partir de 2016 jusqu'en 2020 et ses effets sur l'Union européenne ; la crise sanitaire avec la pandémie de la Covid de 2020 à 2022, et les réactions efficaces de l'Union européenne ; la guerre en Ukraine depuis 2022 et la concrétisation de la solidarité européenne. L'Union européenne a réussi à répondre parfois plus vite qu'on ne le pensait à toutes ces crises ou ces défis. Le dernier est celui de la guerre en Europe. On a l'impression qu'il faut, cette fois-ci, changer de paradigme pour cette construction européenne. « L'Union semble ainsi prête à entrer dans une nouvelle ère grâce à un renforcement de son intégration et de sa puissance, qui est imposé par les événements. »[3]

En effet, la communauté européenne, d'abord, et l'Union européenne, ensuite, ont été créées pour installer la paix, un marché libre et non faussé. Il fallait construire une Europe par le droit et par la régulation pour créer une puissance économique et commerciale et pas une puissance politique et militaire. On se demande aujourd'hui si cela est suffisant, car la paix n'est pas éternelle, et la guerre, y compris déclenchée en complète violation du droit international, est effectivement revenue. Si on en croit les discours du président Poutine, elle va même durer et les aides européennes vont diminuer. La question de la puissance militaire se pose alors, surtout lorsqu'on constate la grande dépendance à l'égard de l'OTAN et donc des États-Unis.

Lors de la conférence sur l'avenir de l'Europe en 2022, de nombreux participants européens ont souhaité un renforcement l'Europe pour aller vers une forme de fédéralisme d'un nouveau genre avec le concept de

2 Céline Spector, No Demos ?, souveraineté et démocratie à l'épreuve de l'Europe, Seuil, 2021, p.25

3 Yves Petit, Le retour de la guerre en Europe : vers une Union européenne géopoli-tique ? Revue Europe, n° 10, octobre 2023 p. 5

souveraineté européenne. Les propositions n'ont pas manqué de souhaiter donner plus de force à l'Union y compris sur les plans fiscaux et budgétaires, pour en renforcer sa démocratie. C'est, en quelque sorte, la fin de la naïveté européenne. Mais le dire et le faire, ce n'est pas la même chose, surtout s'il faut passer par une révision des traités.

Tous ces défis interrogent l'Union européenne sur sa place de puissance ou pas dans un monde qui change très vite. De nouvelles interrogations se font jour. Quel est le devenir de l'Europe politique ? Est-il possible d'aller vers une puissance européenne au-delà de l'Europe espace économique ? Ne sommes-nous pas aussi devant un risque de délitement progressif du projet européen souhaité par certains partis politiques populistes dans plusieurs États membres ? Pour Nicole Gnesotto, « c'est aux Européens que revient le rôle d'inventer une sorte de troisième voie dans la mondialisation : une Europe à la fois libérale et sociale, compétitive et solidaire, mondialisée et protectrice, aussi éloignée de l'ultralibéralisme des uns et du populisme autoritaire des autres ».[4] Aujourd'hui, l'Union européenne est bien une puissance douce (I), elle pourrait demain devenir une puissance plus complète (II).

## I- L'Union européenne d'aujourd'hui, une puissance douce

On n'évoque pas souvent le terme de puissance lorsqu'on analyse l'Union européenne, car ce concept et celui de souveraineté sont assimilés aux États et pas aux organisations internationales. Il semble plus souvent faire référence à la puissance politique ou militaire. Pourtant l'Union européenne est déjà une puissance dans de nombreux domaines, mais une puissance assez spécifique.

### Une puissance économique continentale

L'Union européenne comprend aujourd'hui 27 États membres avec le départ du Royaume-Uni en 2020. L'Union européenne séduit encore de nombreux États qui souhaitent rejoindre ce projet d'intégration : la Serbie, le Monténégro, la Macédoine du Nord, la Bosnie-Herzégovine, le Kosovo, l'Albanie, l'Ukraine, la Moldavie, la Géorgie. Il ne faut pas oublier en principe la Turquie même si Ankara n'y croit plus guère. On

4 Nicole Gnesotto, L'Europe : changer ou périr, Ed. Tallandier, 2022, p. 254

s'approcherait de l'ensemble du continent européen si nous passions de 27 à 37 États membres, même si cela prendra évidemment encore beaucoup de temps. Cela représente aujourd'hui une population de 448 millions d'habitants, 3e espace démographique organisé de la planète après la Chine et l'Inde. Le passage à 37 États donnerait une population 600 millions d'habitants. Une puissance continentale peut donc être encore plus envisagée avec de nouveaux élargissements.

L'Union européenne reste une puissance commerciale essentielle du monde avec la Chine et les États-Unis. À eux trois, ils représentent près de la moitié (45 %) du commerce international. L'Union européenne est une grande puissance économique du monde. En 2022, elle représente 16,6 % du PIB mondial en parité de pouvoir d'achat, derrière les États-Unis (17,3 %) et derrière la Chine (20,8, %). Elle est devant l'Inde, le Japon, l'Inde ou le Brésil.

L'Euro fait aussi de l'Union européenne une puissance monétaire mondiale avec les 20 États membres de la zone euro. 350 millions de personnes utilisent l'euro en Europe. L'euro représente 38 % des paiements mondiaux et 21 % des réserves de change. Il constitue la deuxième monnaie du monde après le dollar. Cela donne un rôle déterminant à la Banque centrale européenne. On constate dans les sondages d'Eurobaromètres de 2023 qu'il y a un grand attachement à l'euro dans les pays qui appartiennent à cette zone : 71 % pour les Français, 74 % pour les Italiens ou 81 % pour les Allemands. Même s'il y a parfois un certain scepticisme pour l'Europe, cet attachement monétaire a de nombreuses conséquences.

**Une puissance démocratique**

L'Union européenne est une démocratie continentale avec des citoyens européens comme l'affirme le Traité sur l'Union européenne (TUE) dans son article 9. Elle n'est pas suffisamment perçue comme telle par les Européens. La participation aux élections européennes reste modeste même si elle a augmenté aux élections de 2019 et de 2024. En France, elle est passée de 42,43 en 2014 à 50,97 % en 2019 et à 51,49 % en 2024 et dans l'UE de 42,61 % en 2014 à 50,95 % en 2019 et à 50,93 % en 2024. Les citoyens européens continuent, néanmoins, à avoir ont le sentiment que leur voix ne compte pas suffisamment. Les élections de 2024 constituent toujours un moment essentiel pour la démocratie européenne. Pour l'article 10 du TUE, le fonctionnement de l'Union est fondé sur la démocratie représentative. Le Parlement européen exerce, conjointement avec le Conseil, les fonctions législative et budgétaire selon l'article 14 du TUE. Cette démocratie européenne pratique aussi une coopération interparlementaire grâce aux dialogues entre le Parlement européen et les Parlements nationaux. La gouvernance européenne est de plus en plus démocratique. L'intégration progresse et équilibre souvent le processus intergouvernemental. Pour autant l'eurosphère reste mal connue des citoyens européens. En 2024, en France, les élections européennes semblent avoir été, aussi, un peu plus que d'habitude, une opportunité pour exprimer une forme d'insatisfaction nationale.

La dimension démocratique est aussi confirmée par les droits et les libertés que reconnait l'Union européenne. Cela donne une fonction essentielle à la Charte des droits fondamentaux de l'Union européenne qui a la même valeur juridique que les traités. En vertu de l'article 3 du TUE, les citoyens européens disposent ainsi d'un espace de liberté, de sécurité et de justice sans frontières intérieures au sein duquel est assurée la libre circulation des personnes.

Les valeurs de l'Union européenne sont le respect de la dignité humaine, de la liberté, de la démocratie, de l'égalité et de l'État de droit, comme l'affirme l'article 2 du TUE. Cela exige que les États membres respectent vraiment ces principes. Cela incite aussi de nouveaux États à candidater pour partager effectivement les valeurs de l'Union européenne. Le choix de l'Ukraine de s'orienter vers l'Union est l'une des justifications de la guerre déclenchée par le Président russe.

### Une puissance juridique

L'Union européenne est une puissance juridique grâce à son droit, qui s'applique évidemment dans tous ses États membres, notamment au travers des règlements et des directives. Le droit de l'Union doit être soit appliqué directement pour les règlements, soit transposé pour les directives. Les constitutions des États membres indiquent leur appartenance à l'Union. On parle d'une européanisation du droit des États membres[5].

5 Laetitia Guilloud-Colliat, Henri Oberdorff, Fabien Terpan, L'européanisation du droit, Quelle influence de l'Union européenne sur le droit français ? LGDJ, Lextenso, 2016

Ce droit s'applique aussi aux entreprises étrangères qui ont des activités sur le territoire de l'Union européenne. Ainsi les fameux GAFAM du monde numérique doivent se soumettre aux exigences du droit européen qui régule très fortement ce secteur, depuis 2022 avec le règlement sur les services numériques (Digital Services Act), le règlement sur les marchés numériques (Digital Market Act), le règlement sur les données numériques (Data Act), le règlement sur l'intelligence artificielle (Artificial Intelligence Act). On a pu dire que l'Europe était une colonie numérique américaine, mais sa législation s'impose à ces acteurs du numérique. Des sanctions et amendes ont été prises par la Cour de justice de l'Union européenne ou la Commission européenne, par exemple en tout 7 milliards d'euros pour Google pour abus de position dominante ou 1,8 milliard pour Apple. Cette législation de protection des droits des utilisateurs commence à inspirer des États non-membres de l'Union européenne. Une directive concernant des mesures destinées à assurer un niveau élevé commun de cybersécurité dans l'ensemble de l'Union a été adoptée en janvier 2023.

## II- Vers une puissance européenne plus complète

Les crises successives de ces dernières années ont poussé les États membres, comme les institutions européennes, à plus se concentrer sur l'avenir politique de l'Union européenne. Les élections européennes de 2024 font aussi s'interroger sur les projets politiques des différents partis politiques européens. La sortie du Royaume-Uni de l'Union européenne a parfois incité certaines tendances politiques européennes à imaginer d'autres départs. Cela ne semble plus être vraiment le cas aujourd'hui. D'autres destins de l'Europe sont au contraire suggérés.

### Un environnement géopolitique profondément modifié

La guerre qui se poursuit depuis plus de deux ans en Ukraine a profondément modifié l'environnement géopolitique de l'Union européenne, aussi bien sur le plan économique que celui de sa sécurité. Il s'agit d'une agression injustifiée et provoquée de la Russie contre l'Ukraine en dehors de toutes les règles du droit international. Les mobiles du président russe sont complexes, si on arrive à les comprendre : déstabiliser l'OTAN ; empêcher l'Ukraine d'adhérer à l'Union européenne et encore plus à l'OTAN ; diviser l'Union européenne ; semer le trouble entre l'Union européenne et l'allié américain. Le président Poutine n'a toujours pas réussi à atteindre ces objectifs. La résistance ukrainienne est exemplaire. Elle prouve l'existence d'une nation ukrainienne[6]. Les États membres de l'Union européenne sont restés collectivement solidaires à l'égard de l'Ukraine dont ils ont accepté la candidature à l'Union européenne. L'OTAN est restée soudée. Des États traditionnellement neutres, comme la Finlande et la Suède, ont intégré l'OTAN qui comprend maintenant 32 membres, dont 29 États européens.

Des séries de sanctions contre la Russie ont été successivement adoptées, par l'Union européenne aussi bien contre des entreprises que des individus. Cela concerne notamment : des embargos sur le pétrole ou le charbon russes ; la fermeture des espaces aériens européens à l'aviation russe ; l'interdiction de ventes d'armes et d'équipements militaires à la Russie ; l'interdiction de diffusion des médias russes en Europe ; l'exclusion de plusieurs banques russes du système bancaire SWIFT. Bien d'autres mesures ont été adoptées pour isoler économiquement la Russie du reste de l'Europe. Il ne faut pas oublier que la Russie a été exclue du Conseil de l'Europe le 26 mars 2022 avec des conséquences sur l'accès à la Cour européenne des droits de l'homme. C'est un isolement de plus de la Fédération de Russie en Europe.

D'une certaine manière, cette guerre semble accélérer la naissance d'un nouvel ordre mondial aussi bien sur les questions économiques que de défense. C'est largement le cas, par la remise en cause des dépendances énergétiques de l'Europe à l'égard de la Russie pour le pétrole, le gaz et le charbon, même si ce n'est pas forcément identique pour tous les États membres de l'Union. Cela a poussé la Commission européenne et les États membres à rechercher d'autres partenaires par une diversification des approvisionnements en gaz vers d'autres États, notamment comme les États-Unis, la Norvège, l'Algérie. Lors du sommet de Versailles de mars 2022, l'Union européenne s'était justement aussi préoccupée de construire un nouveau projet énergétique pour l'Europe. Il est en cours de réalisation. Ces transformations ont entraîné des conséquences sur le prix de l'énergie. De nombreuses autres transformations géopolitiques

6 Olivier Weber, Naissance d'une nation européenne, Ed. de l'Aube, 2022

sont issues de cette guerre en Europe, y compris sur le plan de l'approvisionnement alimentaire.

**Vers une souveraineté européenne ?**

Avec la guerre en Ukraine, la question de la souveraineté est devenue essentielle pour l'Union européenne. Cette guerre en Europe contre un État qui souhaite rejoindre le projet d'intégration européenne fait s'interroger sur la philosophie de la construction européenne. La fonction du projet européen était essentiellement de concrétiser la paix perpétuelle en Europe encore plus après la fin de la guerre froide. Or la guerre est de retour à l'initiative de la Russie. Les Européens se sont immédiatement mobilisés pour aider l'Ukraine dans tous les domaines, y compris en matière d'armement, sans pour autant faire la guerre à la Russie. « L'Union européenne a été profondément bouleversée par la guerre Ukraine. On a parlé de « changement de paradigme » en France, de « Zeitenwende » (« changement d'époque ») en Allemagne, de fin de la naïveté »[7]. S'agit-il pour l'Europe de changer de logiciel ? En tout cas, cela pose la question de sa souveraineté sur les questions de sécurité et de défense. Pour Thomas Gomart, « l'Europe doit se doter d'une stratégie militaire ».[8]

Le Président Macron, à l'occasion de ses discours sur sa conception de l'Union européenne comme celui de la Sorbonne en 2017, évoque à chaque fois la souveraineté européenne. Le programme de la présidence française du Conseil de l'Union en 2022, était regroupé en trois ambitions majeures : une Europe plus souveraine ; un nouveau modèle européen de croissance ; une Europe plus humaine. Avec la guerre en Ukraine, cette question de souveraineté est devenue essentielle. Le Président Macron considère qu'il faut passer « d'une Europe de la coopération à l'intérieur, à une Europe puissance à l'extérieur ».

La sécurité et la défense de l'Union européenne apparaissent déjà dans les traités de l'Union européenne. La politique de sécurité et de défense commune, détaillée à l'article 42 du TUE, fait partie des compétences de

7 Maxime Lefebvre, L'Union européenne face à la guerre en Ukraine : la puissance libérale et ses limites, Fondation Robert Schuman, Questions d'Europe n° 651, 9 janvier 2023

8 *Le Monde* 16 janvier 2024

l'Union avec des services spécialisés et un Haut représentant de l'Union pour les affaires étrangères et la politique de sécurité, Josep Borrell. L'Union européenne dispose aussi d'une agence européenne de défense. Cette politique s'est progressivement mise en place, mais doit être conciliée avec les politiques spécifiques de défense de certains États membres dans ce domaine, comme la France et sa dissuasion nucléaire, et les obligations, pour de nombreux États membres, découlant de leur appartenance à l'OTAN. Cette défense commune suppose des décisions à l'unanimité. Cela montre que l'Union européenne, et beaucoup de ses États membres vivent avec une contrainte forte, une autonomie limitée par le choix d'être membre de l'OTAN, donc avec une certaine dépendance à l'égard des États-Unis.

Les États membres sont convenus lors du sommet de Versailles du 11 mars 2022 : d'augmenter considérablement les dépenses en matière de défense et de développer les capacités de défense de manière collaborative au sein de l'Union européenne ; d'encourager les investissements collaboratifs des États membres dans des projets conjoints et dans l'acquisition conjointe de capacités de défense ; de développer la cybersécurité et de lutter contre les cyberattaques ; de favoriser les synergies entre les activités de recherche et d'innovation menées dans les domaines civil, spatial et de la défense, et d'investir dans les technologies critiques et émergentes et l'innovation pour la sécurité et la défense. Une boussole stratégique en matière de sécurité et de défense de l'Union européenne a été adoptée le 21 mars 2022. Elle est justifiée de cette manière : « Nous devons être en mesure de protéger nos citoyens, de défendre nos intérêts communs, de promouvoir nos valeurs et de contribuer à façonner l'avenir mondial, et y être préparés. ». Cette boussole stratégique présente quatre axes de travail : agir rapidement et avec fermeté ; renforcer la capacité de l'Union à anticiper les menaces pour assurer sa sécurité ; investir dans de nouvelles capacités et des technologies innovantes pour réduire les dépendances technologiques et industrielles ; travailler avec les partenaires de l'Union pour faire face aux menaces et aux défis communs.

L'adoption accélérée de cette boussole montre que l'Union européenne a très vite réagi aux conséquences de guerre en Ukraine pour se fixer une stratégie de défense et de sécurité. Les États européens ont aussi décidé d'augmenter leurs dépenses en matière de défense. Cette guerre a fait s'interroger sur les dépenses militaires dans le monde en comparaison de celles au sein de l'Union européenne. Quelques chiffres sont parlants. Entre 2021 et 2022, on peut relever que de nombreux pays européens ont augmenté leur budget de défense : + 36 % de Finlande, + 27 % en Lituanie, + 27 % en Espagne, + 12 % en Suède + 11 % en Pologne, + 7 % en Italie. En France des hausses sont prévues : 45,4 milliards d'euros en 2023, 50 milliards en 2025, 69 milliards en 2030. En Allemagne, des évolutions importantes sont adoptées 50,2 milliards d'euros en 2023, 60 en 2024 avec un fond spécial de 100 milliards adopté en 2022.

La guerre en Ukraine a poussé les États européens à des changements stratégiques majeurs aussi bien de manière individuelle que collective au sein de l'Union européenne. Une forte solidarité européenne s'est exprimée à l'égard de l'Ukraine. Elle est très complète. Elle ne se limite pas à fourniture d'armes et de munitions. Cela représente, à ce jour, et depuis le début de la guerre d'agression 138 milliards d'euros : 81 milliards d'euros sous forme de financement, d'appui budgétaire et d'aide humanitaire ; 17 milliards d'euros pour les réfugiés dans l'UE, 28 milliards d'euros pour le soutien militaire ; 18 milliards d'euros sous la forme de subventions, de prêts fournis par les États membres de l'UE. Pour Louis Gautier, « l'Europe n'est pas en guerre, mais le front ukrainien est bien le sien ».[9]

### Un nouveau projet géopolitique

Le projet d'intégration européenne est devant un dilemme majeur : rester un grand marché intérieur et un espace de paix et de liberté ; ou avoir une vision plus ambitieuse de devenir une puissance plus complète. Cette guerre en Europe contre l'Ukraine nous oblige à orienter l'Union européenne vers un nouveau projet géopolitique. C'était déjà le programme de la présidente de la Commission européenne dès 2019. La finalité de la construction européenne était effectivement de construire la paix sur son territoire. Elle a atteint cet objectif depuis plus de 70 ans. Afin de surmonter la crise sanitaire de la Covid, l'Union européenne a créé, en 2020, un plan de relance européen de 750 milliards d'euros. Son mode de financement a reposé sur des emprunts au nom de l'Union sur les marchés de capitaux. On a parlé à ce sujet d'un moment hamiltonien,

9 *Le Monde*, 23 février 2024

par référence à la démarche historique du secrétaire au trésor des États-Unis Alexandre Hamilton en 1790 pour une dette fédérale. Le plan de relance européen a ainsi ouvert la porte à une forme spécifique de fédéralisme. L'Union européenne doit continuer à inventer son avenir, et ne pas sortir de l'histoire.

La présidente de la Commission européenne dans son discours sur l'état de l'Union le 13 septembre 2023 rappelle que l'Europe a toujours rendez-vous avec l'histoire : « Notre Union aujourd'hui reflète la vision de ceux qui ont rêvé d'un avenir meilleur après la Seconde Guerre mondiale. Un avenir dans lequel une Union des nations, des démocraties et des peuples œuvrerait de concert au partage de la paix et de la prospérité. Ils étaient convaincus que l'Europe était la réponse à l'appel de l'histoire… Le même désir ardent, aujourd'hui, est de construire quelque chose de mieux. Cette même conviction que, dans un monde d'incertitudes, l'Europe doit, une fois de plus, répondre à l'appel de l'histoire. Et c'est ce qu'il nous faut faire, ensemble. »

Cette nouvelle guerre a poussé l'Union européenne à aller vers une véritable Europe de la défense. Pour le Président français « la défense européenne n'est pas un mirage administratif, c'est une démultiplication de l'énergie de ceux qui s'engagent et du Fonds européen de défense… »[10] Pour Delphine Deschaux-Dutard, « la défense européenne ne court-elle pas le risque de devenir un mirage stratégique, faute d'une vision collective claire au niveau européen ? »[11] D'une certaine manière, cette guerre en Ukraine et l'aide européenne qu'elle a déclenchée de manière très claire, poussent à concrétiser, de manière encore plus convaincante la politique de sécurité et de défense commune telle qu'elle est prévue dans l'article 42 du TUE. Cela permettrait aux « Européens de choisir entre la vulnérabilité et la robustesse. »[12] L'observation et l'analyse des récents sondages, par Thierry Chopin et Bruno Cautrès, sur ces questions montrent que les Européens sont de plus en plus favorables à l'intégration européenne, y compris pour la mise en œuvre d'une politique de sécurité

10 Discours du Président de la République aux armées, 13 juillet 2023

11 Delphine Deschaux-Dutard, Europe de la défense, un mirage stratégique ? Politique étrangère 2023, n° 233, p. 60

12 Sylvain Kahn, L'Europe face à l'Ukraine, PUF, p.147

et de défense commune des États membres[13]. Ce n'est pas forcément suffisamment connu des responsables politiques de ces États. « N'en doutons pas, l'Europe a les moyens de mettre en marche et en synergie les forces qui lui permettront de compter parmi les puissances mondiales du XXIe siècle ».[14]

On semble s'acheminer « vers une refondation de l'Europe ? » comme l'indique avec justesse Denys Simon.[15] Cela suppose aussi de faire évoluer la gouvernance de l'Union européenne. Les suggestions de réforme ne manquent pas pour répondre aux défis stratégiques comme celles de « Naviguer en haute-mer : réforme et élargissements de l'UE au XCXIe siècle »[16]. Pour Bernard Guetta, « après le marché commun et la monnaie unique, l'Union entre bel et bien dans le troisième moment de son histoire, celui de la construction d'une union politique qui s'affirme dans le front commun »[17] de soutien à l'Ukraine. Les élections européennes de 2024 constituent un moment privilégié pour améliorer la démocratie européenne et se souvenir des ambitions des pères fondateurs qui se projetaient, comme Jean Monnet en 1955, vers les États-Unis d'Europe.

13 Bruno Cautrès et Thierry Chopin, Élections européennes : répondre aux attentes d'une opinion publique fragmentée dans un « nouvel âge des incertitudes », Notre Europe, Policy Paper n° 297, février 2024

14 Jean-Paul Paloméros, L'Europe puissance : maintenant ou jamais, Fondation Robert Schuman, Questions d'Europe n° 658, 27 février 2023

15 Revue Europe, n° 10 octobre 2023

16 Titre du rapport du groupe de travail franco-allemand sur les réformes institutiotionnelles de l'UE, 18 septembre 2023

17 Bernard Guetta, La nation européenne, Flammarion, 2023, p. 105

# La Turquie, monde-frontière

**Élisabeth Vallet**

C'est sur le quai de la mosquée des artistes, à Ortaköy, que j'ai entendu Jean Marcou raconter les débuts de son aventure stambouliote, son amour de ce pays, de sa culture, de sa langue... de cet univers à mi-chemin entre l'Europe et l'Asie, de cette porte sur l'Orient, *Sublime* à bien des égards, de Osman Hamdi Bey à Nâzim Hikmet, de Soliman le Magnifique à Kemal Atatürk, entre liminalité et plénitude. C'est avec lui, sur les bords du Bosphore, je me suis prise à aimer les mondes-frontière.

De ce séjour stambouliote en 1994, qui a lié des étudiants de l'IEP de Grenoble à ceux du Département francophone de sciences politiques et administratives de Tarabya[1], il m'est resté des amitiés indéfectibles sur deux continents, un classeur de notes des cours de Jean Marcou et de Jean-Paul Burdy qui m'ont suivie dans tous mes déménagements, une attirance pour le Machrek post-ottoman, et ce sentiment que si les tournants de la géopolitique mondiale s'inscrivent dans les strates infinies de l'Histoire, on peut aussi parfois en être le témoin... « les pieds pendants au bout du quai » – comme le chante Robert Charlebois, compositeur de mon pays d'adoption.

Quelques décennies plus tard, à l'heure où s'écrivent ces lignes, les années 90 paraissent appartenir au « monde d'hier », similaire en bien

1 DFSPA de l'Université de Marmara, dans les bâtiments de Tarabya, au bord du Bosphore. Cf. Jean Marcou (1991), Sciences Po Istanbul, Anatolia moderna. *Yeni Anadolu* , 1 : 315-321; et Ali Vahit Turhan & alii (dir.) (2010), Tarabya çalişmalarï. 20.yïl armağan kitap [Les études de Tarabya. Le livre-anniversaire des 20 ans], Istanbul, Marmara Universitesi Yayïnlarï.

des points à celui que décrit Stefan Zweig lorsqu'il pose son regard sur la première décennie du siècle précédent[2]. Trois-quarts de siècle après Zweig, c'est un même monde illusoire, utopiste, ou simplement heureux, qui a vu la fin de la guerre froide ouvrir la mer Noire sur la mer Égée. Nous regardions passer les bâtiments russes dans le détroit, arborant leurs noms en cyrillique, des képis siglés « CCCP » étaient en vente aux coins des rues... Tout cela devenant le symbole d'un monde « sans frontières »[3], plus éphémère que ne l'avaient imaginé nombre de penseurs à l'époque[4].

Pourtant, même si, à ce moment-là, les lignes du Rideau de fer avaient disparu, les frontières, elles, devaient demeurer les clés d'un monde en recomposition. Passé le tournant du millénaire, elles définissent fondamentalement les dimensions hétérogènes de la mondialisation dont elles façonnent les « paysages » (scapes) pluriels[5] : force est de constater, que loin de disparaître, elles sont désormais consubstantielles de cette globalisation dont elles définissent les flux, les canaux et les aspérités.

L'étude des frontières, comme champ disciplinaire, a évolué rapidement sous l'impulsion des études critiques de la sécurité[6] et des études frontalières critiques[7], s'éloignant de la seule ligne de démarcation pour embrasser la complexité des dispositifs frontaliers[8]. Le champ des *border studies* est parvenu à se conjuguer, parfois non sans mal, à celui des *migration studies*, pour transcender la fixité présumée de la frontière : cette dernière s'est révélée tour à tour mobile et pixellisée, épaisse et

2 Stephan Zweig (2013), Le Monde d'hier, Gallimard (1ère édition en français : 1948) : 26-28.
3 Kenichi Ohmae (1990), The Borderless world. Collins.
4 Par exemple : Bertrand Badie, 1995, La fin des territoires, Paris, Fayard.
5 « ethnoscapes, médiascapes, technoscapes, financescapes et idéoscapes », pour reprendre les termes de Arjun Appadurai, après le colonialisme. Les conséquene ces culturelles de la globalisation, Payot, coll. « Petite Bibliothèque Payot », 2015.
6 Didier Bigo, « Grands Débats dans un Petit Monde », Cultures & Conflits [En ligne], 19-20 | automne-hiver 1995
7 James Scott (2020), Introduction, in A Research Agenda for Border Studies, Northampton, Edward Elgar Publishing: 3-21.
8 David Newman, et Anton Paasi, (1998). Fences and neighbours in the postmo8 dern world: boundary narratives in political geography. Progress in Human Geography, 22(2), 186-207. Anne-Laure Amilhat-Szary (2015), Qu'est-ce qu'une frontière aujourd'hui ?, Presses Universitaires de France.

individualisée, internalisée et externalisée, invisible et murée, symbolique et léthale[9]. Les « frontiérités »[10] s'articulent désormais autour des notions d'altérité, de délimitation, et de liminalité (Bordering, Ordering, Othering) et se traduisent par un dispositif frontalier qui s'étire sur un spectre de mesure : cette gamme se décline des politiques migratoires (visas) aux politiques de fortifications (murs), en passant par toutes les nuances des technologies de surveillance.

Dans ce cadre, la Turquie, depuis toujours espace-frontière, a subi de profondes mutations[11], et sa gestion de ses voisins et de ses lignes de démarcation définissent désormais les espaces limitrophes[12]. Son repositionnement à l'aube des printemps arabes dans la région n'a pas toujours été très heureux[13], et la fragilité de la ligne de démarcation frontalière d'un côté et de sa sécurité comme espace-frontière de l'autre l'ont mené à redéfinir à plusieurs reprises, et de manière assez radicale, son rôle et son positionnement régional[14] : la Turquie est à la fois un acteur central de la stabilité de la région et à la fois une périphérie, suturant des espaces tectoniques-politiques[15].

Désormais emmurée sur de longs kilomètres de frontières avec la Syrie[16], fortifiée en partie sur sa frontière avec l'Irak et l'Iran, partiellement

9 Sabine Dullin, Étienne Forestier-Peyrat, Les frontières mondialisées, Paris, PUF, La vie des Idées, 7-10.

10 Selon le néologisme établi par Anne-Laure Amilhat-Szary et Frédéric Giraut dans (2015) Borderities : The Politics of Contemporary Mobile Borders (dirs), Londres : Palgrave.

11 Jean-Paul Burdy, Jean Marcou (2013) Le cheminement complexe des nouvelles relations turco-arabes Hérodote 148) 1) : 8-22.

12 Daniel Meier (2019), Bordering the Middle East, New York, Routledge, p.2; Jean-Paul Burdy, Jean Marcou (2008). La Turquie à l'heure de l'Europe. Presses Universitaires de Grenoble, 2008, Le Politique en +.

13 Jean Marcou (2015). La diplomatie turque entre déconvenues et repositionnement stratégique. Revue Des Deux Mondes, 54–63.

14 Jean Marcou (2016). La Turquie en quête d'un nouveau positionnement au Moyen-Orient. Politique étrangère, 63-73; Jean Marcou (2023), La politique étrangère de la Turquie, un équilibrisme de longue date, Recherches Internationales, 127 : 115-136

15 Jean Marcou (2022), La projection de puissance turque : la Méditerranée orienn tale comme centre de gravité, Confluences Méditerranée 4 (123) : 149 à 160.

16 Ramazan Aras (2021), The Wall: The Making and Unmaking of the Turkish-Syrian Border, Palgrave Macmillan Cham.

ex-murée[17] par la Grèce et la Bulgarie, et militarisant ce qui lui reste de frontières non ou moins fortifiées (Arménie, Irak, Iran), la Turquie fait partie désormais de ces États (à l'instar de l'Arabie Saoudite, de l'Inde ou d'Israël) qui s'abritent largement derrière des fortifications[18]. Elle participe ainsi de ce mouvement global d'emmurement du monde[19], en accélération constante[20], que d'aucuns avaient relégué au monde révolu de la guerre froide.

Malgré la vacuité de ces ouvrages pharaoniques que sont les fortifications contemporaines[21], les murs se multiplient, et ce bien que leur efficacité soit encore aujourd'hui difficile à établir : il est parfois difficile de déterminer à qui attribuer un sentiment de sécurité accrue – au mur, à une diplomatie efficace ou encore à une évolution de la situation politique exogène à la frontière[22]. D'autant que ce mouvement de fortification frontalière s'inscrit dans le cadre d'une militarisation croissante et globale des frontières dont il n'est qu'un aspect.

Or, les murs eux-mêmes ont parfois un effet délétère sur les zones frontalières et sur les économies informelles qui les caractérisent : une rigidification accrue de l'espace transfrontalier induit souvent une déstructuration du tissu économique de la zone susceptible de générer une véritable crise – économique, sociale, voire environnementale[23]. Cela ajoute à la longévité politique du processus d'édification des murs, car

17 L'emploi de ce néologisme rend compte du processus empreint d'altérité (rebordering) qui va de pair avec l'érection des murs contemporains. Voir Élisabeth Vallet (2017), Inefficace, coûteux, mortel, l'emmurement du monde se poursuit, La Conversation, 5 juillet.

18 Deniz Ülke Arıboğan (2019), The Wall: History is Back, Istanbul, İnkılap Kitabevi

19 Élisabeth Vallet et Charles-Philippe David (2012) Du retour des murs frontaa liers en relations internationales, Études internationales, 43 (1), mars 2012, 5-25. Élisabeth Vallet (2020), State of border walls in a globalized world, in Borders and Border Walls, Routledge.

20 Charles-Philippe David et Élisabeth Vallet (2020), Le recul des relations internationales - Comment Trump a-t-il changé le monde ?, Paris, CNRS Éditions, 55-57.

21 Said Saddiki (2017), World of Walls - The Structure, Roles and Effectiveness of Separation Barriers, Opne Book Publishers: 122

22 Matthew Nanes et Trevor Bachus. 2021. Walls and Strategic Innovation in Violent Conflict. Journal of Conflict Resolution. 65(6): 1134.

23 Kristina Korte (2021). Filtering or Blocking Mobility? Inequalities, Marginalizationn and Power Relations at Fortified Borders. Historical Social Research 46(3): 49-77.

ils finissent par fonctionner comme une prophétie auto-réalisatrice : les murs frontaliers, fruit d'une insécurité ontologique et donc d'un besoin atavique de sécurité dans un paysage global turbulent[24], génèrent un cycle d'instabilité pour lequel ils deviennent le remède prédit puisqu'ils amplifient la vulnérabilité et la différence[25]. Dès lors, toute transgression du mur peut être lue (et est ainsi fréquemment présentée par les partisans de l'emmurement) comme une manifestation de sa nécessité, même si c'est le mur lui-même qui a *de facto* « illégalisé » certains des flux. Cette logique circulaire alimente les perturbations à la frontière, la nécessité d'un État d'exception paradoxalement durable, et le nombre sans cesse croissant de murs frontaliers. Et ce d'autant que le monde post-pandémique a déjà amplement démontré l'ampleur de l'érosion de la confiance mutuelle et de la coopération au niveau international, ainsi que les lignes de fracture sociale qui ont fissuré les sociétés les unes après les autres. La Turquie n'y fait donc pas exception, en étant à la fois une zone d'accueil, un État de transit, et un espace de rétention des flux. Elle conjugue une approche complexe et multiscalaire de la frontière et de l'accueil, en réaction aux politiques de ses voisins, en lien avec le maillage des frontières mondialisées et en fonction de la définition de ses politiques étrangères et de sécurité.[26]

Ainsi la Turquie se retrouve dans cet espace interstitiel complexe, où elle est à la fois juge et partie, acteur et spectateur, aidant et instrumentalisant aux besoins les mobilités[27]. Car elle est aussi le lieu d'une triple frontière : celle de la ligne méridionale, qui filtre les risques, notamment terroristes. Celle de l'espace de rétention (zone-frontière), puisque désormais plus de trois millions de réfugiés s'y sont arrêtés et en ont fait leur destination. Et celle de la ligne occidentale, avec l'Europe, toujours plus

24 Pratheepan Gulasekaram (2012). Why a Wall? Irvine Law Review. 2: 190.

25 Eliezer Ben-Rafael and Siegal Ben-Rafael Galanti. 2017. "Israel-Palestine : Concrete Fences and Fluid Borders" in Gasparini Alberto. (ed), The Walls between Conflict and Peace, Leiden, Brill, 241.

26 Fırat Genç, Gerda Heck, et Sabine Hess (2019). "The Multilayered Migration Regime in Turkey: Contested Regionalization, Deceleration and Legal Precarization." Journal of Borderlands Studies 34( 4): 489–508.

27 Bayram Balci, Juliette Tolay. (2016) La Turquie face aux réfugiés syriens. Entre engagement humanitaire et instrumentalisation politique : Entre engagement humanitaire et instrumentalisation politique. Les Études du CERI, n° 2251 – 36.

militarisée. Les trois dimensions de cet espace-frontière sont liées entre elles, comme elles le sont avec le reste des frontières à travers le monde, dont les processus de fermeture et d'ouverture (*bordering* et *debordering*)[28] canalisent les flux[29].

Dès lors, la centralité de la Turquie, monde-frontière dans un univers de plus en plus barriérisé, est incontestable, au confluent des enjeux de sécurité et de migration, ligne de faille de la mondialisation[30], lieu de fracture et de suture entre deux continents. Elle est centrale à un moment de l'Histoire où les frontières se font « dynamite politique »[31], tant sur le plan de la géopolitique mondiale, qu'au niveau national, en cette année 2024 où 49 % de la population se rendra aux urnes[32].

Trente ans plus tard, depuis la frontière gréco-turque, Sevil Doğrugüven, qui a été l'étudiante de Jean Marcou au siècle dernier, et qui est de ces amitiés qui me sont restées de cette aventure stambouliote, m'écrit ce soir : « Mon pays a changé, mille fois. Nous avons perdu notre démocratie parlementaire et la séparation des pouvoirs, on assassine l'écosystème de ce beau pays eurasien. La Banque centrale de Turquie a enregistré le déficit le plus important et le plus lourd de son histoire, cette année. Le taux d'augmentation et d'explosion, je dirais, de l'inflation, constitue à nouveau un record. Nous accueillons des millions de réfugiés, au statut non-reconnu. L'Occident est en partie responsable de cette dérive, et coupable de son silence, de son inaction face à l'érosion des droits humains et de son absence d'engagement dans le respect des grandes conventions ». Il y a depuis quelques années une prudence dans nos correspondances. Parce que les temps ont changé. Ici, bien sûr. Mais là-bas encore plus. Et l'espoir qui existait à l'époque, dans cet espace-frontière sur lequel l'Europe exerçait une attraction magnétique[33], n'est plus

28 Matthew Longo (2018), "Introduction", in The Politics of Borders, London, Cambridge University Press.

29 Jean Marcou (2017). La Turquie, terre de l'exode syrien. Outre-Terre, 52, 169-177.

30 Daniel Meier (2021), Les Frontières au-delà des cartes. Sécurité, migration, mondialisation, Paris, Le Cavalier Bleu.

31 Klaus Dodds (2021), The New Border Wars, London, Diversion Books, p.2.

32 "The Ultimate Election Year: All the Elections Around the World in 2024", The Economist, 28 décembre 2023.

33 Voir Jean-Paul Burdy (2004)- dir., La Turquie est-elle européenne ? Contributions au débat, Éditions Turquoise.

là. Dans ce monde complexe, il devient difficile d'établir et d'écrire la vérité. Elle évoque alors un de ses amis, le dessinateur Behiç Ak, qui rend compte de ce monde clair-obscur :

(Traduction de S. Dogruguven et dessin reproduit avec l'autorisation du dessinateur) - *Ne croyez pas les mensonges ! C'est ça la vérité. Avant nous, il n'y avait ni climatisation, ni aéroport, ni automobile, ni train, ni tracteur, ni téléphone, ni télévision, ni Internet, ni vélo, ni ambulance, ni pont.*
*« – Nous ne savons plus ce qui est vrai ou faux, Monsieur. Il n'y a pas eu de gros mensonges avant vous. »*

Ainsi une autre frontière s'est ajoutée, moins visible, mais pour autant palpable, entre des univers où la réalité diffère. Elle démarque aussi l'articulation qui se dessine alors que les plaques tectoniques de la géopolitique semblent se réajuster, alors que l'ordre mondial se redéfinit autour de ces réalités déconnectées.

Mais, ajoute Sevil, « nous nous retrouvons, un jour, au cœur de notre chère Istanbul ». Elle a raison. Les murs, qu'ils soient symboliques ou physiques, finissent toujours par tomber. Il y a toujours un lendemain aux grandes fractures du monde. Et, sur les rives du Bosphore et les pieds pendant au bout du quai, des étudiants francophones, héritiers du travail de Jean Marcou, continueront de regarder l'Histoire voguer sous leurs yeux.

# La Géopolitique de Lula

**François D'Arcy**

Lorsque Jean-Paul Burdy et Jamil Sayah ont lancé leur appel à contribution pour les « Mélanges Jean Marcou 2024 » j'ai immédiatement répondu que j'étais partant, tant il me semblait naturel de m'associer à l'hommage à un collègue qui a beaucoup apporté à Sciences Po. Ses séjours et ses recherches en Turquie et dans les pays arabes ont profité à des générations d'étudiants.

Restait à déterminer le sujet de ma contribution. Les terrains que Jean a labourés ne sont pas les miens, mais la vingtaine d'années passées au Brésil m'ont donné une certaine familiarité avec ce pays. En 2023 débutait le troisième mandat à la présidence de la République de Luiz Inácio Lula da Silva, communément appelé Lula. C'était donc une bonne occasion de voir comment s'est déployée son action internationale – un peu à la manière dont Jean Marcou nous a prodigué, dans le blog des enseignants et chercheurs de Sciences Po Grenoble, des textes sur la politique extérieure du président turc Erdogan.

Quelques mots d'abord pour rappeler qui est Lula. Né en 1945 dans une des régions les plus pauvres de l'état de Pernambuco, il a accompagné sa mère quand elle est partie en 1952 avec ses enfants, pour l'état de São Paulo. Enfance dans la misère qui ne l'empêchera pas de devenir ouvrier métallurgique. Très tôt il devient un leader syndical, puis l'un des fondateurs, en 1980, du parti des travailleurs (PT) dont il restera le leader jusqu'à aujourd'hui.

L'accès de Lula à la présidence de la République a été un chemin semé d'embuches. Après la fin de la dictature et le retour à la démocratie sacralisé par la Constitution de 1988, Lula a été battu à trois reprises à l'élection présidentielle, en 1989, 1994 et 1998. Il est finalement élu au deuxième tour en 2002 pour un premier mandat commençant le 1er janvier 2003 et reconduit en 2006 jusqu'au 31 décembre 2010.

Le nombre de mandats consécutifs étant limité à deux, il a fait élire, en 2010, Dilma Rousseff, qui sera réélue en 2014 et fera l'objet d'une procédure d'empêchement. Lula comptait bien se présenter pour un troisième mandat en 2018 mais sa condamnation et son incarcération pour corruption le rendait inéligible. Il désigna donc comme candidat du PT Fernando Haddad qui fut battu par un candidat jusque-là inconnu, Jair Bolsonaro. À l'élection suivante de 2020, la condamnation de Lula ayant été annulée par la Cour Suprême brésilienne, il s'est présenté pour un troisième mandat contre Bolsonaro et l'emporta de justesse au deuxième tour par 50,9 % des voix contre 49,1 %.

Les deux premiers mandats de Lula ont été marqués par une forte implication personnelle dans les affaires internationales, caractérisée par de très nombreux déplacements à l'étranger. Mis bout à bout ces déplacements ont atteint l'équivalent d'une année sur une période de 8 ans. Son prédécesseur, Fernando Henrique Cardoso avait montré l'exemple, mais les voyages de celui-ci se faisaient majoritairement vers les pays développés (Europe, Amérique du Nord) alors que Lula, tout en continuant cette tradition, se voulait davantage comme représentant des pays en développement, ce que manifestaient ses nombreux voyages en Afrique, au Moyen-Orient, en Asie.

Cette diplomatie très active prenait appui sur un ministre des Relations extérieures de premier plan, Celso Amorim. Elle a permis au Brésil d'être reconnu comme un acteur important sur la scène internationale et valu à Lula une grande popularité. La presse internationale lui était globalement favorable, et je citerai deux exemples pour illustrer cette popularité : Barak Obama disant de lui en 2009 qu'il était « l'homme politique le plus populaire du monde » ; et en septembre 2021 l'attribution du diplôme de docteur honoris causa à Sciences Po Paris, au cours d'une cérémonie marquée par des discours particulièrement élogieux et une intervention de Lula accueillie avec enthousiasme par les étudiants.

Comme nous aurons l'occasion de le voir à diverses reprises, l'expérience acquise pendant les huit années de ses deux premiers mandats a grandement influencé l'activisme international de Lula au cours de l'année 2023, première année de son troisième mandat. Pourtant, entre-temps le monde avait beaucoup changé, les problèmes sont devenus plus difficiles et plus urgents, si bien que les résultats ne sont pas toujours au niveau des espérances.

Pour présenter la géopolitique de Lula durant cette année 2023, plutôt que de suivre un plan chronologique je procéderai par thèmes.

### 1) La remise sur les rails de la diplomatie brésilienne

Un président brésilien actif au plan international a l'avantage de disposer d'un outil diplomatique de très grande qualité : son ministère des Relations extérieures, généralement désigné sous le nom de Itamaraty. Le corps des diplomates, formé par le prestigieux Institut Rio Branco, fait partie des meilleurs au monde. Durant ses deux premiers mandats Lula n'avait pas hésité à créer de nouvelles ambassades, notamment en Afrique, prolongeant ainsi les liens établis durant ses voyages à l'extérieur.

Cette présence sur la scène internationale a diminué du fait de la crise économique et politique sous la présidence de Dilma Rousseff. Mais c'est surtout le duo formé par le président Bolsonaro et son ministre des Relations extérieures Ernesto Araujo qui a fait reculer la diplomatie brésilienne à un niveau jamais vu auparavant. Bien qu'il ait été 37 ans député fédéral, Jair Bolsonaro a fait une carrière politique des plus médiocres, n'ayant jamais exercé de responsabilité dans les nombreux partis par lesquels il est passé, dans les commissions parlementaires, ni dans aucun ministère. Rien ne le prédisposait à être président de la République, et encore moins à avoir une envergure internationale, faisant pâle figure dans réunions internationales auxquelles il participait.

Pire encore, il a choisi sur des bases purement idéologiques un ministre des Relations extérieures ayant qu'une fonction de second ordre au ministère et n'ayant jamais exercé la fonction d'ambassadeur en poste à l'étranger. Négationniste de la théorie du changement climatique, dans laquelle il voyait un complot communiste, il tenait dans ses écrits des propos parfois délirants sur le « globalisme », tenu comme une idéologie anti-chrétienne dominée par le « marxisme culturel ». Persuadé que seul Trump pouvait sauver l'Occident chrétien, sa politique consistait en un alignement total avec celui-ci et sur un critique et une méfiance systématiques à l'égard de la Chine communiste. Sur ce point il entrait en conflit avec les intérêts économiques brésiliens dépendant des importations chinoises ce qui a amené une partie du Congrès à exiger sa démission en mars 2021.

Lula a nommé comme ministre des Relations extérieures Mauro Vieira (71 ans), un grand diplomate dans la meilleure tradition de l'Itamaraty. Sa première fonction a été de remettre de l'ordre dans le ministère, redonner confiance à ses agents, changer les postes qui devaient l'être. Il fut aussi de renouer des relations diplomatiques plus saines, moins idéologiques et plus conformes aux intérêts du Brésil avec ses différents partenaires. C'était le cas notamment de la Chine et les États-Unis, les deux premiers partenaires commerciaux du Brésil, avec lesquels les relations avaient été mises à mal sous la présidence Bolsonaro et pour lesquels le ministre a préparé les visites de Lula au début de son troisième mandat.

Pour important que soit le rôle de l'actuel ministre des Relations extérieures il est toutefois bon de noter que Lula a gardé auprès de lui celui qui occupa cette fonction de 2003 à 2010 et dont j'ai parlé plus haut, Celso Amorim (81 ans). Considéré comme le meilleur dans son domaine, actuellement conseiller spécial du président avec lequel il est en phase idéologiquement, il est certainement celui qui l'aide le plus à forger ses opinions sur les questions internationales.

### 2) Un leadership incertain en Amérique du Sud

Le Brésil représente la moitié du territoire, de la population et du PIB de l'ensemble de l'Amérique du Sud ce qui lui donne vocation à y exercer un certain leadership. Pour Lula, une Amérique du Sud relativement unifiée dont il serait légitimé à être le porte-parole lui donnerait un poids certain dans la géopolitique mondiale.

Il en avait fait l'expérience lors de ses deux premiers mandats, profitant d'une convergence politique qualifiée de « virage à gauche » et de la volonté commune de se démarquer des États-Unis. Dans son discours de prise de fonction, le 1er janvier 2023, Lula avait annoncé la priorité qu'il donnerait à l'Amérique du Sud et à la reprise de son unification mise à mal sous le gouvernement Bolsonaro.

*Argentine*

L'Argentine, premier partenaire commercial du Brésil dans la région est l'interlocuteur privilégié dans cette volonté d'unification. Mais la relation est de plus en plus tributaire de facteurs politiques, comme Lula allait en faire l'expérience. L'élection à la présidence argentine en 2019 d'Alberto Fernandez, liée à la famille Kirchner et succédant au libéral de droite Maurice Macri, avait refroidi les relations avec Bolsonaro. Il est au contraire le premier à recevoir la visite de Lula. Toutefois, lors de la nouvelle élection présidentielle de 2023, alors que Lula soutient en sous-main la candidature du successeur attendu de Fernandez, Sergio Massa, celui-ci est battu par le candidat d'extrême droite Javier Milei qui se définit comme « anarcho-capitaliste ».

Pendant sa campagne, Milei a traité Lula de communiste et de corrompu, et à sa prise de fonction il a accueilli l'ex-président Bolsonaro quasiment comme un chef d'État. Même si une fois élu il a déclaré que les intérêts communs de l'Argentine et du Brésil guideraient son action, on peut gager que les relations Lula-Meili seront toujours difficiles. On en verra des exemples à propos du Mercosur et des BRICS.

*Venezuela*

Les problèmes politiques sont également au cœur des relations difficiles avec l'autre grand voisin du Brésil, le Venezuela. Pendant ses deux premiers mandats Lula entretenait de bons rapports avec Hugo Chavez et était idéologiquement en phase avec sa « révolution bolivarienne ». L'Union sud-américaine des nations (Unasul) fut créée en 2008 à leur initiative pour rapprocher les blocs régionaux déjà existants (Mercosul, Communauté andine, Alliance bolivarienne). Dépendante de l'élan donné par Lula et Chavez, l'Unasul n'a pas résisté pas au virage conservateur des années 2010. Elle sera mise en sommeil par les nouveaux dirigeants dont Bolsonaro, sans qu'aboutisse leur tentative de création du Prosul (Forum para o Progresso da America do Sul). Dans sa volonté de reprendre le processus d'intégration, Lula a signé en avril 2023 le retour du Brésil dans l'Unasul, rejoint en cela par l'Argentine.

En août 20023, Lula a organisé à Belem un sommet de l'Amazonie, réunissant les présidents des huit États sud-américains membres de l'Organisation du Traité de Coopération Amazonienne (OTCA). Cette réunion est intéressante à un double titre. D'abord par la volonté de Lula de réintroduire à cette occasion le Venezuela dans le jeu sud-américain, alors que Bolsonaro avait rompu toute relation avec ce pays « communiste ». Il accueille donc Nicolas Maduro avec tous les honneurs, saluant son retour, reconnaissant les traits démocratiques d'un gouvernement qui organise plus de scrutins que les autres pays, accusant les sanctions des États-Unis d'être à l'origine des problèmes économiques du Venezuela. Il oubliait que le Venezuela de Maduro n'est pas celui de Chavez et créait malaise et protestations chez les participants, que ce soit le président de gauche chilien, Gabriel Boric, ou le président de droite uruguayen, Luis Lacalle Pou.

*Amazonie*

L'autre intérêt de ce sommet de l'Amazonie est dans la volonté de Lula de redonner vie à une institution qui ne s'était pas réunie depuis 2009 et affirmer son leadership entre les pays abritant la forêt amazonienne. Un des objectifs est d'obtenir des financements extérieurs pour la préservation de la forêt, demande que Lula reprendra à la COP 28. Mais des divergences apparaissent lorsque les intérêts des pays membres sont en cause. La déclaration finale ne reprend pas la proposition brésilienne d'un engagement à la déforestation zéro, qui est mentionnée comme un idéal pour le Brésil et non un devoir de l'ensemble des États membres. De même elle ne reprend pas la demande du président colombien d'interdire la prospection pétrolière dans la région, engagement que la Colombie s'applique à elle-même mais qui va à l'encontre des projets brésiliens. Enfin, le document final prône davantage d'intégration mais sans mesure concrète et sans mentionner l'Unasul ni la création d'une monnaie commune pour les échanges commerciaux, mesure avancée par Lula.

*Mercosur*

Une dernière réunion à laquelle Lula attachait une grande importance devait réunir le 7 décembre 2023 les présidents des états membres du Mercosur dont le Brésil assurait la présidence jusqu'à la fin de l'année. Rappelons que le Mercosur (Marché Commun du Sud) a été créé en 1991 par ses quatre membres, Argentine, Brésil, Paraguay et Uruguay, inspiré par l'exemple de l'Union européenne mais loin d'en posséder les mêmes procédures d'intégration.

Le but principal de la réunion du 7 décembre était d'officialiser l'approbation du Mercosur à son Accord d'Association avec l'Union européenne. Cet Accord, comporte trois volets : dialogue politique, coopération économique et accord commercial. La préparation de l'Accord, les innombrables négociations auquel il a donné lieu butant sur le volet commercial, est un roman à épisodes multiples remontant à l'année 2000. Finalement, après une version définitive de l'Accord arrêtée par la Commission européenne en 2019 mais objet d'une lettre complémentaire de mars 2023, la Commission se déclarait prête à venir présenter un texte définitif la veille de la réunion du 7 décembre. Cependant entre temps avait eu lieu en Argentine l'élection de Meili qui, dans sa campagne électorale, s'était déclaré très opposé au Mercosur et à l'accord avec l'Union européenne. Dans ces conditions le président argentin encore en exercice, Alberto Fernandez, déclarait qu'il n'était pas en mesure de donner son accord. La Commission européenne a donc annulé sa venue au Brésil et la question était retirée de l'ordre du jour. Lula ne pouvait qu'espérer que le nouveau président argentin se montrerait plus pragmatique que dans sa campagne et qu'une décision pourrait être prise prochainement mais cela reste très incertain. Reste de toute façon que même si le texte de l'Accord d'association est approuvé par le Mercosur, il faudra qu'il soit voté par les parlements de chacun des États de l'Union européenne.

Parmi un ordre du jour chargé de la réunion du 7 décembre, portant notamment sur le fonctionnement du Mercosur, les seules décisions concrètes qui en sont sorties sont l'approbation d'un accord commercial avec Singapour, important pour les échanges avec l'Asie, et l'approbation de l'entrée de la Bolivie comme membre permanent du Mercosur.

*Essequibo*

Le Venezuela était devenu membre associé du Mercosur en 2004, membre permanent en 2012 mais a été suspendu en 2016 pour non-respect des clauses du Traité sur la démocratie dans les États membres. Il ne participe donc pas à ses réunions. Cela ne l'a pas empêché de jouer les trouble-fêtes à la réunion du 7 décembre par sa décision de s'approprier les deux tiers du territoire de son voisin, le Guyana : il a fait approuver par référendum l'annexion de l'Essequibo et il a mobilisé l'armée pour l'exécuter par la force si nécessaire.

Cette affaire mériterait de longs développements qui concernent certaines des plus grandes compagnies de pétrole, la position des États-Unis et de la Russie en Amérique du Sud... Je me limiterai à la situation extrêmement embarrassante dans laquelle elle a mis Lula. Celui-ci risquait de perdre tout crédit à exercer un leadership en Amérique du Sud s'il laissait à des interventions extérieures le soin de régler ce conflit.

À la réunion du 7 décembre, il a fait voter une déclaration plutôt molle disant que l'Amérique latine doit être un territoire de paix et invitant les deux parties à chercher une solution pacifique à la controverse. Il a ensuite réussi à faire accepter une réunion de Maduro avec le président du Guyana. Elle a eu lieu le 14 décembre à Argyl, dans l'île-Etat de Saint-Vincent-et-les Grenadines qui exerçait alors la présidence de la Celac (Communauté des États sud-américains et caribéens). Celso Amorim y était présent comme médiateur. Les deux parties, tout en restant sur leurs positions quant au fond de l'affaire, se sont engagées à « ne pas se menacer ou utiliser la force l'un contre l'autre sous aucun prétexte... à s'abstenir en paroles et en acte d'intensifier tout conflit entre eux... à résoudre leur différend en accord avec le droit international y compris l'accord de Genève » et à se revoir dans trois mois à Brasilia.

Reste à savoir si en trois mois Lula réussira à mettre un terme au conflit, et si Maduro, qui a monté toute l'affaire pour gagner sa réélection en 2024, pourra reculer. Pour l'un comme pour l'autre, les enjeux sont considérables.

*De nouveaux développements de l'affaire auront lieu d'ici le 1^er^ mars et pourront être introduits dans mon texte.*

### 3) Le Brésil dans la cour des Grands

Puissance moyenne, le Brésil a-t-il les moyens d'intervenir dans les affaires internationales mettant directement en cause les intérêts des grandes puissances ? Comme nous l'avons vu, Lula pouvait penser que pour cela il disposait de deux atouts. D'une part, le prestige personnel acquis pendant les années 2000. D'autre part, le fait de pouvoir se présenter comme le porte-parole non seulement de son pays mais d'une vaste région du monde, l'Amérique du Sud sur ce second point, nous avons noté les divergences existant dans le sous-continent, divergences qui ont tendance à s'accentuer et qui annulent le bénéfice de cet atout. Quant au crédit personnel et à la réputation acquise, encore faut-il que Lula ne les gaspille pas par ses propos parfois excessifs et par ses prises de position jugées trop partisanes.

Deux guerres ont dominé la scène internationale pendant l'année 2023 : la poursuite de la guerre de la Russie contre l'Ukraine, et la guerre israélo-palestinienne qui a pris une ampleur inattendue après l'attaque meurtrière du Hamas le 7 octobre. Voyons comment Lula a tenté de faire entendre sa voix dans ces deux conflits.

*Ukraine*

Durant les premiers mois de l'année 2023, l'action diplomatique de Lula est largement liée à sa volonté d'être un médiateur en faveur de la paix en Ukraine. Cela implique une certaine neutralité dans la désignation des responsabilités respectives des acteurs en présence. Ce ne fut pas toujours le cas et Lula a été contraint à plusieurs reprises de revenir sur des propos qu'il avait imprudemment tenus. Ainsi, lorsqu'il préparait encore sa campagne électorale, la revue américaine Time lui avait consacré dans son numéro du 4 mai 2022 un long article et un entretien dans lequel Lula disait que Zelensky était aussi responsable de la guerre que Poutine et que Biden aurait dû s'impliquer davantage pour éviter la guerre. De tels propos ne seront pas repris par la suite mais la neutralité affichée par Lula n'a pas été sans ambiguïté.

Si Lula a refusé de s'associer aux sanctions prises contre la Russie et à l'envoi d'armes à l'Ukraine, cela allait aussi dans le sens des intérêts du Brésil. Sa croissance économique, l'équilibre de sa balance commerciale sont entièrement dépendants de l'agriculture et de l'élevage intensifs pratiqués dans les grandes exploitations. Les rendements exceptionnellement élevés dans la production des céréales, du sucre, des agrumes, du café, de la viande ne sont possibles que par un usage généralisé des engrais et des pesticides. Or ceux-ci sont en majeure partie importés et la Russie en est un des principaux fournisseurs. Que le Brésil doive rester en bons termes avec elle est une constante de sa diplomatie.

Dans la visite officielle de Lula en Chine, en avril 2023, la question ukrainienne tenait une grande place. Lula, qui se veut faiseur de paix, expose son plan consistant à réunir quelques États non impliqués directement dans le conflit et servant de médiateurs dans une négociation entre la Russie et l'Ukraine (par la suite, seront notamment évoqués, l'Indonésie, le Mexique). Dans la déclaration commune à la fin de la visite officielle, Xi Jinping et Lula se posent comme médiateurs possibles et disent que la négociation est la seule voie possible.

L'Ukraine n'était cependant pas le seul but de la visite officielle de Lula. Durant les années 2000, les échanges se sont beaucoup développés avec la Chine, notamment dans le domaine technologique. En outre, depuis 2010, la Chine est passée de deuxième à premier partenaire commercial du Brésil, devant les États-Unis. Ces échanges commerciaux sont cependant déséquilibrés, le Brésil exportant des matières premières (fer, produits agricoles) et important des produits industrialisés. La visite fut donc l'occasion de conversations approfondies et de la signature de divers accords. La Chine pour sa part est intéressée par des investissements chinois au Brésil.

Passant ensuite à Shangaï le 17 avril Lula déclarait à la presse que les États-Unis et l'Union européenne devaient « cesser d'encourager la guerre et commencer à parler de paix ». Ces propos ont suscité une vive réaction aux États-Unis qui considéraient que le Brésil se faisait l'écho de la propagande russe et chinoise sans prendre en compte les faits.

Sans s'attarder davantage sur les différentes tentatives de Lula de présenter son plan de paix, on peut conclure que le bilan en est largement négatif. Le plan s'est finalement perdu dans les sables ; du côté occidental, Lula a perdu sa crédibilité comme intervenant possible dans un processus de paix ; on peut raisonnablement penser que Xi Jinping a écouté poliment son interlocuteur sans pour autant prendre au sérieux un plan de paix dont il ne sera plus question ; enfin, Poutine a certainement apprécié les réactions occidentales et il a envoyé son ministre des affaires étrangères à Brasilia pour montrer sa bonne relation avec le Brésil et qu'il n'est pas aussi isolé qu'on veut le faire croire.

*Israël*

Après l'attaque du Hamas sur le territoire israélien, le Brésil a publié un communiqué officiel en termes très généraux, sans citer nommément le Hamas et sans qualifier les crimes commis de terroristes. La qualification de terroriste, au Brésil comme dans d'autres pays, a été l'objet de débats : certains dont Celso Amorim, plus proche des thèses du PT que le ministère des Relations extérieures, considéraient que le comportement du Hamas était la conséquence du comportement du gouvernement israélien dans les territoires palestiniens occupés. C'est seulement lorsque les bombardements et l'envoi de l'armée par Israël dans la bande de Gaza ont causé une catastrophe humanitaire et la mort de nombreux civils que l'attaque du 7 octobre a commencé à être qualifiée de terroriste tout comme la réaction du gouvernement israélien.

L'évocation puis l'accusation de « génocide » de la part du Brésil est venue par la suite. Elle ne peut manquer de faire penser au génocide des juifs par l'Allemagne nazie et elle est violemment rejetée par le gouvernement israélien et les communautés juives de différents pays. Elle se répand néanmoins et a pris une nouvelle dimension lorsque, le 29 décembre, l'Afrique du Sud a déposé une plainte à la Cour Internationale de Justice contre Israël pour génocide.

Il se trouve que le mois d'octobre était celui durant lequel le Brésil assurait la présidence du Conseil de Sécurité de l'ONU. Lula y a vu une opportunité d'exercer une influence dans la résolution du conflit qui venait de s'ouvrir et a annoncé qu'il allait demander une réunion du Conseil de Sécurité. Cette réunion a eu lieu le 18 octobre. Le Brésil a présenté une résolution avec l'accord de 13 autres membres, condamnant l'attaque terroriste du 7 octobre et demandant une pause permettant l'envoi d'une aide humanitaire. Cette résolution fut repoussée malgré 12 votes positifs et 2 abstentions, le vote négatif des États-Unis valant veto. Ceux-ci ont prétexté que des actions diplomatiques étaient en cours, ne voulant manifestement pas gêner la visite prévue de Biden au Moyen-Orient, et ont reproché à la résolution de ne pas mentionner le droit d'Israël à se défendre.

D'autres tentatives au Conseil de Sécurité seront bloquées par le veto américain, ou, lorsque les États-Unis se contenteront de s'abstenir ne seront pas suivies d'effet. Le Brésil n'assurant plus la présidence du

Conseil, il n'était plus en mesure de jouer un rôle moteur et il sera de plus en plus critique sur l'impuissance de l'ONU et sur le refus de Biden de contraindre Israël à mettre fin à son intervention à Gaza.

L'autre dossier sur lequel la diplomatie brésilienne s'est beaucoup impliquée a été le rapatriement de personnes ayant la nationalité brésilienne ou un lien avec le Brésil, bloquées dans la bande Gaza. Une négociation entre Israël, l'Égypte, les États-Unis et le Hamas prévoyait la sortie de Gaza de personnes ayant une nationalité ou une double nationalité étrangère. Des listes étaient établies par nationalité et finalement, après un mois d'attente, ce sont 32 personnes, dont 17 enfants, qui ont pu sortir de Gaza et être accueillies à Brasilia le 12 novembre par Lula et plusieurs ministres. Le ministre des Relations extérieures, Mauro Vieira, a notamment déclaré que la situation des Brésiliens à Gaza était momentanément résolue mais que la situation au Moyen-Orient restait extrêmement grave. Il ajoutait que Lula continuait à être très impliqué à trouver une solution au conflit. Toutefois, mes recherches ne m'ont pas permis de trouver les formes de cette implication.

### 4) En pointe sur la transition climatique : la COP 28

La 28e conférence des Nations Unies sur les changements climatiques (COP 28) s'est ouverte à Dubaï le 30 novembre. Lula y est présent les 1er et 2 décembre, en même temps que les chefs d'État ou de gouvernement. La délégation brésilienne est particulièrement nombreuse ; 2.400 personnes sont accréditées : représentants de la société civile, chefs d'entreprise, autorités locales, 400 représentants du gouvernement dont une douzaine de ministres. Comme l'écrit le correspondant du Monde, « le président de gauche a vu les choses en grand. Il s'agit de s'affirmer à nouveau comme le champion mondial du climat, mais aussi de marquer sa différence avec son prédécesseur d'extrême droite, Jair Bolsonaro ».

À Dubaï, Lula peut se prévaloir d'avoir renversé la tendance en ce qui concerne la déforestation en Amazonie, avec une chute de 22,3 % entre aout 2022 et juillet 2023 et l'objectif d'une déforestation zéro en 2030. Le Brésil s'affirme ainsi comme leader pour la protection des forêts tropicales dans le monde. À ce titre il propose la création d'un fonds d'investissement global, le *Fundo Floresta Tropical para Sempre*, distribuant ses revenus pour la restauration ou la préservation des forêts tropicales dans

80 pays dont les principaux, outre le Brésil, sont le Congo, l'Indonésie et la Colombie.

Dès les premiers jours de la COP, une déclaration signée par 134 pays dont la Chine, les États-Unis, le Brésil et les 27 États de l'Union européenne porte sur l'engagement des États à inclure l'agriculture et l'alimentation dans leurs plans climat d'ici à 2025. Cette question était jusque-là restée en dehors des sujets des COP alors que la place de l'alimentation dans la demande globale d'énergies fossiles est d'au moins 15 %. Mais cette déclaration ne s'accompagne pas d'orientations sur les transformations nécessaires, alors que les divisions sont profondes sur les conséquences à tirer quant aux modes de production. À tout le moins, le Brésil peut se prévaloir de son projet de récupération de 40 000 hectares dégradés par l'élevage afin de permettre l'expansion de l'agro-négoce sans déforestation.

Un autre acquis obtenu dès le début de la COP 28 est l'accord non contraignant, signé par 110 pays dont le Brésil, visant à tripler au niveau global la production d'énergie renouvelable d'ici 2030. Ici encore le Brésil est en position favorable : 48 % de sa production énergétique provient déjà du renouvelable, un chiffre qui s'élève à 83 % si l'on considère uniquement la production d'électricité qui est en grande partie hydraulique.

Ces quelques indications donnent un aperçu sur la place que le Brésil prend dans la lutte contre le changement climatique et l'importance que Lula donne à sa participation aux réunions annuelles de la COP. En novembre 2022 déjà, profitant de ce que Bolsonaro s'était cloîtré après sa défaite électorale, Lula s'était rendu à la COP 27 et avait été chaudement accueilli, invité à titre personnel par le chef de l'État égyptien. Pour ce qui concerne la COP 30 de 2025, il a proposé et obtenu qu'elle se tienne au Brésil, à Belém, aux portes de la forêt amazonienne.

### 5) Les contradictions de la politique brésilienne

On ne peut toutefois manquer de constater que la situation du Brésil par rapport au changement climatique n'est pas sans contradictions, tant en ce qui concerne les questions environnementales que la transition énergétique.

*Environnement et gaz à effet de serre*

Nous avons vu que la COP 28 a demandé aux États d'introduire l'agriculture et l'alimentation dans leurs plans climat, sans pour autant ouvrir le débat sur les modes de production et leur effet sur le changement climatique. Le Brésil juxtapose deux modes de production suffisamment distincts pour que chacun ait son ministère spécifique. L'un est le ministère du Développement agraire et de l'Agriculture familiale. Il est dans la tradition et l'idéologie eu Parti des travailleurs (PT, de Lula, auquel appartient le ministre chargé de ce ministère, de soutenir les petites exploitations familiales dans les régions rurales pauvres du Nordeste, d'avoir pour interlocuteurs privilégiés les mouvements sociaux des paysans sans terre dans les projets de réforme agraire. Les enjeux sont moins économiques que socio-politiques et électoraux. Les résultats s'inscrivent dans la lutte contre la pauvreté et pour l'égalité dont Lula s'enorgueillit lorsqu'il dresse le bilan de son action dans les instances internationales.

À l'opposé se trouve le ministère de l'Agriculture et l'élevage. Son champ de compétence porte sur l'agro-négoce pratiqué dans des grandes exploitations dont les productions sont principalement destinées à l'exportation. Les intérêts économiques mis en jeu sont considérables comme on l'a vu plus haut, mais également les enjeux politiques : les grands propriétaires terriens sont le plus souvent partisans de Bolsonaro et, au Congrès, un large groupe défend leurs intérêts. L'agro-négoce brésilien est un gros pollueur du fait de la production d'oxyde de carbone liée à l'utilisation intensive de fertilisants et de la production de méthane liée à l'élevage des bovins. On constate cependant que l'actuel ministre, membre d'un parti centriste, est surtout un défenseur des intérêts de l'agro-négoce ce qui laisse peu d'espoir pour des projets visant à amoindrir les émissions de gaz à effet de serre.

Une autre contradiction de la politique environnementale touche au cœur de ce que Lula met le plus en valeur, la déforestation. À côté des résultats tangibles obtenus dans la forêt amazonienne, une autre déforestation se fait au profit de l'agro-négoce, celle du *cerrado*. Ces très vastes espaces de savane dans le nord-est du Brésil ont, comme en Amazonie, un effet de rétention des gaz à effet de serre, ils abritent une riche bio-diversité, ils donnent naissance à de nombreuses rivières. Le gouvernement a beau annoncer que la déforestation du *cerrado* sera ramenée à zéro en 2030, pour le moment elle continue. Une difficulté tient au fait qu'une très faible partie de ce territoire (8 %) est légalement protégée.

*Transition énergétique*

La politique brésilienne sur la transition énergétique recèle aussi des contradictions. On sait que la COP 28 s'est achevée par un bras de fer entre les pays producteurs de pétrole qui ne voulaient pas que soit actée la fin des énergies fossiles et les pays qui souhaitaient que soit mentionnée une sortie progressive de leur exploitation. Une première version en vue du rapport final proposée par la présidence de la COP a fait l'objet d'une vive opposition. La ministre de l'Environnement brésilienne, Marina Silva, présente sur place, la jugeait très insuffisante ; elle défendait l'inclusion de l'élimination des énergies fossiles, exhortant les pays développés à prendre les devants sur la transition vers la fin des combustibles fossiles et à assurer les moyens nécessaires aux pays en voie de développement.

Finalement, après une nuit de longues concertations, le président proposa une nouvelle version dont les termes étaient soigneusement pesés. Évitant l'expression *phase out*, signifiant une sortie des énergies fossiles, était utilisée l'expression *transitioning away from fuels in energy system* (transition hors des énergies fossiles dans les systèmes énergétiques), sans précision de date. Cette version fut acceptée à l'unanimité.

Certains ont fait remarquer que le Brésil se mettait en contradiction avec cette décision puisque Lula a pris parti pour une prospection pétrolière dans l'estuaire de l'Amazone malgré les réserves de l'IBAMA (Institut brésilien de l'environnement) et de la ministre de l'Environnement. Le Brésil n'a nullement l'intention de mettre fin à sa production de pétrole, ni même de la diminuer, comme le montrent également les méga-enchères faites ce même 13 décembre 2023 par l'Agence nationale du pétrole pour la concession de 600 blocs de prospection pétrolière dispersés dans différentes régions du Brésil.

Plus intrigant est le fait que le ministre brésilien des Mines et de l'Énergie, ayant assisté à une réunion de l'OPEP par visioconférence le 30 novembre, a annoncé que le Brésil devenait membre de l'OPEP+. Le 2 décembre à Dubaï, Lula a confirmé que le Brésil allait rejoindre l'OPEP+, dans le but de « convaincre les principaux pays producteurs de pétrole de préparer la transition énergétique sans combustibles fossiles ». Il ajoutait : « Tout le monde était effrayé à l'idée que le Brésil rejoigne l'OPEP... Mais le Brésil ne va pas rejoindre l'OPEP. Le Brésil va rejoindre l'OPEP+... C'est comme quand je suis invité à participer au G7. J'y vais et j'écoute. Je ne parle qu'après qu'ils ont pris une décision. Je ne décide de rien... C'est important de prendre part à l'OPEP+, car il faut convaincre les principaux pays producteurs de pétrole qu'ils doivent se préparer à la fin des combustibles fossiles ».

Ces propos sont étonnants. Ou Lula ne savait pas comment fonctionnent l'OPEP et l'OPEP +, ou il essayait seulement de désamorcer les réactions négatives. L'OPEP (Organisation des pays producteurs de pétrole), fondée en 1960 pour contrôler et réguler le cours du pétrole, compte 13 membres. L'OPEP+ regroupe les 10 pays associés à l'OPEP. Il est difficile de comprendre comment s'emboitent OPEP et OPEP+, mais quand on sait que la Russie fait partie de l'OPEP+ on ne peut imaginer que les membres associés assistent en simples observateurs. Ils participent pleinement aux discussions. Peut-être statutairement ne sont-ils pas obligés d'observer les décisions limitant les productions nationales, mais de toute façon il arrive que faute de consensus, l'ensemble des membres gardent une certaine liberté de manœuvre. En tout état de cause, il est difficile de prévoir ce que sera le comportement du Brésil au sein de l'ensemble OPEP-OPEP+.

*Pays arabes*

Avant d'arriver à Dubaï pour assister avec les autres chefs d'État au début de la COP 28, Lula s'était arrêté en Arabie Saoudite et au Qatar où il a eu des entretiens avec leurs dirigeants. Des entretiens ont également eu lieu avec les dirigeants des États arabes unis. De ces pays Lula attend des investissements et une augmentation des échanges commerciaux. En Arabie Saoudite, où Lula a été reçu par le prince héritier, l'annonce a été faite d'investissements de 10 milliards dollars par le Fonds souverain saoudien, dont 9 pendant les 7 prochaines années. Citons également l'importation par le Brésil de fertilisants dont ces pays sont producteurs, lui permettant de diversifier ses fournisseurs.

Les motivations de ces visites allaient sans aucun doute plus loin. Lula ne pouvait ignorer la place que prennent ces pays arabes dans le bouleversement des équilibres mondiaux. Aux liens anciens avec les États-Unis se superposent désormais la présence grandissante de la Chine, le refus de suivre les Occidentaux dans leur position contre la Russie sur la guerre en Ukraine ou à l'égard d'Israël dans la guerre à Gaza. Alors que Poutine était accueilli avec tous les honneurs à Riyad et à Dubaï au moment où se tient la COP 28 il était urgent pour Lula d'affirmer sa présence dans les pays arabes du Moyen-Orient.

### 5) Lula et le multilatéralisme

À travers ces réflexions sur la géopolitique de Lula, on perçoit la place prépondérante qu'y tient le multilatéralisme. On a vu que c'est le cas pour l'Amérique du Sud où il cherche à dépasser les relations bilatérales par des formes collectives de coopération. Par rapport à l'ONU, si Lula critique son impuissance à mettre fin aux conflits c'est pour demander une réforme du Conseil de Sécurité qui donnerait un siège permanent au Brésil, revendication ancienne que Lula ne manque jamais de rappeler. À défaut il a profité de ce que le Brésil en assurait la présidence pour tenter de peser dans le conflit entre Israël et le Hamas. Par ailleurs Lula et la diplomatie brésilienne sont très présents dans les actions ou les négociations dans d'autres secteurs d'activité de l'ONU, comme le montrent les conférences annuelles des Nations unies sur le changement climatique (les COP).

Ce multilatéralisme peut parfois concerner les rapports avec les pays développés, tel le processus en cours d'adhésion du Brésil à l'OCDE. Il peut aussi concerner les rapports entre pays développés et pays dits du sud : un exemple en est la participation du Brésil au G20 dont le prochain sommet aura lieu à Rio de Janeiro en novembre 2024. Enfin ce multilatéralisme peut concerner ce qu'on appelle parfois le « Sud global » par opposition à « l'Occident », ce qui nous donne l'occasion de parler de la nouvelle configuration des BRICS.

BRICS est l'acronyme qui désigne le groupement initié en 2009 par le Brésil, la Russie, l'Inde et la Chine, rejoints peu après par l'Afrique du Sud. Il ne vise à rien moins qu'un changement de l'ordre mondial caractérisé par la domination économique des Occidentaux. Il a notamment créé une banque en 2014, la Nouvelle banque de développement (NDB) dont la raison d'être est de réorganiser la finance internationale et de réduire la dépendance au dollar des pays en développement. La NDB fait des prêts aux États membres pour la réalisation d'investissements d'infrastructure ou pour les aider à se libérer de leurs dettes sans avoir à se plier aux exigences de la Banque Mondiale ou du Fonds monétaire international. Toutefois ses levées de fonds et ses prêts ont été sérieusement limités du fait de la guerre en Ukraine. Lula a proposé et obtenu la nomination à la présidence de la NBD en avril 2023 de Dilma Rousseff, qui lui avait succédé à la présidence du Brésil en 2011.

Lula trouvait donc aux BRICS+ un lieu d'influence possible sur la scène internationale. Sa situation a changé lors de la réunion qui s'est tenue à Johannesburg en aout 2023 au cours de laquelle a été décidé un élargissement du groupe. D'un côté, un grand nombre de pays du Sud voyait dans une adhésion aux BRICS+ une manière de s'autonomiser par rapport aux États-Unis et aux États européens. Parmi la soixantaine de pays invités à Johannesburg, 22 ont déposé une candidature officielle d'adhésion, 20 autres ont fait des demandes informelles.

La Chine et la Russie ont fait pression pour l'adhésion de cinq nouveaux membres : l'Arabie saoudite, les Émirats arabes unis, l'Égypte, l'Iran et l'Éthiopie ; elle fut décidée malgré les réticences du Brésil et de l'Inde qui y voyaient un renforcement du leadership de la Chine dans les BRICS+. De son côté, le Brésil a obtenu l'adhésion de l'Argentine, dont le président était alors Alberto Fernandez, allié de Lula. Ces nouvelles adhésions prenaient effet le 1er janvier 2024, mais entre-temps Javier Meili est devenu président de l'Argentine et a fait savoir qu'il se retirait des BRICS+.

Cet élargissement et ses possibles prolongements permettent aux BRICS+ de modifier beaucoup plus efficacement leur poids dans les équilibres mondiaux face aux pays occidentaux. Il consacre en même temps le poids croissant de la Chine et la place acquise par les pays arabes au premier rang desquels l'Arabie saoudite. Enfin, il laisse penser que, sans l'Argentine, la voix de Lula aura du mal à se faire entendre.

Pour conclure : l'âge d'or du multilatéralisme a coïncidé avec celui de la mondialisation. Nombreux sont ceux qui constatent aujourd'hui sa régression. Lula sera-t-il le dernier à penser qu'il est l'avenir d'une société mondiale apaisée et plus juste ?

# Jean Marcou ou le Moyen-Orient par-delà le bien et le mal !

**Jamil Sayah**

Jean Marcou au Caire, on pourrait l'imaginer semblable à Flaubert (rêvant de son « Salammbô »[1]) assis parmi les ruines de Carthage, l'esprit fixé sur le reste d'un ancien empire méditerranéen sans lequel « *rien de la Grèce n'aurait passé en Arabie, rien de l'Arabie n'aurait passé en Espagne, rien de l'orient n'aurait passé en Provence et rien de Tunis n'aurait passé à Rome (ou l'inverse)...* »[2]. Cela pour affirmer que ses séjours en Égypte comme au Liban, ou ailleurs dans cet espace qu'on appelle géographiquement le Moyen-Orient n'est point touristique. Jean n'est pas là à la recherche du sensationnel, de l'exotisme ou de la récupération de l'Antique dont firent preuve les plus grands archéologues descendus dans le Sud. Non. La présence de Jean Marcou en Orient témoigne d'un intérêt transcendant tout à la fois « l'instant » folklorique et le « passé » muséologique.

Au contraire, cette partie de la planète s'offre à lui comme une somme de civilisations et de cultures marquées par la complexité et structurées par la constante imprévisibilité. C'est peut-être là que s'est jouée sa passion dominante pour l'Altérité ; non pour se différencier de l'Autre, mais pour mieux le comprendre. Pour magiquement demeurer dans cet univers réflexif, celui d'autrui dans sa diversité, sa richesse et sa vulnérabilité. Forgé par l'action, Jean ignore le poids des complications (politiques, sociales, linguistiques...). Il est absolument un homme de savoir. Il suit un rythme personnel parfois solitaire, mais toujours dans une

1 G. Flaubert, *Salammbô*, Folio (Poche), 2015.

2 La citation est de Jean Genet parlant de la Méditerranée.

perspective analogue aux grands « pèlerins » qui ont parcouru cet éternel Orient à la découverte de son « mystère ». Et on pourrait même dire que c'est sur cette base « berquienne » qu'il a pu développer sa propre lecture d'un « Orient réel ».

L'horizon de sa curiosité est constamment humain. Il ne se déplace que pour voir, comprendre et analyser. Car en Orient « *l'éternel et le transitoire, le sublime et le trivial, la furie de l'existence et la fidélité à l'essentiel s'unissent dans un geste, un propos, un paysage. C'est pourquoi, l'immédiat y annonce l'authentique* », disait Jacques Berque[3]. Comment, dans ces conditions, parvenir à l'objet de science ou, plus simplement, à la distanciation ?

C'est là qu'apparaît un des sens principaux de l'œuvre de Jean Marcou : découvrir une toute autre approche de l'Orient qui d'un seul coup traverse tous les doutes possibles pour s'installer en pleine « vérité ». Et paradoxalement, chez lui, cette vérité s'exprime sous forme d'une interrogation constante, une réserve inépuisable de temps, une totalité ouverte, une présence qui retient dans sa profondeur un passé originaire et un présent où tout demeure au double sens de séjourner et de persister. Sans doute, l'expérience de la chose est-elle décrite en contraste avec une traduction émotionnelle. Les propriétés « conceptuelles » sont constamment, chez lui, rapportées au montage réflexif pour donner du sens et de la profondeur aux idées avancées. Ainsi, le grand mérite de cette approche est d'avoir tenté d'établir que le monde oriental n'est pas d'emblée et dans sa pleine réalité un don des sens, mais qu'il est une conquête progressive dont l'artisan principal est la « raison ».

Tout cela semble nous amener d'emblée à faire le lien entre la pensée de Jean Marcou et le courant orientaliste. Or, un tel rapprochement n'est point évident. Car, braquer sur l'œuvre de notre collègue le projecteur de l'orientalisme, n'est pas simple. C'est prendre le risque d'aveugler au lieu d'éclairer et de chausser de gros « sabots d'Hermès ». Mais puisque nous voulons nous en assurer, essayons alors de passer de l'autre côté du miroir et posons autrement la question : n'est-il pas aventureux de prêter à Jean une vision de l'Orient analogue à celle des orientalistes (dans leur

3 J. Berque, *Les Arabes d'hier à demain*, Seuil, 1960, p. 13.

double version : ancienne et récente) ? Est-ce à dire que toute réflexion sur l'Orient se présente comme une pensée orientaliste ?

C'est sans doute l'extraordinaire paradoxe de ce temps qu'il en soit trop souvent ainsi. Mais la liaison n'a rien de nécessaire. De fait, plusieurs chercheurs sur le Proche et le Moyen-Orient se sont associés à ce courant dont ils reconnaissent la légitimité tout en craignant les déviations. Sa faiblesse est de fonder sur un a *priori* préfabriqué une vue panoramique singulièrement cavalière du réel de cette région du monde[4]. Mais peut-être exprime-t-elle sous une forme critiquable et avec des connaissances historiques manifestement idéologisées une intuition profonde d'une réalité politique et sociale (déformée) de cette région. Ces vues reposent sur une certaine conception de l'Orient qu'on pourrait appeler fabriquée. C'est le triomphe de l'imaginaire au détriment du réel.

Mais eu égard à une telle visée, la pensée de Jean n'est-elle pas plutôt l'antithèse de cette approche ? En tout cas, on peut, d'ores et déjà, avancer que son regard est souvent dirigé non pas vers la réalité, mais seulement vers le réel qui dans sa pensée ne peut nicher que très haut dans l'arbre foisonnant du paradigme ce qu'on appela sans risque de se tromper l'universel.

Ces considérations mettent alors en pleine lumière la nécessité d'une description pure, d'une véritable « *phénoménologie de l'Orient* », mais qui abouterait à une ontologie : avant de juger cet espace (géographique), il importe de le connaître. Et peut-être une connaissance exacte fera-t-elle évanouir les préjugés de sens contraire qui l'encombrent. Par contraire, d'ailleurs, nous entendons une compréhension intime, une pénétration de dedans. Notre propos ici n'est point politique, mais ontologique : il s'agit de dégager à travers la pensée de Jean Marcou l'être même de l'Orient, ce que nous appellerions volontiers son intention profonde. Les philosophes allemands, eux, distinguent, *l'utilité* et le *sens*. L'utilité est la marque même d'une finalité extérieure, le sens est ce qui n'a point de finalité extrinsèque, ce qui a sa signification en soi même.

Jean Marcou a montré que l'Orient n'a pas d'utilité en soi (un miroir pour s'affirmer soi-même, selon Edward Saïd[5]), mais un sens ; il est un

4 E. Saïd, L'Orientalisme, l'Orient créé par l'Occident. Paris, Seuil, 1980.
5 *Ibid.*

jeu, un enjeu, un lieu de vie, une culture, une civilisation et un objet scientifique. Il a en lui-même sa propre signification. À force d'analyser son utilité[6], les orientalistes ont fini par perdre le sens. L'explication par l'utilité est une explication par la finalité ; la compréhension par le sens est une recherche de signification interne. Celui qui ne cherche que l'utilité ne découvrira jamais le sens et finira par perdre jusqu'à l'utilité elle-même. En appréhendant l'Orient uniquement par un prisme culturo-civilisationnel, on le dégrade du dedans et, on en vient à ruiner sa « richesse ». Au contraire, en analysant sa véritable nature pour parvenir jusqu'à son sens le plus intérieur, on dévoile par surcroît son utilité. C'est donc dans l'intimité du sanctuaire oriental que Jean Marcou s'est installé pour y découvrir la source et l'origine de « *l'heur et le malheur* » que l'Orient entretient avec lui-même et avec le reste du monde.

De ce principe, il tire les conséquences réflexives qui s'imposent à lui comme une évidence. Il s'éloigne alors de deux approches de l'Orient : l'une qui fait de cette aire géographique un « *style de pensée fondé sur la distinction ontologique et épistémologique entre Orient et Occident* »[7], l'autre qui le conçoit comme « *l'institution globale qui traite de l'Orient, qui en traite par des déclarations, des prises de position, des descriptions, un enseignement, une administration, un gouvernement : bref, l'orientalisme est un style occidental de domination, de restructuration et d'autorité sur l'Orient* »[8]. Ces deux erreurs inverses ou plutôt complémentaires ne tiennent pas chez lui ; car elles sont mues par des mobilités indissociablement binaires. Cette pensée, qui appréhende l'Orient à travers et à partir de l'Occident cherche à empêcher leur divorce et peut-être leur lutte, mais elle songe avant tout à les séparer en dégageant une hiérarchie civilisationnelle qui s'efforce à lui confectionner un cadre épistémologique.

L'entreprise ainsi annoncée se développe alors selon un plan limpide : l'histoire universelle n'est pas l'histoire d'une humanité allant vers un accomplissement des temps. Elle est constituée par la série des « *hautes cultures* » ayant vu le jour à des moments et à des endroits différents. Ces cultures se succèdent sans se prolonger les unes les autres. Il n'y aucune filiation, aucun emprunt possible entre elles. Chacune fait naître un

6 *Ibid.*
7 *Ibid.*, p.14.
8 *Ibid.*, p.15.

certain type d'humanité qui lui est propre[9]. Chaque culture est l'émanation d'une certaine « âme » qui lui confère son originalité. Cependant, il existe une hiérarchie entre les sociétés et les êtres et que l'occident a de multiples raisons valables de se considérer comme supérieur aux autres habitants de la planète et encore plus par rapport aux Orientaux[10].

C'est ainsi que mûrit, à travers les siècles, une représentation d'un Orient incarnant une forme exacerbée d'anti-modernité et même d'anti-Lumière. Le tout porté par une civilisation dont la spécificité réside dans sa capacité à résister aux valeurs universelles. On en vient finalement à la question qui sous-tend toutes les versions de la pensée orientaliste, depuis les plus modérés aux plus extrêmes : l'Orient, et notamment l'Orient arabo-musulman « nécessite » d'être « civilisé ». Ici nous retrouvons, assez brusquement une pré-pensée colonialiste (néo-colonialiste) qui va, avec le temps passant, déboucher inévitablement sur la théorie « *de choc des civilisations* »[11]. Cette ambiguïté discursive n'est point une imperfection de représentation, elle est sa définition même.

Le clair résultat de cette constatation éloigne encore plus l'œuvre de Jean Marcou de cet orientalisme « essentialiste ». Son intention fondamentale est, en tout cas, facilement reconnaissable. Rejeter tout « relativisme » réflexif. On peut même prétendre que toute son œuvre s'éclaire si on l'interprète en fonction de ce positionnement scientifique. L'accent critique prend alors le dessus. Il tend donc, selon une inflexion invincible (à l'instar de Nietzsche et de Marx) à ne pas opposer doctrine à doctrine, mais à creuser, si l'on peut dire par en dehors : il ne s'agit pas, pour lui, d'ébranler directement ce courant de pensée ou de l'affronter par des arguments, mais de relativiser ses conclusions en révélant ses soubassements, en mettant à nu ses conditionnements politiques, sociologiques, juridiques, anthropologiques..., bref idéologiques. Lui si attentif à capter les faits à l'état naissant prend l'objectivité toute constituée, sans se préoccuper d'en établir la fixité territoriale. Dans ces conditions, l'étude d'une problématique dont le Moyen-Orient est le théâtre ne peut se faire exclusivement à l'aide d'une conception homogène de la culture qui serait explicative. Pour Jean Marcou, les normes et les valeurs impliquées

9 S. Gouguenheim, *Aristote au Mont-Saint-Michel*, Seuil, 2008.

10 *Ibid.*

11 S-p. Huntington, *Le Choc des Civilisations*, Odile Jacob, (Poche), 2021

sont le plus souvent hétérogènes, les enjeux de leurs porteurs ne sont pas les mêmes et la complexité des « faits et des choses » s'intrique avec les conflits des idées pour constituer un scénario irréductible à une clause structurée par la distinction entre le « bien et le mal ».

**I° Au commencement était la « négation »**

On est toujours fondé de déduire d'un courant de pensée les affirmations qu'il comporte. À un premier constat, l'orientalisme apparaît comme le lieu privilégié d'un débat en continu. Il faut vraiment refuser toute expérience réflexive et être hanté par les préoccupations politico-académiques pour voir dans ce courant le seul corpus digne de penser « l'Orient vrai ». Mais pour peu que l'on critique une telle affirmation, les réactions que l'on provoque nous font vite comprendre que le feu n'est point éteint[12]. Ceci tient sans doute à une exigence historique qui, dans d'autres combats d'idées, doit se plier à la réalité, mais dans celui-ci n'y consent pas.

Pourtant, au commencement était le rêve ou plutôt le mythe. On rêvait avant de contempler. C'est en imaginant que l'Oriental(e) s'éveille à la pensée et s'essaie à la connaissance. Et c'est par une lente évolution, et tout au long d'une patiente différenciation, qu'il conquiert le réel sur le rêve et substitue le savoir à ses songes. La vue, disait, E. Saïd était idéaliste. Or, cet Oriental (e), ainsi fabriqué ne faisait que voir. Et comme il ne pouvait encore réfléchir et agir par et pour lui-même, le monde, lui était un perpétuel spectacle. Il connaît des visions, mais il ignore l'œuvre. Sa curiosité est puérile dépourvue de caractère rationnel[13]. D'où le lien qui se fait entre l'orientalisme et le colonialisme. Tel est, sans doute, aussi, le sens profond de la conception « du fatalisme oriental », c'est-à-dire son incapacité de penser et de planifier l'avenir. Le temps si l'on veut lui pose une difficulté apparemment insupportable.

Ainsi, l'Oriental (e) n'est que possibilité de pensée comme il n'est que possibilité d'être. Il lui faut une aide ou plutôt une norme à la fois immanente et transcendante pour connaître et se développer. Cette norme qui lui manque et cette d'aide dont il a besoin, ne peuvent lui être apportés

12 E Saïd, *Culture et impérialisme*, Fayard, 2000.

13 A. Laroui, *La crise des intellectuels arabes*, Maspero, 1974.

que par l'Autre, Occidental. Car c'est le dialogue avec autrui plus que le dialogue avec son propre monde qui forme et instruit. *Ne sois pas droit, mais redressé,* disaient les stoïciens ; ce qui perpétuellement redresse l'Orient (dans son ensemble), ce sont les autres. Aussi, en relativisant le Moi Oriental, en en faisant non pas un individu, mais une figure fabriquée, une sorte d'absolu clos sur soi, l'Occident s'érige alors en tuteur incontournable. Pour être capable de quoi que soit, il faut, comme on dit, « *se fixer* ». C'est ce rôle de fixation et d'enracinement que joue principalement l'Occident. C'est lui qui est seul en mesure de civiliser cette partie du monde, c'est grâce à lui que cet Orient qui est une absence deviendra une présence.

La réception enthousiaste de ces idées a imprimé avec le temps une vogue immense aux idées qu'il comporte. On en a fait des applications diverses que les initiateurs n'eurent point avouées. Il arrive à tous les grands courants de déborder subissant des extensions et développements dont certains ont le caractère de véritables détournements. Le tout peut être regardé soit comme résultant de la fondamentale ambiguïté de la pensée elle-même, soit comme la conséquence de son succès. Certes, présentée ainsi, cette distinction semblera subtile, mais, en réalité, la responsabilité de la pensée orientaliste nous paraît là-dessus engager.

C'est sur la base d'un tel verdict que la critique a voulu marquer la rupture. Elle avance un simple postulat : lorsque la subjectivité atteint son maximum, elle produit l'absurde, c'est-à-dire « une magie éphémère » vouée à une sorte de « démesure fantasmatique », comme enfouie dans une impossibilité d'avancer, impuissant à rendre finie son infinité, à la dérouler dans l'éternité réelle de la durée au lieu de l'isoler dans l'éternité illusoire de la représentation[14].

En d'autres termes, nous dirions volontiers comme Edward Saïd que l'orientalisme « *désigne une mythographie intentionnellement déformante (...) servant deux buts complémentaires : politique, en favorisant puis consolidant une hégémonie occidentale – d'abord et surtout coloniale, mais aussi postérieurement « néo-coloniale » ; identitaire, en aidant l'Europe à se composer une image d'elle-même par contraste avec un Orient essentiellement*

14 D. Helly, « Orientalisme populaire et modernisme. Une nouvelle rectitude politique au Canada », *La Revue Tocqueville,* vol, 31, n° 2, 2010.

*différent. Cette production de savoirs assoirait donc la pérennité d'un système pluridimensionnel de domination, une combinaison entre Orientalism et Imperialism dont les savants orientalistes auraient été les caudataires plus ou moins volontaires, « représentant » l'Orient plutôt que l'analysant*». Et cette critique a encore particulièrement été mise en valeur par Saïd quand il a mis l'accent sur la représentation des peuples arabes « *en expliquant que l'Orientalisme avait produit une perception essentialisée et réifiée des cultures et sociétés islamiques* »[15].

Par-là se dégage le sens de la pensée de Saïd : elle est une critique fondamentalement dirigée contre « le mensonge ». Pour lui, un tel mensonge est le produit d'un refus et d'une négation présents au cœur du projet idéologique de la pensée orientaliste : croire que, pour des raisons exclusivement essentialistes, on peut modeler d'un coup les Êtres et les sociétés. Derrière cette illusion se cache la croyance erronée de l'infériorité et de la dangerosité d'un Orient livré à lui-même. L'Occident aura alors pour mission essentielle de penser, d'esthétiser et de discipliner l'instinct « sauvage » de l'Oriental. Cela va naturellement, selon Anoush Ganjipour, entraîner sur le plan académique, « *une articulation double qui est elle-même due au dédoublement de la troisième forme historique sous laquelle l'orientalisme s'est manifesté, dédoublement en une institution et en un style. Un style du penser qui s'articule à un style du pouvoir et une institution universitaire qui s'articule à une institution de domination, voilà l'articulation double qui sort des trois manifestations historiques de l'orientalisme et qui détermine en fin de compte ce discours que Saïd veut dénoncer* »[16].

## A) La négation du pluriel

Les différentes manières de penser et de vivre l'Orient restent toujours tributaires du prisme à travers lequel elles prennent place. Elles diffèrent selon un nombre considérable de paramètres, concernant notamment la

15 O. Moos, « *Lénine en Djellaba* » : Critique de l'islam et genèse d'un néo-orientalisme », in Visages et rivages d'un nouvel Orientalisme : Décryptage des discours et réseaux de l'anti-islamisme contemporain, Thèse de doctorat, soutenue en octobre 2009 ;

16 A.Ganjipour, « *L'envers de l'orientalisme La vérité et l'Autre* », in M. Abbès et L. Dartigues (dir.), *Orientalismes/Occidentalismes : à propos de l 'œuvre d'Edward Saïd*, L'Harmaan Éditeurs, 2018, pp. 247-275.

position respective du penseur et de la finalité de la pensée. Si l'on tient compte de ce dernier critère, elles peuvent toutes être situées sur un continuum qui va d'une objectivité du regard à une plus ou moins fabrication du réel, les deux étant réalisées de diverses manières.

Étant donné l'évolution de la signification du mot « orientalisme » qui a souvent été utilisé pour désigner l'Autre comme différent, selon Edward Saïd : « *l'essence de l'orientalisme* » consiste en « *l'indéracinable distinction faite entre la supériorité occidentale et l'infériorité orientale* »[17], cela fournissait à l'Européen les polarisations dont il avait besoin, pour pouvoir inscrire son désir de représenter sa propre identité dans la continuité de la tradition coloniale et la légitimer ainsi. Celle-ci embrassait en effet des rapports entre les individus profondément inégalitaire, basé sur la domination d'un être civilisé/l'Occidental sur un être non civilisé/ l'Oriental. Une telle représentation est le produit d'une conception d'un monde fortement hiérarchisé et discriminé, où l'Occidental se trouvait tout en haut de l'échelle mentale, alors que l'Oriental n'avait pratiquement que peu d'accès à l'intelligence faisant l'objet d'une nette dépréciation civilisationnelle.

On trouve ici un élément principal de l'idéologie orientaliste qui consistait à faire de l'Orient une espèce de terre vierge n'attendant qu'être travaillée. Ce constat permet inévitablement « d'orientaliser l'orient », c'est-à-dire de l'inférioriser et d'en faire de l'occidental, par supériorité innée le maître d'œuvre d'un projet de « dé- sauvagement ».

C'est de cette dichotomie que prend progressivement place la pensée colonialiste. Le prétendu œuvre civilisationnelle qui n'a en vue que la domination est l'immoralité même ; la possession en vue de la civilisation est le contresens de sa destination humaine. La colonisation n'est donc point ce qui œuvre à la civilisation de l'Autre ou même le subordonne à la raison, mais ce qui fait de l'altérité l'instrument même et le signe de la ségrégation. Car la relation sans égalité est une perversité et le dialogue (civilisationnel) sans respect est une aberration. Mais c'est dans leur union idéologique et politique, dans cette forme de pensée et de pratique où participent jusqu'à ne plus faire qu'un, le corps et l'esprit,

17 E.W. Saïd, *op.cit.*, p. 79

que l'orientalisme, véritablement, se dépasse lui-même, et se construit, se conceptualise à la fois en communiant ensemble avec la polarisation[18].

Pour que les Orientaux atteignent un jour la sublimation civilisationnelle, ou plutôt la domestication de l'instinct, il faut évidemment qu'ils y aient été formés, ou du moins préparés dès leur enfance. C'est en ce sens qu'on peut parler d'éducation (civilisationnelle) comme un apprentissage à la modernité occidentale : il faut d'abord transmettre des mœurs si l'on veut que l'oriental, ensuite soit capable de s'élever (à la modernité) en les intériorisant. Telle est la signification, encore peu comprise malgré toutes les études sur l'orientalisme : le « méprit de l'Oriental ».

Sans doute, un tel regard a-t-il toujours été noyé dans des constructions conceptuelles douteuses, mais la plus simple analyse montre évidemment que c'est le sentiment de supériorité qui rend cette attitude accessible et même légitime dans les pratiques les plus diverses. Et lorsque ce sentiment en devient très voyant, la pensée orientaliste cherchera à le tamiser par des fallacieuses considérations à caractère anthropologique. Ainsi, comme l'a encore démontré E. Saïd, la figure de l'Oriental est une figure qui puise son sens dans une relation d'altérité familiarisée. L'Oriental, c'est cet Autre proche qui construit une image de l'occidental sublimée[19].

C'est dans cette série de dichotomies que prend progressivement place la figure de l'Oriental. Une figure qui condense de manière saisissante ce mouvement de balancier, incessant et résolu, où plus il affirme sa proximité, plus il est repoussé à distance. Mouvement dont on ne peut s'en débarrasser qu'avec grande difficulté puisqu'il continue d'être alimenté par une pensée structurée autour d'une polarité asymétrique dont l'un des deux protagonistes a intériorisé son rôle de civilisateur. Ainsi, cet « Oriental » trop proche du fait de sa proximité géographique convient d'être traité à sa juste valeur : un être sans culture, un individu sans avenir. Il est, *écrit* Anoush Ganjipour, « à ce compte autant de « figures de l'Autre » par laquelle le savoir occidental *représente les séries de singularités qui lui restent insaisissables dans sa réalité effectives* »[20].

Par son apparente familiarité, cette démonstration s'autorise à véhiculer une vision différentialiste et infériorisante qui racise l'Orient dans son

18 J-F Bayart, *L'illusion identitaire*, Fayard, 1996

19 E.W. Saïd, *op.cit.*

20 A.Ganjipour, « *L'envers de l'orientalisme La vérité et l'Autre* », *op.cit.*

ensemble en prétendant l'exotiser. Car la pensée orientaliste condense la différence civilisationnelle, la distance religieuse, la position culturelle, le passé colonial, bref, les ingrédients d'une inadaptation aux normes derrière lesquelles se profile une tentation de domination toujours continue. Elle fonctionne donc comme un tiroir à double fond dans lequel l'Orient représente une étrangeté attractive, puisqu'il ne désigne qu'un groupe dominé sans passé, sans émotion, sans mémoire..., mais qui présente néanmoins un certain intérêt. Et l'ultime trace de la différenciation attachée à ce mot (Orient) réside dans le fait qu'elle ne s'applique pas à tous les Orientaux. Dans le sens commun, seuls les Orientaux musulmans sont indistinctement désignés, mais sans les nommer. En désignant les « mauvais élèves », en l'occurrence les musulmans, le discours orientaliste entend stigmatiser l'islam à bas prix en l'assignant à une idéologie qui lui ôte le statut d'une religion : une spéculation intervient qui de plus en plus sépare la volupté de sa fonction spirituelle au profil d'une pratique trouble associée à celle de la mort et de la sauvagerie symbole prémonitoire de son intrinsèque radicalité[21].

Or, une telle perception ne peut se calibrer avec une pensée d'un Jean Marcou qui a toujours montré dans le cadre de ses travaux que ce vieux cliché rationalisé par une sorte de théorie différentialiste se basant sur le binarisme primaire, ne peut correspondre à sa vision de l'Orient. Pour ces raisons, l'Orient se désigne à lui d'emblée comme l'espace de toutes les curiosités et toutes les découvertes. Il est à travers ses recherches, puis à travers sa vie personnelle, le lieu où se réalise la rupture avec l'archaïsme orientaliste pour le centre de ses intérêts scientifiques durant toute sa carrière d'enseignant et de chercheur comme en témoignent ses séjours académiques aussi bien en Égypte qu'en Turquie. La logique de ce parcours et de ce positionnement sont construits selon toute une série de dichotomies qui contourne cette dualité hiérarchisante entre l'Occident et l'Orient.

Dans une série d'écrits qu'on aurait le désir de qualifier d'orientalisante, Jean Marcou, fait aussitôt apparaître la fausseté d'un rapprochement de sa pensée avec celle des orientalistes. Certes, Jean n'a eu de cesse

21 M. Arkoun, « L'islam vu par le professeur G.E.V. Grunebaum », *Arabica*, n° 11, 1964

de sillonner l'Orient au propre comme au figuré, de le sublimer et de le critiquer comme « *s'il reflétait en une sorte d'accord intime sa pratique de savant* », mais il ne le fait que pour mieux décrire les complexités et déconstruire les leurres de la polarité. A la racine de lecture et de ce resserrement, on trouve, chez lui, un Orient moins étroit, qui n'est pas celui (uniquement) de l'évocation historique, et n'est pas non plus celui de la rêverie intime, mais plutôt, un espace géographique où se reconstitue avec sa grammaire propre, un monde nouveau nécessairement infidèle à la fabrique idéelle de la pensée orientaliste. À la bipolarité civilisationnelle, il substitue un socle très convaincant d'une épistémologie qui lie le représentant au représenté. La différentiation hiérarchisante cède alors la place à une universalité rendant claire la vérité de l'égalité pourchassée par la pensée orientaliste.

Ainsi, par l'usage qu'il fait du signifiant égalitaire, Jean nous dessine un Orient qui se juge au degré de sa transparence, à la conscience qu'il a de lui-même et des autres. On comprend alors qu'il brise le miroir orientalise et il reconstitue l'ensemble à travers un morceau de tout ; une pièce centrale et incontournable (de l'antique au moderne) qu'il a mis en place aux différentes étapes de son travail.

De là s'exprime la transcendance, qui n'est plus celle du « civilisé » ni du « sauvage », mais plutôt du respect et de la coopération. Il ne s'agit pas, ici, de renier directement une école de pensée par des critiques, mais de la déconstruire en mettant à nu ses contradictions aussi bien conceptuelles que pratiques.

### B) La négation de l'universel

L'universel tient une place de choix dans le tableau de fausses évidences. Sa récurrence dans la littérature orientaliste n'a d'égal que sa prétention à expliquer à lui seul la singularité de l'Orient. Dans ce cadre, cet universel est l'intelligible, ce qui sous-tend depuis Aristote l'affirmation essentielle de l'Occident. Casser en deux l'histoire de l'humanité (fracture moins dans le sens de l'histoire que dans le sens de l'humanité) désigne pour les orientalistes ceci : l'universel par son accomplissement historial n'est universalisant que quand il est occidentalisé[22]. Tel est le cercle vicieux dont les non orientalistes ont pressenti l'éclat inique pour leur propre pensée mais davantage pour le concept lui-même se trouvant condamné à produire une vision manichéenne de la réalité.

Prendre la mesure de cette « déviance » réflexive ne se réduit pas à être pour ou contre cette vision. Et si d'aventure on pense avoir trouvé une réponse satisfaisante, elle ne doit nous détourner de l'essentiel. L'enjeu, la stratégie, l'impensable de cette appréhension asymétrique de l'universel marquent à l'intérieur de la pensée orientaliste une réflexivité engendrant un sentiment de négation et de supériorité qui rend ces semblables ordinaires ses « dissemblables »[23].

Ainsi, selon la pensée dominante des orientalistes, il apparaît plus qu'impossible tout humanisme universel. Tous les symptômes d'une modernité désignant le triomphe d'une culture sur une autre et d'un être humain sur un autre (triomphe dont relève également la culture qui anime la visée coloniale), portent un seul sens possible : la ségrégation. Voilà ce que Saïd avait dès longtemps prévu. Lorsque la ségrégation parvient à réprimer systématiquement l'expression d'un humanisme unitaire, alors la cohérence universelle de l'humanité se trouve affectée. Cette partition séparée engendre inévitablement un sentiment de puissance et de supériorité qui fait « *mouvoir les autres cultures autour de nous (l'Occident) comme autour d'un centre de tout événement historique* », écrivait Spengler[24]. Ainsi, toute idée de l'Orient en tant que lieu d'une humanité et d'une culture autre est donc rejetée.

Élevée au-dessus de toutes les autres civilisations humaines, et notamment orientale, cette conception ne peut aboutir qu'à la falsification de l'universel, dans la mesure où « *la métaphysique occidentale qui, pour se constituer comme telle, nécessite ce type de rapport. Elle a besoin de réduire tout ce qui se situe en dehors d'elle en "figure de l'Autre". Sinon, l'Autre échappe*

22 Z. Sternhell, *Les anti-Lumières : une tradition du XVII^e^ siècle à la guerre froide*, Folio, 2006.

23 J. Sayah, *Au cœur de la tragédie arabe : la crise du constitutionnalisme*, Ed Phénoména, 2010.

24 O. Spengler, *Le déclin de l'Occident : Esquisse d'une morphologie de l'histoire*, Gallimard, 1948, p. 67.

*dans sa vérité à ce savoir fondé sur les concepts et les catégories déterminées par leur eurocentrisme et en même temps prétendant à l'universalisme* »[25].

Or, rien ne serait plus absurde que de prétendre identifier dans l'histoire de l'humanité une combinaison en mêmes proportions ou en portions différentes, de deux principes « chimiquement », opposés, « l'unité » et la « supériorité ». Car l'histoire de l'universel est l'histoire d'une humanité allant vers l'accomplissement des temps. Elle est constituée par une interaction de civilisations ayant vu le jour à des moments et à des lieux différents. Cette succession de civilisations se prolongeant les unes les autres faisant naître un type d'humanité universelle. Une humanité qui transcende les différences et qui constitue l'horizon du perfectionnement des dispositifs politiques[26].

Ainsi, s'ouvrir à l'universel signifie que l'on presse que l'un a besoin de l'autre, que chacun ne peut pas et ne doit pas considérer son petit monde comme seul satisfaisant ou même supérieur aux autres, donc qu'il ne peut pas plus se passer d'autrui qu'autrui ne le peut. Ou encore que l'on manquerait à la compréhension de soi si l'on tenait qu'autrui si différent soit-il, venait à manquer. En ce sens, personne ne peut prétendre à comprendre en sa singularité la plus singulière sans référence à l'universel, à la dignité humaine qui investit chacun comme être humain. C'est pourquoi, le repli sur le « nous », tel que le prône la pensée orientaliste, témoigne non seulement d'une courte vue quant aux problèmes lancinants de l'humanité, mais aussi d'une idéologie du quant-à-soi contradictoire à l'idée de l'humanité[27].

Devant ces dérives subjectivistes et relativistes qui affectent la pensée orientaliste sur l'universel, Jean Marcou a opté pour une autre façon de le penser. Très vite, il a cherché à le débarrasser de sa singularité « séparatiste ». Pour lui, l'universel ne peut et ne doit se structurer en double en procédant simultanément à une survalorisation de soi, (sa culture et sa civilisation) et à une péjoration de « l'Autre ». La répugnance instinctive qu'il éprouve à cet égard tient à des raisons au fond très sérieuses : la conception qu'il a de « l'être humain » et le regard qu'il porte sur

25 A.Ganjipour, *op.cit.*

26 J. Sayah, *Philosophie de l'Islam. L'idée de l'État chez Ibn Khaldoun,* PUF/ Atelier de l'Archer, 2000.

27 *Ibid.*

l'humanité. En effet, quand on observe de très près sa carrière ainsi que ses réalisations, il a toujours tenté d'analyser et de critiquer toute démarche et toute pensée voulant évacuer la richesse de la singularité d'autrui pour ramasser sa complexité dans telle ou telle représentation, au quelle on l'assigne. Car, pour lui, il s'agit le plus souvent de construire un autrui imaginaire, falsifié, en lui octroyant des traits susceptibles de présenter une utilité de soi.

Ainsi, son universalisme prend une figure moins dogmatique et s'enveloppe sous les couleurs plus avenantes de l'altérité. Il l'a construit autour d'un ensemble de valeurs tournant autour du respect. Kant l'a fort bien montré que l'universel n'est pas une substance ou une essence à laquelle on se réfère pour raciser l'Autre ou le dévaloriser. Dans le même ordre d'idées, Jean semble être convaincu que le glissement entre l'identification des particularités d'une culture et l'affirmation de sa supériorité exprime la montée de l'autocentrisme. Certes, le souci d'indentification peut expliquer la quête des spécificités qui permettent de définir une culture ou une civilisation, mais il ne justifie pas l'affirmation de leur supériorité, éventuellement assortie d'un projet plus ou moins nocif à l'encontre des populations qui ne possèderaient pas cette culture.

Une telle conception essentialiste et particulariste de l'universel qui est en parfaite adéquation avec le modèle ethno-racial de l'universel orientaliste, on peut le dire sans risque de se tromper, ne correspond nullement aux valeurs que Jean Marcou a toujours mis en exergue aussi bien dans le cadre de ses enseignements que dans sa vie personnelle.

### II° Sortir du dualisme brutal

Il faut toujours se garder d'une conception trop étroite ou trop déformée de l'orientalisme. Amoureux de l'Orient, l'orientaliste s'estime et s'exalte au contact de son objet de recherche et son espace d'investigation. Il se sent augmenter de façon presque physique. Avec une autre taille, il développe une lecture parfois jusqu'à l'exagération. Ses idées ne sont pas étriquées, mais amples : il a, comme on dit « *des vertus et des vices* « *des princes* » ». Il est l'homme-histoire.

L'orientalisme est aussi une attitude. On y respire un autre air, on y découvre d'autres perspectives et d'autres lieux. La passion d'ordre, le génie architectural dont notre espèce a été doté, se déploie alors. Du haut de sa tour l'orientaliste agrandi, aperçoit ce qu'il pourrait forger avec les masses fourmillantes qu'il observe.

Les fins qu'il propose sont-elles à l'avantage de l'Orient ? Rarement. Sont-elles conformes à ses désirs ? Souvent. Aussi, l'orientaliste se persuade aisément qu'il ne veut que servir son objet (l'Orient), et oublie que son véritable mobile est la jouissance du moment : « *une fois dehors, dans l'air quelque peu rafraîchi par l'orage, sous un ciel tourmenté et s'ouvrant très bas sur un horizon turquoise, nous apercevions entre deux hautes maisons des dômes et les toitures des édifices colorés par le feu couchant...* »[28]. Ce regard romantique illustre l'éternelle dualité de la visée orientaliste qui oscille entre analyse et fabrication. Devant lui l'Orient semble surgir comme une somme de civilisations stratifiées, mais soumises aux méandres de sa subjectivité. Il s'en faut que la déformation soit aussi flagrante et la contradiction soit aussi éclatante.

Ces récits, fondés sur des connaissances scientifiques, artistiques, philosophiques et religieuses, contribuent à former ce que ces intellectuels estiment être un savoir, une science. Nous arrivons alors à une confusion inextricable de ce savoir. Nous sommes au but : en présence d'une vision telle qu'elle est façonnée par la durée historique. Combien dès lors ne nous paraîtront-elles pas subjectives, ces prétentions toujours renouvelées de construire une idéologie d'où serait expurgé toute objectivité ! Esprit d'une générosité (réflexive) qu'ils cherchent vainement à affirmer, ces scientifiques s'efforcèrent d'imposer un modèle de pensée apte à délivrer l'Orient des limbes de l'irrationalité et de l'obscurantisme. On ne parle alors pas tant de « culture » que de « civilisation ».

Depuis les sublimes rêveries d'Eugène Delacroix, elles-mêmes héritières d'utopies plus anciennes, les orientalistes ne sont point lassés de chercher à imposer un modèle de pensée qui fût tout bon et, à tout moment en toute occasion, ne s'inspirât que des intérêts ou des vœux de ces populations étudiées[29]. Mais ils imaginent que le milieu civilisationnel dont eux-mêmes proviennent est celui qui occupe une meilleure position : ce milieu serait le plus civilisé, voire le seul qui soit civilisé. À ce titre, ils auraient vocation d'intervenir en vue de faire une œuvre

28 J. Berque, *op.cit.*, p.193.

29 F. Pouillon, « L'orientalisme, mort ou vif ? Une histoire française », in *Maghreb et Sciences Sociales* (IRMC Tunis/L'Harmattan), 2012, p. 23-36

civilisationnelle. Si cette illusion des hommes de pensée a entravé la constitution d'une véritable science sur l'Orient descendue du réel, elle est devenue la cause efficace des grandes falsifications qui désolent notre temps. On ne veut point passer à l'orientalisme les abus et les dérives réflexives qui lui sont inhérents, mais on appelle une autre manière d'appréhender l'Orient.

On souhaite faire place à un nouvel esprit dont les prétendant se disent animés. Les crédits confiances qui leur sont ouverts leur permettent de s'émanciper de l'emprise discursive de l'orientalisme. De sorte que l'objectivité retrouvée éliminera toutes les pré-pensées sur l'Orient pour pouvoir expurger toutes les subjectivités militantes. Car chaque peuple mériterait d'être reconnu dans sa singularité, dans la spécificité de son histoire : passé et à venir, ce qui lui conférerait fierté et dignité[30].

C'est au plus près de la réalité vécue par les acteurs dans divers pays au Moyen-Orient que Jean Marcou a cherché à comprendre les secrets de cette région du monde. Soucieux de s'en tenir aux faits observables en évitant d'être normatif, il a insisté sur le caractère collectif de la culture, qui serait acquise et présente dans toutes les sociétés humaines y compris les sociétés anciennement colonisées. En adoptant une telle position, Jean se met en rupture avec les auteurs qui voyaient une différence de nature entre primitifs et civilisés. C'est donc une conception universaliste qui préside cette position. Il s'attache à repérer les faits, à les décrire et à les comprendre en référence à un principe de cohérence original, à un style propre repérable à travers la langue, les croyances, les coutumes, l'art, le mode vie... et qui expriment les conduites des individus porteurs de cuture. Pour lui la tâche du chercheur consiste à analyser et non à juger. C'est pourquoi, il a toujours mis en avant la dignité de chaque culture et le nécessaire respect de la différence, car chaque culture exprime une modalité singulière d'être humain qui mérite d'être reconnue et protégée en tant que telle.

Pour atteindre un tel objectif, il lui a fallu brouiller les codes et briser les liens, afin de saisir cette identité brute et cette coexistence entre culture et histoire. Ainsi, loin d'avoir perdu ou ne sait quel contact avec le réel oriental, la démarche de Jean Marcou est plus proche du cœur battant

30 J. Sayah, *La Révolution tunisienne : la part du Droit*, L'Harmattan, 2014.

de la réalité, à un point attractif qui se confond avec la production du réel, et qui nous fait dire ce qui caractérise cette lecture : c'est l'expérience du terrain et le contact avec les acteurs.

Nous en arrivons donc à la question décisive : comment procéder pour sortir de l'impasse essentialiste ?

### A) Sortir de l'impasse essentialiste

« L'essentialisation » est le mot étendard pour signifier la dérive de la pensée orientaliste. Mais il s'en faut bien que tous les esprits lui donnent le même continu. Comment s'en étonner ? Au cours de l'histoire critique de l'orientalisme, ce signifiant a figuré dans des prises de position très différentes, dont l'une ou l'autre a empreint cette pratique réflexive d'une telle subtilité. Veut-on déduire intellectuellement le « vrai sens » du terme : on a le choix de plusieurs systèmes de pensée. Mais néanmoins, il nous faut insister sur son sens profond, car on y peut lire en lettres de feu ce qui est encore qualifié comme une « dérive discursive » de l'orientalisme. Car l'ambivalence de cette pratique traduit celle d'une pensée qui peut, ou bien rester elle-même, ou bien se nier dans la nuit de l'exagération.

Le lecteur attentif des écrits orientalistes ne peut s'empêcher de relever la présence d'un inconscient hiérarchique et essentialiste. Position, certes camouflée par prudence, mais elle révèle un état d'esprit, marqué par la volonté de présenter une figure de « l'oriental » stéréotypée et structurellement autre par rapport à l'image (positive ou négative) qu'il se faisait de lui-même. Cette opération de construction de l'altérité est donc fondamentalement relative à la fois au champ dans lequel se situe le sujet qui réalise cette construction et aux critères qui permettent de se différencier de ce qui n'est pas soi. Dans l'usage qui en est fait, chez les orientalistes, ce n'est pourtant pas au réseau des affiliations groupages dans son ensemble que la figure de « l'oriental » renvoie. Elle suggère préférentiellement un autrui attiré dans l'orbite de la coprésence entre le visible et l'invisible. Avec cette dialectique (du visible et de l'invisible) sont immédiatement soulevées les questions conceptuelles lourdement investies par la pensée orientaliste : le temporel et le spirituel.

Il suit de là que l'orientalisme dans sa croissance a pour cible prédestinée et une opposante naturelle : la religion musulmane. On voit alors accoster par le bord l'interrogation qui aimantait cette pensée depuis son apparition : la place et le statut de l'islam dans les sociétés orientales. D'où la résurgence de thèmes théologiques adossés aux théories empruntées aux sciences sociales[31]. En se basant sur ce qui est déjà en germe dans les études théologiques, on a vu apparaître une nouvelle spécialité dédiée exclusivement à l'islam. Cette dernière était bien avancée, si l'on en juge par le nombre de spécialistes travaillant sur cette thématique et le nombre de publications portant sur cette problématique.

Là, il y a symptôme, symptôme qui ne demande qu'à parler. Car l'affirmation de la totale objectivité du regard orientaliste sur l'islam ouvre un nouveau champ de réflexion, mais une réflexion armée de l'outillage efficace de la rationalité scientifique. Et l'on constate que « l'essentialisation », apparemment expulsée au début par la grande porte, ne s'est absentée de la scène que le temps de revenir par le soupirail, comme si elle n'avait joué à cache-cache avec elle-même que pour recevoir, par ce détour, un supplément de puissance.

Par cette attitude, il y a une évidente continuité. Au point que l'on pourrait sans peine illustrer la nouveauté en parodiant la formule de Marx dans sa thèse sur Feuerbach : « *les philosophes ont assez pensé la prétendue nature humaine, il est maintenant urgent de la transformer* ». On peut alors dire quasiment la même chose : les orientalistes ont assez pensé l'islam, qu'ils ont décidé de le transformer. Pour ce faire, ils vont l'essentialiser à outrance pour en faire l'entrée unique pour la compréhension de l'Orient. La psychanalyse a des applications socio-politiques particulièrement claires ici[32].

Dans ce cadre, le mot « essentialisation », qui s'applique à la fois sur le fond et sur la forme quand il s'agit de penser l'islam, contient cette double idée. Ainsi, au point de départ de toute soumission, de toute anti-modernité, de toute obéissance passive, on trouve l'islam. N'est-il point ensuite celui qui s'impose au monde entier comme l'ultime danger ? À tel point que le terrorisme a cessé d'être autre chose qu'islamique, car ce qui vient spontanément à l'esprit sont des couples de termes exacerbés par des études néo-orientalistes, comme islam et terrorisme et islam et radicalité[33].

31 M. Arkoun, *op.cit.*

32 F. Micheau, *Les Débuts de l'islam. Jalons pour une nouvelle histoire,* Téraèdre, 2012.

33 H. Djaït, *La Grande Discorde. Religion et politique dans l'islam des origines,* Gallimard, 1989,

Cela renvoie à un invariant de l'appréhension de l'islam, qui caractérise souvent les analyses des islamologues orientalistes. Pour eux, la violence est inscrite au cœur même de cette religion. L'essence du message de l'islam est inviscéré dans l'âme du musulman par une perpétuelle soumission mentale. Il ne s'en déféra jamais complètement, et c'est pour cela qu'il restera enclin toute sa vie à supporter direction et manipulation, c'est pour cela aussi que toute affirmation de soi impliquera nécessairement plus ou moins confusément une révolte contre sa propre religion[34].

L'ambivalence est la caractéristique essentielle du musulman que nous a révélé une certaine pensée orientalise. Elle nous montre la multiplicité des forces du mal et des instincts, des pulsions qui s'affrontent en lui. Et sans doute ce tempérament est-il l'élément facilitateur du passage à l'acte. Ainsi, « *l'extrémisme de la militance islamique ne peut donc, selon cette perspective, être appréhendé à partir d'une analyse situationnelle* »[35]. Il est volontiers associé à la fois à l'islam et au monde arabe. Sous-jacente à cette confusion, parfois encouragée et entretenue par les islamologues eux-mêmes, règne l'épouvante de voir surgir une internationale jihadiste d'obédience arabe, qui pourrait bien être capable de saper par la violence les fondements de la culture occidentale. Certes, « *la radicalité, de cette interprétation, écrit* Olivier Moos, *(...) varient considérablement d'un auteur à l'autre, mais il existe une tendance commune à l'ensemble du spectre néo-orientaliste consistant à observer le phénomène du « terrorisme islamique » sous un angle à cheval entre culturalisme et psychiatrie. Le cœur de cette approche réside dans l'idée que le terrorisme adopté par certains musulmans est littéralement causé par l'idéologie qu'ils embrassent et qui singularise leur violence* »[36].

Ce n'est point un hasard si la pensée orientaliste donne de telles explications et ouvre de telles perspectives, si hasardeuses soient-elles encore, au moment même où le rejet de l'islam s'est exacerbé et atteint sa pire violence. Ce serait donc se fermer la compréhension d'une grande partie de l'idéologie orientaliste que de ne pas saisir que cette essentialisation de l'islam radical procède d'abord d'un ressentiment contre les musulmans. En effet, « *l'ambivalence de cette approche provient notamment des jeux de*

34 *Ibid.*
35 O. Moos, *op.cit.*
36 *Ibid.*

*causalité entretenus entre culture et comportement pathologique : l'adhésion à l'idéologie islamiste, voire l'appartenance au champ islamique, entraînerait des choix irrationnels. Cet exercice se fait d'autant plus aisément que le terme de « terrorisme » relève beaucoup plus du vocabulaire politique que d'un concept utilisable en sciences sociales »*[37].

Plus profondément encore qu'il ne nous ait paru jusqu'ici. Ce n'est pas une critique contre la dérive intégriste de l'islam politique qui est ici visée, mais plutôt une stigmatisation sans filtre du musulman. Ce qui «*frappe, écrit* Guillaume Thouroude parlant d'Olivier Rolin, *c'est l'usage qu'il du terme islam là où l'on verrait plus volontiers celui de musulmans, si possible accompagné d'un quantificateur (...). L'usage lexical de Rolin laisse à penser que ce ne sont pas les hommes, imparfaits et vulnérables par nature, qui font le mal, mais l'islam lui-même en tant que religion. Le contraste lexical est saisissant quand on compare la place que tiennent, dans le récit de Rolin, les chrétiens, les juifs et les musulmans (et leur manière d'être nommés), puisque les chrétiens ne sont jamais évoqués sous le vocable de christianisme ou de chrétienté... »*[38].

À partir de ce type d'analyse se profile une tendance, voire une école, des études islamiques et/ou proches-orientales qui charrient des clichés négatifs : sur le thème du terrorisme des musulmans, sur leur fanatisme, leur violence ; sur leur propension à opprimer les femmes, à violer les droits humains ; tout concourant à stigmatiser ce que la courante orientaliste désigne par « les méfaits de l'islam ». L'islam se trouve alors décrit comme autre, comme essentialisé et comme fondamentalement hostile, ce qui, du point de vue de l'histoire de l'orientalisme, constitue une forme d'absolue vérité. Mais cette obscure stratégie de diaboliser l'islam n'est que le signe le plus connu de cette rivalité, son ultime finalité c'est de le déconstruire.

Ainsi, s'entremêlent, au sein de cette pensée le problème religieux et le problème politique. Le rejet de l'islam dans son sens le plus fort, est un des mobiles fondamentaux de ce temps, et la cause essentielle de l'anti-musulman. Peut-être alors tout le problème, théorique et pratique, est-il de diviser radicalement l'humanité en deux blocs civilisationnels. Entre

37 D. Helly, *op.cit.*

38 G. Thouroude, « La question délicate des relations avec l'islam : L'orientalisme de Jean Rolin », *Loxias,* numéro spécial « Jean Rolin », 2019.

les deux la lutte est inexpiable. Et le combat, bien entendu, ne se déroule point en théorie, mais dans les faits. Si l'essentialisation de l'islam y prend une telle ampleur à la fois concrète et symbolique, c'est que de sa finalité dépend la survie de l'orientalisme et le triomphe de ses idées. Et les islamologues (ou une bonne partie d'entre eux) qui cherchent à véhiculer une image déformée de l'islam et du musulman sont les alliés naturels, les complices d'une visée néocoloniale qui enseigne la ségrégation et la soumission. Ici, sans doute, trouvons-nous le but ultime de l'orientalisme dans ses diverses expressions : faire de l'islam le nouveau rideau de fer entre modernité occidentale et archaïsme oriental et faire de l'islamisme l'inévitable source du totalitarisme[39].

C'est dans ce contexte d'une conflictualité redoutable que l'analyse de la position scientifique de Jean Marcou nous semble intéressante. Si la règle du « *spectateur impartial* » de Jean n'a pas grand intérêt artistique, elle a par contre une grande valeur scientifique, et c'est par objectivité et respect pour son sujet qu'il a appris à résister au relativisme se donnant comme impératif catégorique de ne point ostraciser, ni marginaliser les affirmations contraires. Mais cet effort laborieux pour intégrer la dialectique de la connaissance à la dialectique de la perception fait surtout apparaître une phase critique. Il ne se lasse pas de sabrer les têtes de l'hydre racisante aussi à l'égard de l'islam lui-même qu'à l'égard des musulmans[40].

Aussi, trouvons-nous d'abord, chez lui, des négations : pas de place au rejet et à la ségrégation en lien avec la croyance, le mode de vie ou la culture. Il est pour une pluralité de conscience dans la pensée objective. En contact avec de nombreux peuples orientaux au cours de sa vie académique et privée, notamment avec les Égyptiens chez lesquels il séjourna longtemps, en Turquie où il a passé une part importante de sa vie, tout cela l'a amené à mieux se renseigner sur les coutumes, les habitudes et les modes de pensée commune de ces peuples. C'est pourquoi, très vite il a pris ses distances avec l'ambiguïté de la position défendue par les orientalistes radicaux, notamment concernant la place et le statut de la religion dans ces sociétés. Cette attitude critique est la résultante d'une foi

39 O. Roy, *L'Islam mondialisé*, Seuil, 2002.

40 P. Simon-Nahum, « L'orient d'Ernest Renan : de l'étude des langues à l'histoire des religions », *Revue Germanique Internationale*, juin 2007, p.10.

imperturbable dans sa capacité à observer la vraie vie des acteurs. Il s'est rendu compte que face à l'islam, certains islamologues ont une manière de ressasser indéfiniment, comme s'ils ne disposaient que des vieilles photos, les mêmes idées construites par des orientalistes faisant de l'islam le mal absolu.

Ainsi au contact du terrain, Jean a pris conscience de la nécessité de penser autrement le rapport à la religion en Orient et encore plus l'islam dans les pays musulmans. Une telle conception se trouve confortée par une alliée précieuse, la tolérance. Réduite souvent à sa dimension morale, elle n'est jamais plus efficace que lorsqu'elle se sédimente avec le savoir. On pourrait là parler d'une habilité discursive. C'est ce que traduit la démarche dite « *critique constructive* ». Cette démarche place la connaissance objective au cœur de l'analyse. Celle-ci exhibe une parenté secrète avec le réel qui recèle dans sa complexité les montagnes et les agrès du temps immémorial pour la compréhension conceptuelle d'un islam pluriel. Partant de cette hypothèse, Jean semble attribuer à cette religion trois significations : l'islam comme religion, l'islam comme civilisation (histoire, géographie) et l'islam comme populations[41]. Cette hypothèse lui permet alors de s'attacher à comprendre le phénomène social de l'islam « vrai »[42] et donc à saisir, par-delà ce qui est souvent brandi comme une menace, la réalité vivante d'un fait social et parfois politique. Celui-ci comprend à la fois le cadre spirituel de l'univers théologique des musulmans et la dynamique de la pratique religieuse et son expression aussi bien sur le plan social que culturel[43].

Cette démarche lui a permis de transcender cette contradiction entre un rejet catégorique conditionné par une lecture essentialisée d'un islam fantasmé, et la nécessité de comprendre sans juger afin d'asseoir et garantir une objectivité scientifique indiquant que le fait religieux ne s'invente point, mais qu'il se réfléchit. Résultat, l'image d'un islam dangereux par nature se trouve relativisée au profil d'une représentation que requiert une vision qui se construit au détour de l'expérience, de l'observation et de la réflexion. C'est dire que nous pourrions à défaut d'accéder à la

41 Voir l'analyse de Rémi Brague, « Sur le « vrai » Islam », *Commentaire*, n° 149, 2015.

42 *Ibid.*

43 *Ibid.*

« vérité », au moins de mobiliser la mémoire des erreurs commises par les orientalistes afin d'inventer une autre islamologie : sans idéalisation défensive et sans pathologique suspicion.

### B) Par-delà l'orientalisme

Avec cet ensemble de principes confirmés par un savoir que nous lui avons connu, on peut se demander si l'orientalisme de Jean Marcou constitue bien à proprement parler un orientalisme, c'est-à-dire un ensemble d'idées devant s'imposer à tout regard ou à toute étude sur l'Orient. Mais avant de se poser cette question, il conviendrait d'examiner s'il a voulu être orientaliste. On l'a vu tout le long de cette réflexion qu'il y a en effet bien de façons d'appréhender l'Orient. Les uns d'un simple regard, tirent un récit ; d'autres laissent aux lecteurs le soin de se faire eux-mêmes leurs propres idées et se contentant de l'exposition des faits choisis ; d'autres enfin, fabriquent à partir d'un récit un Orient idéologisé pour mieux le polariser. Jean ne fait partie ni des uns ni des autres, il s'est démarqué par son refus de choisir.

Ses travaux sur le Moyen-Orient sont au fond des thèses ; il place sa réflexion sur des thématiques variées ; mais il les interroge par le même prisme, et l'on sent que pas un instant dans son analyse il ne se départ de ses valeurs. C'est ainsi qu'il a pu acquérir son statut de figure éminente de la recherche géopolitique portant sur une région, le Moyen- Orient, et notamment sur un pays la Turquie dont les travaux l'ont rendu fort connu et reconnu. L'idée surgit alors d'éliminer de sa réflexion le reliquat de nature orientaliste, de lui ôter toute faculté de réversion à sa nature originelle, de la rendre en un mot par-delà l'orientalisme par essence.

Deux options se sont offertes à lui : l'une historique (la vision orientaliste), elle lui a semblé impraticable et l'autre facile (néo-orientaliste), il a vite compris qu'elle est fallacieuse. Il opta pour une troisième voie produisant une analyse qui ne parle pas « *de* » quelque chose, mais « à partir de » quelque chose. Du coup, cette option lui a ouvert une perspective réflexive le débarrassant de l'obligation de choisir entre l'une et l'autre méthode. Que peut-on imaginer en effet de plus idéalement constructif que ce désir effréné de parvenir à concevoir sa propre vision pour étudier sa propre problématique.

Il soutenait qu'un « fait » politique ou géopolitique est bien, effectivement, fait, c'est-à-dire fabriqué par des acteurs selon un contexte et en fonction de multiples enjeux, mais il est également un « effet », c'est-à-dire qu'il produit des réalités, des conséquences qui ne peuvent être analysées uniquement par le prisme de la religion, la culture ou la civilisation, cela ne voulait pas dire qu'elles n'ont aucune influence sur le réel, mais elles ne peuvent nullement être la seule porte d'entrée pour se faire une opinion.

Ainsi donc, la bipolarisation ainsi que la hiérarchisation, matrice de la pensée orientaliste, se trouvent neutralisées indépendamment de toute considération scientifique. Là encore, le rejet des pré-réflexifs est admirablement affirmé. Son exclusion est inhérente à son historicité chargée d'inégalité et de la négation de l'Autre. De plus, le positivisme de la pensée orientaliste de par sa prémisse coloniale et postcoloniale, ne saurait, selon Jean Marcou, rendre compte de la complexité et de la richesse de l'Orient. Elle n'admet pas que « la comparaison n'est pas raison ». Autrement dit, elle feint de voir que la subjectivité ne pourrait aboutir aux formes de l'objectivité. Et comme elle est sans finalité scientifique, elle dissimule un regard déformant qui ne pourrait étancher son ambiguïté.

Cette envie de construire un autre modèle d'analyse s'impose à lui comme une nécessité d'être profondément ancrée dans le réel, à la fois pour neutraliser les funestes effet de l'ambigüité du discours orientaliste, et pour exiger l'actualisation des plus hautes potentialités réflexives. Dans le cadre de cette conception, la démarche de Jean présuppose une prise de conscience lucide de l'expérience vécue, une prise de conscience de la complexité des faits que l'on n'estime pas toujours avouables ou louables.

C'est pour le renouvellement des études orientales, centrées jusque-là sur l'asymétrie (le « Nous » et le « Eux »), appelle une prise en considération croissante de la globalisation des logiques produites par une mondialisation du monde. Parmi eux se comptent le rétrécissement de l'espace et la relativisation des frontières. Cette nouvelle donne géopolitique prend pour la première fois un relief singulier dans une figure, celle de la « proximité » dans toutes ses dimensions. À l'écart ou à l'ombre de la figure de l'Occidental se tient l'Oriental, supposé désormais être voisin, interlocuteur, partenaire ou même ennemi. Or, rare sont les approches qui tentent de saisir l'importance conceptuelle et réelle de cette (nouvelle) proximité. Le voile de l'illusion orientaliste de maintenir la différence comme seul critère d'appréhender l'espace oriental se trouve levé. Ce mouvement politico-discursif ainsi imposé ne supprime certes pas la différence, mais il la transforme en une oscillation entre les deux pôles magnétiques : la sympathie/rejet et l'objectivité.

Le défi consiste à mobiliser la proximité non pas pour chercher à légitimer encore une lecture différentielle qui semble être, le temps passant et l'espace se réduisant, de plus en plus inappropriée, mais plutôt de reconstruire l'objet. D'abord, la question de la relation Orient/Occident s'enracine dans la mondialisation. Conséquence, le premier stéréotype à bannir de la pensée serait alors le binôme Orient/anti-modernité. Car outre l'universalité du concept, la modernité a affecté l'Orient et les Orientaux, non seulement par le biais de la colonisation, mais surtout par l'interpénétration du savoir. Cela explique l'impression persistante que la modernité est un bien partagé par l'humanité. Ensuite, les idées philosophiques, politiques, juridiques, esthétiques, morales... sont un seul et même arbre aux fondations diverses. En ce sens-là, quoi qu'il en dise nulle civilisation ou culture n'a le monopole des idées et nulle ne peut prétendre une quelconque supériorité. Enfin, de mise à distance en prise de conscience, le nouveau périmètre des études orientales se dessine. Rendu avant suspect par des évidences d'une pensée déformante, l'objet « Orient » s'ébauche désormais selon des contours plus libres.

Ainsi, avec les travaux de Jean Marcou et d'autres chercheurs une autre porte s'est ouverte. Des tabous ont été renversés, et des pré-pensées ont été vaincues. Une lueur d'espoir donc, un espoir censé pouvoir, à terme, renverser les schèmes.

# LA TURQUIE ET SON ENVIRONNEMENT RÉGIONAL

# Rester « anti-système » tout en exerçant le pouvoir : l'autoritarisme compétitif tribunicien de l'AKP turc

MAX-VALENTIN ROBERT

## L'adieu au paradigme transitionnel

Juan Linz a rappelé la densité de la littérature existant à propos des systèmes politiques imparfaitement démocratiques ou partiellement autoritaires, et les nombreux qualificatifs afférents à ces types de régimes (Linz, 2007 : 338). D'autres travaux ont mis en lumière les racines distinctes de ces régimes en fonction de leurs configurations politico-institutionnelles originelles (Bogaards, 2009) – ces régimes pouvant aussi bien être le fruit du dépérissement d'un régime autoritaire que de la décrépitude d'une démocratie (Levitsky, Way, 2002 : 60-61). Mikael Wigell souligne d'ailleurs l'existence de deux grandes catégories de régimes hybrides : les régimes constitutionnels-oligarchiques et électoraux-autocratiques (Wigell, 2008). C'est à cette dernière catégorie (Diamond, 2002) que nous nous intéresserons plus particulièrement.

En effet, comme l'a relevé Clémentine Fauconnier, « La conception procédurale de la démocratie adoptée dans le cadre du paradigme transitionnel voyait dans la mise en place d'élections libres et justes (*free and fair*) le moteur et le meilleur indicateur de la consolidation démocratique. Pourtant, les trajectoires des pays dits de la troisième vague, qui ont traversé un processus de changement institutionnel et politique radical durant le dernier quart du XX<sup>e</sup> siècle, ont montré la capacité de coexistence entre des processus électoraux formellement concurrentiels et des modalités autoritaires d'exercice du pouvoir : coercition, fraude électorale, déficit de légitimité, alternance difficile. » (Fauconnier, 2019 : 2). Dans cette perspective, la littérature autour des régimes hybrides a bénéficié des apports théoriques fournis par les travaux de Thomas Carothers, ayant contribué à remettre en cause ce qu'il estime être un « paradigme transitionnel ». Selon le politiste, ce paradigme se structurait autour des cinq présupposés suivants : chaque pays sortant d'un régime autoritaire serait forcément en voie de démocratisation, celle-ci se réalise à travers différentes étapes (l'ouverture, la rupture et la consolidation), les élections exerceraient un rôle fondamental pendant ce processus, les facteurs contextuels auraient une influence marginale sur l'émergence et le résultat de cette transition, et le phénomène en question aurait plus de chances de se produire dans des pays pouvant compter sur une certaine ossature institutionnelle (Carothers, 2002 : 7-12). Or, face à la récurrence de cas ne pouvant être identifiés ni comme des démocraties établies, ni comme des autoritarismes stricts, T. Carothers relève l'existence d'une « zone grise », englobant les deux particularités suivantes pour les États s'y situant : un pluralisme factice et une situation de domination politique, qu'elle soit exercée par une formation partisane, un dirigeant ou une famille (Carothers, 2002 : 10-12). Une telle domination sera d'autant plus facilitée que ces régimes auront tendance à instaurer un cadre institutionnel décourageant l'engagement dans des structures associatives et stérilisant la vitalité de la société civile (Giersdorf, Croissant, 2011 ; Sarfati, 2017).

### Autoritarisme compétitif et consultations électorales en contexte non-démocratique

Comme le rappellent Steven Levitsky et Lucan A. Way, « Dans les régimes autoritaires compétitifs, les institutions démocratiques formelles sont généralement vues comme le principal moyen d'obtenir et d'exercer l'autorité politique. Les sortants violent ces règles si fréquemment et à un tel degré, cependant, que le régime ne parvient pas à remplir les standards minimaux conventionnels pour une démocratie. » (Levitsky, Way, 2002 : 52). Effectivement, les régimes démocratiques se distinguent par les caractéristiques suivantes : « 1) Les pouvoirs exécutif et législatif sont choisis à travers des élections qui sont ouvertes, libres et justes ; 2) tous les adultes possèdent en théorie le droit de vote ; 3) les droits politiques et les libertés civiles, incluant la liberté de la presse, la liberté d'association, et la liberté de critiquer le gouvernement sans représailles, sont globalement protégés ; et 4) les autorités élues possèdent une autorité réelle pour gouverner, du fait qu'elles ne sont pas sujettes au contrôle tutélaire des dignitaires militaires et cléricaux. » (Levitsky, Way, 2002 : 53).

À l'inverse, les autoritarismes compétitifs sont le théâtre d'« élections [...] régulièrement tenues, compétitives [...] et généralement libres de fraude massive » (Levitsky, Way, 2002 : 55), mais le parti sortant tend à « abuser fréquemment des ressources étatiques, [à] dénier une couverture médiatique adéquate pour l'opposition, à harceler les candidats d'opposition et leurs partisans » (Levitsky, Way, 2002 : 53). Les autoritarismes compétitifs ont donc des implications spécifiques non seulement sur le plan électoral, mais également dans les sphères législative (« les instances législatives tendent à être relativement faibles, mais deviennent occasionnellement des points de focale pour l'activité de l'opposition »), judiciaire (« Les gouvernements dans les régimes autoritaires compétitifs tentent régulièrement de subordonner le pouvoir judiciaire, souvent à travers la mise en accusation, ou, plus subtilement, à travers la corruption, l'extorsion et d'autres mécanismes de cooptation ») et médiatique (malgré « une couverture médiatique biaisée » des opposants, « les journalistes – bien que fréquemment menacés et occasionnellement attaqués – émergent souvent en tant qu'importantes figures d'opposition ») (Levitsky, Way, 2002 : 55-57). Andrea Cassani parvient à une conceptualisation similaire de ce type d'hybridation politico-institutionnelle, en mettant en lumière les caractéristiques suivantes : « L'aspect démocratique correspond à : (1) l'institutionnalisation d'élections périodiques ; qui (2) résultent en la formation d'instances législatives multipartites dans lesquelles l'opposition est représentée. La composante autoritaire, de son côté, se réfère à : (3) la présence de peu de limitations au pouvoir arbitraire du chef de l'exécutif ; et à (4) de fréquentes violations des droits politiques et/ou civils des citoyens. » (Cassani, 2014 : 550). Ces régimes perdureraient également en parvenant à cadenasser l'opposition et à freiner les interactions entre celle-ci et la population (Ekman, 2009).

À travers son analyse du régime poutinien, Clémentine Fauconnier souligne qu'un régime autoritaire peut déployer occasionnellement « un investissement intense dans la construction d'institutions formellement pluralistes » (Fauconnier, 2019 : 1) : afin d'assurer « une gestion fluide et ciblée des comportements des électeurs et des opposants », le système politique russe a recours à « la multiplication des instruments et des institutions, [au] passage rapide d'une stratégie à une autre » en termes d'administration du champ électoral (Fauconnier, 2019 : 1). L'organisation de consultations électorales peut aussi représenter l'opportunité, pour les régimes autoritaires *stricto sensu*, de se pérenniser en répondant aux injonctions de démocratisation à l'échelle internationale (Miller, 2017). Il convient également de souligner que, dans un tel contexte politico-institutionnel, les scrutins tendent à ne pas se structurer autour de la confrontation d'offres programmatiques concurrentielles, mais à travers la promesse de rétributions clientélaires (Lust-Okar, 2006 : 468 ; Hachemaoui, 2003 : 70-71). Pour ce qui est plus spécifiquement des autoritarismes compétitifs, la prégnance du clientélisme et l'enracinement des structures informelles de pouvoir tendent à favoriser leur affirmation (Wheatley, Zürcher, 2008).

### L'autoritarisme compétitif tribunicien, ou le populisme au service du maintien au pouvoir

La Turquie erdoğanienne se distingue des autoritarismes compétitifs habituels par deux aspects : une procédure électorale en voie de contestation et un recours particulièrement fréquent au vote. Effectivement, aussi bien le référendum de 2017 que les élections législatives et présidentielles de 2018, ou encore les municipales de 2019, furent marqués par des accusations de fraude de la part de l'opposition. En outre, plusieurs organisations internationales ont émis des critiques quant au déroulement de ces scrutins. Soulignons également que le résultat de la municipale stambouliote du 31 mars 2019 fut annulé, et qu'il fallut attendre le 23 juin pour que la victoire du candidat kémaliste Ekrem İmamoğlu soit reconnue par le parti au pouvoir, suite à l'organisation d'un second scrutin. Un autre point central singularise le cas turc au sein de la famille des régimes autoritaires compétitifs : l'utilisation nettement plus intensive de la procédure électorale. Rappelons qu'aussi bien les législatives de novembre 2015 que les élections présidentielles et législatives de juin 2018 et mai 2023 furent des scrutins anticipés. Recep Tayyip Erdoğan tend à s'investir fortement durant chaque scrutin, et mobilise une rhétorique électorale jusque dans ses déplacements internationaux. La direction prise par le régime turc formule donc un alliage original de personnalisation du pouvoir, d'autoritarisme, mais également de surutilisation de la légitimation électorale. Comme le soutient Hamit Bozarslan, un État doit être capable, pour subsister, d'« autoriser les espaces de son propre contournement » (Bozarslan, 2011 : 42) : dans le cas de la Turquie erdoğanienne, l'élection semble être cet espace en question, ce moment de « respiration » civile assurant au régime sa pérennité.

Par conséquent, le régime turc contemporain ne peut être défini comme un simple autoritarisme compétitif (dans le sens habituel que l'on donne à cette notion), mais comme une déclinaison particulière de ce type de configuration politico-institutionnelle, que nous désignons sous le terme d'*autoritarisme compétitif tribunicien* – soit un régime répondant à l'ensemble des critères précédemment mentionnés, mais auxquels se rajoutent une tendance à la sur-mobilisation des procédures électorales, le recours à une rhétorique électoraliste en période non-électorale, ainsi qu'une contestation fréquente du résultat des urnes quand la fonction de légitimation du pouvoir n'est pas assurée par le scrutin. Nous reprenons ici, pour caractériser le rôle politico-institutionnel joué par le Parti de la Justice et du Développement (*Adalet ve Kalkınma Partisi,* AKP : droite islamo-conservatrice), la notion de « fonction tribunicienne » jadis conceptualisée par Georges Lavau à propos du Parti communiste français (PCF) : en effet, du fait de son statut de « grand parti jouant légalement son jeu dans tous les mécanismes du système et parce que la capacité intégrative de ce système est forte » (Lavau, 1981 : 35), le PCF contribuait à la légitimation du cadre politico-institutionnel français en intégrant au champ républicain des populations potentiellement défiantes à son égard.

Les partis tribuniciens sont des formations « dont la fonction – au moins latente, sinon manifeste – est principalement d'organiser et de défendre des catégories sociales plébéiennes (c'est-à-dire exclues ou se sentant exclues des processus de participation au système politique, comme d'ailleurs du bénéfice du système économique et du système culturel), et de leur donner un sentiment de force et de confiance »

(Lavau, 1969 : 18). Or, en fidélisant l'électorat conservateur à un cadre républicain ayant traditionnellement inspiré aux couches religieuses de la population une certaine défiance, le Parti de la Justice et du Développement a la particularité de remplir une fonction tribunicienne tout en exerçant le pouvoir, alors que les partis tribuniciens sont habituellement cantonnés à un simple rôle d'opposant contestataire (Lavau, 1981 : 342). L'AKP peut donc être appréhendé comme un ancien « *challenger party* » – soit « un parti qui mobilise des identités politiques et des programmes vus par les autorités comme posant un défi fondamental à la base idéologique et organisationnelle de l'*establishment* au pouvoir » (Watts, 2010 : 16) – ayant achevé sa mue en pièce centrale du dispositif politico- institutionnel turc.

Une telle fonction suppose nécessairement la mobilisation, par le pouvoir islamo-conservateur, d'un référentiel populiste. D'après Jan-Werner Müller, le discours populiste se distingue par l'articulation suivante des rapports entre le « peuple » et les « élites », perçus comme deux catégories étanches : « Les populistes considèrent que des élites immorales, corrompues et parasitaires viennent constamment s'opposer à un peuple envisagé comme homogène et moralement pur – ces élites n'ayant rien en commun, dans cette vision, avec ce peuple. » (Müller, 2017 : 51). Car Mudde définit cette notion en des termes similaires : le populisme consisterait en « une idéologie (fine) qui considère la société comme étant en dernière instance séparée en deux groupes homogènes et antagonistes, le peuple pur et l'élite corrompue, et qui estime que la politique doit être une expression de la volonté générale [...] du peuple » (Mudde, 2019 : 7-8). De plus, les formations populistes sont enclines à revendiquer l'exercice d'un « monopole de la représentation » (Müller, 2017 : 50-64). En ce sens, le Parti de la Justice et du Développement peut bel et bien être considéré comme un mouvement de cette nature. Effectivement, ses dirigeants présentent fréquemment leur parti comme étant le seul acteur légitime représentant le peuple turc, lui-même appréhendé comme homogène du fait de son adhésion supposément unanime aux valeurs traditionalistes. Or, la défense d'un peuple perçu comme un bloc monolithique est une caractéristique fondamentale du populisme (Freeden, 2017; Spruyt, Keppens, Van Droogenbroeck, 2016). L'autoritarisme de l'AKP, ainsi que sa contestation explicite des normes de la démocratie libérale, contribuent plus précisément à l'inscrire dans la famille politique des populismes de droite (Pauwels, 2011 : 111), de même que son conservatisme revendiqué sur le plan sociétal (Cassino, 2018 ; Spruyt, Keppens, Van Droogenbroeck, 2016).

En flétrissant le dédain qu'exprimeraient les élites urbaines sécularisées à l'égard des catégories populaires anatoliennes et religieuses, le Parti de la Justice et du Développement exerce une fonction tribunicienne relevant d'un référentiel typiquement populiste. En effet, l'argumentaire « anti-élites » de l'AKP prospère sur un ressentiment social à l'encontre de l'ancien *establishment* kémaliste, comme l'a démontré Zafer Yılmaz en décrivant la dimension victimaire de la rhétorique erdoğanienne (Yılmaz, 2017). La mobilisation d'un discours populiste comme outil de légitimation et de pérennisation du pouvoir constitue donc l'une des caractéristiques fondamentales de cet autoritarisme compétitif tribunicie

## Bibliographie


BOGAARDS Matthijs, « How to classify hybrid regimes? Defective democracy and electoral authoritarianism », *Democratization*, Vol. 16, N° 2, 2009, pp. 399-423.

BOZARSLAN Hamit, *Sociologie politique du Moyen-Orient*, Paris, La Découverte (coll. « Repères »), 2011, 125 p.

CAROTHERS Thomas, « The End of the Transition Paradigm », *Journal of Democracy*, Vol. 13, N°1, janvier 2002, pp. 5-21.

CASSANI Andrea, « Hybrid what? Partial consensus and persistent divergences in the analysis of hybrid regimes », *International Political Science Review*, Vol. 35, N°5, 2014, pp. 542-558.

CASSINO Dan, « Emasculation, Conservatism, and the 2016 Election », *Contexts*, Vol. 17, N° 1, 2018, pp. 48-53.

DIAMOND Larry J., « Thinking About Hybrid Regimes », *Journal of Democracy*, Vol. 13, N° 2, avril 2002, pp. 21-35.

DONNO Daniela, « Elections and Democratization in Authoritarian Regimes », *American Journal of Political Science*, Vol. 57, N° 3, juillet 2013, pp. 703-716.

EKMAN Joakim, « Political Participation and Regime Stability: A Framework for Analyzing Hybrid Regimes », *International Political Science Review*, Vol. 30, N°1, 2009, pp. 7-31.

FAUCONNIER Clémentine, « Une gouvernementalité néolibérale ou la consolidation par d'autres moyens : économie de la domination politique dans la Russie de Poutine. », *Sciences Po Bordeaux, 15e Congrès de l'Association Française de Science Politique* (Section Thématique 67 : « Trajectoires démocratiques, autoritaires et autres : régimes politiques entre consolidations, hybridations et fragmentations. »), 2-4 juillet 2019, pp. 1-8.

FREEDEN Michael, « After the Brexit referendum: revisiting populism as an ideology », *Journal of Political Ideologies*, Vol. 22, N°1, 2017, pp. 1-11.
GIERSDORF Stephan, CROISSANT Aurel, « Civil Society and Competitive Authoritarianism in Malaysia », *Journal of Civil Society*, Vol. 7, N° 1, 2011, pp. 1-21.
HACHEMAOUI Mohammed, « La représentation politique en Algérie entre médiation clientélaire et prédation », *Revue française de science politique*, Vol. 53, N° 1, 2003, p. 35-72.
LAVAU Georges, *A quoi sert le Parti communiste français ?*, Paris, Fayard, 1981, 443 p.
LAVAU Georges, « Le parti communiste dans le système politique français », pp. 7-81, *in* BON Frédéric *et alii*, *Le communisme en France et en Italie*, Tome 1 : *Le communisme en France*, Paris, Armand Colin/Cahiers de la fondation nationale des sciences politiques, 1969, 336 p.
LEVITSKY Steven, WAY Lucan A., « The Rise of Competitive Authoritarianism », *Journal of Democracy*, Vol. 13, N° 2, avril 2002, pp. 51-65.
LINZ Juan J., *Régimes totalitaires et autoritaires*, Paris, Armand Colin, 2007 (1re éd. : 2000), 416 p

# Les relations entre la Turquie et la Chine de Xi Jinping : quel bilan en 2024 ?

**Tolga Bilener**

*Ce texte s'inscrit dans la droite ligne de ma thèse soutenue à l'Université Grenoble-Alpes, dont M. le Professeur Jean Marcou fut le directeur. Ma thèse, soutenue en 2018, portait sur les relations entre la Turquie et la Chine dans le contexte géopolitique mouvementé de l'Eurasie, démontrant d'une part, combien la Chine était devenue un acteur influent dans la région Méditerranée-Moyen-Orient, et de l'autre, combien la Turquie avait pour ambition de diversifier ses partenariats internationaux dans ce monde polycentré en gestation. Des années plus tard, les principaux thèmes abordés lors de ce travail, soit la présence affirmée de la Chine dans notre région et la transformation de la diplomatie turque, restent toujours d'actualité. Il convenait néanmoins de les mettre à jour. Cet effort m'a permis de feuilleter de nouveau ce (maintenant vieux !) travail, et de réaffirmer ma profonde gratitude à M. Marcou qui joua un rôle déterminant dans sa réalisation. Je serai toujours reconnaissant de la confiance qu'il a placée en moi et honoré d'avoir eu l'opportunité de bénéficier de son amitié. Teşekkürler hocam !*[1*]

Il est évident que la République populaire de Chine (RPC) est désormais un véritable acteur mondial, ayant développé des relations approfondies avec les pays de toutes les régions du monde. Un exemple parmi tant d'autres est celui des relations entre la Chine et la République de Turquie. Ces dix dernières années, la République populaire est devenue l'un des trois principaux partenaires commerciaux de la Turquie et a gagné en influence au Moyen-Orient et dans les Balkans, tout en consolidant sa

1 Merci, Professeur !

position influente en Asie centrale et en Afrique, les régions auxquelles la Turquie attache une importance particulière dans le cadre de sa politique étrangère. C'est pour cela qu'il est devenu inévitable pour la Chine et la Turquie de prendre mutuellement en considération la politique étrangère de l'autre. L'importance de la Turquie aux yeux de la Chine est aussi apparue dans le cadre de l'initiative des Nouvelles routes de la soie, projet phare de Xi Jinping, au pouvoir depuis 2012. Du côté des décideurs politiques en Turquie, la Chine est perçue comme une possible source d'investissement et un marché prometteur, permettant à l'économie turque d'atteindre des taux de croissance dont elle a cruellement besoin.

L'analyse des relations entre la Turquie et la Chine permet d'examiner les relations entre, d'une part, une puissance mondiale et, d'autre part, une puissance régionale.

Outre la place qu'occupent les relations avec la Chine dans le bilan global de la politique étrangère turque, les discours et outils utilisés par la Chine vis-à-vis de la Turquie contiennent également des indices sur l'évolution de la politique mondiale. Autrement dit, analyser les relations entre la Turquie et la Chine offre une opportunité de mieux saisir le bouleversement des plaques tectoniques géopolitiques, sujet qui sort largement du seul cadre strictement bilatéral.

## Arrière-plan historique

Rappelons que la Turquie n'a pas reconnu la République populaire de Chine proclamée en 1949, conformément à sa ligne diplomatique pro-occidentale, et ce jusqu'en 1971. En outre, la participation active de la Turquie à la guerre de Corée (1950-1953), l'un des événements les plus marquants du début de la guerre froide, aux côtés des États-Unis, a installé un climat inamical dans les relations entre Ankara et Pékin, et a impacté la perception mutuelle des peuples.

La Turquie a finalement établi des relations diplomatiques avec Pékin dans le sillage du rapprochement entre les États-Unis et la Chine : les deux pays ont alors nommé réciproquement des ambassadeurs, des visites officielles ont commencé et, bien que lentement, les relations économiques se sont développées. Cependant, la question ouïghoure s'est toujours imposée comme un dossier problématique entre les deux pays, surtout depuis l'indépendance des républiques turcophones de l'ex-URSS en

1991, événement qui a considérablement accru l'intérêt de la Turquie pour les peuples musulmans et turcophones de l'Eurasie, à l'instar des Ouïghours.

Depuis les années 2000, le développement des relations économiques entre les deux pays s'est accéléré, le volume commercial total, d'un milliard de dollars en 2000, a atteint 10 milliards de dollars en 2010 et, cette même année, les relations entre la Turquie et la Chine ont été définies comme un « partenariat stratégique ». Bref, malgré des crises intermittentes liées à la question ouïghoure, lorsqu'il est arrivé au pouvoir, Xi Jinping a hérité d'une relation plutôt positive avec la Turquie. En outre, la montée de la Turquie en tant que puissance régionale, et les tensions avec ses alliés occidentaux au cours de la même période, ont alimenté la conviction que les relations entre les deux pays avaient un grand potentiel devant elles. Par conséquent, même si la dimension économique des relations est restée au premier plan sous Xi Jinping, il a été possible d'observer l'approfondissement des relations dans presque tous les domaines.

## Différentes dimensions des relations sino-turques sous Xi Jinping

*Les relations économiques : le pilier des relations bilatérales*

Sous Xi Jinping, les relations commerciales entre la République populaire de Chine et la Turquie ont connu un développement régulier. En 2023, le volume commercial bilatéral a atteint 45 milliards de dollars, soit 45 fois plus qu'en 2000. La Chine achète notamment des matières premières à la Turquie, et elle s'intéresse particulièrement au secteur minier. Les produits que la Turquie achète à la Chine présentent une plus grande diversité, du petit électroménager aux téléphones portables, des meubles aux produits alimentaires. On compte 1200 entreprises chinoises en activité en Turquie, contre une centaine d'entreprises turques en Chine.

Les investissements chinois concernent à ce jour notamment les secteurs de l'énergie et des transports, la centrale thermique au charbon de Hunutlu, à Adana, étant le plus gros investissement chinois dans le pays. La Chine a des investissements, ou du moins des projets d'investissement, dans les autoroutes et les trains à grande vitesse : par exemple, la construction d'une ligne ferroviaire à grande vitesse de 1700 kilomètres reliant Edirne à Ardahan est envisagée. Par ailleurs, l'une des principales acquisitions de la Chine en Turquie concerne, elle aussi, les infrastructures : le port de marchandises de Kumport, près d'Istanbul, la troisième plus grande installation portuaire du pays.

Ces dix dernières années, un certain nombre d'acquisitions chinoises ont été réalisées dans le secteur numérique également, Alibaba achetant 75 % des actions de Trendyol ; et ZTE, 48 % de NETAŞ. Par ailleurs, Huawei a conclu en 2019 un accord avec Turkcell pour construire l'infrastructure 5G en Turquie, tout en installant à Istanbul son deuxième plus grand centre de R&D en dehors de la Chine. En outre, des entreprises telles que Xiaomi, Vivo et Transsion ont ouvert des usines de production dans le pays.

Dans un autre registre, la Turquie souhaite augmenter le nombre de touristes chinois se rendant en Turquie, lequel était 60 000 en 2010 et 420 000 en 2019. Afin d'attirer davantage de touristes chinois en Turquie, le secteur tente d'adapter son infrastructure touristique à cette nouvelle clientèle. Le fait que la compagnie aérienne nationale Turkish Airlines effectue désormais des liaisons directes avec cinq villes en Chine contribue au développement, non seulement des relations commerciales, mais aussi des relations touristiques.

Il faut quand même souligner un grand déséquilibre dans ces relations : toujours selon les chiffres de 2023, le déficit commercial sino-turc est de 42 milliards de dollars au détriment de la Turquie. Pour y remédier, les autorités turques ne cessent d'appeler à plus d'investissement chinois en Turquie. Le manque de réciprocité constitue un obstacle majeur au développement de relations économiques commerciales plus équilibrées entre la Turquie et la Chine, car bien que la Chine puisse pratiquement investir dans tous les secteurs en Turquie, plusieurs secteurs chinois restent hermétiques aux investissements étrangers. Par ailleurs, les procédures de visa, parfois très restrictives, compliquent les choses pour les hommes d'affaires ou touristes turcs qui souhaitent se rendre en Chine. Alors que Pékin agit avec le pouvoir que lui confère sa position de deuxième économie mondiale et que son commerce avec la Turquie ne représente qu'une infime partie de son commerce extérieur global, la main de cette dernière est considérablement faible quand il s'agit de discuter de ces sujets avec la Chine.

*Relations politiques et culturelles*

Contrairement aux relations économiques qui continuent de se développer malgré les problèmes cités ci-dessus, le développement des relations politiques et diplomatiques entre les deux pays se heurte à de nombreux problèmes structurels et conjoncturels. De plus, là aussi, on peut parler d'un certain déséquilibre : Xi Jinping, qui a pourtant effectué plusieurs tournées au Proche et au Moyen-Orient, n'a jamais effectué de visite bilatérale officielle en Turquie, alors qu'au cours de la dernière décennie, le président Recep Tayyip Erdoğan a effectué trois visites en Chine, tant au niveau multilatéral que bilatéral. L'une de ces occasions a été le premier sommet des Nouvelles routes de la soie qui s'est tenu à Pékin en 2017 au niveau des chefs d'État. L'intérêt de la Turquie pour l'Organisation de coopération de Shanghai (OCS) s'est également accru sous cette même période. En 2013, la possibilité que la Turquie rejoigne un jour l'OCS a été ouvertement exprimée par M. Erdoğan, et la même année, Ankara a obtenu le statut de partenaire de dialogue au sein de cette organisation et assumé la présidence du forum énergétique de celle-ci en 2015. Mais, en 2024, la Turquie reste dans l'antichambre de l'OCS, alors que la République islamique d'Iran voisine en est devenue membre de plein droit en septembre 2023.

Dans le domaine culturel, le premier Institut Confucius en Turquie avait ouvert ses portes en 2008 à Ankara, suivi par trois Instituts Confucius à Istanbul. L'ouverture d'un cinquième institut en Turquie, à Izmir cette fois-ci, est à l'ordre du jour pour 2024. Là aussi, on constate un déséquilibre, puisque pour voir un Institut Yunus Emre en Chine (à Pekin), il a fallu attendre jusqu'en 2020 les interminables procédures d'autorisation. Soulignons quand même que l'année 2012 a été célébrée comme l'année culturelle chinoise en Turquie, et 2013 comme l'année culturelle turque en Chine, afin d'accroître l'interaction culturelle entre les deux pays. De même, des initiatives symboliques telles que l'émission d'un timbre-poste commun par les administrations postales des deux pays a été réalisée en 2012.

Dans le secteur de l'audiovisuel, CRI-Turk, qui a lancé sa diffusion en 2016 constitue à ce jour l'initiative la plus importante dans ce domaine. De même, le magazine China Today vise à transmettre à l'opinion publique turque le point de vue chinois sur les développements internationaux.

Bien qu'il ne soit pas facile de mesurer à quel niveau ces initiatives ont réellement influencé l'opinion publique turque en faveur de la Chine, l'effort est là. Néanmoins, selon les sondages d'opinion récents, l'image de ce pays aux yeux des Turcs n'est pas très positive, avec seulement 22 % de la population qualifiant la Chine de « pays ami », alors que la Turquie avait également été l'un des pays bénéficiant de la diplomatie vaccinale chinoise, au moment de la pandémie de Covid-19.

**Les limites d'un rapprochement plus poussé**

Les relations entre la République populaire de Chine et la Turquie connaissent un certain nombre de problèmes politiques et diplomatiques qui font parfois obstacle au développement des relations entre les deux pays. Parmi ces problèmes, la question ouïghoure et les intérêts incompatibles des deux pays dans des géographies différentes sont au premier plan, sans oublier les freins systémiques qui posent des limites structurelles d'un rapprochement plus avancé.

Le peuple ouïghour est considéré par la Turquie comme une communauté apparentée en raison de son identité linguistique et religieuse. Depuis la création de la République populaire de Chine en 1949, le nombre de Ouïghours s'installant en Turquie a progressivement augmenté, et certains membres éminents de cette communauté, en particulier Isa Yusuf Alptekin et Mehmet Emin Buğra, les défenseurs historiques de la cause ouïghoure, ont trouvé refuge en Turquie.

Lors des contacts diplomatiques entre les autorités des deux pays, l'activisme de la diaspora ouïghoure en Turquie est toujours souligné comme un élément gênant par les autorités chinoises. Officiellement, la Turquie exprime sans cesse son opposition au terrorisme et son respect pour l'intégrité territoriale de la Chine, comme ce fut le cas lors de la visite du ministre turc des Affaires étrangères Hakan Fidan en Chine début juin 2024. Cependant, les points de vue des deux pays sur la question ouïghoure ne sont absolument pas compatibles. Ce n'est pas pour rien qu'en décembre 2022, le ministre turc des Affaires étrangères d'alors, Mevlüt Çavuşoğlu, avait déclaré devant le parlement turc que les relations entre la Turquie et la République populaire de Chine s'étaient ralenties ; et il avait cité la question ouïghoure comme étant la raison principale de ce « ralentissement ». Il est vrai que la Turquie critique de plus en plus la politique ouïghoure de Pékin, agissant de concert avec ses alliés occidentaux dans les instances internationales, en particulier aux Nations unies.

Les deux pays ont d'autres divergences diplomatiques aussi. En particulier, la présence accrue de la République populaire de Chine en Asie centrale, son influence croissante au Moyen-Orient et son poids économique en Afrique peuvent être gênants pour la Turquie, laquelle considère sa marge de manœuvre réduite dans ces régions qu'elle considère comme prioritaire dans sa stratégie du grand écart. Par ailleurs, sur des dossiers cruciaux pour la Turquie, telle que la guerre en Syrie, les deux pays ont adopté des positions diamétralement opposées. Cependant, au-delà les conflits d'intérêts dans diverses régions du monde, il faut surtout rappeler les freins systémiques qui empêchent un rapprochement plus poussé entre les deux pays. L'évolution des relations entre la République populaire de Chine et la Turquie sera aussi en fonction de celle des relations entre la Chine et les États-Unis, mais aussi des relations entre la Chine et l'Union européenne. En tant que membre du Conseil de l'Europe depuis 1949, de l'OTAN depuis 1952, de l'OCDE depuis 1961 et officiellement candidate à l'adhésion à l'UE depuis 1999, la Turquie fait partie du système occidental, malgré les frictions importantes avec ses alliés ces dernières années, et sa volonté de plus en plus affirmée de construire son autonomie stratégique en diversifiant ses options stratégiques.

------

L'intensification des relations entre la République populaire de Chine et la Turquie est donc surtout la conséquence de l'influence croissante de la première dans différentes régions du monde. À cet égard, le parcours du développement des relations entre la Turquie et la Chine au cours de la dernière décennie reflète le processus de montée en puissance de la Chine dans le monde. Selon toute vraisemblance, si la Chine n'était pas devenue la deuxième économie mondiale et si elle n'avait pas commencé à jouer un rôle fondamental dans le commerce mondial, les liens entre la Turquie et la Chine seraient restés assez distants, comme ils l'étaient avant les années 2010. Par ailleurs, l'activisme diplomatique de la Turquie dans la même période a conduit les chemins des deux pays à se croiser à propos de nombreux dossiers internationaux. De plus, au cours de la même période, la dégradation constante des relations de la Turquie avec ses partenaires occidentaux, parfois débattue autour de la notion du « changement d'axe », a conduit les observateurs à se demander si la Turquie n'allait pas définitivement s'éloigner de l'Occident en se tournant plutôt vers le monde eurasien. La Turquie reste cependant, pour l'heure, institutionnellement liée à l'alliance occidentale, malgré l'accumulation des problèmes avec les pays occidentaux. Dans ce contexte, l'analyse des relations entre la Turquie et la Chine est tout à fait susceptible de fournir des indicateurs reflétant la nouvelle répartition du pouvoir dans le système international. Il faudra alors suivre peut-être davantage, dans les années à venir, la transformation de la politique étrangère de la Turquie, dans ce monde en pleine ébullition.

## Bibliographie


Adibelli, B. (2007). *Les relations turco-chinoises de l'Empire ottoman à nos jours.* Istanbul : IQ Culture and Arts.

Atlı, A. (2013). *Turkey's Changing Perception of China* (La perception changeante de la Chine en Turquie). Istanbul : DEIK Country Special Publication.

Atlı, A. (2016). *Turkey's Foreign Policy Towards China, Analysis and Recommendations for Improvement*, GIF Policy Paper Series, (3).

Bilener, T. (2019). *La Turquie et la Chine : une nouvelle convergence en Eurasie ?* Paris : L'Harmattan.

Billion, D. (1997). *La politique extérieure de la Turquie : une longue quête d'identité.* Paris : l'Harmattan.

Cabestan, J. P. (2015). *La politique internationale de la Chine : Entre intégration et volonté de puissance.* Paris : Les Presses de Science Po.

Clegg, J. (2009). *China's Global Strategy : Towards a Multipolar World* (La stratégie mondiale de la Chine : vers un monde multipolaire). Londres, Royaume-Uni : Pluto Press.

Colakoglu, S. (2021). *La Turquie et la Chine : Aspects politiques, économiques et stratégiques de la relation.* Londres, World Scientific.

DEIK-TUSIAD. (2023). *Développement des exportations de la Turquie vers la Chine et suggestions Rapport final de l'enquête.* Istanbul.

Esenbel, S., Togan İ., Atlı, A. (2013). *Penser la Chine en Turquie.* Istanbul : Maison d'édition de l'université Boğaziçi.

Gomart, T., Hecker, M., (2023). *Chine-Etats-Unis : L'Europe en déséquilibre.* Études de l'IFRI, Paris : IFRI.

Insel, A. (2016). *La Nouvelle Turquie d'Erdogan : du rêve démocratique à la dérive autoritaire.* Paris : La Découverte.

Jabbour, J. (2017). *La Turquie : l'invention d'une diplomatie émergente.* Paris : CNRS.

Marcou, J. (2015). *L'affaire des missiles chinois.* Ovipot Online.

Pierini, M. (2017). *Turkey's Domestically Driven Foreign Policy.* Fondation Carnegie pour la paix internationale.

Sloat, A. (2018). *The West's Turkey Conundrum.* New York : Brookings.

Temiz, K. (2018). *Une illustration des relations sino-turques : La question chypriote.* Insight Turkey, (20:1), 81-98.

Üngör, Ç. (2013). *La perception chinoise dans les récits turcs de la guerre de Corée,* Guerre de Corée : Soldiers of the Far War (ed. Tuğtan, M.A.), Istanbul, Bilgi University Publications, 169-186.

Üngör, Ç. (2013). *L'influence chinoise sur la gauche turque : Une évaluation sur le mouvement révolutionnaire prolétarien d'Aydinlık (1969-1977),* Esenbel, S., Togan, İ., Atlı, A. (ed). Türkiye'de Çin'i Düşünmek, Boğaziçi Üniversitesi Yayınevi, 170-200.

# L'intimité des ennemis : la relation Hezbollah-Israël

**Daniel Meier**

**Résumé**

Cet article vise à se concentrer sur la manière dont la violence peut construire une relation ambiguë entre ennemis dans un contexte international, à travers l'exemple de l'une des situations les plus tendues de la crise au Moyen-Orient, les relations entre le Hezbollah et Israël. Ce lien profond entre les deux ennemis a commencé à la suite de l'invasion israélienne du Liban en 1982. Les questions de la genèse et de l'évolution de ce conflit entre le Hezbollah et l'armée israélienne illustrent l'importance de l'histoire et de son contexte pour l'analyse de cette confrontation et des formes de coopération qui en émergent. La compréhension de ce processus est également liée à l'analyse des perceptions de « *l'Autre* », sorte de construction subjective qui conduit à agir d'une certaine manière pour se confronter à une telle définition de l'ennemi. Les retombées qui se produisent au cours de la confrontation font également partie de l'aspect global de la violence et peuvent être conceptualisées à travers la notion d'interdépendance entre ennemis. Selon la théorie de Laclau[1], chacune des parties, dans son identité même, a dans une certaine mesure, besoin de l'autre. Enfin, le comportement sur la scène internationale est souvent lié à une situation de pouvoir qui autorise ou non certaines actions ou certains accords. Cet aspect dynamique et non linéaire sera exploré à travers la notion de « configuration » (Elias) pour mettre en lumière des actions ou réactions violentes. L'objectif principal est donc d'illustrer à quel point les relations entre ennemis peuvent être intimes et étroites. Pour atteindre cet objectif, l'article part du contexte actuel d'affrontement à la frontière du Sud Liban pour observer la nature des interactions concrètes entre ces deux belligérants depuis 1982. Trois périodes distinctes seront ainsi détaillées : le contexte de la guerre civile libanaise, les années d'occupation durant l'après-guerre civile (1990s) et, enfin, la période qui a suivi le retrait israélien de 2000.

1 Ce concept d'interdépendance entre ennemis a été exploré en premier dans la référence suivante : Ernesto Laclau, *New Reflections on the Revolution of Our Time*, Verso, London, 1990.

## Introduction

Cet article s'inspire du célèbre sociologue Georg Simmel qui a tenté de montrer qu'un conflit n'est pas seulement un antagonisme, mais aussi une forme de socialisation. Son principal exemple était l'entente entre ennemis pour protéger les victimes innocentes, ou plus simplement, tout accord sur un cadre pour régir la violence[2]. Ici, cet article se concentre sur la manière dont la violence peut être créée et prolongée dans un contexte international à travers l'exemple de l'une des situations les plus tendues de la crise au Moyen-Orient, la relation entre le Hezbollah et Israël.

Depuis longtemps, le Sud-Liban est un champ de bataille pour ces deux acteurs, et s'est parfois transformé en une zone de guerre impliquant des puissances locales et internationales comme la Syrie, l'Iran et, bien sûr, les États-Unis. Récemment, notamment depuis l'opération « déluge d'Al-Aqsa » lancée contre Israël par le Hamas le 7 octobre 2023, le Hezbollah s'est engagé dans une guerre d'attrition avec Israël au nom de « l'unité des fronts », une entente autour d'un appui militaire croisé entre les acteurs affiliés à « l'axe de la résistance » (Iran, Hezbollah, Jihad islamique, Hamas). Or, les attaques lancées ainsi que leurs répliques, au moins jusqu'au milieu de l'année 2024, sont restées mesurées, c'est-à-dire comprises dans des règles d'engagement établies depuis la guerre de juillet 2006 : pas d'opération au-delà d'une petite dizaine de kilomètres de la ligne frontalière, pas d'usage d'armes de précision ou de longue portée, ceci afin d'empêcher tout ciblage dans les rangs ennemis. Cette entente tacite ou « *modus vivendi* » a tenu bien davantage que la résolution 1701 qui date de la même époque, laquelle a rapidement été bafouée par les deux belligérants[3]. On voudrait ici se demander comment s'est mise en place et fonctionne cette entente belligène entre ennemis ?

Plus que de décrire cette situation, cet article met en lumière ce lien ancien et particulier qui existe entre le Hezbollah et l'armée israélienne depuis 1982, et suit son évolution afin de comprendre ce qui l'a alimenté et renforcé. Cette sorte d'intimité qui s'est développée entre ennemis

2 Georg Simmel, *Sociologie. Études sur les formes de la socialisation*, PUF, Paris, 1992, p. 245

3 Cf. Salah Hijazi, "2006-2023 : la 1701 troquée contre le modus vivendi », *L'Orient le Jour*, 5 janvier 2024.

au cours d'une première période est surprenante. Le Hezbollah s'est comporté comme si son existence même dépendait de l'existence d'Israël. Après 1990 et la fin de la guerre civile au Liban, une relation d'interdépendance plus équilibrée a rendu nécessaire pour l'armée israélienne la nécessité de réagir, de traiter et d'utiliser le Hezbollah au Liban à ses propres fins. Après le retrait des Israéliens du Sud-Liban en 2000, le Hezbollah a continué la lutte en faisant valoir que les fermes de Chebaa, toujours occupées, étaient sous la souveraineté du Liban[4]. Le parti de Dieu a montré depuis cette époque à quel point son existence même dépend de l'occupation israélienne d'une partie du Liban, ou plus profondément du simple fait de l'existence d'Israël. Dans les deux camps, la haine mélangée à la peur de l'autre semble être un facteur majeur d'alimentation de la violence : Israël pour ses propres objectifs stratégiques et régionaux, et le Hezbollah pour sa propre raison d'être.

La théorie de Laclau aide à comprendre cette première étape du problème[5] : l'identité de l'ennemi devient un extérieur constitutif (*constitutive outside*) soutenant la construction identitaire du Soi. Et bien sûr, cette relation est tout à fait inhabituelle parce que le Hezbollah est né « avec une vengeance »[6] et s'est développé lors de l'invasion du Liban par Israël en 1982 avec pour objectif principal de combattre et de contraindre Israël à quitter le sol libanais. Ce type de lien de dépendance devient peu à peu une double contrainte, d'une part parce que la seule raison d'être du Hezbollah est l'élimination d'Israël – élément paradoxal de l'identité qui s'annihile dans l'annihilation de l'autre – et d'autre part, parce que dans les années 1990 et après le retrait de 2000, les intrusions israéliennes quotidiennes dans le ciel libanais ou les frappes militaires au sud du Liban (en guise de représailles) impliquaient l'existence du Hezbollah, dont l'action militaire sert les propres objectifs stratégiques d'Israël : légitimation de son occupation jusqu'en 2000, puis de sa guerre en 2006.

Un éclairage supplémentaire peut être apporté sur le problème en expliquant la comparaison entre les deux périodes – avant et après 2000.

4 Amal Saad-Ghorayeb, *Hizbu'llah. Politics and Religion*, Pluto, London, 2002, pp. 187-188.

5 Laclau, *op. cit.*, p. 17.

6 Hana Jaber, *Hezbollah : Born with a Vengeance*, Columbia University Press, New York, 1997, p. 14.

Ce changement d'attitude d'Israël et du Hezbollah est bien sûr dû à ce retrait. Mais il ne suffit pas de comprendre dans un contexte plus large ce que cela signifie pour les deux acteurs en ce qui concerne l'évolution de la situation en Syrie, aux États-Unis après le 11 septembre 2001, ou dans le changement politique survenu au Liban depuis 2005. La notion de « configuration » pourrait être utile pour voir comment ce changement de 2000 redessine des lignes, des liens et des lois (non écrites)[7]. Ce concept aborde la question du pouvoir afin d'analyser les changements dans les relations (avec l'exemple célèbre d'Elias de la transformation des nobles à la cour due à la centralisation du pouvoir).

Trois temps structurent cet article. La première partie traite du contexte de 1982, lorsque le Hezbollah en tant que groupe islamique a été créé et s'est développé avec une idéologie, des objectifs et des actions comme témoignage de sa propre raison d'être. On y voit le début de la relation avec Israël en tant qu'ennemi, ce qui illustre le début d'une forme d'interdépendance au cours des années 1980. La deuxième partie détaille l'évolution de cette milice en tant que parti au cours de la deuxième période de l'occupation du Sud-Liban (1990-2000). Cela se passe après l'accord de Taëf (1989) et la *pax syriana*, qui ont souligné le profond antagonisme et la routine de cette guerre d'usure permanente qui a caractérisé cette décennie pour le Sud-Liban, et ont révélé le type de relations qu'elle avait créé. La troisième partie explique comment les choses ont changé avec le retrait de mai 2000 et comment une nouvelle configuration a émergé qui a renouvelé la relation entre le Hezbollah et Israël et a permis à Israël de lancer son attaque massive au cours de l'été 2006. La période post-2006 sera plus brièvement commentée, notamment dans le rétroviseur des récents événements qui donnent à voir une mutation dans les règles d'engagement.

## 1. L'idéologie et l'action du Hezbollah dans un contexte de guerre

Le groupe connu sous le nom de Hezbollah, apparu publiquement en 1985, est le résultat d'un long processus de mobilisation. C'est le résultat de la réunion de plusieurs groupes lors de l'agression de l'invasion du Liban

7 Pour davantage de détails sur le concept de 'configuration' voir Norbert Elias, *La société des individus*, Fayard, Paris, 1994.

en 1982[8]. Elle repose tout d'abord sur la mobilisation politique du mouvement chiite des démunis (*mahrumin*) sous la houlette de l'imam Moussa Sadr, qui prend le nom de sa milice, Amal, dès le début de la guerre civile. Certains de leurs dirigeants ont subi l'effet – et le succès – de la révolution iranienne (1979). Alors que les Iraniens voulaient exporter leur révolution islamique au Liban, ils ont proposé à ces dirigeants d'abandonner Amal et de constituer une nouvelle force. Ils ont également reçu l'aide de certains religieux chiites qui avaient évoqué le projet d'un « parti de Dieu » lors de leur voyage à travers les villes religieuses chiites d'Irak quelques années auparavant. Bien entendu, l'invasion du Liban par Israël est « le facteur prééminent directement responsable de la naissance du mouvement »[9]. Et le succès de l'armée israélienne contre la résistance palestinienne, qui monopolisait le champ de bataille au sud du Liban, a donné l'occasion à la réaction chiite, avec le déploiement militaire de 300 pasdarans envoyés directement d'Iran. Les énormes dégâts causés par l'invasion israélienne dans le sud, ainsi que les 19 000 morts et 32 000 blessés liés à cette guerre, ont radicalisé la population chiite venue à Beyrouth et ont grossi la « ceinture de misère chiite », vivier de militants chiites. Nous pouvons donc affirmer que la raison d'être initiale du Hezbollah s'appuie sur l'invasion israélienne de 1982 et que les dirigeants du Hezbollah avaient exprimé leur perception d'eux-mêmes comme une « réaction naturelle » à cette invasion.

L'idéologie du Hezbollah est bien connue depuis le mémorandum publié dans le journal libanais *Al-Safir* en 1985. Il énonce trois objectifs principaux qui définissent l'identité du Hezbollah. Premièrement, il revendique sa résistance aux troupes israéliennes au Liban, en l'exprimant dans un concept religieux, celui de « jihad défensif », qui permet de combattre militairement un tel ennemi. Deuxièmement, le texte exprime la soumission du groupe à la théorie khomeyniste du *wilayat al-faqih,* ou guidance du jurisconsulte selon laquelle la tutelle du leader est une jurisprudence en attendant le retour de l'imam caché. Troisièmement, le Hezbollah est plus précis sur son projet politique qui consiste en l'établissement

8 Sabrina Mervin (dir.), *Hezbollah, état des lieux,* Paris, Actes Sud, 2008.

9 Saad-Ghorayeb, *op. cit.,* p. 10.

d'une république islamique[10]. L'approbation religieuse de ce programme, par l'ayatollah Muhammad Hussein Fadlallah, une figure éminente du chiisme libanais, a lentement mais sérieusement accru le soutien au Hezbollah parmi les chiites locaux. Le contexte de guerre et l'État défaillant au Liban ont commencé à valider la logique de résistance soutenue par le recours à la violence.

Afin de faire respecter ou de mettre en œuvre ces objectifs, le Hezbollah a lancé – comme de nombreux autres groupes politiques tels que les nassériens, les communistes et d'autres groupes de gauche, et bien sûr Amal – des attaques contre les soldats israéliens au sud du Liban. Les troupes israéliennes qui ont envahi le Liban pour détruire l'OLP et également pour installer un gouvernement ami à Beyrouth étaient sur le point de gagner la partie lorsque l'accord du 17 mai 1983 sur un traité de paix avec le Liban a échoué. Après l'été 1983 et la guerre de la Montagne[11], les troupes israéliennes commencent à se retirer de certaines parties du sud, où le bilan humain est trop lourd : « En 1984, le rythme des attaques était si intense qu'un soldat israélien mourait tous les trois jours. »[12] Au moment de son dernier repli stratégique sur « la zone de sécurité » de 850km2 le long de la frontière en juin 1985, 640 soldats israéliens étaient morts au sud du Liban. Pour le Hezbollah, ce retrait a été considéré comme un succès majeur mis sur le compte de sa politique de résistance. Cette modalité d'action violente avec Israël est également enracinée dans l'engagement du parti à remplir son obligation religieuse et juridique de mener une guerre par un jihad défensif contre les oppresseurs, en vertu d'interprétations du texte coranique. Ces interprétations du jihad défensif sont bien sûr utiles au Hezbollah dans une telle situation, permettant au parti d'utiliser le Coran pour légitimer ses actes militaires. En fait, l'histoire chiite d'oppression et de souffrance, et le jihad défensif exemplaire mené par l'imam Hussein, ont donné la primauté aux militants chiites sur les principes religieux[13]. D'une certaine manière, la politisation commencée dans les années 1960

10 Augustus Richard Norton, *Hezbollah: A Short History*, Princeton University Press, Princeton, 2007, pp. 35-41

11 Pour un récit historique de 'la guerre de la montagne', voir Tabitha Petran, *The Struggle over Lebanon*, Monthly Review Press, New York, 1987.

12 Norton, *op. cit.*, p. 80.

13 Saad-Ghorayeb, *op. cit.*, pp. 123-125.

avec Moussa Sadr utilisant le registre identitaire chiite pour mobiliser, a atteint avec le Hezbollah une dimension plus religieuse, utilisant le même thème mais dans un univers religieux de significations qui fait sens pour de plus en plus de chiites.

La sacralisation de la terre à libérer est le principe fondamental de l'attitude du Hezbollah envers Israël. En fait, la poursuite de l'occupation de la zone frontalière sud défendue par l'Armée du Liban-Sud (ALS) parrainée par Israël a été une excellente opportunité pour le Hezbollah d'élargir la mobilisation des chiites[14]. Le discours principal était fondé sur le postulat que la résistance armée était là pour protéger le pays contre cette milice, de sorte qu'Israël devienne un ennemi à combattre, contre lequel il faut rester uni malgré l'existence de collaborateurs libanais à ses côtés, et qui permet de renforcer l'identité même du Hezbollah en tant que groupe résistant. Certains auteurs soulignent les actions des milices contre Israël comme un test de légitimation nationale dans le contexte de guerre civile, puis dans celui de la seconde république[15]. D'un autre côté, pour les dirigeants politiques et militaires israéliens, la « zone de sécurité » est devenue une sorte de preuve de l'insécurité qui régnait au Liban et un argument en faveur de la poursuite de l'occupation[16]. En ce sens, le Hezbollah est devenu un élément de la justification pour y être et y rester : sa violence a justifié le maintien d'une zone tampon avec la frontière nord d'Israël comme un objectif de sécurité majeur, suivant la voie du principal argument sécuritaire de l'invasion du Liban par Israël en 1982 : garantir la paix en Galilée[17].

14 Le recrutement des miliciens de l'ALS s'est élargi pour englober les résidents de toute confession, notamment chiites, dès l'arrivée aux commandes de Antoine Lahad, le nouveau général libanais qui succède en 1984 à Saad Haddad, décédé d'un cancer. Cf. Ahmad Beydoun, « La zone frontalière du Sud-Liban », *Revue d'Études Palestiniennes*, No 44, 1992, pp. 65–84.

15 Cf. Daher Aurélie, *Le Hezbollah. Mobilisation et pouvoir*, Paris, PUF, 2014; Lamloum Olfa, Retour sur les traces d'un conflit. Amal *vs* Hezbollah (1988-1990)', in Franck Mermier et Christophe Varin (dir.), *Mémoires de guerres au Liban (1975-1990)*, Paris : Actes Sud, 2010, pp. 205–225; Seguin Jacques, *Le Liban-Sud, espace périphérique, espace convoité*, Paris, L'Harmattan, 1989.

16 Norton, *op.cit.*

17 L'opération portait effectivement le nom de « Paix pour la Galilée ». Il importe ici de noter la résonance de ce point avec l'actualité et la justification sécuritaire que le Premier ministre Benyamin Netanyahou fait entendre depuis le 7 octobre 2023 pour lancer une éventuelle offensive en direction du Liban, afin d'y repousser

Aux yeux de Tsahal, le Hezbollah est devenu une préoccupation majeure et le principal facteur d'intervention au Liban – à l'image de l'opération lancée en 1988 dans le nord de cette zone occupée contre les « terroristes libanais », suivant la terminologie utilisée par l'armée israélienne[18].

La perception qu'Israël avait du Hezbollah n'était pas encore précise à cette époque, mais elle concernait une « dissuasion islamique » et la vieille peur d'une vague islamique entourant Israël et le menaçant constamment. Le Hezbollah, de son côté, avait construit, dans les années 1980, une perception de son ennemi comme le mal incarné. Pour le démontrer, le Hezbollah a précisé son discours sur les atrocités commises par Israël, comme les massacres de Sabra et Chatila. Et l'occupation du sud du Liban a été considérée comme soulignant l'objectif caché d'Israël dans cette zone : la dépeupler de ses habitants arabes afin d'agrandir le territoire israélien (le Grand Israël)[19]. Les idéologues du Hezbollah avaient également l'habitude de trouver des « preuves » de ces intentions malveillantes dans la Torah, citant des passages qu'ils liaient à des cas concrets de ce qui s'était passé pendant la guerre de 1982. Ainsi, les retraits militaires brutaux et bien préparés qui ont conduit à des troubles civils dans la montagne du Chouf en 1983 et à l'est de Saïda en 1985, ont été expliqués par l'appartenance religieuse juive. L'idée principale de ce processus de diabolisation était de montrer que cet ennemi prépare un complot « pour nous détruire », afin qu'on ne puisse ni lui faire confiance, ni trouver une réconciliation ni envisager une normalisation des relations[20]. Depuis le début et jusqu'à aujourd'hui, le Hezbollah a construit une interaction à sens unique avec Israël : la confrontation, et a fermé la porte à tout accord de paix.

## 2. Les années 1990 : renforcement de l'inimitié et de l'intimité

Si, dans les années 1980, Israël craignait le Hezbollah en tant que mouvement islamique, dans les années 1990, il a commencé à en voir l'utilité en tant que figure repoussoir justifiant son contrôle sur la zone

le Hezbollah au nord du fleuve Litani et permettre le retour des 80 000 habitants du nord d'Israël qui ont été déplacés en raison de l'entrée du Hezbollah dans le conflit en soutien au Hamas.

18 Nadine Picaudou, *La déchirure libanaise,* Complexe, Bruxelles, 1989, p. 207.

19 Saad-Ghorayeb, *op. cit.*, p. 136

20 *Ibid.*, pp. 134-136.

de sécurité du Sud-Liban. De son côté, le Hezbollah avait besoin d'Israël pour justifier sa propre existence aux yeux de la communauté chiite sudiste dans les années 1980. Dans les années 1990, il a continué à avoir besoin de lutter contre Israël afin de construire une identité légitime de groupe résistant aux yeux de toute la population libanaise. Mais, à la fin de la guerre civile libanaise, les accords de Taëf (1989) stipulèrent que toutes les milices devaient être désarmées, ce qui constituait un problème pour la survie du Hezbollah en tant que groupe. Une réunion entre responsables syriens et iraniens à Téhéran au printemps 1990 aboutit à un accord pour laisser le Hezbollah armé afin de poursuivre la « résistance islamique » contre Israël[21]. En échange, l'orientation idéologique du parti de Dieu a dû évoluer, de l'objectif d'une République islamique au Liban à l'acceptation de la nature multiconfessionnelle de la société libanaise, nécessaire à la participation du parti au processus électoral au cœur de la seconde République[22]. Si l'enjeu principal de cet acteur milicien semblait être de mettre fin à l'occupation du Sud-Liban par Israël, son idéologie était et est restée fondamentalement antisioniste. Derrière la non-reconnaissance d'Israël se camoufle l'idéal d'éradiquer l'État israélien de Palestine afin de libérer Jérusalem[23]. En d'autres termes, pour le Hezbollah l'état d'hostilité n'est pas tant dû à l'occupation du Sud-Liban mais plutôt à l'existence même de l'État israélien, décrit comme « un mal absolu » (*shar al-mutlaq'*).

Au début des années 1990, un ensemble de règles d'engagement a été élaboré pour définir un *modus vivendi* entre ennemis : un accord dans le désaccord. Cette entente orale entre les deux belligérants du Sud-Liban faisait suite à l'opération « Règlement de comptes » lancée par Israël en juillet 1993. L'accord stipulait qu'Israël n'attaquerait pas de cibles civiles au Liban, et que le Hezbollah concentrerait ses actions uniquement sur la zone de sécurité[24]. Pendant ce temps toutefois, « des civils

21 Lamloum, *op.cit.*

22 Joseph Alagha, *The Shifts in Hizbullah's Ideology. Religious Ideology, political Ideology, and Political Program*, Amsterdam University Press, Leiden, 2006, pp. 149-155.

23 Saad-Ghorayeb, *op. cit.*, p. 134.

24 Daniel Sobelman, 'New Rules of the Game: Israel and Hizballah after the Withdrawal from Lebanon, Memorandum N° 69, *Jaffee Center for Strategic Studies*, Tel Aviv University Database, April 2004.

étaient régulièrement tués 'par accident' et en plus grand nombre que les membres de la résistance, de Tsahal ou de l'ALS. »[25] La position de faiblesse des civils dans ce combat a une explication dans chaque camp. Parmi le personnel militaire israélien, les civils libanais ne sont pas considérés comme des individus neutres, et leur mort lors d'une opération militaire est considérée comme un dommage collatéral, malgré la réflexion israélienne sur la doctrine militaire visant à réduire le nombre de victimes civiles[26]. Du côté du Hezbollah, les civils israéliens sont considérés comme faisant partie de l'idéologie sioniste et nourrissent des visées expansionnistes inhérente au sionisme de par leur présence même au sein de l'État d'Israël. Malgré cette légitimation du recours à la violence contre des civils israéliens, le Hezbollah n'a jamais engagé de massacres à leur encontre, contrairement aux fédayins palestiniens durant les années 1970, considérant les civils israéliens comme neutres dans sa lutte avec Israël en vertu d'une « considération islamique humanitaire »[27]. Entre-temps, le Hezbollah a continué à utiliser les attaques avec des lance-roquettes russes katiouchas (qui ciblent au hasard des civils vivant en Israël) comme un « élément de force » inestimable dans sa tentative de libérer le sud du Liban. Et semer la terreur au sein de la population israélienne.

L'armée israélienne et le Hezbollah ont continué à jouer au chat et à la souris au sud du Liban jusqu'à ce qu'ils enfreignent massivement tous deux les règles en 1996 lorsqu'Israël a répondu à une attaque hezbollahie meurtrière avec l'opération « Raisins de la colère ». Les principaux objectifs de cette opération étaient de saper le soutien populaire au Hezbollah parmi les Libanais, et obliger la Syrie et le Liban à réagir en recherchant un accord de paix[28]. À ce niveau, le Hezbollah est apparu à Israël comme un acteur médian pour traiter avec la Syrie, comme si les miliciens du Hezbollah étaient principalement sous contrôle syrien, ou d'une

25 Norton, *op. cit.*, p. 87.

26 Pascal de Crousaz, « Israël, la doctrine du 'combat disséminé'. Vers une sur-violence sans rationalité militaire ? », *A contrario*, Vol. 5, No. 2, 2008, pp. 76-101.

27 Saad-Ghorayeb, *op. cit.*, p. 143.

28 Azmi Bishara, 'Acting Tough : Israel's Domestic Imperatives', in Rosemary Hollis & Nadim Shehadi (eds) *Lebanon on Hold*, Royal Institute of International Affairs, London, 1996, pp. 47-51.

puissance étrangère. À ce stade, le Hezbollah n'était pas reconnu pour ses propres capacités, en tant qu'acteur à part entière et donc responsable de ses choix stratégiques. En fait, au cours de cette opération, la stratégie israélienne a échoué en raison de la mort, intentionnelle ou non, de 106 civils qui cherchaient refuge dans un complexe de l'ONU dans la petite mais symbolique ville de Cana. Ce massacre a suscité beaucoup de haine envers l'État juif au sein de la population libanaise, et a confirmé le discours sur la « barbarie » de « l'entité sioniste » canalisé par le Hezbollah. Bien sûr, cela a renforcé une croyance commune sur la légitimité et la nécessité du Hezbollah en tant que force de dissuasion au lieu de le couper de sa base sociale.

L'intervention du secrétaire d'État américain Warren Christopher a conduit à un nouvel accord connu sous le nom d'« accord d'avril » qui a été approuvé (mais non signé) par les deux ennemis. Ce document a redessiné un ensemble de règles, comme trois ans plus tôt, avec les mêmes lignes rouges : il ne devait y avoir aucune attaque israélienne contre des civils libanais, aucune attaque du Hezbollah sur le territoire israélien, et il fallait éviter de lancer des attaques depuis des zones civiles. Mais cette fois, un groupe de surveillance (*monitoring committee*) composé des États-Unis, de la France, d'Israël, de la Syrie et du Liban était chargé de mettre en œuvre cet accord et de recevoir les plaintes pour violations. Cet accord a déclenché une sorte de routine d'inimitié : les deux belligérants avaient trouvé un espace dans lequel se battre pour leurs propres intérêts et objectifs. Tous deux avaient le droit de se défendre et, plus révélateur, « Israël n'a jamais contesté le droit du Hezbollah d'attaquer ses soldats au Liban »[29]. En d'autres termes, les belligérants semblent être devenus interdépendants, car chacun d'eux a besoin de l'autre comme ennemi pour légitimer sa propre position de belligérant armé dans le contexte plus large de l'équilibre des forces dans les négociations de paix au Moyen-Orient.

Mais réduire leurs relations à ce contexte plus large dévalue ce qui se passe dans une relation à si long terme entre ennemis : une sorte d'intimité s'installe, une sorte d'interconnaissance de l'autre pour des raisons liées à la guerre : en Israël on documente tout l'arsenal et toutes les

29 Norton, *op. cit.*, p. 85.

positions du mouvement chiite, scrutant chaque discours du secrétaire général, pendant qu'au Liban, le Hezbollah développe une unité spécialisée dans le décodage des messages militaires en hébreu du commandement nord et procède à une recension minutieuse des postes militaires frontaliers qui sont autant de cibles potentielles. Et aucune justification ne pourra expliquer ce processus qui s'est produit comme un effet imprévisible de l'occupation du Sud-Liban par les troupes de Tsahal. Comme de nombreux auteurs s'accordaient à le dire dès cette époque[30], Israël était devenu prisonnier de son propre projet de zone de sécurité visant à protéger sa frontière nord. L'exigence sécuritaire accrue dans le nord d'Israël, les agitations médiatiques et les discours politiques autour de l'idée que « les choses ne peuvent pas continuer ainsi » par rapport aux katiouchas qui tombent, ont parfois contraint le gouvernement à agir de manière belliciste. Et cette attitude a conduit le Hezbollah à riposter à la frontière nord avec d'autres katiouchas, comme l'avait promis Hassan Nasrallah en réponse à l'assassinat de l'ancien secrétaire général du Hezbollah, Abbas Moussaoui, en 1992. En retour, chaque katioucha qui atteignait le territoire israélien semblait justifier plus concrètement la nécessité pour Israël de maintenir sa soi-disant « zone de sécurité »[31].

Cette façon d'être lié à son ennemi a trouvé un terrain neutre de coopération dans des processus occasionnels d'échange d'otages, de corps ou de dépouilles de soldats morts. Certaines négociations périodiques et indirectes ont eu lieu par l'intermédiaire de négociateurs allemands ou de responsables de la FINUL. De tels échanges ont eu lieu en 1996 et en 1998. Cependant, les échanges de prisonniers les plus fameux et le plus sensationnels ont eu lieu d'abord en janvier 2004 : « en échange de trois corps et d'un lieutenant-colonel à la retraite capturé à Beyrouth, Israël a libéré 23 Libanais et 400 prisonniers palestiniens »[32]. Le second échange au cours duquel Samir Kantar fut libéré qui eut lieu en juillet 2008 visait à restituer à Israël les deux soldats capturés lors de l'embuscade du 12 juillet 2006, laquelle a fourni à Israël un prétexte pour lancer sa guerre de 33 jours visant à éradiquer le Hezbollah[33]. Dans ces moments-là, Hassan

30 Hollis and Shehadi, *op. cit.*, pp. 37-41

31 Norton, *op. cit.*, p. 87.

32 *Ibid.*, p.88

33 Meier Daniel, *Shaping Lebanon's Borderlands*, London, IB Tauris, 2016.

Nasrallah manifestait son « respect » pour la sollicitude que l'ennemi manifestait pour ses civils, ses prisonniers et ses victimes de guerre. Cette étrange relation qui s'est ainsi développée entre ennemis au fil des ans et des conflits a conduit à une solution gagnant-gagnant qui a bien fonctionné pour le Hezbollah : si de tels échanges légitimaient « l'humanité » d'Israël à ses propres yeux, ils servaient l'image de sagesse et de capacité du Hezbollah à obtenir la libération des prisonniers (tant Libanais que Palestiniens). Le succès de tels accords a encouragé à la fois le Hezbollah – à capturer davantage de soldats – et les Israéliens – à procéder à d'autres échanges de valeur.

### 3. Depuis le retrait israélien (2000) en passant par la guerre de Juillet (*harb tammuz*) : vers une nouvelle configuration

Le nombre élevé de victimes et de morts parmi les soldats israéliens a conduit Ehud Barak, lors d'une de ses campagnes électorales, à promettre le retrait de Tsahal du Sud-Liban. Les négociations avec la Syrie échouèrent en mars 2000 à Genève (lors du sommet Assad-Clinton) si bien qu'Israël se retira unilatéralement du Sud-Liban le 22 mai et que l'ALS s'est dissoute dans le désordre, la plupart des anciens miliciens ou collaborateurs se réfugiant en Israël. Le Hezbollah déclara aussitôt chaque place forte et chaque ville comme étant « libérés », apaisant l'atmosphère instable de chaos potentiel tout en se positionnant à la frontière avec son propre drapeau (au lieu de celui du Liban). Cette opération s'est avérée un grand succès pour le parti de Dieu : ce retrait, comme celui de 1985, tendait à prouver aux yeux du Hezbollah que sa stratégie de dissuasion et de guerre d'usure était payante. En d'autres termes, son attitude de résistance était la bonne car « Israël ne comprend que la logique de la force », comme l'avait expliqué Hassan Nasrallah quelques années auparavant[34]. Ce retrait unilatéral a été interprété par de nombreux autres groupes au Moyen-Orient comme une reconnaissance de la défaite d'Israël. Une évaluation stratégique faite en Israël juste après le retrait et afin de le justifier expliquait qu'au cours des années 1990, la croissance du Hezbollah était due en partie à l'aide de la Syrie mais aussi

34 Nicholas Noe (ed.), *Voice of Hezbollah. The Statements of Sayyad Hassan Nasrallah*, London, Verso, 2007, pp. 100-115.

à la contre-attaque d'Israël[35]. Au Liban, cela a été célébré dans ce sens et a donc été considéré comme un grand succès pour le Hezbollah. Dans un discours diffusé quelques semaines plus tard, après que Nasrallah a consulté son parti et le Guide iranien Ali Khamenei, le secrétaire général du Hezbollah a déclaré que sa lutte ne s'arrêterait pas là, car les fermes de Chebaa devaient être libérées, et qu'ensuite un nouveau dossier serait ouvert concernant la Palestine et Jérusalem[36]. Pour sa part, le gouvernement libanais de l'époque (sous tutelle syrienne) donna un nouveau souffle aux opérations militaires du Hezbollah lorsqu'il déclara que le retrait israélien était incomplet à cause des fermes de Chebaa. La raison d'être du parti n'était clairement pas terminée, elle s'est poursuivie dans un face à face tendu le long de la Ligne bleue : « Des tirs de harcèlement, des patrouilles agressives et une rhétorique enflammée des deux côtés ont marqué toute la période »[37] entre 2000 et la guerre des 33 jours à l'été 2006.

Un autre changement marque cette période, un changement lent mais réel dans la configuration locale, au sens de Norbert Elias, c'est-à-dire un rapport de force entre deux groupes conçus selon une forme d'interdépendance[38]. Dans ce cas précis, la relation entre Israël et le Hezbollah a évolué : elle est marquée par le renforcement du Hezbollah, qui a pris confiance en lui et gagné un territoire. Plus largement, la représentation du Moyen-Orient a connu un changement avec la mort de Hafez el-Assad, le lancement de la deuxième Intifada et l'année suivante, l'attentat terroriste du 11 septembre 2001. Il est important de noter que ces changements ont contribué à hisser le Hezbollah au niveau mondial en tant que groupe qualifié de terroriste par certains États, et de menace majeure pour le Moyen-Orient[39]. Ce changement a également impacté le Hezbollah à travers la Syrie, son plus proche allié sur le sol libanais, qui est entré dans une zone de turbulences avec la succession entre le père et le fils Assad.

35 Albert Kurz, 'Hizbullah at the Crossroads', *Strategic Assessment*, Vol. 3, No. 5, 2000, pp. 1-5.

36 William S. Abbas, 'A stable structure on shifting sands : assessing the Hizbullah-Iran-Syria relationship', *Middle East Journal*, Vol. 62, No. 1, 2008, p. 32.

37 Norton, *op. cit.*, p. 80.

38 Norbert Elias, *Qu'est-ce que la sociologie ?* Éditions de l'Aube, Paris, 1993, pp. 88-86.

39 Philippe Droz-Vincent, *Vertiges de la puissance. Le "moment" américain au Moyen-Orient*. La Découverte, Paris, 2007, p. 267.

En raison du retrait d'Israël, une partie importante de la population libanaise a demandé à la Syrie de se retirer également du Liban. Cette tension s'est ajoutée à la nouvelle tendance de la politique étrangère américaine demandant à la Syrie de quitter le Liban (*Syria Accountability Act* en 2003) et a conduit le pays à subir des pressions internationales – notamment via la résolution 1559 (2004) du conseil de sécurité – avant d'être poussé à retirer ses troupes du Liban suite à la mobilisation nationale et internationale après l'assassinat de l'ancien Premier ministre Rafic Hariri (février 2005).

À partir de ce moment, le Hezbollah a semblé s'être affaibli au Liban, notamment lorsqu'il est devenu un acteur politique presque comme les autres : il a choisi d'entrer en politique à travers les élections législatives de l'été 2005. Ce choix était guidé par un principe de conservation puisqu'en l'absence de la tutelle syrienne, le champ politique libanais redevenait un champ de lutte pour le monopole de l'énonciation du politique. Le Hezbollah se devait de garder la maîtrise de son destin en assumant un nouveau rôle au niveau de l'exécutif car il était menacé par la résolution 1559, qui stipulait entre autres que toutes les milices, libanaises ou non, devaient se dissoudre, faisant ressurgir la question du monopole de la violence physique légitime au Liban[40]. Les tensions héritées du passé, et principalement du système confessionnel de partage du pouvoir au Liban (*muhassasa*), ont conduit alors à une division de la société et des acteurs politiques en deux blocs : la coalition pro-occidentale du 14 mars et la coalition pro-syrienne du 8 mars, qui comprenait Le Hezbollah. Un dialogue national a été lancé au printemps 2006 mais s'est arrêté avant l'été. La guerre de 33 jours durant cet été 2006 a tué tout espoir de relance d'un tel dialogue intercommunautaire entre les deux coalitions.

En soi, la guerre de 33 jours lancée par Israël avec l'aval des États-Unis avait pour premier enjeu d'éradiquer le parti de Dieu du Liban. Cette stratégie n'était ni réaliste ni suffisamment bien préparée par Tsahal, qui a lancé une campagne de bombardements massifs sur toutes les infrastructures civiles du Liban, tuant des dizaines de civils sans lien avec le parti de Dieu, et tentant ainsi de saper le soutien national du Hezbollah. Puis,

40 International Crisis Group, *Lebanon: managing the gathering storm*. Middle East Report N° 48, 2005.

confrontée à des difficultés lors des combats au sol, l'armée israélienne a déclaré que cette opération ne consistait qu'a affaiblir les capacités militaires du Hezbollah à lancer des roquettes sur le nord d'Israël[41]. Enfin, suite à une résolution internationale (1701) approuvée par tous les pays du Conseil de sécurité, le retrait des troupes de Tsahal a été salué au Liban comme une « victoire divine » du Hezbollah sur l'armée la plus puissante du Moyen-Orient[42]. Tout s'est passé comme si le Hezbollah était bien préparé à une telle invasion et à une telle guerre israélienne. Aucun des objectifs israéliens n'a été atteint malgré le constat d'un commentateur pro-israélien :

> *Les frappes militaires infligées au Hezbollah ont été durables, sa branche militaire continue d'exister, ses combattants restent au sud du Liban et il est peu probable qu'ils soient confrontés à un défi sérieux de la part de l'armée libanaise ou d'une Force intérimaire des Nations Unies au Liban (FINUL) renforcée*[43].

Fort de ce succès, le Hezbollah a imposé une stratégie plus dure dans le jeu politique libanais, tendant la situation avec le gouvernement légitime de Fouad Siniora en sortant de son gouvernement et en déclenchant la désobéissance civile, avec des grèves, des sit-in et, finalement, une opération militaire intérieure (mai 2008) afin de faire pression en faveur de négociations sur le partage du pouvoir[44]. Sa relation avec Israël devint, selon sa perception, une lutte contre l'avant-garde d'un complot américain ciblant le Moyen-Orient, le Liban devenant l'objectif au-delà du seul Hezbollah. La guerre en Irak et la guerre contre le terrorisme lancée par la Maison-Blanche dès 2001 ont été considérées ensemble, avec la guerre de juillet 2006, comme autant de preuves de ce scénario, renforçant la légitimité du Hezbollah en tant que principal groupe combattant Israël et les

41 Pour plus de détails voir Franck Mermier, Elizabeth Picard (dir.), *Liban, une guerre de 33 jours*, La Découverte, Paris, 2007 ; Reinoud Leenders, Amal Ghazal and Jens Hanssen, 'The Sixth War. Israel's Invasion of Lebanon'. *The MIT Electronic Journal of Middle East Studies*, Vol 6, 2006.

42 Sur la nature 'divine' de cette victoire, cf. Sabrina Mervin (dir.), *Hezbollah, état des lieux*, Paris, Actes Sud, 2008.

43 Blanford Nicholas, "Hizbullah and the IDF accepting new realities along the Blue Line", *The MIT Electronic Journal of Middle East Studies*, Vol. 6, 2006, pp. 68-79.

44 Sur ce point, on lira avec profit l'article de P Berthelot, « Quel avenir pour l'accord de Doha sur le Liban ? », *Confluences Méditerranée*, 79, Automne 2011, pp. 131-145.

États-Unis dans toute la région. Bien qu'il ait sous-estimé la puissance du Hezbollah et admis son échec lors de la guerre de l'été 2006, Israël continue d'avoir besoin du Hezbollah comme d'un parangon de détestation, sorte d'idéal-type du « groupe terroriste » arabe, qui justifie des mesures exceptionnelles, des pratiques douteuses de destructions d'infrastructures civiles, des représailles meurtrières, des politiques sécuritaires, des échanges de prisonniers. Plus fondamentalement, il permet de se conforter dans l'idée d'un *Autre*, arabe, cumulant toutes les tares, comme une image antinomique de soi qui correspond à un besoin de domination (politique, militaire, économique et civilisationnel) propre à la pensée orientaliste qui caractérise l'idéologie colonisatrice israélienne[45].

Depuis 2006, la relation entre le Hezbollah et Israël a semblé trouver un *modus vivendi* beaucoup plus serein, marqué, de-ci de-là par des accrochages ponctuels sur la « ligne bleue », laquelle a joué un rôle médian, via l'institutionnalisation de la commission tripartite (FINUL, armée libanaise, armée israélienne), dans la réduction de la tension entre belligérants. Après une phase d'éloignement apparent de la zone, le Hezbollah a progressivement repris le contrôle de l'espace frontalier, notamment dans les suites de l'accord de Doha et du nouveau gouvernement Hariri en 2009, nouant un lien spécifique avec l'armée libanaise, notamment par le noyautage des renseignements militaires[46]. La zone disputée des fermes de Chebaa est alors devenue l'espace légitime des règlements de compte – les frappes directes et les attaques des soldats ennemis y étant légitimes – dans le cadre de règles d'engagement relativement respectées par les deux belligérants jusqu'au 7 octobre 2023. Celles-ci stipulaient que la zone d'attaque ne pouvait pas excéder de 5 à 8 kilomètres de part et d'autre de la frontière internationale, que les armes utilisées ne pouvaient ni être de longue portée, ni des missiles de haute précision. Enfin, les cibles visées ne peuvent être que des infrastructures ou des moyens de transport voire,

45 Cf. Simonneau Damien, "Le mur israélien, séparation, contrôle et colonialisme », *Raison présente* Vol. 202, No 2, 2017, pp. 45-53.

46 Picard Elizabeth, « Virtual Sovereignty of the Lebanese State: From Deviant Case to Ideal-Type", in Guazzone Laura, Pioppi Daniela (eds.), *The Arab State and Neo-Liberal Globalization. The Restructuring of State Power in the Middle East*, Reading: Ithaca Press, 2009, pp. 247-273; Dot-Pouillard Nicolas, « Les armes du Hezbollah : terrorisme, droit à la résistance et principe de légalité », *Confluences Méditerranée*, Vol. 3, No 102, 2017, pp. 89-102.

en cas d'intrusion seulement, des combattants ennemis[47]. Le fait même que ce système agonistique soit resté en place aussi longtemps témoigne assez clairement de cette forme d'interdépendance qu'évoque Elias dans sa théorie de la configuration : le maintien de celle-ci dépend autant de ses propres actions que de celles de l'autre partie. Force est de reconnaître que pour l'heure – c'est-à-dire au moment de clore ce texte – cet arrangement entre ennemis semble se maintenir, et ce malgré le dépassement régulier des règles d'engagement post-2006 susmentionnées. Ce dépassement s'effectue dans une forme de symétrie, illustrant bien cette interdépendance[48]. S'il procède autant de l'intérêt de chacun des belligérants que de la connaissance intime qu'ils ont acquise de l'autre, ce dépassement « conjoint » des règles d'engagement met en lumière la double dimension de la figure de l'ennemi, à la fois comme action et comme idée/narration. La connaissance de l'autre qui s'en dégage semble étrangement donner les moyens du meilleur comme du pire.

### Conclusion

Aux yeux des analystes israéliens, le Hezbollah représente aujourd'hui une menace pour Israël, non seulement parce qu'il a le potentiel de lancer des attaques sur sa frontière nord (katiouchas, missiles) et même d'enlever des Israéliens, mais surtout parce qu'il constitue depuis quelques années la composante le plus coriace de 'l'axe de la résistance' directement au contact avec les forces israéliennes. À l'inverse, du point de vue du Hezbollah, Israël reste « l'entité sioniste », sans nom parce que son existence même est illégitime. La mission sacrée du Hezbollah est d'expulser les troupes israéliennes du territoire libanais. Le champ de bataille du Sud-Liban était, et est toujours, le territoire en jeu, fermes de Chebaa (occupées) oblige. Pour Israël, c'est un espace qu'il souhaite étendre, une ceinture de sécurité et maintenant, un espace potentiellement dangereux d'où le danger pourrait surgir en raison des compétences militaires du Hezbollah et de la nervosité du gouvernement Netanyahou, prompt

47 Cf. Scarlett Haddad, « Pourquoi le Hezbollah n'a pas revendiqué l'attaque contre la base de Safed », *L'Orient-le Jour*, 20 février 2024.

48 À lire l'édifiant commentaire de International Crisis Group sous la plume de Heiko Wimmen, « Deterrence between Israel and Hizbollah must hold", *International Crisis Group*, 14 octobre 2023.

à profiter de n'importe quelle escarmouche pour justifier une réplique plus ou moins étendue, en fonction de son agenda politique. Pour le Hezbollah, le sud du Liban est le lieu où sa légitimation s'est développée grâce à la lutte qu'il a réussi à lancer et à soutenir depuis 1982 contre Israël. Le Sud-Liban est l'espace de cette intimité entre ennemis que le temps a construit lentement à travers une socialisation spécifique faite de contacts violents, d'opérations militaires, de discours menaçants, de guerres, de combattants et soldats tués et d'échanges de prisonniers. Du fait des répliques israéliennes depuis le réchauffement de ce front en octobre 2023, cet espace du Sud Liban a tendance à englober les régions contiguës et même la capitale Beyrouth, pour le plus grand profit sécuritaire du Hezbollah... mais au détriment d'un équilibre intérieur au Liban.

Dans une guerre, l'intimité se construit par une relation nécessaire entre deux ennemis. Cette interdépendance repose sur l'agenda politique et stratégique de chacun. Plus profondément, comme c'est le cas du Hezbollah, son existence même dépend de l'existence de son ennemi (Israël). Pour Israël, l'intimité est davantage liée à un équilibre de pouvoir régional d'une part – parce que le Hezbollah est considéré comme une milice mandataire de l'Iran – et d'autre part, le Hezbollah incarne un ennemi tactique parce que le parti de Dieu s'est confronté et s'est adapté à certaines stratégies de guerre israélienne au cours de la dernière guerre de 33 jours. Ce développement de la milice chiite comme en accompagnement ou au revers de la stratégie d'intimidation israélienne constitue, à n'en pas douter, un élément clé de ce rapport complexe, intime et interdépendant entre ennemis. Désormais entrés, depuis le 8 octobre 2023, dans une nouvelle confrontation directe, dont le sud du Liban, la banlieue sud de Beyrouth (Dahieh) et la plaine de la Bekaa, sont devenus, un an plus tard, les terrains d'affrontement principaux.

# Comment votent les Azéris d'Iran

**Bernard Hourcade**

Quand on parle de la vie politique ou culturelle iranienne, il est de bon ton de s'interroger sur la situation et le rôle des minorités ethniques non persanophones. Le moindre mouvement populaire de protestation chez les Kurdes, les Baloutches ou les Turkmènes suscite l'intérêt des analystes politiques, et lorsque gronde Tabriz, la capitale des Azéris turcophones, certains voient arriver une révolution, en se fondant sur l'histoire très mouvementée de l'Azerbaïdjan iranien longtemps déchiré entre les Empires ottoman, russe et persan.

Tout a été dit sur l'Iran multiethnique et les relations parfois difficiles entre le centre de l'Iran, chiite et persanophone, et les périphéries où vivent des Iraniens parlant diverses langues, parfois de confession sunnite et souvent marginalisés[1]. Le cas des Azéris d'Iran, turcophones et chiites, est cependant tout à fait original car ils forment la minorité ethnolinguistique la plus nombreuse du pays et surtout qu'ils ont joué un rôle central dans la construction de l'État national iranien à majorité persane, depuis que la dynastie turcophone des Safavides a fondé l'État iranien moderne au XVI^e^ autour du chiisme, avec Ispahan pour capitale[2].

La question se pose de savoir si les Azéris occupent toujours une place centrale dans la vie politique iranienne contemporaine. Existe-t-il un « vote azéri » homogène, communautaire, identitaire ? Est-ce une minorité agissante, progressiste ou conservatrice qui cherche à peser dans

1 Digard J.-P. (dir) *Le fait ethnique en Iran en Afghanistan,* Paris, CNRS, 1998 ; Hourcade B. et al. *Atlas d'Iran,* Paris, Reclus-Documentation Française, 1998.

2 Richard Y. *L'Iran de 1800 à nos jours,* Paris, Flammarion, 2023.

le débat politique national iranien ? L'analyse des nombreuses élections, notamment présidentielles, qui ont eu lieu depuis 1979 permet d'apporter quelques éléments de réponse[3].

## Les Azéris au cœur de l'Iran moderne

Sans revenir sur la séparation violente des populations azéries, entre la Perse et l'Empire russe après le traité de Turcomanchay (Turkmantchaï) de 1828, ou les discours irrédentistes qui ont resurgi après la chute de l'URSS et la création de la République d'Azerbaïdjan, la place des Azéris dans la vie politique et sociale de l'Iran actuel d'Iran a toujours fait l'objet de questionnements[4].

| Langue parlée | Nombre (millions) | % |
|---|---|---|
| Persan | 30,5 | 46,4 |
| Turc Azéri | 13,5 | 20,5 |
| Kurde | 6,6 | 10,0 |
| Lori | 5,8 | 8,8 |
| Caspienne | 4,7 | 7,2 |
| Arabe | 2,3 | 3,5 |
| Baloutche | 1,7 | 2,6 |
| Turkmène | 0,4 | 0,6 |
| Autres | 0,2 | 0,3 |
| Total | 65,7 | 100 |

**Les populations de l'Iran multiethnique** (Estimation en 2001, d'après l'état civil)

Avec plus de 20 % de la population totale de l'Iran, les Azéris sont surtout établis dans leur région d'origine, au nord-ouest du pays, mais également dans de nombreuses autres provinces, et surtout dans la ville et la région de Téhéran (carte 1). En effet, depuis la prise du pouvoir par la

3 Hourcade B. *Atlas des élections présidentielles en République islamique d'Iran (1980-2017)*, Cartorient, CNRS, Centre de Recherche sur le Monde iranien, 2020 (https://cartorient.cnrs.fr/cahiers/?lang=fr).

4 Riaux G. *Ethnicité et nationalisme en Iran. La cause azerbaïdjanaise*, Paris, Karthala, 2012 ; Shaffer B. *Borders and Brethren, Iran and the Challenge of Azerbaijani Identity*, Cambridge, MIT Press, 2002 ; Atabaki T. *Azerbaijan : Ethnicity and the Struggle for Power in Iran*, Londres, Tauris, 2000.

dynastie turcophone des Qadjars et le choix de Téhéran comme capitale politique de la Perse (1786), le prince héritier était gouverneur d'Azerbaïdjan et faisait venir à Téhéran toute sa très nombreuse maisonnée lorsqu'il héritait du trône. C'est ainsi que Téhéran est devenu dès le milieu du XIXe siècle une ville où la plupart des élites politiques, culturelles, militaires et économiques étaient azéries, tandis que la population pauvre et rurale suivait le mouvement, et quittait en nombre l'Azerbaïdjan pour occuper les emplois subalternes dans le bazar et la capitale en pleine expansion[5].

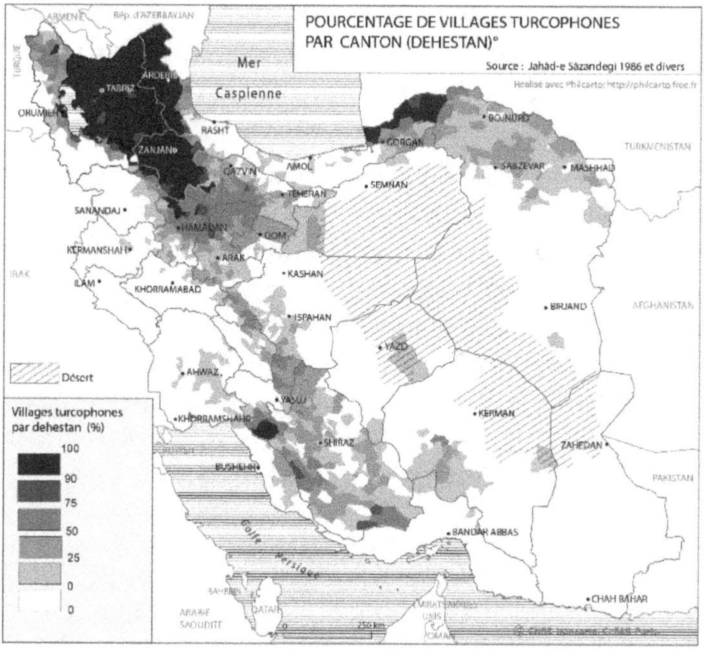


**Carte 1.** Les populations turcophones en Iran.

En dehors des nombreux Azéris, les autres populations turcophones d'Iran, bien moins nombreuses, sont notamment les Turkmènes au nord-est, et de nombreuses tribus nomades dont les Qashqaï du Fars. La carte indique le pourcentage par canton (*dehestan*), de villages à majorité turcophone. La population des villes n'est pas prise en compte.

(Source *Jahad Sanzadegi*, 1986. https://cartorient.cnrs.fr/atlas/98.

5 Hourcade B. « D'où viennent les Téhéranais ? Deux siècles de migrations vers Téhéran », *Luqman*, 19, 1-37, 2002/2003, p. 173-195 ; Yavari d'Hellencourt N. « Immigration et construction identitaire en milieu péri-urbain à Téhéran : Eslâm-Shahr », *CEMOTI, Cahiers d'Études sur la Méditerranée Orientale et le monde Turco-Iranien*, 24, 1997, p. 183-206.

Ce mouvement migratoire vers Téhéran n'a jamais cessé, si bien qu'il est presque impossible de faire une évaluation précise du nombre réel d'Azéris puisque le bilinguisme persan-azéri est très répandu au sein même des familles. La symbiose, ou plutôt la dualité/complémentarité qui existe encore aujourd'hui entre Tabriz et Téhéran, entre la capitale de l'Azerbaïdjan iranien et la capitale nationale, est une composante majeure de la sociologie et de la politique iranienne contemporaine. Sans être dominante, la place éminente des Azéris est toujours notable dans le bazar et les commerces de Téhéran, dans les entreprises, l'université, les administrations et bien sûr la vie politique iranienne. Le Guide suprême Ali Khamene'i comme l'ancien Premier ministre et opposant Mir-Hossein Moussavi sont d'origine azérie.

Cette réalité est le résultat d'une longue histoire. La vie politique iranienne a en effet été souvent dominée par des dynasties turcophones. Après la longue période d'anarchie qui a suivi l'effondrement du royaume safavide en 1722, la dynastie des Qadjars a gouverné la Perse de 1786 à 1923. Téhéran était la capitale administrative et politique de la Perse, mais Tabriz était la capitale culturelle et internationale du pays, en relation avec le monde moderne d'Istanbul et de Bakou, avec les innovations techniques et culturelles[6].

La dynastie des Pahlavi (1925-1979) a mis fin à cette prééminence azérie en construisant un État iranien contemporain moderne et centralisé, autour de la culture persane et de l'antiquité iranienne. Cette nouvelle centralité persane a provoqué une marginalisation économique de la province d'Azerbaïdjan, et une certaine revanche populaire tendant à dénigrer les Azéris[7].

Le plus important dans l'identité actuelle des Azéris reste cependant leur rôle dans les révolutions et la vie politique de l'Iran au cours du XX$^{e}$ siècle. En 1905, lors du mouvement de la « révolution constitutionnelle », Tabriz et ses leaders démocrates, nationalistes et modernistes comme

6 Zarcone Th., & Zarinebafshahr F. (dir.), *Les Iraniens d'Istanbul*, Téhéran/Istanbul, IFRI-IFEA, 1993; Adle Ch et Hourcade B. (dir.) *Téhéran, capitale bicentenaire*, Téhéran/Paris, Institut Français de Recherche en Iran/Peeters, 1992 ; Ettehadieh M. "The emergence of Tehran as the cultural centre of Iran", *ibid.* p. 127-140.

7 Planhol X. de « Le fait turc en Iran, quelques jalons », *in* Digard J.-P. (dir.) *Le fait ethnique en Iran et en Afghanistan*, Paris, CNRS, 1988,

Sattar Khan ou Hassan Taghizadeh ont joué un rôle central pour imposer une constitution au pouvoir qadjar, et l'élection d'une première assemblée nationale. En février 1978, la répression des manifestants de Tabriz fut le point de départ d'une contestation générale, populaire qui s'est jointe à la révolte des religieux de Qom et a rendu irréversible le mouvement révolutionnaire qui renversa la dynastie des Pahlavi en 1979. Le point le plus critique de cette histoire contestataire reste cependant la création en 1945 d'une éphémère république d'Azerbaïdjan avec l'appui des troupes soviétiques qui occupaient le nord de l'Iran. Ces évènements dramatiques qui firent l'objet de la toute première décision conseil de sécurité de l'ONU, donnèrent de façon durable une dimension politique, idéologique et internationale à la « question azérie ». Que reste-t-il aujourd'hui de cet héritage politique qui a donné au territoire d'Azerbaïdjan et aux Azéris une place aussi originale et souvent centrale dans la vie politique iranienne ?

### Le vote azéri entre affirmation identitaire progressiste

Malgré des fraudes souvent évidentes, les élections présidentielles montrent assez bien les rapports de force idéologiques qui caractérisent la vie politique nationale de l'Iran mais aussi les caractéristiques socio-culturelles, parfois ethniques, des divers candidats[8]. Malgré la forte centralisation des pouvoirs, de l'idéologie et de la vie politique sous la République islamique, les identités régionales, religieuses ou ethniques demeurent très visibles à travers les résultats des élections[9]. Des candidats « locaux », parfois indépendants, ou des personnalités connues mais sans le soutien des grandes factions politiques, ont régulièrement été admises à se présenter par le Conseil des Gardiens de la constitution qui sélectionne les candidats avant les élections. Ce localisme a parfois privé les « grands » candidats des quelques milliers de voix nécessaires qui leur

8 Hourcade B. *Atlas des élections présidentielles en République islamique d'Iran (1980-2017)*, Paris, CNRS, CartOrient, 2021, 126 p. (halshs-03474405) ; Parizi M. « Le miracle de l'élection présidentielle iranienne de juin 2009 », *Revue française de science politique*, 60, 2010, p. 927-949.

9 *Hourcade B. « Localisme et régionalisme : l'élection présidentielle iranienne de 2005 (régions, 2005) », in Atlas des élections présidentielles en République islamique d'Iran (1980 - 2017), Paris, CartOrient, CNRS, 2019. https://cartorient.cnrs.fr/atlas/169.*

aurait permis de s'imposer. On a parfois vu dans ces candidats marginaux, le poids du vote azéri.

Ce fut le cas en 2005, quand Mohsen Mehralizadeh, originaire d'Azerbaïdjan, réformateur, et très populaire ancien responsable sportif, a obtenu plus de 20 % des voix dans les districts à très forte population azérie, mais seulement 4,5 % au niveau national, privant ainsi Baqer Mo'in, le candidat réformateur le mieux placé, d'accéder au second tour face à Mahmoud Ahmadinejad (carte 2)[10]. En raison de leur nombre très élevé, leur présence sur un vaste territoire en particulier dans la province de Téhéran, et de leur forte identité linguistique et historique, les Azéris sont en fait les seuls à pouvoir éventuellement jouer un rôle significatif dans les élections nationales. En effet, la plupart des candidats « locaux » ont rarement une audience qui dépasse les districts (*shahrestan)* proches de leur lieu d'origine.

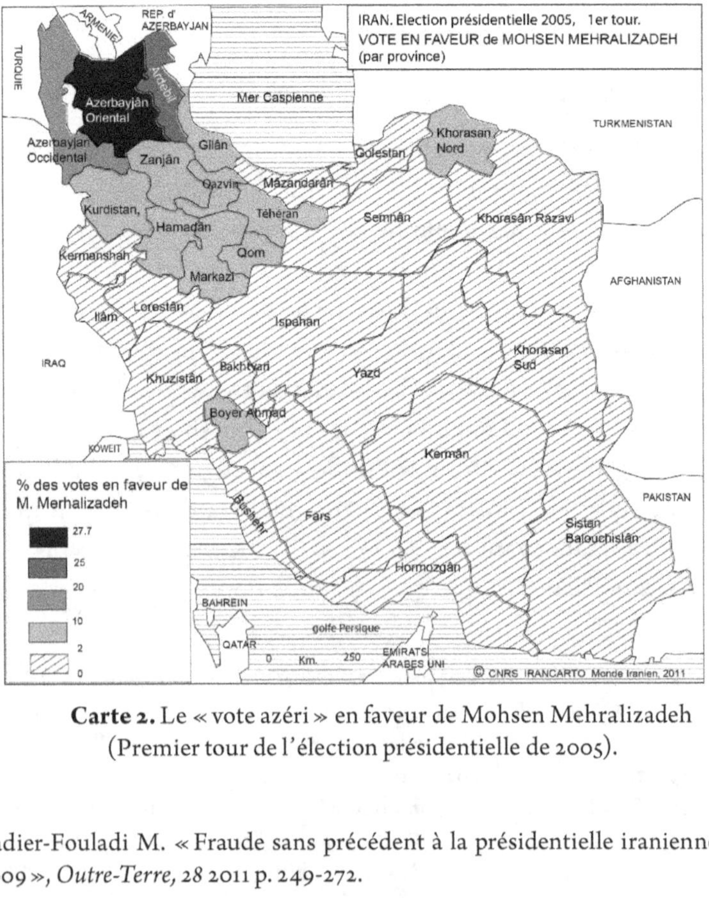


**Carte 2.** Le « vote azéri » en faveur de Mohsen Mehralizadeh (Premier tour de l'élection présidentielle de 2005).

10 Ladier-Fouladi M. « Fraude sans précédent à la présidentielle iranienne de juin 2009 », *Outre-Terre, 28* 2011 p. 249-272.

Cet exemple montre surtout qu'une victoire électorale dans sa région peut être pertinente pour l'élection des députés au *majlis* (le Parlement), mais représente au contraire un handicap pour une victoire à l'échelle nationale. Or, c'est à ce niveau que semble se situer le vote des Azéris dont les suffrages ne se distinguent pas vraiment de celui de la majorité de la population persane du centre du pays et des grandes villes.

La carte 3 montre une synthèse des résultats de l'élection présidentielle de 2013 qui a vu la victoire au premier tour de Hassan Rohani, grâce à la dispersion des voix entre de nombreux candidats : des conservateurs influents dans les districts du centre du pays persanophone et chiite, et deux personnalités de stature nationale : Mohamad-Baqer Qalibaf, ancien maire de Téhéran natif du Khorasan, et l'ancien général Mohsen Rezaie, très populaire chez les nomades du Zagros.

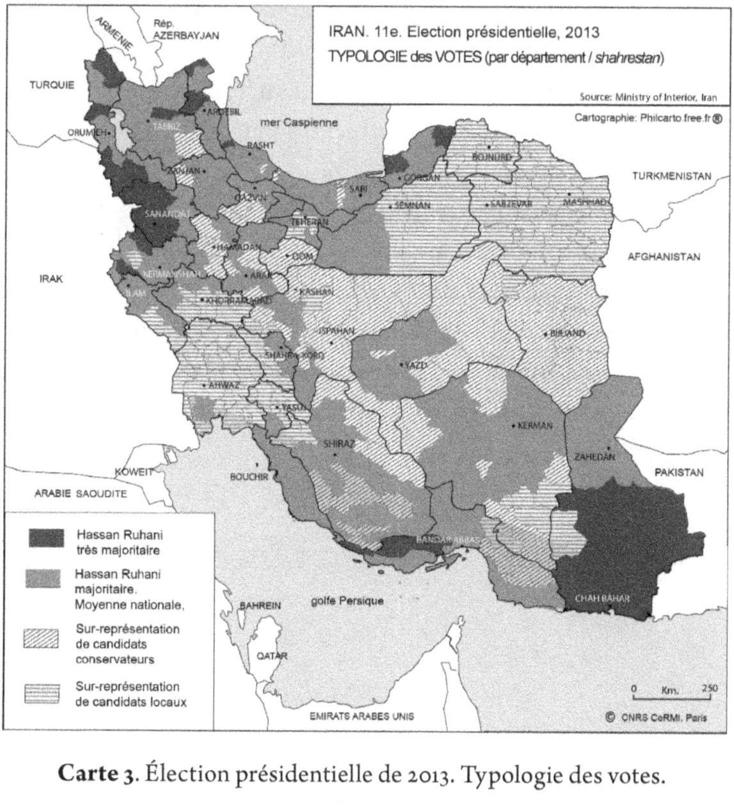


**Carte 3**. Élection présidentielle de 2013. Typologie des votes.

L'enjeu national dépassait tous ces candidats locaux ayant un fort ancrage local, et portait en fait sur le soutien plus ou moins fort au candidat modéré Hassan Rohani. De ce point de vue les électeurs persans ou azéris se situaient la même dynamique de changement pour tourner la page des deux mandats du populiste Mahmoud Ahmadinejad (2005-2013), dont la réélection en 2009 avait fait l'objet d'une contestation de rue massive. Selon les districts (*shahrestan*), on constate bien sûr des différences positives ou négatives qui traduisent des situations socio-économiques locales (pauvreté rurale ou au contraire dynamisme de villes moyennes). On note qu'en Azerbaïdjan ou dans les zones de migration azérie plus récente, entre Qazvin et Téhéran, le vote en faveur du candidat modéré / réformateur est souvent massif, et semble s'inscrire dans la tradition d'ouverture – sinon de révolution – dont Tabriz fut longtemps le symbole. Un vote plus nuancé que celui des districts sunnites (Kurdes, Baloutches, Turkmènes, Arabes du golfe Persique) qui ont voté massivement pour Hassan Rohani dans un esprit surtout contestataire.

L'attachement des Azéris à leur terre, à leur langue et à leur histoire ne faiblit pas comme le confirment de nombreux évènements, notamment sportifs, mais le vote des Azéris d'Iran, loin de traduire un irrédentisme, comme c'est souvent le cas au Kurdistan et au Baloutchistan, montre au contraire une symbiose et une volonté de participer pleinement à la vie politique nationale, celle de Téhéran qui fut, et reste peut-être encore, leur capitale. Un signe de maturité politique héritée d'une longue histoire au contact des pays voisins ouverts aux innovations.

# Politique, démocratie et religion dans le monde arabe

**Pierre Bréchon**

Après la période coloniale, les pays arabes ont surtout connu des systèmes politiques autoritaires avec peu de contre-pouvoirs permettant de critiquer ou de renverser le système en place (Droz-Vincent, 2004). Ils comportent surtout des régimes monarchiques ou des gouvernements dirigés – de près ou de loin - par les militaires et des leaders despotiques appuyés par un parti hégémonique. Les structures tribales, patriarcales, claniques y restent fortes. Aucun de ces pays n'a accumulé des expériences démocratiques. Le *Democracy Index*[1] publié chaque année par *The Economist* ne classe aucun pays arabe parmi les démocraties, même incomplètes. Tunisie, Maroc et Mauritanie (de très peu) sont considérés comme des régimes hybrides, tous les autres comme des systèmes autoritaires[2].

Le mouvement des « transitions démocratiques » des années 1990, important à l'est de l'Europe et en Amérique latine, n'a eu que peu d'effet dans le monde arabe. Il en a été presque de même des « Printemps arabes » de 2010-2012 dont les grandes manifestations ont permis de chasser du pouvoir les présidents tunisien, égyptien et yéménite. D'autres

1 Le *Democracy Index* est calculé à partir de 5 critères : la qualité des processus électoraux et le pluralisme politique, le fonctionnement du gouvernement, la participation politique, l'existence d'une culture démocratique et les libertés civiles.

2 On aurait pu s'attende à trouver le Liban dans les démocraties imparfaites. Il en était proche dans les classements de 2006 à 2008, mais l'indice s'est ensuite dégradé. Le pays est considéré comme hybride jusqu'en 2018 et autoritaire depuis, du fait du fonctionnement du gouvernement et du blocage du système politique.

régimes ont concédé quelques réformes pour désamorcer les contestations (Maroc, Jordanie...) (Larroque, 2019). Mais, une décennie plus tard, le bilan est maigre et beaucoup parlent d'« hivers arabes ».

Face à des pouvoirs autoritaires, comment les opinions publiques arabes réagissent-elles ? Insérées dans des systèmes politiques autoritaires, les populations s'impliquent-elles en politique ou préfèrent-elles rester à l'écart ? Quelles sont les valeurs politiques centrales de ces sociétés ? Ont-elles des attentes démocratiques ? Le degré d'intégration à la religion musulmane influence-t-il les orientations politiques des individus ? Pour essayer de traiter ces questions, je m'appuierai sur une enquête réalisée dans une douzaine de pays arabes[3].

Spécialiste des enquêtes sur les valeurs des Européens (EVS)[4], j'ai découvert l'existence de l'enquête *ArabBarometer*[5] en faisant des cours de méthodologie de la science politique à l'Université Saint Joseph de Beyrouth. C'est une belle et rare source de données quantitatives sur les valeurs dans les pays arabes, données qui sont fortement sous exploitées dans le monde académique francophone et dans les pays arabes eux-mêmes. Le questionnaire est long et très détaillé (en moyenne, 45 minutes au domicile de l'enquêté). Certaines questions sur la politique, la démocratie, la religion sont reprises à l'identique (ou presque) d'une vague à l'autre. J'ai publié un article sur les premières vagues de l'enquête (Bréchon, 2018). Je privilégie ici les données plus récentes de la dernière vague publiée (2021-2022), mise en œuvre dans 12 pays[6]. Commençons par l'examen des valeurs politiques.

3 Quinze pays ont été enquêtés au moins une fois.

4 Je ferai quelquefois des comparaisons entre les résultats de l'enquête ArabBarometer et ceux de l'EVS, présentés dans Bréchon, 2023.

5 Le site https://arabbarometer.org donne beaucoup d'informations sur l'histoire de l'enquête depuis la première vague en 2006-2007, on peut télécharger librement les données, lire des rapports par pays et repérer une grande partie des publications qui en ont été tirées. Enfin, pour ceux qui ne disposent pas d'un logiciel de traitement statistique, un outil en ligne permet d'obtenir les résultats essentiels.

6 Soit 26154 individus enquêtés. Les échantillons sont d'environ 2500 personnes en Libye et en Irak, 2400 personnes en Tunisie, Maroc, Jordanie, Liban, Soudan, 2160 en Algérie, 2000 en Égypte et Mauritanie, 1800 en Palestine (Cisjordanie et Gaza), 1000 au Koweït.

### Une société civile peu développée

Dans une question dichotomique entre 2 affirmations : « On peut faire confiance à la plupart des gens » et « On n'est jamais assez prudent quand on a affaire aux autres », les Arabes choisissent à 85 % la prudence et seulement 15 % la confiance aux autres. Pour la même question posée dans l'EVS, la confiance est de 69 % dans les pays nordiques, 41 % en Europe de l'Ouest, 32 % en Europe du Sud, 22 % en Europe de l'Est.

La faible confiance à autrui dans le monde arabe s'accompagne d'une faiblesse de la participation associative, sociale et politique qui ne concerne que 9 % de la population, alors qu'en Europe 40 % sont membres d'au moins une association. Dans des pays qui sont pauvres, ce dont les citoyens sont conscients[7], faire confiance aux autres sans prudence est évidemment beaucoup plus risqué que dans des pays riches, comme l'avait expliqué Ronald Inglehart (1999). Dans les sociétés pauvres et traditionnelles, on fait confiance à sa famille, aux membres de son clan, de son village, à ceux qu'on connait. Les solidarités sont plus verticales alors qu'elles sont horizontales dans les sociétés modernes : on y a des liens faibles, sur la base d'un intérêt commun, avec de nombreuses personnes (Granovetter, 1973).

### Une faible politisation

Les populations trouvent très souvent que la politique est difficile à comprendre. En 2018, les trois quarts des enquêtés sont d'accord avec l'affirmation : « So*metimes, politics are so complicate that I cannot understand what is happening* », sans grandes différences selon les pays. Le sentiment de compétence politique est donc faible. À la classique question sur l'intérêt pour la politique, on trouve aujourd'hui seulement 22 % qui disent s'y intéresser, le chiffre étant en baisse (40 % en 2013). On peut comparer avec

7 74 % de la population des pays arabes reconnaissent dans la dernière vague que le fossé entre riches et pauvres est un problème. Néanmoins, la situation économique est très différente selon les pays. Si, en moyenne en 2021-2022, 39 % disent qu'ils peuvent économiser sans problème, c'est le cas de 82 % des Koweitiens, de 66 % des Algériens, de 53 % des Libyens mais seulement de 20 % des Égyptiens, de 21 % des Jordaniens, de 26 % des Mauritaniens, de 27 % des Tunisiens.

l'enquête EVS où, à la même question, 59 % des Européens de l'Ouest se disent intéressés par la politique (mais seulement 40 % en France).

Cette faible politisation est au moins en partie à comprendre en rapport avec la très mauvaise image des hommes politiques. La confiance aux gouvernements et aux Parlements est faible : 31 % pour les premiers et 21 % pour les seconds[8], des chiffres en baisse très sensible depuis les débuts de l'enquête[9].

L'accusation de corruption à l'égard du monde politique est générale : quelle que soit la vague, entre 80 et 90 % de la population juge qu'il y a de la corruption dans les services et les institutions de l'État, mais seulement environ 40 % estiment que le gouvernement cherche à l'éliminer. En 2021-2022, ce pourcentage monte cependant à 67 % en Tunisie et à 48 % au Maroc mais n'est que de 11 % au Liban[10].

La participation électorale est plutôt peu importante : 46 % des enquêtés disent avoir voté aux dernières élections. Il y a de très forts contrastes entre pays selon leur situation politique. Il n'y a pas eu d'élection en Palestine depuis 2006, au Soudan depuis 2010 et en Libye depuis 2014. Et les taux de participation aux dernières élections sont très éclectiques. Ainsi, alors qu'en Tunisie, le taux de participation officiel avait été de 49 % au premier tour présidentiel en 2019, il n'a été que de 11 % aux élections législatives de 2022-2023, largement boycottées par les forces politiques après le tournant autoritaire du président. La participation enregistrée aux dernières élections est aussi très faible dans plusieurs pays où les élections sont pourtant routinisées : 23 % en Algérie, 29 % en Égypte et en

8 La confiance au chef de l'État et au Premier ministre, testée pour la première fois en 2021-2022 est cependant un peu plus forte, respectivement 42 % et 34 %. Mais la question n'a été posée que dans quelques pays, peut-être parce qu'elle a été jugée trop sensible. Et là où la question a été posée, il n'est pas certains que les enquêtés aient toujours osé dire ce qu'ils pensaient.

9 En Palestine, on a aussi mesuré la confiance faite au Hamas, qui se révèle assez faible : 38 % à Gaza et 23 % en Cisjordanie.

10 L'indice de perception de la corruption, calculé par *Transpiracy International*, va de 0 pour les pays à très forte corruption à 100 pour les plus vertueux. Il ne prend en compte que la corruption des services publics. La moyenne mondiale est de 43. Presque tous les pays arabes sont en dessous de la moyenne, donc nettement perçus comme corrompus. En 2023, le score est affiché à 13 pour la Syrie, 20 pour le Soudan, 24 pour le Liban, 30 pour la Mauritanie, 35 pour l'Égypte, 36 pour l'Algérie et le Maroc, 40 pour la Tunisie.

Jordanie. Elle est plus élevée en Irak (43 %), au Liban (49 %), au Maroc (50 %), au Koweït (59 %) et en Mauritanie (72 %). Les faibles taux de participation sont probablement dus au sentiment de leur inutilité et de leur faible enjeu, le pouvoir politique en place ne dépendant que peu du résultat des élections. Dans l'enquête, la moitié des votants estime que ces élections ont été libres et justes, 39 % sont d'un avis opposé et 11 % déclarent ne pas savoir. Les écarts selon le pays sont plutôt faibles. Même ceux qui votent ne croient pas toujours à la légitimité des processus électoraux.

Il y a cependant des formes de participation active en lien avec les forts mécontentements des populations. En 2021-2022, 18 % déclarent avoir fait du travail bénévole pour une cause et 51 % disent donner de l'argent pour les nécessiteux[11]. 18 % ont participé au moins une fois à une forme de protestation « en personne ». Ce pourcentage monte à 34 % au Soudan et à 29 % au Liban mais n'est que de 3 % en Jordanie et de 1 % en Égypte.

La faible participation politique ne veut pas dire que les Arabes sont sans opinion et sans valeurs. Ils sont même assez critiques concernant de nombreux sujets de politique intérieure ou internationale. Seulement 26 % jugent aujourd'hui que la situation du pays est bonne contre 37 % en 2006-2007. Et 34 % jugent satisfaisante la performance d'ensemble du gouvernement. Seulement 29 % trouvent que le système fonctionne plutôt bien et 24 % que le gouvernement répond bien aux attentes du peuple. Au fond tout se passe comme si beaucoup d'Arabes n'avaient pas beaucoup d'illusions sur la capacité de systèmes politiques souvent autoritaires et corrompus à réformer le pays et à améliorer une situation économique très mauvaise, où beaucoup doivent avant tout penser à assurer leur subsistance et celle de leur famille[12]. Dans un tel contexte, le retrait par rapport à la politique se comprend assez bien.

11 Ce pourcentage élevé peut s'expliquer par l'obligation de la zacat pour les musull mans. Ce troisième pilier de l'islam oblige à verser une somme d'argent aux nécessiteux chaque année en fonction de ses revenus.

12 À toutes les vagues où la question est posée, environ 30 % dit avoir déjà pensé à émigrer, ce qui traduit bien l'importance des insatisfactions.

### Égalité entre hommes et femmes

Une batterie de questions essaye de mesurer la valorisation de l'égalité entre hommes et femmes mais seulement deux questions sont posées dans tous les pays : 60 % disent que les hommes font de meilleurs leaders politiques que les femmes et 19 % qu'une éducation universitaire est plus importante pour les garçons que pour les filles. Un indice entre les deux questions permet de mesurer les différences selon les pays. L'égalité entre les sexes est assez valorisée au Liban et en Tunisie, voire au Maroc. L'inégalité domine au contraire largement en Algérie, au Soudan et en Libye. Cette thématique est au total peu valorisée dans les pays arabes alors qu'elle est considérée comme un élément essentiel de la démocratie en Europe.

### Des valeurs démocratiques... hésitantes et flottantes

L'*ArabBarometer* comporte de nombreuses questions portant sur la démocratie. À première vue, les Arabes seraient très favorables à un régime démocratique. De 2007 à 2022, la même question a été posée : chaque fois, au moins 71 % affirment que « Les systèmes démocratiques peuvent avoir des problèmes mais ils sont meilleurs que les autres ». Et en 2010 et 2013, dans un choix dichotomique de préférence entre un système démocratique et un système autoritaire, le premier était plébiscité par environ 85 % des répondants. Mais les réponses à d'autres questions montrent que les attentes démocratiques ne sont pas si élevées qu'on pourrait le penser au vu de ces seuls résultats.

Le questionnaire cite trois faiblesses potentielles d'une démocratie qui sont assez largement soutenues : 57 % estiment que, « Dans un système démocratique, les performances économiques sont faibles » (seulement 32 % pour l'ensemble de l'Europe, selon EVS)[13], 56 % pensent que « Les

13 Quand on compare les réponses à cette question entre 2018-2019 et 2021-2022, on observe une montée de cette critique dans tous les pays enquêtés. Michaël Robbins, directeur de l'Arabbarometer, estime qu'« Il y a une prise de conscience croissante que la démocratie n'est pas une forme parfaite de gouvernement, et qu'elle ne réglera pas tout (...). Ce que nous voyons à travers la région, c'est que les gens ont faim, les gens ont besoin de pain, les gens sont frustrés par les systèmes qu'ils ont ». Au fond, l'opinion, en situation de pauvreté, serait pragmatique. Elle s'intéresserait surtout au niveau de vie qui lui est offert et pas beaucoup au système

démocraties n'arrivent pas à prendre des décisions et sont pleines de problèmes » (% à peu près identique en Europe), 52 % jugent que « Les systèmes démocratiques ne sont pas efficaces pour maintenir l'ordre et la stabilité » (environ 32 % en Europe).

Il n'est par ailleurs pas évident que les traits caractéristiques d'une démocratie soient toujours bien intégrés par les citoyens (tableau 1). Une question, posée seulement en 2010 et 2013, présentait six traits potentiels distinctifs d'une démocratie[14]. Aucun trait ne se détache fortement.

**Tableau 1.** Les deux traits les plus caractéristiques d'une démocratie en 2010 et 2013*

| *En %* | Total 2010 | Total 2013 |
|---|---|---|
| Éliminer la corruption financière et administrative | **41** | **43** |
| Fournir des produits de base (nourriture, logement, habillement) à tous | 40 | 37 |
| Réduire le fossé entre riches et pauvres | 28 | 32 |
| Pouvoir changer le gouvernement par des élections | 34 | 31 |
| Avoir une égalité de droits politiques entre les citoyens | 31 | 32 |
| Avoir la liberté de critiquer le gouvernement | 26 | 23 |

**Dans cette liste de propositions, chacun est invité à choisir les deux plus importantes.*

Le fait que la corruption soit la caractéristique la plus choisie est révélateur de l'importance de cette question. Deux réponses concernent la satisfaction des besoins fondamentaux pour tout le monde et l'égalité économique. La démocratie sociale correspond donc à des attentes plutôt plus fortes que celles de démocratie représentative. L'égalité économique fait probablement d'autant plus rêver les populations arabes que

politique du pays (BBCNews, 6 juillet 2022, Politique et citoyenneté : les Arabes pensent que l'économie est faible au sein d'une démocratie - BBC News Afrique).

14 Une question de l'EVS en 2017-2020 (formulée différemment) testait neuf définitions de la démocratie. Les réponses montraient aussi l'existence de la dimension économique mais les traits d'une démocratie libérale représentative étaient beaucoup plus souvent choisis.

la pauvreté est le lot quotidien de beaucoup. Et surtout les trois traits typiques d'une démocratie représentative (élections libres, égalité des droits, liberté critique) sont beaucoup moins choisis que dans le monde occidental[15].

De plus, en 2021-2022, le questionnaire demandait de choisir entre trois hypothèses de système politique. 56 % disent que la démocratie est toujours préférable[16] mais 20 % estiment qu'un gouvernement non démocratique peut être préférable dans certaines circonstances et 24 % répondent que « Pour des gens comme moi, peu importe le type de gouvernement ».

En même temps, environ deux tiers des enquêtés arabes soutiennent en 2021-2022 que :

– « Tant qu'un gouvernement est performant en économie, peu importe le système adopté »,

– « Aussi longtemps que le gouvernement maintient l'ordre et la sécurité, peu importe qu'il soit démocratique ou pas »,

– « Ce pays a besoin d'un leader qui puisse si nécessaire changer les règles pour faire avancer les choses ».

À la question de savoir si, en cas d'état d'urgence, il faut toujours, quelquefois ou jamais limiter la liberté d'expression et censurer les médias, les réponses « jamais » ne concernent respectivement que 43 % et 34 % des sondés.

Il faut aussi noter un conformisme d'une partie du monde arabe à l'égard des responsables politiques. À chaque vague de l'enquête, environ 40 % disent qu'« Il faut soutenir les décisions du gouvernement même si on les désapprouve ». En même temps les pouvoirs sont fortement critiqués : seulement 29 % trouvent que « Le système fonctionne plutôt bien » et 24 % que « Le gouvernement répond bien à ce que le peuple attend ». Une attitude fréquente semble consister à critiquer le gouvernement mais à respecter les autorités et leurs décisions.

15 Selon l'enquête EVS, 86 % des Européens considèrent que l'égalité de droits entre hommes et femmes est un trait essentiel de la démocratie, 80 % jugent dans le même sens pour les élections libres et 66 % pour les droits civiques qui protègent contre l'oppression de l'État (positions 8 à 10 sur une échelle allant de pas du tout essentiel à 10 caractéristique essentielle).

16 Le choix de cette réponse s'étale de 69 % en Jordanie et 68 % en Tunisie à 40 % en Libye et 46 % au Maroc.

Plusieurs questions, posées antérieurement à plusieurs reprises, montraient qu'un tiers des Arabes trouvaient que leur pays était démocratique mais seulement environ la moitié que la démocratie était appropriée pour le pays[17]. Un quart affirmaient aussi que la démocratie contredit les enseignements de l'islam.

Au total, la démocratie reste un système politique pas très bien appréhendé, qui fait rêver mais incarne des attentes assez différentes les unes des autres, les populations arabes ayant une très faible culture démocratique héritée de l'histoire.

## Une religiosité très prégnante

La religion musulmane est omniprésente dans le système de valeurs des Arabes. 95 % se déclarent musulmans et 5 % chrétiens (essentiellement au Liban), seulement 0,1 % osent se dire sans religion. En 2021-2022, 44 % se disent très religieux, 43 % quelque peu religieux et 11 % non religieux. Par comparaison, à une question assez semblable dans l'EVS, on trouve pour l'Europe de l'Ouest 46 % de religieux (au lieu de 87 %), 40 % de non religieux et 15 % d'athées convaincus, formule qu'il était évidemment impossible d'employer dans le monde arabe où l'islam est le plus souvent considéré comme consubstantiel à l'identité nationale et où l'apostasie de sa religion est assez traditionnellement considérée comme punissable de mort[18], même si cette sanction est de fait rarement appliquée[19]. La majorité des Arabes sont donc plutôt adeptes d'un islam intransigeant. D'ailleurs, en 2016, 75 % des enquêtés affirmaient que la sharia devrait être appliquée plus strictement. Et en 2021-2022, 40 % souhaitent que les lois soient basées sur la sharia, 38 % à la fois sur la sharia et la volonté du peuple, 22 % seulement sur la volonté populaire[20]. Autrement

17 L'affirmation de l'inadéquation de la démocratie aux pays arabes semble légitimer – au moins en partie – la thèse culturaliste développée pendant longtemps par de nombreux spécialistes du monde arabe (Heydemann, 2002).

18 En 2010, 32 % des enquêtés pensaient que les convertis devaient être condamnés à mort. La question n'a pas ensuite été reposée.

19 Quelques législations nationales (notamment au Maghreb) reconnaissent – plus ou moins – la liberté de conscience.

20 Sans grand changement par rapport aux réponses de 2018 à la même question ;

dit, les positions laïques d'indépendance de la religion par rapport à la politique sont très minoritaires.

Les niveaux de pratique religieuse sont très élevés : en 2021-2022, 71 % disent prier tous les jours, 39 % tous les jours le matin et 33 % lire ou écouter le Coran quotidiennement. Un indice entre ces questions montre que les pratiques sont les plus développées en Mauritanie (79 %) et en Palestine (73 %) et les plus rares en Algérie (39 %), en Tunisie et Liban (45 %), ainsi qu'au Maroc (47 %).

Si les niveaux de pratique ne semblent pas avoir baissé depuis 10 ans, on observe cependant des différences fortes selon les âges. La fréquence de la prière et de la lecture/écoute du Coran passe de 46 % chez les 18-34 ans à 71 % chez les 55 ans et plus. Il est difficile de dire si la plus faible pratique des jeunes est plutôt un effet d'âge ou de génération. Les femmes pratiquent aussi sensiblement plus que les hommes. Par contre il n'y a à peu près pas de différence de pratiques selon qu'on vit en ville ou à la campagne.

### Des relations entre religion et démocratie

L'intensité des pratiques religieuses (appréhendée par l'indice préalablement présenté) semble peu conditionner la valorisation de la démocratie[21]. Les musulmans très pratiquants n'aiment pas beaucoup moins la démocratie que ceux qui sont moins impliqués. Mais la religion influe davantage sur le type de démocratie souhaité. Quand l'échelle de valorisation de la démocratie est croisée avec une question sur le caractère bénéfique d'une participation des leaders religieux aux fonctions publiques, on observe une forte diversité des positionnements (tableau 2). On trouve presque autant de démocrates religieux que de démocrates séculiers, de non démocrates religieux et de non démocrates séculiers.

21 Un indice a été construit avec 4 indicateurs préalablement présentés qui sont fortement liés entre eux.

**Tableau 2.** Typologie croisée de la valorisation de la démocratie et de la présence religieuse en politique en 2021-2022*

<table>
<tr><td colspan="2" rowspan="2">Fort</td><td colspan="2">Soutien à la démocratie (4 items)</td><td rowspan="2">Ensemble</td></tr>
<tr><td>faible</td><td></td></tr>
<tr><td rowspan="2">Votre pays serait meilleur si les leaders religieux y exerçaient des fonctions publiques</td><td>accord</td><td>Démocrate religieux 20 %</td><td>Non démocrate religieux 28 %</td><td>48 %</td></tr>
<tr><td>désaccord</td><td>Démocrate séculier 27 %</td><td>Non démocrate séculier 25 %</td><td>52 %</td></tr>
<tr><td colspan="2">Ensemble</td><td>47 %</td><td>53 %</td><td>100</td></tr>
</table>

Cette faiblesse des relations entre valorisation de la démocratie et conception religieuse ou séculière de l'État est confirmée lorsqu'on croise la typologie précédente avec différentes variables socioreligieuses (tableau 3). On observe une certaine cohérence des conceptions séculières ou religieuses de l'État alors que la valorisation de la démocratie dépend peu des orientations religieuses. Ainsi les deux groupes dits religieux veulent plus souvent des lois selon la sharia alors que les séculiers valorisent la volonté du peuple. Les religieux prient beaucoup plus souvent. Ils se définissent davantage comme religieux. Ils acceptent aussi davantage les inégalités entre hommes et femmes et font plus confiance aux institutions politiques. Les séculiers acceptent très rarement l'enseignement de toutes les religions à l'école. La faiblesse des liens entre attitudes religieuses et valorisation de la démocratie provient probablement du caractère flottant de la conception de la démocratie.

**Tableau 3**. Typologie des positionnements politico-religions selon différentes variables socio-religieuses en 2021-2022

| *En % horizontaux* | Démocrate religieux | Démocrate séculier | Non démocrate religieux | Non démocrate séculier |
|---|---|---|---|---|
| **Moyenne** | **20** | **27** | **28** | **25** |
| Faire des lois selon la sharia | **28** | 18 | **40** | 15 |
| Lois selon la volonté du peuple | 12 | **38** | 15 | **36** |
| Dans les écoles, enseigner seulement sa propre religion | 21 | 27 | 30 | 22 |
| N'enseigner aucune religion | 10 | **41** | 12 | **38** |
| Prier+Coran très souvent | 24 | 21 | **36** | 20 |
| Prier+Coran rarement | 18 | 31 | 23 | 28 |
| Se décrit comme religieux | **26** | 19 | **38** | 17 |
| plus ou moins religieux | 18 | 32 | 21 | 29 |
| non religieux | 6 | **39** | 14 | **41** |
| Accepte les inégalités entre hommes et femmes | 23 | 15 | **44** | 18 |
| Promeut l'égalité hommes femmes | 17 | **33** | 20 | 29 |
| Confiance aux institutions politiques : forte | 23 | 22 | **36** | 20 |
| faible | 16 | 31 | 22 | **32** |

Il est vraisemblable que l'islam vécu en pays arabe dans un contexte autoritaire et en Europe dans un contexte démocratique donne naissance à de systèmes de valeurs assez différents des croyants. Mais on manque d'enquêtes faites avec le même questionnaire auprès des musulmans des deux zones géographiques pour le vérifier et le mesurer finement.

## Bibliographie

Bréchon Pierre, 2018, « Les opinions politiques arabes. Entre attachement à l'islam et à la démocratie », *Futuribles*, 2018/4, n° 425, p. 5-19.4

Bréchon Pierre, 2022, « Russes et Ukrainiens : des valeurs qui se différencient progressivement », *Revue Européenne des Sciences Sociales*, 2022, vol 60/2, p. 47-69.

Bréchon Pierre (direction), 2023, *Les Européens et leurs valeurs. Entre individualisme et individualisation*, PUG, 2023.

Droz-Vincent Philippe, 2004, « Quel avenir pour l'autoritarisme dans le monde arabe ? », *Revue française de science politique*, vol 54/6, p. 945-979.

Granovetter Mark S., 1973, "The Strength of Weak Ties", *American Journal of Sociology*, Vol. 78, No. 6 (May, 1973), pp. 1360-1380.

Heydemann Steven, 2002, « La question de la démocratie dans les travaux sur le monde arabe, *Critique internationale*, n° 17/4, p. 54-62.

Inglehart Ronald, 1999, "Choc des civilisations ou modernisation culturelle du monde ?", *Le Débat*, n° 105,1999, pp. 23-54.

Larroque Anne-Clémentine, 2019, « Les printemps arabes : un espoir pour la démocrature ? », *Pouvoirs*, 2019/2, n° 169, p. 85 % -96.

# Les femmes au Kurdistan syrien : de la résilience à l'émancipation

Imad Khillo

Les femmes kurdes ont joué un rôle crucial dans le processus de construction du Rojava (Kurdistan occidental), représentant ainsi une véritable révolution par rapport à d'autres expériences ailleurs dans le monde. Dans son ensemble, le mouvement féministe kurde a montré que le XXIe siècle est l'ère des femmes, soulignant que les révolutions précédentes ont souvent négligé les besoins de la moitié féminine de l'humanité. La révolution de 2012 a établi au Rojava une société basée essentiellement sur les femmes, défiant les normes patriarcales et rétrogrades prédominantes dans cette zone géographique.

Le Rojava propose un système inédit fondé sur le confédéralisme démocratique plaçant la volonté populaire au centre du pouvoir en place. Ce système se distingue en particulier par son engagement envers la libération des femmes, l'écologie et la démocratie, offrant également une grande liberté d'expression. La centralité du rôle des femmes et de la jeunesse dans ce système le rend presque unique au monde,-puisque toutes les instances institutionnelles reposent sur une égalité quasi absolue entre les deux sexes. La plupart de ces instances mises en place est composée d'un volet exclusivement masculin et d'un autre exclusivement féminin. En outre, les instances mixtes doivent respecter un quota minimal de 40 % de femmes[1].

1 L'article XXVII de la Charte du Rojava dispose que : « *Tous les comités administratifs sont modifiés ou formés par des élections. La représentation est égale des deux*

L'histoire de la femme au Rojava constitue en somme une expérience exceptionnelle sur l'évolution d'un statut de soumission à un statut de coopération avec l'homme (I) voir un statut de création de droits (II).

## I. La femme de Rojava : de la soumission au partenariat

La coopération entre l'homme et la femme au Rojava s'est concrétisée à travers plusieurs actions partant de l'adoption d'une charte sociale intégrant totalement la femme (A), la mise en place d'un système communal basé sur une égalité quasi parfaite entre l'homme et la femme (B), mais surtout à travers la militarisation de la femme (C).

### A. Une Charte sociale au féminin

En 2016, le Rojava a adopté un contrat social, résultant de plusieurs cycles de négociations entre toutes les parties présentes dans la région et issues de diverses communautés telles que les Kurdes, Arabes, Assyriens, Chaldéens, Turkmènes, Arméniens, Tchétchènes, Tcherkesses, Musulmans, Chrétiens et Yézidis. Ce contrat qui a marqué définitivement la naissance de la Fédération démocratique de la Syrie du Nord est composé de 83 articles répartis en quatre grands volets. Ce texte a immédiatement pris en compte la situation des femmes en y faisant des références systématiques à leur statut. Ces références trouvent leur origine dans les idées d'Abdullah Öcalan, le dirigeant du Parti des travailleurs du Kurdistan (PKK).

Au départ, dans les années 1980, les écrits d'Öcalan n'étaient pas du côté de la femme, décrite comme « tentatrice » capable de pervertir les hommes et les détourner de la lutte pour la cause kurde. Mais à partir des années 1990, Öcalan a changé complément de direction en décrivant cette fois-ci la femme comme opprimée en particulier au sein de la cellule familiale et en mettant l'accent sur le rôle qu'elle devrait jouer au sein de la société en tant que combattante et libératrice. Il a ainsi analysé les formes d'oppression qu'elle subit au sein de la structure familiale fortement patriarcale et qui, par là même, affecte négativement et limite son rôle au

*sexes dans la co-présidence. On applique le pourcentage de 40 % pour les deux sexes dans tous les domaines ».*

sein de la société en précisant qu'« *au sein de ce contexte social la famille se développa comme le petit État de chaque homme* »[2].

Öcalan est allé encore plus loin en adoptant les théories féministes relatives à la famille, déduisant ainsi que le mariage constitue la forme d'oppression la plus extrême pour les femmes, car elles y fournissent un travail non rémunéré[3] et deviennent dépendantes économiquement de l'homme. À partir de ce moment, nous avons assisté à la naissance d'un mouvement féministe kurde reposant surtout sur la critique de la distinction millénaire entre le rôle de l'homme et celui de la femme, une distinction qui devrait être désormais remise en cause. Öcalan a ainsi mis en exergue la nécessité de lutter contre cette distinction héritée d'une mentalité patriarcale cantonnant la femme à un rôle de gardienne du foyer conjugal, alors que l'homme continue à représenter dans les sociétés capitalistes le symbole de la force physique et mentale, des sociétés qui : « *(...) représentent le mâle dominant dans sa forme la plus institutionnalisée* »[4].

Öcalan a suggéré purement et simplement une relecture de l'organisation économique et politique de la société et une nouvelle redistribution des rôles entre l'homme et la femme car selon lui jusqu'à présent : « *aucun groupe social n'a été autant exploité physiquement et psychologiquement que les femmes* »[5]. Il est donc temps, selon Öcalan, de corriger les erreurs du passé et de mener une nouvelle révolution, une révolution bouleversant complètement le patriarcat, comme le précise Ilham Ahmed, coprésident du Conseil démocratique syrien : « *Nous avons tiré des leçons des révolutions qui ont eu lieu dans d'autres parties du monde (...) Les femmes ont pris part à la révolution et après cela, elles ont dû retourner à leurs cuisines. Pour cette raison, nous mettons la liberté des femmes au centre de nos engagements* »[6].

2 Abdullah Öcalan, *Libérer la vie : la révolution de la femme*, International Initiative Édition, 2e ed., 2016, p. 16.

3 Christine Delphy, *L'ennemi principal*, Paris, Syllepse, 1998.

4 Abdullah Öcalan, *Libérer la vie : la révolution de la femme, Op.cit.*

5 Abdullah. Öcalan, « The revolution is female » in *Il manifesto*, 2010, p. 1. Site internet : http://www.freedom-for-ocalan.com/english/hintergrund/schriften/ilmanifesto.htm (Consulté le 13 juin 2023).

6 Kurdistan au féminin. Le Kurdistan à travers le regard féminin. Site internet : https://kurdistan-au-feminin.fr/2018/04/08/rojava-lexperience-la-plus-radicale-du-monde-en-matiere-de-droits-des-femmes/(Consulté le 1er octobre 2023).

Toutes ces idées novatrices d'Öcalan se sont traduites lors de la rédaction de la Charte sociale du Rojava en 2016. D'emblée, la Charte affirme que : « *Les femmes ont le droit inviolable de participer à la vie politique, sociale, économique et culturelle* », mais aussi : « *Les hommes et les femmes sont égaux aux yeux de la loi. La Charte garantit la réalisation effective de l'égalité des femmes et oblige les institutions publiques à œuvrer en faveur de l'élimination de la discrimination fondée sur le sexe* ». D'ailleurs, la Charte dans son article IV/E met l'accent sur le fait que : « *La femme libre signifie une société libre et une société libre signifie un peuple démocratique* ». La Charte compte en somme lutter contre une société patriarcale dominée par le sexisme et il vise à l'établissement d'une société éthique basée sur l'égalité entre l'homme et la femme. L'article VI est venu en confirmer l'essence : « *Les communautés culturelle, religieuse et linguistique ethnique ont le droit de se développer, de s'auto-diriger et d'apprendre dans leur langue maternelle. Elles ont le droit de protéger et de développer leurs cultures et de fonder leurs propres organisations démocratiques. Il n'est pas admissible d'imposer des idées ou bien des croyances sur les individus, les communautés et les sociétés. Chaque citoyen, homme ou femme a le droit de lutter contre le système patriarcal* »[7].

En tout, près de huit articles de la Charte ont été consacrés à la liberté de genre, l'égalité entre les sexes et la liberté des femmes en fixant un principe de base dans son article XXVI qui dispose que : « *les femmes ont le droit (...) de prendre les décisions qui les concernent* ». Cette disposition est particulièrement importante car elle a toujours fait partie des toutes premières revendications dans l'histoire de la lutte des mouvements féministes et la Charte du Rojava l'a explicitement placée au cœur de son programme social en reconnaissant les inégalités de genre héritées de la société patriarcale préexistante.

L'article II de la Charte est venu définir précisément le nouveau système mis en place en précisant que c'est un système démocratique, confédéral, écologique et social, basé sur la démocratie et la liberté de la femme. En somme, c'est une organisation démocratique, politique

7 Toujours l'article IV qui dispose que : « *La femme en tant que citoyenne jouit d'une égalité et d'une liberté et elle a le droit de participer à la vie politique, sociale, culturelle et économique, y compris la création des partis politiques et la formation des organisations dont elle a besoin dans tous les domaines* ».

et sociale qui s'organise hiérarchiquement et horizontalement loin de l'État, surtout au niveau local en donnant une importance particulière à la participation de la femme à tous les niveaux et, comme l'article IV/A le souligne, à la nécessité de : « *Lutter contre tout ce qui imposé à la société de Rojava comme la colonisation, l'exploitation, le pillage, la pauvreté, le chômage, la faim, le génocide culturel, la purification ethnique et l'occupation. Construire une organisation démocratique et une vie libre sur les principes du confédéralisme social, de la démocratie, la liberté de la femme et de la société écologique* ». L'alinéa C du même article affirme d'autant plus que ce nouveau système doit compter : « *(...) sur toutes les composantes religieuses, ethniques, des groupes communautaires, l'avant-garde de la jeunesse et les femmes qui doivent travailler pour construire ses organisations démocratiques* ».

La Charte du Rojava se caractérise également par une réelle effectivité car elle ne se contente pas d'une simple affirmation de la lutte contre le sexisme et la société patriarcale, mais cette lutte devient la base même de la nouvelle société. C'est ce que l'article VII affirme en précisant que : « *Chaque citoyen libre est responsable de construire une communauté morale et politique sûre en respectant le principe de la liberté de la femme et de lutter contre la domination du sexisme et de la domination des idées réactionnaires qui proviennent de la mentalité masculine* ». Le même article incite les citoyens à : « *(...) se comporter avec les femmes sur le principe de la particularité positive et lutter contre l'extermination, la violence, l'exploitation et la marchandisation des femmes* ». Enfin, la Charte contraint toutes les institutions à adopter un système de coprésidence afin d'impliquer réellement la femme dans l'organisation et la vie politique et sociale du Rojava tout en affirmant dans son article XI que : « *les femmes, les jeunes et les travailleurs sont les forces les plus dynamiques dans la société. Le centre* (du Comité exécutif de la société écologique et démocratique) *est responsable d'élaborer des activités sociales qui visent à éclairer, à organiser et à activer le rôle des femmes, des jeunes et des ouvriers dans la construction sociale* ».

### B. Le communalisme égalitaire

Le système au Rojava est basé sur le communalisme inspiré par Murray Bookchin et qui signifie la mise en place de petites communes regroupées en un système fédéral avec une démocratie directe, comme le précise Anja Flach : « *Le terme de communalisme a été forgé par l'anarchiste libertaire étatsunien Murray Bookchin qui inscrit au cœur de cette idée le principe d'une communauté décentralisée de petites communes regroupées en un système fédéral, fonctionnant sur le principe de la démocratie directe au sein d'assemblées citoyennes. Pour Bookchin, outre l'organisation démocratique, les municipalités doivent disposer des moyens de production, condition matérielle encastrée dans un cadre institutionnel basé sur un fondement écologique* »[8].

Öcalan a adopté ce même système, qu'il a qualifié de « confédéralisme démocratique », mais il l'a surtout enrichi avec une participation forte de la femme lors de sa mise en place. Ce concept de communalisme présenté par Öcalan se caractérise par une forme extrême de décentralisation et une prise de décision locale, impliquant ainsi la création de communes autonomes. Mais l'aspect novateur réside dans le fait que chaque commune, constituée d'un ensemble de bâtiments résidentiels, est dotée de deux assemblées, l'une d'entre elles étant exclusivement composée de femmes. Désormais le pouvoir décisionnel est partagé entre l'homme et la femme.

Lors de la rédaction de la Charte du Rojava, un lien intrinsèque entre le communalisme et le rôle de la femme a été créé, et ce à travers son article XVII qui dispose que : « *Les communes sont les plus petites unités de la société et les plus efficaces. Elles sont constituées selon le paradigme de la société où règnent les valeurs de la liberté de la femme et la démocratie écologique sur la base de la démocratie directe* ». L'article XXVII est venu consolider ce lien en disposant que : « *Au cours de leurs activités, ils (les comités administratifs) prennent en compte les principes de l'auto-administration des différents groupes de la société, en particulier les femmes, les jeunes, les composantes ethniques et culturelles et les diverses convictions* ». Le nouveau système du Rojava fait en réalité dans sa Charte un rappel systématique à son fonctionnement basé sur un pouvoir partagé entre l'homme et la femme[9]. La lutte de la femme ne date d'ailleurs pas d'hier comme le

8 Anja Flach, « Le communalisme au Rojava : une révolution de femmes », Mouvements, Éditions La Découverte, janvier 2020, n° 101, p. 153.

9 Öcalan a déclaré que : « *Le droit à l'autodétermination des peuples comprend le droit à un État propre. La fondation d'un État ne permet cependant pas d'augmenter la liberté d'un peuple, et le système des Nations Unies, fondé sur les États-nations, a*

souligne Anja Flach « *(...) Dès les années 1980 et 1990, des milliers de femmes participent au travail dit « de base et d'organisation » du mouvement kurde au sein du parti des travailleurs du Kurdistan, le PKK. Des militantes font du porte-à-porte, rendant visite à chaque femme pour les faire participer aux différentes initiatives. Dès cette époque, des actions d'éducation et des assemblées de femmes ont régulièrement lieu* »[10].

Afin de consolider ce système, l'Union des femmes kurdes au Rojava a été fondée en 2005 et renommée Congrès Star (Ishtar) en 2016 tout en l'intégrant dans la Charte du Rojava dans son article XXIII qui dispose que l'Union : « *(...) s'organise et fonctionne de façon indépendante au cœur des organismes, des comités et des champs principaux du mouvement de la société démocratique. Les membres de l'union de Star sont responsables devant les organes de l'Union et les institutions du mouvement de la société démocratique. L'Union de Star est l'une des composantes du système confédéral du mouvement de la société démocratique où elle doit assumer sa responsabilité au cœur du mouvement* ». Très rapidement, cette Union a mis en place un comité spécialisé dans les affaires économiques au sein du mouvement des femmes. Ce comité a par la suite donné naissance à des comités économiques féminins présents dans toutes les villes, mettant en place des coopératives où les femmes deviennent propriétaires des terres et productrices. Ces comités se réunissent une fois par mois pour planifier les activités du mois suivant. En réalité, au Rojava, chaque instance fonctionne de manière double, avec à sa tête un homme et une femme. En plus, chaque instance mixte est accompagnée d'une instance composée exclusivement de femmes, conférant à ces dernières un pouvoir de véto sur les décisions qui les concernent. Des conseils des femmes ont été également créés dans toutes les villes, offrant un recours aux victimes de violences sexuelles. Ces conseils comprennent des maisons des femmes où les problèmes peuvent être discutés et des solutions trouvées. En cas

*démontré son inefficacité. Les États-nations se sont ainsi mis à représenter de sérieux obstacles face aux évolutions sociales. Le confédéralisme démocratique est le paradigme inverse, celui des peuples opprimés* ». Abdullah Öcalan, *Confédéralisme démocratique*, Cologne, International Initiative Édition, 2011, p. 35.

10 Anja flach, « Le communalisme au Rojava : une révolution de femmes », *Op.cit.*, p.154.

de violence familiale, les forces de sécurité féminines (les Assayech) interviennent pour assurer la protection des femmes.

Ce système communal au féminin s'est par ailleurs traduit, et ce malgré la guerre, à travers plusieurs initiatives concrètes au niveau local. Ainsi, les institutions municipales des cantons autonomes ont collaboré avec les membres des universités pour lancer une campagne dans l'objectif de créer une bibliothèque multilingue. Des assemblées locales de femmes ont également été mises en place pour cultiver les terres. Récemment « *une centaine de personnes (en majorité des femmes) a commencé à cultiver la terre selon les règles de l'agriculture biologique (...) Les paysans et les villageois s'organisent pour autogérer les espaces verts et cultiver la terre de manière écologique. Les récoltes des productions locales sont partagées entre les populations des régions, selon leurs besoins* »[11]. Depuis 2020, dans les trois cantons de la région Afrine, Djézireh et Kobané, des coopératives pour femmes ont été créées et des écoles de formation consacrées à la Jinéologie (La Science des femmes) ont également été installées dans chaque commune par le Parti de l'Union démocratique (PYD).

### C. La militarisation féminine au masculin

La notoriété de la lutte des Kurdes en Syrie s'est établie dans l'opinion publique en 2014, lors de la bataille de Kobané du 14 septembre 2014. Mais cette bataille a surtout mis en exergue le rôle de la femme kurde dans la lutte militaire et a exporté une image d'elle en tant que femme militaire et dirigeante et parfois supérieure hiérarchiquement à l'homme. En effet, la résistance acharnée des Unités de Protection du Peuple (YPG), mais surtout des Unités de Protection de la Femme (YPJ) contre Daech ont attiré l'attention de l'opinion publique internationale. En effet, ces unités entièrement féminines, créées en 2013 par le Parti de l'Union démocratique (PYD), ont joué un rôle crucial dans l'expulsion des combattants de Daesh. Aujourd'hui, la bataille de Kobané demeure très symbolique de la militarisation de la femme kurde et de son assimilation à des rôles traditionnellement réservés aux hommes. Depuis cette date, l'image de la

11 « Le Rojava : une expérience d'autonomie municipale en temps de guerre ». Entretien avec Engin sustaM. Charlotte Mathivet, Claudio Pulgar, 2016. Cités, territoires, gouvernance. Le territoire au cœur de la transition. Site internet : https://www.citego.org/bdf_fiche-document-1105_fr.html (Consulté le 6 11 2023).

femme kurde au Rojava s'est transformée en celle d'une militaire prête à se sacrifier pour la Nation.

L'action des femmes du YPJ a complètement renversé l'ordre établi par rapport au rôle militaire jusqu'ici purement masculin. Elles ont prouvé leur capacité à manipuler les armes aussi bien que les hommes et même à mener des combats militaires avec des hommes sous leurs ordres. À ce propos, « *Paola TABET soutient que le contrôle des outils par le masculin est à l'origine de la division sexuelle du travail. Transposée à la martialité cette thèse signifie que la division sexuelle du travail militaire – c'est-à-dire les hommes au front, et les femmes au mieux à l'arrière remplissant des fonctions de soin (cuisiner, soigner les blessés...) – est à interpréter par la différence d'équipements entre les deux sexes. Posséder des armes et plus généralement un savoir-faire militaire pour les femmes contribuent à redistribuer différemment la martialité. L'armement des femmes est donc un enjeu essentiel dans leur lutte* »[12].

Les femmes des unités YPJ sont définitivement devenues un symbole de la lutte contre l'extrémisme islamique et contre la société patriarcale. Les combattantes sont conscientes du traitement particulièrement cruel qui leur est réservé par les soldats de Daesh en particulier le viol et l'esclavage, car un homme de Daesh tué par une femme combattante est une source absolue de honte et un motif de vengeance pour les autres membres. En effet selon Daesh, la mort pour ses membres a un aspect sacré menant directement au paradis, mais la personne ne peut y accéder si elle est tuée par une femme, d'ailleurs Nadia Tazi montre que « *il (le jihâd) a toujours été revendiqué comme un sommet de vertu et d'honneur : il glorifie la belle mort du guerrier, une mort qui a tous les mérites puisqu'elle confère noblesse et renommée parmi les hommes dans le même temps qu'elle efface tous les péchés et promet des réjouissances éternelles* »[13]. D'ailleurs, chaque combattante des Unités YPJ est tenue de réserver une balle dans le cas où elle se trouve prisonnière dans le camp ennemi.

12 Jade Charbonnier, *La révolution dans la révolution : ne plus être l'autre dans les alternatives à l'État-Nation : le cas du mouvement de libération des femmes dans le Rojava*, Mémoire de recherche en troisième année, Institut d'études politiques de Grenoble, Université Grenoble Alpes, 2019., p. 43. Aussi Voy., Paola TABET, *La grande arnaque : sexualité des femmes et échange économico-sexuel*, L'Harmattan, 2005.

13 Nadia Tazi, *Le genre intraitable : politiques de la virilité dans le monde musulman*, Arles, Actes sud, 2018.

De leur côté, les combattantes kurdes ne revendiquent pas leur égalité par rapport aux hommes uniquement au niveau militaire, économique et social mais également au niveau religieux comme le souligne Marco Nilsson : « *les femmes kurdes voient leur participation à la guerre comme une chance à la fois de se réapproprier leur religion et de renforcer leur agentivité en tant que femmes musulmanes* »[14]. Finalement, la lutte militaire accorde à la femme la possibilité d'exploiter pleinement son potentiel et prouver sa capacité à transformer la société, qui demeure encore profondément patriarcale, en totale collaboration avec l'homme, et de devenir comme l'indique Olivier Grojean « *(...) la clé du mouvement national* »[15], même s'il ne faut pas oublier que l'expérience de la femme kurde combattante, comme le précise Jade CharbonnieR : « *(...) fait l'objet d'une surmédiatisation, conséquence d'une propagande kurde et d'une vision orientaliste et sexiste des femmes combattantes. Le cas des femmes YPJ confirme la surexposition médiatique des femmes violentes, et met en évidence une fascination, résultat d'une vision construite de l'Orient* »[16].

## II. La femme de Rojava du statut de créature à celui de créatrice

Après une phase de coopération avec l'homme, la femme kurde du Rojava est passée à un statut de créatrice de droits à travers la mise en place d'une nouvelle branche scientifique appelée la Jinéologie ou la Science de la femme (A), la création d'un village proprement féminin (B) mais surtout à travers une nouvelle forme d'éducation et d'enseignement (C)

14 Marco Nilsson, « Muslim Mothers in Ground Combat Against the Islamic State: Women's Identities and Social Change in Iraqi Kurdistan », Armed Forces and Society, 44(2), 2018, pp. 261-279. Cité par Faye Curtis, « Comprendre les motivations au combat des combattantes kurdes », Observatoire international du religieux, bulletin numéro 36, mars 2022., site internet : https://obsreligion.cnrs.fr/bulletin/comprendre-les-motivations-au-combat-des-combattantes-kurdes/ (Consulté le 9/8/2023).

15 Olivier Grojean, « Théorie et construction des rapports de genre dans la guérilla kurde de Turquie », Critique internationale, 2013, Vol. 60, no 3, p. 21- 35. Cairn.info

16 Jade CharbonnieR, *La révolution dans la révolution : ne plus être l'autre dans les alternatives à l'État-Nation : le cas du mouvement de libération des femmes dans le Rojava, Op.cit.*, p. 57.

### A. Pour une science propre à la femme (la Jinéologie)

La Jinéologie est une nouvelle branche de recherche scientifique issue de l'expérience au Rojava. Cette nouvelle branche est entièrement dédiée à l'étude du statut de la femme, ses difficultés, ses besoins et surtout les solutions envisagées, comme Anja Flach le souligne : « *La Jinéologie et les discussions qui l'accompagnent visent à donner aux femmes et à la société en général un accès aux domaines du savoir et de la science, encore contrôlés pour l'instant par les dominants. Le mouvement des femmes kurdes considère important de ne pas dissocier le savoir et la science du champ social, de ne pas en faire des domaines élitistes, de renforcer au contraire leurs liens avec la société. Il s'agit d'abolir les monopoles de savoir. La Jinéologie souhaite notamment développer la vision d'une vie libre, dont les conseils assurent la mise en œuvre concrète – avec un échange constant entre théorie et pratique* ».[17]

La Jinéologie est un terme qui englobe trois notions : Jin, Jyan et Azadî qui signifient la femme, la vie et la liberté. C'est une élaboration théorique issue des travaux des mouvements féministes kurdes des dix dernières années, c'est en quelque sorte le résultat des différentes expériences féministes partout dans le monde, jumelé à l'expérience de la femme kurde. En réalité, la Jinéologie se distingue par la volonté de proposer des solutions concrètes. Parmi les éléments de base de cette nouvelle branche scientifique se trouve la nécessité de passer par une période de non-mixité pour les femmes comme une phase préparatoire avant la mixité avec l'homme. Cette première phase consiste à isoler la femme de la société patriarcale et à se pencher sur ses besoins sans aucune influence de ladite société afin d'arriver à la fin de ce processus à l'autonomie totale (Xwebun). Ce temps exclusivement entre femmes est considéré comme fondamental pour la libération des femmes, les encourageant à se construire loin de la masculinité perçue comme première raison de l'oppression de la femme. Cette démarche de non-mixité, poussera les femmes en quelque sorte à un reformatage et : « *un retour à l'être, à l'intelligence émotionnelle, de la société avant l'État* »[18].

17 Anja Flach, « Le communalisme au Rojava : une révolution de femmes ». *Op.cit*, p. 159.

18 Raphaël Lebrujah, *Comprendre le Rojava dans la guerre civile syrienne*, Vulaines-sur-Seine, Éditions du Croquant, 2018. Cité par Jade Charbonnier, *La révolution*

La Jinéologie a été définie pour la première fois par Öcalan dans ses écrits entre 2005 et 2010, intitulés « Manifeste pour une civilisation démocratique ». Ce travail est composé de cinq ouvrages dont le troisième « Sociologie de la liberté » écrit en 2008 a été entièrement consacrée à la Jinéologie. Très rapidement, ces idées sont étudiées, débattues et enrichies par le mouvement féministe tant au Kurdistan qu'en Europe, et la Jinéolojie se développe progressivement dans le but de renforcer le mouvement des femmes et d'ancrer les avancées politiques dans les domaines social et scientifique. Les idées d'Öcalan ne s'adressent pas uniquement aux femmes mais également aux hommes à qui il demande une nouvelle réflexion afin d'arriver à une nouvelle société égalitaire mais surtout démocratique. Selon lui, une révolution réussie est forcément celle qui se base sur la libération des femmes des comportements patriarcaux des hommes.

En 2011, le premier Comité de Jinéologie a été constitué par une dizaine de femmes engagées. Leur objectif était surtout d'analyser minutieusement tous les savoirs disponibles sur les femmes et sur leurs expériences et d'en extraire les raisons exactes de l'oppression de la femme. Par la suite, d'autres comités de Jinéologie ont vu le jour aussi bien au Rojava qu'en Europe. D'ailleurs, la première conférence de Jinéologie s'est déroulée à Cologne, en Allemagne, en 2014, suivie par une autre conférence à Stockholm en 2015 et à Paris en 2016.

En 2017, un centre de Jinéologie a été créé à Bruxelles et depuis cette année-là, des centres de Jinéologie ont été mis en place en Syrie à Afrin, Derik, Manbij, Kobané et Heseké, jusqu'à une Faculté consacrée aux études de genre et à la Jinéologie qui a ouvert ses portes à Qamischli en septembre 2017. À partir de ce moment-là, le travail en Jinéologie a pu se développer de manière spectaculaire tant au Rojava qu'en Europe. Ce travail mené en particulier par les mouvements féministes kurdes a mis en exergue l'invisibilisation systématique des femmes dans le domaine scientifique, bien qu'elles aient joué un rôle crucial dans la construction des civilisations. Ainsi, ces études montrent que les domaines de l'anatomie et de la médecine se sont développés en se concentrant presque

*dans la révolution : ne plus être l'autre dans les alternatives à l'État-Nation : le cas du mouvement de libération des femmes dans le Rojava, Op.cit.*, p. 22.

exclusivement sur le corps masculin, présentant le corps féminin comme passif ou faible. L'archéologie a également longtemps attribué exclusivement aux hommes la production artistique et artisanale, tandis que la psychologie freudienne a réduit les femmes à des états physiologiques et intellectuels supposés inférieurs.

Les femmes kurdes du Rojava se sont saisies de cette nouvelle branche scientifique et ont activement contribué à son enrichissement par des recherches approfondies et des analyses portant sur des sujets liés aux femmes et à leur histoire. Elles ont élaboré leurs propres théories sur l'organisation, la pratique politique, la protection de soi, et l'autodétermination. En parallèle, elles se sont regroupées au sein d'organisations spécifiques et ont renforcé leur engagement avec l'idéologie de la libération basée sur la Jinéologie, devenue la référence principale pour affirmer leur existence, tout en reconnaissant les limites de cette nouvelle branche : « *Encore une fois, il y a ici un risque de romancer à l'excès les motivations idéologiques en jeu. Il y a un grand écart entre les enseignements de la Jinéologie et la vie des femmes au Kurdistan au quotidien, et il est parfois difficile de différencier l'analyse de la propagande dans les travaux existants sur le sujet. Néanmoins, la théorie politique d'Öcalan et l'exemple des combattantes kurdes nous poussent bel et bien à réfléchir aux motivations de la guerre par-delà la défense de l'État-nation* »[19]. Quoi qu'il en soit, aujourd'hui, à la nouvelle Université du Rojava, le sujet de la Jinéologie est devenu une des matières phares enseignées aussi bien en théorie qu'en pratique.

### B. La non-mixité et la libération de la femme (le village Jinwar)

Comme mentionné précédemment, la première initiative exclusivement féminine au Rojava avec l'idée de créer un lieu composé exclusivement de femmes s'est concrétisée le 15 janvier 2005 avec la création de l'organisation Yekîtiya Star « Congrès Star ». Cette entité rassemble des femmes au sein de divers comités traitant de sujets tels que l'éducation, les médias et les affaires sociales. Fonctionnant sur la

19 Faye Curtis, « Comprendre les motivations au combat des combattantes kurdes », Observatoire international du religieux, bulletin numéro 36, mars 2022 site internet : https://obsreligion.cnrs.fr/bulletin/comprendre-les-motivations-au-combat-des-combattantes-kurdes/ (Consulté le 3/3/2023).

base d'une collaboration volontaire entre organisations, institutions et personnalités démocratiques, elle adopte une structure confédérale, regroupant des communes, des assemblées, des académies, des coopératives, des fondations, des associations et des partis.

L'initiative de ce village exclusivement féminin peut être comprise à travers le concept de « Sanación » introduit par Jules Falque qui explique que ce concept est un : « *concept, difficilement traduisible qui lie rupture du silence, construction de mémoire et guérison (...) il parle de résilience par l'action, l'organisation, du retissage (réparation et création nouvelle) du tissu social – une puissante métaphore qui s'appuie notamment sur la tradition du tissage des femmes indiennes comme activité cosmogonique sacrée. La sanación combine la proposition féministe d'auto-conscience, réappropriation du corps et travail émotionnel, avec un ensemble de pratiques (néo) traditionnelles indiennes ancrées dans la mémoire historique mais aussi diverses spiritualités de résistance, et plus globalement dans une revendication de la vigueur et de l'actualité des cultures indiennes* »[20].

L'idée d'établir un village exclusivement féminin au Kurdistan a été avancée par Öcalan. Cette proposition s'inscrit dans un projet plus vaste visant à offrir une alternative au système capitaliste, étatique et patriarcal. Elle cherche à répondre à divers problèmes auxquels les femmes sont confrontées dans la société, tels que le sexisme, la polygamie, les mariages forcés, l'assignation au foyer, la colonisation et la guerre, comme l'indique Jade Charbonier : « À travers la construction du village et les diverses plantations, les femmes expérimentent concrètement leur libération et façonnent leur autonomie. La non-mixité efface la définition par la négative, puisqu'entourées d'êtres semblables, les femmes deviennent des êtres absolus, qui existent seulement par elles-mêmes »[21]

L'édification de ce village a commencé par un rassemblement le 25 novembre 2016, journée de sensibilisation aux violences faites aux

20 Ioana Cırstocea, Delphine Lacombe et Élisabeth Marteu, et al., « De la guerre à l'exploitation minière néolibérale au Guatemala : violences contre les femmes et décolonisation du « Territoire-corps ». Dans : La globalisation du genre : mobilisations, cadres d'actions, savoirs. Rennes : Presses Universitaires de Rennes, 2018. Cité par Jade Charbonnıer, *La révolution dans la révolution : ne plus être l'autre dans les alternatives à l'État-Nation : le cas du mouvement de libération des femmes dans le Rojava, Op.cit.*, p. 26.

21 *Ibid.*, p.56.

femmes. Le groupe de réflexion mis en place a affirmé que son travail découle « *de la conviction* » que seule « *une forte association de femmes peut constituer le système d'autodéfense nécessaire pour affronter les institutions dominées par les hommes* ». « *Au nom de la religion, de la loi ou de la tradition, les femmes sont devenues « haram », bannies, objectivées. La femme qui a sa propre volonté, peut être une politicienne, une dirigeante, elle peut se protéger. Elle peut participer à tous les domaines de la société – non par la permission des hommes, mais par la volonté des femmes* ».[22]

Le chantier a débuté en 2017 et a été officiellement ouvert aux femmes le 25 novembre 2018, lors de la Journée internationale pour l'élimination de la violence à l'égard des femmes. Ce projet vise à établir un village exemplaire où les femmes peuvent aspirer à une vie normale, éloignée des avancées technologiques et nutritionnelles, en marge des lois établies. L'expérience sociale menée à Jinwar offre aux femmes la possibilité de s'organiser de manière autonome. Elles participent à des formations et à des activités pour jouer pleinement leur rôle dans la construction collaborative d'une société unifiée. La création d'une petite communauté offre aux femmes et à leurs enfants un environnement paisible pour surmonter les défis personnels et collectifs. En vivant ensemble et en se soutenant mutuellement, les femmes de Jinwar renforcent leur moral et puisent une force réciproque.

Le village a été doté des infrastructures nécessaires. Il en est ainsi d'une école avec des salles de classe circulaires pour favoriser l'égalité et le partage, accueillant les enfants du village et des environs. Quoi qu'il en soit, pour les femmes qui y vivent, l'éducation des enfants dans un contexte exclusivement féminin représente l'un des premiers éléments du développement d'une conscience antisexiste dès le plus jeune âge. Le village a également été doté d'un centre médical ce qui nécessite une implication effective des femmes à travers la préparation des locaux, l'assemblage du matériel médical et des plantes médicinales nécessaires, mais surtout la formation médicale des femmes de la région qui ont choisi de travailler au centre. Actuellement, une petite dizaine de femmes y exercent quotidiennement. Les femmes de Jinwar, ainsi que celles des

22 Kurdistan au féminin. Le Kurdistan à travers le regard féminin. « Rojava, l'expéé rience la plus radicale du monde en matière des droits des femmes », *Op.cit.*

villages voisins, y viennent chercher des conseils pour divers problèmes de santé, notamment les maux liés à leur mode de vie, aux tâches domestiques et au stress induit par leurs responsabilités familiales.

Des femmes avec des profils très divers ont intégré le village, allant des veuves aux femmes divorcées, répudiées, et célibataires ayant choisi de ne pas se marier. Souvent, cela implique de faire accepter cette décision à leur famille. Dans la pratique, dans cette société fortement patriarcale, il est difficilement acceptable qu'une femme vive seule. En outre, les femmes veuves doivent résider obligatoirement avec leur famille, ce qui fait que : « *La seule possibilité de quitter la sphère familiale est aujourd'hui de rejoindre un bataillon des Unités de protection de la femme* »[23].

Cependant, cette expérience fait face à la résistance de certains hommes qui ont du mal à d'accepter l'idée qu'ils soient relégués à un statut secondaire même si le « *(...) but n'est pas de rejeter la gent masculine mais de permettre aux femmes de s'en émanciper pendant un laps de temps donné* »[24]. C'est pourquoi à Jinwar, la question de l'auto-défense est devenue un sujet clé et des formations ont été mises en places afin de confronter les nombreuses attaques dont ces femmes sont la cible. Malgré tout, cette expérience demeure très riche en enseignements car malgré les difficultés, les femmes et les jeunes se sont organisés de manière autonome pour travailler et lutter en faveur d'une société forte, indépendante et dynamique, et pour garantir la liberté des femmes partout et en permanence.

### C. L'éducation comme levier de l'égalité homme-femme

Le système éducatif a été entièrement réformé en ce qui concerne l'image et la représentation des femmes. Les manuels scolaires ont ainsi été modifiés dans l'objectif de lutter contre une mentalité sexiste et patriarcale, et pour promouvoir un mode de vie basé sur l'égalité, le respect, la justice et la liberté. L'enseignement se fait désormais dans la langue maternelle de l'élève, accompagnée d'une autre langue de son choix. En outre, le réaménagement du programme scolaire s'est accompagné de

23 Aurélie Moreau, « Un village de femmes au Kurdistan syrien : leur féminisme, c'est la ligne de forme », magazine Axelle, n° 209, mai 2018. Site internet : https://www.axellemag.be/femmes-kurdistan/ (Consulté le 12 10/2023).

24 *Ibid.*

plusieurs réformes législatives supprimant certains aspects discriminatoires à l'encontre de la femme. Ainsi, parmi ces réformes phares, figure le « décret égalité » adopté le 5 novembre 2014 imposant la parité, interdisant la polygamie[25], les meurtres « d'honneur », et garantissant les mêmes droits d'héritage aux femmes et aux hommes. Ce décret prévoit également des sanctions pénales, y compris la prison, pour les parents tentant de marier leurs enfants de force.

Bien évidemment les réformes législatives ne peuvent pas modifier instantanément les traditions et la mentalité car « *(...) il n'y a pas que la volonté politique et les lois qui comptent dans le cadre d'une transformation sociale, (...) Elles doivent être implantées sur le terrain où il existe des freins comme les traditions, la communauté et les structures familiales.* »[26]. Cependant, ces réformes remettent au moins en cause cette mentalité : « *Nous nous concentrons sur l'éducation (...) Nous changeons ces sociétés lentement, lentement... nous* éduquons les jeunes enfants à croire en l'égalité entre les hommes et les femmes. »[27]. En réalité, la mentalité patriarcale persiste car dans les esprits masculins la femme continue à avoir purement et simplement le statut millénaire de : « *(...) garante de l'honneur de sa famille, de ses proches et par extension de la communauté entière. Dans un système basé sur les appartenances familiales et communautaires, une femme qui, de par un acte, un comportement, une parole, un regard, une posture, supposée ou vérifiée, forcée ou voulue, « perd » son honneur ou plutôt l'honneur des hommes de sa famille ou clan, se voit imposer des sanctions immédiates : exclusion du groupe, violences, crimes d'honneur* »[28].

25 « *L'éthique et les valeurs du mouvement kurde exercent une forte influence sur la société, marquée par un esprit révolutionnaire. Les personnes engagées au sein du mouvement tentent également de vivre conformément à ces valeurs. Avant la révolution, il n'existait pas de droits individuels des femmes* ». Anja Flach, « Le communalisme au Rojava : une révolution de femmes », *Op.cit*, p. 156.

26 Aurélie Moreau, « Un village de femmes au Kurdistan syrien : leur féminisme, *Op.cit*.

27 Kurdistan au féminin. Le Kurdistan à travers le regard féminin. « Rojava, l'expéé rience la plus radicale du monde en matière des droits des femmes ». *Op.cit*.

28 Jade Charbonnier, « La révolution dans la révolution : ne plus être l'autre dans les alternatives à l'État-Nation : le cas du mouvement de libération des femmes dans le Rojava », *Op.cit*, p.29.

Nous trouvons la persistance de cette mentalité patriarcale également dans le domaine militaire. Ainsi, toute relation sexuelle ou amoureuse entre les combattants et combattantes est strictement prohibée au sein des unités de combat. Selon Olivier Grojean, cette interdiction facilite tout simplement l'intégration des femmes dans les unités de combat, car l'honneur est désormais assumé collectivement, il considère que : « *Les théories de la Femme libre et de l'Homme nouveau visent ainsi à discipliner les corps, à désexualiser hommes et femmes, afin de s'assurer de leur fidélité et de leur amour pour Öcalan* »[29].

Aujourd'hui au Rojava, le code d'honneur familial persiste, et la violence envers les femmes demeure malgré tout encore un problème. En 2017, à travers la Fédération, pas moins de 9000 plaintes ont été déposées par des femmes dénonçant des violences subies, et plusieurs crimes d'honneurs ont été enregistrés[30] malgré les efforts internationaux fournis à cet égard, notamment à partir de 2001 où l'Union européenne a déclaré devant la Commission des droits de l'Homme des Nations Unies (CDH) à Genève que « *les facteurs sociaux, culturels et religieux ne peuvent pas être invoqués pour justifier la violation des droits des femmes et des jeunes filles* ». Cette déclaration est venue donner suite à la résolution 2000/45 sur l'élimination de la violence contre les femmes, adoptée par la CDH qui a défini le terme « violence à l'égard des femmes » comme « *tout acte de violence sexuelle causant ou pouvant causer préjudice aux femmes ou des souffrances physiques, sexuelles ou psychologiques, ainsi que les crimes commis au nom de l'honneur et les crimes passionnels* »[31]. La Commission a prié les États de condamner la violence à l'égard des femmes et de ne pas invoquer la coutume, la tradition ou des pratiques au nom de la religion pour se soustraire à l'obligation d'éliminer cette violence[32]. Malgré ces

29 *Ibid.*

30 Voy. Aurélie Moreau, « Un village de femmes au Kurdistan syrien : leur féminisme, c'est la ligne de forme », *op.cit.*

31 Commission des droits de l'Homme, Résolution 2000/45 « L'élimination de la violence contre les femmes ».

32 Au mois de janvier 1999, dans son Rapport sur les exécutions extra-judiciaires, sommaires ou arbitraires présenté devant le Conseil économique et social des Nations Unies, Asma Jahangir, avocate pakistanaise et rapporteur spécial de la Commission des droits de l'Homme, décédée le 11 février 2018, a dénoncé l'horreur des « crimes d'honneur, commis dans certains pays du Moyen-Orient,

efforts internationaux, le Rojava reste encore loin de ces instances, de leur influence et de leur contrôle.

## Conclusion

L'expérience de la libération des femmes au Rojava représente une richesse quasi unique dans le monde. La femme au Rojava a montré une capacité hors du commun à pouvoir être égale à l'homme. Cette libération s'est manifestée à tous les niveaux : politique, économique, social, et même militaire. Bien que les femmes aient acquis de nombreux droits au sein de la société, des lacunes persistent au sein de la cellule familiale. La communauté internationale a exagéré l'image de la femme au Rojava en la présentant comme l'égale absolue de l'homme. En réalité, le chemin vers cette égalité reste encore long à parcourir dans une société qui conserve profondément ses structures patriarcales, même si cette expérience offre un modèle atypique de la possibilité de libérer les femmes, par les femmes et pour les femmes.

d'Amérique latine ou d'Asie du sud, où des époux, des pères ou des frères tuent leurs femmes, filles ou sœurs en toute impunité pour défend

# TRAVAILLER À L'INTERNATIONAL ET AVEC JEAN MARCOU

# Et l'après-midi, Boris a dansé le rock... Saint-Pétersbourg, 1996

JEAN-PAUL BURDY

« ***Nous n'avons personne de ce nom-là !*** »

Faut-il l'appeler le professeur *Propavcheye – Le Disparu* ? Ou *Nevidimyi – L'Invisible ?* En 1993, l'Université Stendhal, l'Université Pierre-Mendès-France et Sciences Po Grenoble organisent un colloque international sur « La nouvelle Europe post-soviétique ». La partie russe est principalement représentée par X, un éminent professeur de sociologie de l'Université d'État de Saint-Pétersbourg. Discours inauguraux, communications, débats, toasts, photos-souvenirs... Peu après, quand commencent les programmes européens Tempus-Tacis, les économistes grenoblois partent à Sverdlovsk, complexe militaro-industriel et ex-*ville fermée,* interdite aux étrangers de 1960 à 1990, avant de retrouver son nom pré-révolutionnaire, Iekaterinbourg. Pour établir des partenariats en sciences humaines et sociales, Grenoble décide de se tourner vers la prestigieuse Université de Saint-Pétersbourg, fondée par Pierre-le-Grand. Rendez-vous est donc pris à la faculté de sociologie, avec le professeur X. Nous y sommes reçus par un triumvirat professoral. Et commence un curieux dialogue. Nous nous enquièrons du professeur X, chef du département. « *Le professeur X ? Nous n'avons personne de ce nom dans nos effectifs* ». « *Pas ici, non...* ». « *Une erreur de localisation, peut-être ?* ». Après quelques verres de thé, un silence perplexe (côté grenoblois) et manquant clairement d'aménité (côté triumvirat) s'étant établi, nous sortons en désespoir de cause quelques documents : des photos du colloque de 1993, la carte de visite bilingue du professeur X, et la brochure officielle de la faculté de sociologie qu'il nous avait laissée, et dans laquelle sa photo orne la première page. Revirement contraint de nos interlocuteurs : « le *professeur X ? Ah, mais bien sûr !* » « *Ouiiii, le professeur X....* ». Espoir de l'émissaire grenoblois. « *Malheureusement, il n'est pas à Saint-Pétersbourg...* ». « *Il est très malade, vous ne pourrez pas le voir...* ». « *Pas de chance, il est en déplacement...* ». Effectivement, le professeur X a disparu de la Faculté de sociologie. Nous ne l'avons jamais revu. Et nous ne saurons jamais dans quelles conditions il a été escamoté après 1993, au point que son existence même soit niée devant le visiteur étranger en 1996.

### Les anciens d'Afghanistan, le « tribunal d'honneur » et la marinière militaire

Peu confiant dans nos compétences en langue russe – le temps du lycée est lointain –, nous avons recruté Sergueï, un étudiant pétersbourgeois doctorant à l'IEP, comme *accompagnateur-interprête* pour les projets à Saint-Pétersbourg – on le qualifierait aujourd'hui de *fixeur*. Sergueï a fait son service militaire en Afghanistan, comme toute une génération de jeunes soviétiques – il me semble me souvenir qu'il était infirmier régimentaire. Il fait donc partie des *Afghantsi* – les anciens combattants. Il porte souvent sous sa chemise la marinière bleu et blanc de l'armée russe, la *telniachka*. Un signe discret, mais explicite, pour ses interlocuteurs. Il m'a plusieurs fois expliqué comment ses copains d'Afghanistan revenus à Saint-Pétersbourg se sont partagés en deux groupes : ceux, nombreux, qui, forts de leur expérience de la guerre, des armes et de la drogue sont entrés de plain-pied dans les mafias qui se disputent les ressources de la ville et de l'État, et rackettent tous les commerces privés qui s'ouvrent depuis peu ; et ceux qui essaient de réintégrer la vie civile et de survivre dans le chaos ambiant en trouvant un boulot honnête – avec des salaires dérisoires. Sergueï, qui a des copains dans les deux camps, me dit que tous se retrouvent dans l'association locale de défense des intérêts des *Afghantsi*, au sein de laquelle officie une forme de « tribunal d'honneur » en cas de conflit interpersonnel ou d'intérêts... Nous entrons un jour avec lui dans un petit snack. À la porte, comme toujours, un garde de sécurité – mais je pense que la marinière de Sergueï donnait droit d'entrée. Peu de monde à l'intérieur. Nous commandons une boisson et un sandwich. Dans un coin de la salle, une vaste table ronde, et quatre hommes parlant fort. Sur la table, une montagne de billets, des roubles et des dollars, pour autant que l'on puisse deviner. Les quatre hommes en font des piles. Le racket des commerces et des entreprises est, à cette échelle, l'une des ressources principales de l'économie mafieuse de base. Au niveau de l'État, le processus (légal) de privatisation des entreprises publiques bat son plein – concrètement, c'est le pillage de l'économie : les oligarques sont en train de constituer leurs immenses fortunes en dépeçant le pays.

**Le lit en fer de Lénine, « son amie française », et l'adjoint au maire, Vladimir Poutine**

Nous avons rendez-vous au Palais Smolny, ci-devant « Société pour l'éducation des jeunes filles nobles ». En octobre 1917, ce pensionnat réputé a été un des hauts-lieux de la révolution bolchévique, le siège du célèbre Soviet de Petrograd. On y visite l'appartement de Lénine. Son bureau. Le lit en fer de Vladimir Ilitch est bien étroit. Un des visiteurs français persifle quand la guide évoque « son amie française » Inessa Armand – née Élisabeth Pécheux d'Herbenville. La maîtresse franco-russe de Lénine avant la guerre, quand ils habitaient rue Marie-Rose, près de la Porte d'Orléans, et formaient un ménage à trois avec Nadejda Kroupskaïa, l'épouse légitime... Smolny est ensuite devenu la mairie de Petrograd, puis de Leningrad, et désormais de Saint-Pétersbourg. Le maire, Anatoly Sobtchak, professeur de droit à l'Université, démocratiquement élu en 1991, est un « réformateur ». L'un des vice-maires s'appelle Vladimir Poutine, ancien élève de Sobtchak à la faculté de droit (comme d'ailleurs son ami Dmitri Medvedev) avant d'aller exercer comme *rezident-adjoint* à l'antenne du KGB à Dresde, en RDA, où il a assisté à l'effondrement et du Mur, et de son monde *guébiste*. En 1996, personne ne le connaît encore. Il faudra attendre 2004 pour que la faculté de droit installe *spontanément* dans ses locaux un « Tableau d'honneur à Vladimir Poutine », dans la tradition des autels orthodoxes domestiques et de leurs icônes, reprise par le « Coin rouge » de la période soviétique, dédié successivement à Lénine puis à Staline. À Bakou, à l'Académie d'administration publique près le président, nous photographierons le « coin » consacré à Heydar Aliev, longtemps général du KGB d'Azerbaïdjan, puis membre du *politburo* à Moscou, avant de devenir président de l'Azerbaïdjan indépendant. Nous arpentons les longs couloirs de la mairie, vides. Sombres moins par l'éclairage chétif que par la peinture vert kaki qui semble avoir recouvert l'intérieur de toutes les administrations et de tous les bâtiments publics de l'Union soviétique.

### Du danger (mortel) de ne pas accepter de privatiser les cimetières...

L'Université et la Ville de Grenoble ont décidé de s'associer dans les projets de coopération à Saint-Pétersbourg. Le thème retenu est celui de la gestion des flux et des réseaux (déchets, chauffage urbain, transports urbains), sur laquelle Grenoble pense avoir quelques expertises innovantes. Nous rencontrerons, à quelques mois d'intervalle, deux directeurs des services techniques de Saint-Pétersbourg. D'abord à Smolny, où notre première visite exploratoire est visiblement perçue comme incongrue, vite renvoyée à des garanties préalables de financement total par la partie française. En l'état de délabrement économique du pays, c'est la préoccupation principale de la plupart de nos interlocuteurs. Quelques mois plus tard, avec un projet un peu plus avancé, j'accompagne un adjoint au maire de Grenoble. La rencontre, avec un nouveau directeur des services techniques, se tient dans un bâtiment moderne, à l'extérieur de Smolny : entrée par un sas blindé, fouille au corps, gardes devant la porte. On nous fait asseoir, assez loin du bureau du directeur des services techniques. Nous avons chacun un gorille littéralement penché sur notre épaule, qui surveille le moindre de nos gestes. La discussion est rapide : pour la partie russe, Grenoble n'a guère que la taille d'un arrondissement de Saint-Pétersbourg (ce qui est vrai...) ; nos financements européens potentiels sont jugés insuffisamment attractifs. En sortant d'une réunion totalement infructueuse, nous élucidons grâce à Sergueï le pourquoi de ce changement de directeur. Les deux prédécesseurs de notre interlocuteur du jour ont rencontré quelques ennuis. Le premier est mort pour avoir refusé de céder « au secteur privé » – comprendre : à un des clans mafieux de la ville – la gestion des cimetières de la ville. Le suivant, notre interlocuteur à Smolny quelques mois auparavant, a été *révolvérisé* dans son bureau. Pour avoir refusé, à son tour, de « confier au privé »... le déneigement de la ville.

**La mobilité résidentielle, de la kommunalka au khrouchtchevka**

Saint-Pétersbourg est un décor de théâtre permanent, aux scènes multiples, et dans lequel les couches mémorielles se superposent et s'entremêlent. La ville classique, splendide dans sa décrépitude vénitienne, et la ville soviétique, qui survit dans le chaos et les pénuries. Devant une station de métro, une manifestation de retraités, d'ouvriers, et de *babouchkas* en fichus, à la mine aussi usée que leurs vêtements. Les victimes du grand saut dans le capitalisme mafieux. Certains d'entre eux brandissent le portrait de Staline. En même temps, l'anarchie. Sur certaines grandes avenues du centre, des immeubles entiers sont occupés par les mafieux. De grosses limousines allemandes encombrent les parkings. Des chauffeurs-gardes du corps que l'on croirait sortis de films américains. Des filles, innombrables. Quand on passe devant, le soir ou la nuit, des lumières violentes à toutes les fenêtres, souvent de la musique tonitruante. Une ambiance de boîte de nuit imposée à tout le voisinage. J'interroge notre accompagnatrice Maria, professeure de français à l'Université, pétrie des Classiques français. Elle m'expose son propre cas : elle habitait dans une *kommunalka,* un appartement communautaire, dans une grande maison bourgeoise du début du siècle. L'appartement, collectivisé après la révolution, était partagé entre une demi-douzaine de familles, chacune occupant une ou deux pièces. La cuisine, la salle de bain et les toilettes étaient collectives. Le loyer et les charges absolument dérisoires – mais l'entretien chaotique de l'immeuble en découlait directement. Un jour, les mafieux sont arrivés chez Maria, brandissant des liasses de billets. Les habitants de la *kommunalka* étaient « *invités* » à vendre leur pièce, et à acquérir avec « *l'indemnité* » un « *vrai appartement* » en périphérie plus ou moins lointaine. Maria me dit avoir apprécié d'y disposer de beaucoup plus de place, en particulier pour sa bibliothèque, mais regretté d'avoir dû quitter son bel immeuble délabré du centre-ville pour une des innombrables et lointaines barres d'immeubles, les *khrouchtchevka,* délabrées, elles, dès leur construction. Ainsi va la mobilité résidentielle et de la propriété immobilière à Saint-Pétersbourg dans les années 1990. On nous racontera ce type de scène dans les mêmes termes pour les somptueux immeubles de l'avenue des Pétroliers, sur le front de mer de Bakou – avec un épisode supplémentaire : après récupération par les mafieux – ou des proches du clan au pouvoir, les beaux appartements *refurbished* par des entreprises turques ont, pour certains, été revendus avec des plus-values colossales à des cadres occidentaux de l'humanitaire (principalement suisses) en charge des réfugiés et déplacés azéris d'Arménie et du Haut-Karabakh, ou à des représentants des *majors* pétrolières anglo-américaines qui ont fondu sur la Caspienne après 1991…

**Les *morses* plongent dans la Neva**

Retour à l'hôtel Aurora, géré par l'incontournable agence Intourist, qui avait autrefois le monopole des touristes étrangers. Une longue barre de béton décrépite des années 1960, qui donne sur la Neva. Un modèle architectural cloné partout dans l'Empire soviétique, avec, parmi les gènes communs, toujours la même immense salle à manger aux lourdes tentures rouge cramoisi, ses serveuses en chaussettes blanches dans des sandales à semelles compensées en liège, et ses serveurs aussi nombreux qu'ostensiblement imperméables à la notion de service à la clientèle. Un tiers de l'hôtel Aurora a brûlé quelques mois auparavant, ce qui n'arrange rien. Mais les *babouchkas*, seules détentrices des clés des chambres sur chaque palier, et qui tiennent sur leurs registres la chronique précise des va-et-vient de chacun, sont toujours fidèles au poste, et imperméables à nos modestes efforts de discussion. Des chambres, vue imprenable sur la Neva : juste en face, le croiseur Aurore, fréquenté en cette saison par de jeunes cadets de la Marine, en uniforme noir de la Flotte de la Baltique. Le coup de canon (à blanc…) tiré par l'Aurore le 25 octobre 1917 a marqué le signal de l'attaque du Palais d'Hiver à Petrograd. Nous sommes en janvier, le fleuve est gelé. Sur le quai, deux « morses » : un homme et une femme en maillot de bain plongent dans un trou dans la glace. « *Une tradition de l'Épiphanie orthodoxe permettant de purifier corps et âme* », écrivent les guides touristiques. Il doit faire -20°C dehors. Et largement plus de 30°C dans la chambre d'hôtel, sans possibilité de régler quoi que ce soit. Il faut ouvrir la fenêtre pour pouvoir dormir - maux de gorge garantis le lendemain matin. Le chauffage, l'eau, l'électricité ne coûtent rien – quelques kopecks par mois, donc on gaspille à tout va. En fin de journée, j'explique au président de la délégation grenobloise que les nombreuses bouteilles enveloppées de papier journal que viennent d'apporter ses homologues russes sont les flacons de vodka indispensables aux innombrables toasts d'amitié qui seront échangés pendant la soirée officielle, voire au-delà. Il est des moments, en Russie comme en Chine, où il est parfois préférable de ne pas être chef de délégation...

### Au 5e étage, l'appartement de Kirov, « *dans son jus du 1er décembre 1934* »

Au 28, Kammennoostrovsky Prospekt, visite de l'appartement de Sergueï Kirov, l'homme fort du parti à Leningrad, assassiné le 1er décembre 1934 au Palais Smolny. Une balle dans la nuque. La signature habituelle du NKVD. Son garde du corps, qui avait laissé Kirov seul quelques instants dans son bureau, sera *malencontreusement* écrasé par un camion dès le lendemain. Le gardien du musée est surpris et enchanté de recevoir un visiteur étranger. Son Livre d'or ne témoigne que de visites de classes d'écoliers, et de rares visiteurs individuels. Un très grand appartement, dans un bel immeuble édifié avant la révolution, réservé ultérieurement à la *nomenklatura* stalinienne. Des portraits de Staline. Beaucoup de livres. Partout les cadeaux *spontanément* offerts au grand Kirov par les mineurs (des blocs de houille, des lampes de mineur) ; les métallurgistes (des lingots miniatures, des pièces forgées) ; les cheminots (des maquettes de locomotives...). Des plaques commémoratives, avec le portrait de Lénine, ou le profil de Staline. Plusieurs téléphones, dont « *la ligne directe avec Staline* ». Un petit lit en fer – le même que celui de Lénine au Palais Smolny. Je me convaincs que les lits des demoiselles du Pensionnat pour jeunes filles nobles ont été distribués dans tous les lieux de mémoire de la ville. Beaucoup de rapaces empaillés, une peau d'ours au sol : en bon dirigeant soviétique, Kirov était un grand chasseur devant l'Éternel... Les mêmes photos politiques retouchées, et les mêmes légendes aussi aléatoires que mensongères sur les cartels. Comme à Minsk. Comme à Gori, en Géorgie, dans la maison natale du futur séminariste et braqueur de banques Joseph Vissarionovitch Djougatchvili, *alias* Staline. De nombreux tableaux, copies conformes de ceux que nous avons déjà vus à Bakou, dont le bolchevik Kirov avait fait son fief pendant la révolution. L'appartement de Kirov est « *dans son jus du 1er décembre 1934* » nous garantit le conservateur, prolixe. En réalité, mais nous ne l'apprendrons que beaucoup plus tard, au détour d'une biographie anglaise de Staline, pendant plusieurs décennies, le musée Kirov était installé ailleurs en ville, dans l'hôtel particulier de Mathilde Kschessinska, une ballerine polonaise maîtresse du tsar Nicolas II. Puis le musée a déménagé dans ce qui avait été l'appartement de fonction de Kirov. L'aménagement du musée « *dans son jus* » que nous visitons en 1996 date donc au mieux de Khrouchtchev, longtemps après la mort du camarade Kirov. En 2024, le site internet du Musée Kirov signale que « *l'ancienne chambre de bonne accueille l'exposition interactive "Prends ce qu'on te donne !"* »... C'est de bon conseil.

### « *Il nous faut changer de trottoir !* »

Maria était restée perplexe quand je lui avais dit vouloir visiter l'appartement de Kirov. Peu après, je repère une plaque sur un immeuble anonyme : « Musée du KGB ». Je lui demande s'il serait possible d'y consacrer quelques minutes avant de rejoindre l'hôtel. Je ne rate jamais une occasion de visiter ce type de lieux de mémoire du totalitarisme, en général désert, et toujours susceptible de disparaître du jour au lendemain : le musée de la StB à Prague en 1972, le musée de la Sigurimi à Tirana peu après, le gigantesque complexe de la Stasi sur la Normannenstrasse à Berlin après 1990, le petit musée du KGB à Vilnius, les installations d'écoute des chambres sonorisées de l'Hôtel Riga, dans la capitale lettone. À Prague, à Tirana, et dans le « musée de l'athéisme » de Shkodra installé par Enver Hodja, j'ai repéré la même Bible évidée pour abriter une petite arme de poing. Moscou a visiblement fabriqué en de multiples exemplaires dans les années 1950 de telles « bibles », distribuées dans les pays-frères pour l'édification des masses laborieuses sur l'incontournable « complot du Vatican ». Pour en revenir à Saint-Pétersbourg, la réponse de Maria est immédiate, avec une vraie inquiétude dans la voix : « *Mais vous n'y pensez pas, c'est le musée du KGB !* ». Je n'insiste pas. Nous continuons sur le trottoir. Quelques mètres plus loin, sans raison apparente, elle me dit : « *Il nous faut traverser, changer de trottoir* ». Ce que nous faisons. Je m'enquiers de l'immeuble que visiblement nous devons éviter de longer : c'est le siège du FSB - la nouvelle appellation du KGB depuis moins d'un an. Ce qui impose de traverser la rue. Comme devant la Loubianka, à Moscou. Même affaiblis (à l'époque) et sous une nouvelle dénomination, les *Organes* n'ont pas perdu leur pouvoir dissuasif.

**En soirée, la scène bascule au Poulkovskaïa…**

L'Hôtel Poulkovskaia est un très vaste hôtel international à l'architecture contemporaine sans intérêt aucun, situé à l'entrée sud de Saint-Pétersbourg. En journée, l'hôtel est banal, on y croise principalement des groupes de touristes scandinaves, venus vivre « *l'expérience inoubliable des nuits blanches de Saint-Pétersbourg* » vantée par les guides. Étonnant quand même que le nombre de jeunes prostituées, toutes de noir vêtues : dans les couloirs, les coins-cafés dans les étages, les boutiques. Rien que d'habituel dans les hôtels (ex-) soviétiques pour touristes, sinon leur nombre. Mais comme dans un théâtre disposant d'une scène tournante, ce décor ordinaire bascule peu à peu en soirée : les prostituées envahissent le lobby, bloquent presque les ascenseurs. L'hôtel abrite, au sous-sol, un grand casino. Le parking devant l'hôtel voit s'accumuler les voitures des chefs mafieux – leurs limousines allemandes, aux vitres fumées, et les 4x4 noirs de leurs gardes du corps. Cheveux ras, muscles saillants, lunettes noires de rigueur. Et armes visibles sous certaines vestes. Ostensibles et ostentatoires, pour dissuader tout faux-mouvement… Les touristes scandinaves, majoritairement âgés, rejoignent peu à peu leurs chambres. Ils sont remplacés par un autre monde, qui navigue entre les bars et restaurants du rez-de-chaussée, le casino au sous-sol, les canapés et les fauteuils du lobby. Les filles sont omniprésentes. Dans leurs chambres, les touristes sont sollicités une bonne partie de la nuit par des coups de téléphone leur proposant – en anglais – une ou plusieurs partenaires. Parfois même, on tambourine à la porte des chambres pour cela. Le Poulkovskaia de nuit est devenu un casino et un bordel. Jean, qui se lève tôt pour faire son jogging matinal, me raconte les dizaines de gros bras affalés sur les canapés du lobby au petit matin. Puis la brigade des femmes de ménage, fichus sur la tête, arrive, avec seaux et balais. Les touristes commencent à descendre pour le petit-déjeuner. La scène a tourné, l'ordre diurne apparent se rétablit peu à peu.

**Boris danse le rock devant le Palais d'hiver**

Milieu de matinée, pause dans le séminaire international auquel nous participons, organisé par des Scandinaves imperturbables sur « *Les bonnes pratiques de l'administration publique* » – un thème qui peut apparaître quelque peu décalé dans l'ambiance générale du pays. Nous sommes dans le lobby de l'hôtel : « *Pribivaet ! Pribivaet !* ». L'hôtel Poulkovskaia donne sur une vaste place ovale, au centre de laquelle est dressée la colonne de la Victoire, à la mémoire des héros des 872 jours du siège de Leningrad entre 1941 et 1944 – 1,5 million de morts. Toute personnalité russe ou étrangère arrivant en voyage officiel à Saint-Pétersbourg doit y déposer une gerbe. La rumeur enfle : « *Pribivaet ! Il arrive ! Il arrive !* ». Petit mouvement de foule vers la place devant l'hôtel, cernée par un cordon de miliciens assez lâche. Nous suivons le mouvement. Des mafieux, armés pour certains, se mêlent aux miliciens. Un cortège de limousines s'arrête. De la plus grosse sort un mort-vivant, massif. Visage jaune-vert, qui semble maquillé, sans aucune expression. Somnolent, les yeux semi-fermés. Il est littéralement porté par deux gardes du corps pour monter les quelques marches et franchir les quelques dizaines de mètres qui mènent à la colonne de la Victoire, pour y déposer la gerbe règlementaire. C'est Boris Eltsine, président de la Fédération de Russie depuis 1991. Nous sommes dans la dernière semaine de la campagne électorale pour le premier tour de la présidentielle, le 16 juin. Boris est en campagne pour sa réélection, malgré un état de santé très dégradé – problèmes cardiaques et alcoolisme notoire. La réalité dépasse la fiction : un mort-vivant porté par ses gardes du corps, des miliciens et des mafieux côte à côte assistant à la scène, qui dure moins de dix minutes... Jean et moi reprenons le séminaire de travail avec les Scandinaves. En milieu d'après-midi, nous rejoignons aussi rapidement que possible la place du Palais d'Hiver, mondialement connue pour les images de l'assaut du bâtiment par les marins de Kronstadt et la foule des bolchéviks le 25 octobre 1917 – en réalité des reconstitutions cinématographiques de 1920 et 1928. Trop tard, on est déjà en train de replier les stands et de démonter la tribune dressée pour le candidat Eltsine. Les balayeuses arrosent la place. Nous avons raté une autre scène surréaliste : l'après-midi, Boris Eltsine, le mort-vivant du matin, a longuement dansé le rock, se déhanchant avec quelques danseuses court-vêtues. Nous verrons cela au journal télévisé du soir, médusés par cette résurrection de Boris.

**Le brouillard russe ne vaut rien aux ambitieux**

Dans la chambre d'hôtel, nous suivons la soirée électorale du 1er tour. Avec onze candidats, la campagne a été relativement ouverte et disputée, et les résultats officiels – jugés crédibles par les kremlinologues, serrés. Boris Eltsine obtient 35,79 % des suffrages, dépassant de peu le communiste Gennady Zyouganov, 32,49 % des suffrages. Mikhail Gorbachev « candidat indépendant », adulé en Occident, détesté dans son propre pays parce que fossoyeur de l'Empire soviétique, a rassemblé 0,52 % des voix – soit 368 069 bulletins sur les plus de 108 millions de suffrages exprimés... Les commentateurs s'intéressent beaucoup aux 14,73 % d'Alexandre Lebed, un jeune et brillant major-général qui, à la tête de la 14e Armée russe, a imposé en 1992 la dissidence pro-russe de la Transnistrie moldave. Il se réclame à la fois de Pinochet et du général de Gaulle. À la tête de son Congrès des communautés russes, il entend « faire valoir les droits » de tous les Russes qui se sont retrouvés dans les pays nouvellement indépendants des périphéries de l'ex-URSS, dont l'Ukraine. « *Faiseur de roi* », Lebed se rallie à Eltsine pour le 2e tour. Lebed sera le « *Bonaparte russe* », prédisent les gazettes locales et le *Spiegel* allemand. Pas de chance, son hélicoptère s'écrasera peu après en Sibérie, dans des circonstances mal précisées. Le brouillard, paraît-il... Jugé plus malléable que Lebed, et vraisemblablement poussé par la nébuleuse des *Services*, c'est Vladimir –*Volodya* – Poutine qui sera installé peu après au Kremlin par Eltsine, et avec lui « le clan des Pétersbourgeois ». Dont beaucoup sont passés par la faculté de droit de l'Université d'État de Saint-Pétersbourg.

NB : Ces notes de voyage correspondent à quatre missions à St-Pétersbourg en 1996-1997. Complétées par quelques « choses vues » à Minsk, Bakou, Gori, Tirana, Vilnius, Riga, Prague, Berlin. Tous les prénoms et patronymes ont été modifiés – sauf ceux de Jean (Marcou), et des personnalités publiques russes.

# Victor Hugo à Bakou

HUBERT PERES

Une fois n'est pas coutume, j'avais à peine trempé mes lèvres dans le verre pris au passage d'un plateau. Ce vin juvénile ressemblait à ceux des cuvées précédentes, avec des arômes pâteux qui fatiguaient le palais. Mais son goût était moins baroque que la circonstance où il était servi. La grande salle accueillait le tout-Bakou francophone, convié ce troisième jeudi de novembre 1995 à célébrer l'arrivée du beaujolais nouveau. Après avoir brièvement disserté sur la haute valeur symbolique de l'évènement, l'ambassadeur circulait d'un groupe de convives à l'autre, ne s'attardant qu'auprès d'un petit cercle de jeunes hommes habillés à la mode Jack Lang.

— « Ce sont des artistes. Surtout des peintres, que l'ambassadeur aide en leur achetant quelques toiles », chuchota Azelma, qui venait de s'approcher de moi.

Je connaissais Azelma Rahimova depuis la veille. Professeure à la faculté des lettres, elle occupait un second emploi auprès du conseiller culturel de l'ambassade. Elle devait me guider et jouer le rôle d'interprète pendant mon séjour. Cette femme épanouie au regard doux parlait un français joliment daté. Une langue apprise à la manière stricte de l'école soviétique, et qu'elle prononçait d'une voix caressante en ponctuant la plupart de ses phrases d'une tonalité joyeuse.

Elle prit mon bras en me dirigeant hors de la salle de réception, puis vers une porte entrouverte au bout d'un couloir tapissé d'affiches de vieux films français.

— « Monsieur l'ambassadeur tient à vous accueillir personnellement. Vous devez l'attendre dans cette pièce. Nous nous retrouverons quand vous en aurez terminé. »

J'attendis quelques minutes. Guère plus que le temps indispensable au diplomate pour signifier son importance. Sitôt entré, celui-ci me tendit une main distraite et entama rapidement la conversation.

— « Bienvenue à Bakou, c'est votre première fois, je crois, monsieur... monsieur ? Excusez-moi, cette journée exceptionnelle est si prenante que je ne suis plus certain de votre nom...

— Hubert Serpe, Monsieur l'ambassadeur. Je découvre en effet le pays.

— Serpe ! Oui, cela me revient. Un patronyme on ne peut plus indiqué pour le métier que vous exercez !... Bon, entrons tout de suite dans le vif du sujet. Je ne peux faire attendre trop longtemps mes invités.

— Je vous écoute, Monsieur.

— Votre cible s'appelle Jean-Paul Dubry. Nous vous mettrons en relation avec lui au plus tôt.

— En général, je préfère ignorer pourquoi on fait appel à moi, Monsieur l'ambassadeur. Mais, puisque je vais devoir côtoyer cette personne, serait-il possible de savoir à qui j'aurai affaire ?

— En bref, le ministère m'a mis dans les pattes cet historien grenoblois, pour initier une coopération universitaire avec l'Azerbaïdjan. Entre vous et moi, c'est une lourde erreur. Il y a belle lurette que nos enseignants du supérieur ne se soucient plus de la grandeur du pays. Plutôt que de conforter la présence de la France dans ce qu'elle a d'unique, sa langue et son prestige littéraire, le ministère pousse à un partenariat entre Sciences Po Grenoble et l'Institut de politologie de Bakou. C'est d'ailleurs pourquoi nous vous avons présenté comme un spécialiste bordelais de science politique susceptible d'élargir le partenariat en question. Cet Institut deviendra bientôt, de source sûre, une académie formant des hauts fonctionnaires sous l'autorité directe de la présidence. Nous devenons comme ces Américains obsédés par leurs médiocres intérêts économiques. Comme nous avons raté le coche du premier partage des droits d'exploration des gisements de la Caspienne, le ministère croit pouvoir se rattraper en aguichant les futures élites dirigeantes de ce nouvel eldorado pétrolier.

Au détriment à ce qui a toujours fait le véritable prestige et l'influence de la France : sa langue et son génie littéraire !

— Mais croyez-vous que vous débarrasser de cet historien résoudrait votre problème ? Le ministère pourrait envoyer quelqu'un d'autre, non ?

— Bien sûr, mais son sort pourrait décourager ses complices grenoblois et nous laisser un peu de temps pour convaincre le Département qu'il fait fausse route... Car le sieur Dubry, que l'on a il y a peu repéré à Téhéran, et qui est déjà venu à Bakou à plusieurs reprises, va recevoir le renfort de deux collègues. J'avais noté leurs noms sur un bout de papier... Voilà, il s'agit de Jean Roumac et Michel Chaluste. Or Dubry a eu le toupet d'annoncer que ce dernier assurerait une conférence en anglais sur les questions pétrolières dans une nouvelle université au statut incertain, déjà fortement courtisée par les Anglo-saxons ! Oui, vous avez bien entendu : en anglais !!! Ce n'est plus de l'inconscience, c'est de la haute trahison !

— Entendu, Monsieur. Je n'ai pas besoin d'en savoir davantage. Mais je ne connais pas du tout ce pays. Qui pourra m'aider à me procurer les outils nécessaires à ma mission ?

— Vous n'en aurez pas besoin. Vous concevrez les plans de l'opération, mais celle-ci sera finalisée par des sicaires autochtones. Nous n'avons eu aucun mal à les recruter parmi les centaines de milliers de réfugiés chassés par la guerre du Haut-Karabagh, que les Arméniens viennent de gagner avec l'aide des Russes, et qui s'entassent dans des wagons désaffectés à la périphérie de Bakou. Quand je dis « nous », je parle de mon homme de confiance, Fazim, qui sera votre relais avec ces exécutants. Suis-je bien clair ?

— Oui Monsieur, mais je reste quelque peu perplexe quant à ma couverture. Même si j'ai un peu traîné sur les bancs de la faculté, Jean-Paul Dubry risque de découvrir assez vite que je ne connais pas grand-chose en science politique...

— Nous y avons pensé. Vous trouverez dans votre chambre d'hôtel une sélection d'ouvrages et de manuels écrits par les meilleurs politistes français. Il paraît que vous avez une excellente mémoire...

— C'est une obligation dans mon métier, Monsieur l'ambassadeur. Je dois me souvenir de tous les détails d'une intervention sans jamais laisser de traces écrites derrière moi.

— Et bien, vous n'aurez dès lors aucun mal à retenir quelques phrases bien senties dans ces livres choisis par l'un de mes amis personnels, un ponte en poste à l'Université Paris 1. Il restera à les distiller à bon escient dans les conversations que vous aurez avec ce Dubry. Je fais confiance à votre à-propos, et à l'intérêt que vous avez à recevoir la contrepartie financière plus que confortable à l'issue de l'accomplissement de votre part du contrat...

— Je ferai de mon mieux, Monsieur, même si je dois passer une première nuit blanche à potasser.

— Parfait. Encore un mot : Fazim vous appellera à votre hôtel ce soir à 23h précises pour que vous mettiez au point le scénario qui vous paraîtra le plus adéquat en fonction du programme des activités que nous avons établi. Je vous souhaite, je devrais dire je *nous* souhaite, que votre séjour à Bakou soit couronné de succès ! Je retourne à mes invités. Reprenez le couloir par où vous êtes arrivé. Madame Rahimova, qui ignore et doit absolument continuer d'ignorer le véritable motif de votre présence, vous attend dans le hall. »

« Monsieur l'ambassadeur est si cultivé et distingué », me glissa Azelma en sortant de l'ambassade, « vous ne trouvez pas ? » « Bien sûr », répondis-je avec un petit rictus qu'elle ne remarqua pas. Je lui suggérai de se tutoyer. Elle en fut ravie, et me proposa de faire un petit tour dans ce qui tenait lieu d'ancien centre-ville en me raccompagnant à mon hôtel.

Pas de constructions modernes dans cet entrelacs de rues étroites et de petites places poussiéreuses bordées d'immeubles de pierre devenue grise à un, deux ou trois étages, hérités du bouleversement de la ville dans la deuxième moitié du XIXe siècle. Malgré leur mauvais état, ils disaient la puissance des premiers magnats du pétrole qui habillèrent cette porte de l'Asie centrale de manières européennes et éclectiques. Quelques vitrines sombres exposaient des vêtements dont la coupe désuète rappelait l'ère soviétique. Les rares magasins étaient surmontés d'enseignes en alphabet cyrillique, mais Azelma me fit remarquer les petites affiches placardées sur les murs et écrites, elles, en caractères latins, que le nouveau pouvoir s'efforçait d'imposer pour débarrasser l'azéri de l'empreinte russe. Nous prîmes le métro, dont les escaliers pentus s'enfonçaient très loin sous la surface. Il fallait descendre, et descendre encore, avant d'accéder aux rames larges et brinquebalantes dans lesquelles des femmes très âgées demandaient l'aumône à des passagers bienveillants. « Ce sont des Russes », me dit Azelma. « Elles sont restées à Bakou alors que presque tous les autres sont partis. Elles n'ont plus de revenus et survivent comme elles peuvent. »

Nous sortîmes près de la gare, devant laquelle des vendeurs proposaient à la foule des esturgeons éventrés qui s'étalaient sur de grands draps posés à même le sol. Leur odeur persistante nous accompagna pendant les quelques minutes de marche qui restaient jusqu'à l'hôtel. Celui-ci s'étendait sur un grand côté d'une place rectangulaire séparée de la mer par une large avenue et au fond de laquelle se dressaient quelques bâtiments officiels. Rebaptisé « Azerbaijan », c'était l'un de ces hôtels Intourist réservés aux visiteurs étrangers de l'Union soviétique, et laissé dans son état originel. Bordant des couloirs immenses, les chambres étaient assombries par un mobilier sommaire en bois foncé et une moquette marron élimée. Mais une grande surface vitrée permettait d'apercevoir un bout de Caspienne si l'on avait, comme moi, la chance d'être logé dans les étages supérieurs.

Les livres promis par l'ambassadeur étaient bien là, empilés sur un bureau étroit. De mes fugaces années d'études, j'avais gardé en mémoire quelques rares grands noms. Des auteurs anglo-saxons, comme Bell, Dahl ou Miliband. Des Français aussi comme Siegfried, Birnbaum ou Aron. Surtout Aron, dont je me souvenais de l'écriture précise et lucide. Mais les noms sur les couvertures des œuvres que je commençais à feuilleter m'étaient totalement inconnus : Gaxie, Lacroix, Offerlé, Dobry, Lagroye, etc. J'appris en quelques heures que les partis politiques étaient des espaces de lutte entre des individus qui prétendaient les diriger ; que l'opinion publique n'existait que dans l'imagination intéressée des sondeurs ; que les crises se produisaient quand les conjonctures devenaient fluides, ou encore que les gouvernants n'étaient là que pour perpétuer un ordre social inique en imposant sournoisement aux dominés la vision des dominants. N'étant pas sûr de tout comprendre, je m'efforçais de mémoriser plusieurs formules percutantes.

Le téléphone sonna à 23 h pile. Fazim était ponctuel. Il m'expliqua qu'il étudiait notre langue, et que l'ambassadeur l'avait chargé de m'assister dans le plus grand secret tout en apparaissant officiellement comme un assistant d'Azelma dans l'organisation du séjour des universitaires français. Je lui demandai de me décrire avec précision le planning, ainsi que les lieux et les circonstances détaillées des activités programmées. Au fil de ses explications, je repérai plusieurs opportunités d'action. La plus incertaine surviendrait dès le lendemain. Il faudrait aller vite, mais je décidai de la saisir en chargeant Fazim de recruter sur-le-champ la main-d'œuvre indispensable. Je dormis peu cette nuit-là, répétant à satiété dans ma tête les passages livresques appris par cœur. Je fus aussi plusieurs fois dérangé par la sonnerie du téléphone. Craignant de rater un appel urgent de Fazim, je décrochai à plusieurs reprises le combiné pour entendre à chaque fois une voix féminine prononçant des phrases incompréhensibles.

Lorsque je la retrouvai le lendemain matin dans le hall de l'hôtel en lui faisant part de mes déboires téléphoniques, Azéma m'expliqua d'un air amusé que des prostituées offraient de la sorte leurs services. Faute jusque-là de clientèle internationale, elles ne s'étaient pas encore mises à l'anglais, et s'exprimaient en russe ou en azéri... Une fois percé le mystère de ces appels nocturnes, Azelma me conduisit dans une sorte de café au coin de la place où l'on servait gratuitement du thé indien tiré d'un imposant samovar électrique. Jean-Paul Dubry, arrivé tard à l'hôtel, mais plus matinal que je ne l'étais, nous y attendait.

Il m'offrit une poignée de main ferme. Quoique dans mon métier il soit déconseillé d'éprouver des sentiments personnels à l'égard de ceux que l'on vise, je ne pus me retenir de le trouver immédiatement sympathique. Pour refouler cette impression gênante, j'entamai banalement la conversation.

— « Vous avez bien dormi ? Mieux que moi, j'espère... Mon sommeil a été gâché par des appels téléphoniques répétés dont Azelma vient de me révéler la nature...

— Ah ? Si on m'a appelé, je n'ai rien entendu ! Je mets des boules Quies lorsque je suis plongé dans mes lectures. Le second tome de « La Construction du socialisme en Albanie » m'a fait veiller tard ! Et je ne peux pas relire Enver Hoxha sans me retrouver en pensée à Tirana, une ville que j'ai beaucoup fréquentée à une époque. Tu connais Tirana ? » poursuivit Dubry en abandonnant le vouvoiement.

Avant même d'attendre ma réponse, il ajouta :

— « Je suppose qu'un politiste comme toi (tu viens bien de Science Po ?) s'intéresse aux expériences totalitaires ? Même si je n'ai plus exactement la foi, je ne regrette pas d'avoir touché concrètement du doigt quelques aspects du socialisme réel... »

— Ne m'attendant pas à devoir aussi rapidement manifester des compétences que je n'avais pas, je tentai de trouver une réponse pertinente dans le fouillis des énoncés appris par cœur.

— « En fait, je m'intéresse avant tout à l'exercice du pouvoir dans les sociétés capitalistes. La pire domination est celle qui ne se donne pas à voir comme une domination. Ce qu'on appelle totalitarisme est au fond bien moins implacable que la violence symbolique qui règne chez nous. »

Dubry se tourna soudainement vers moi en se frappant le front et en s'écriant d'une voix rieuse :

— « Mais bon sang, suis-je bête ! À Bordeaux, on est forcément bourdivin ! »

Ne comprenant rien à cette réplique, ni aux raisons de l'hilarité que j'avais provoquée, je ne répondis rien, bien résolu à éviter autant que possible de saper davantage la crédibilité de l'identité que l'on m'avait fabriquée.

Azelma facilita ma tâche en nous proposant de rejoindre à pied l'Institut de politologie, où nous étions attendus en milieu de matinée, en longeant le front de mer qui s'étalait de l'autre côté de l'avenue. Nous marchâmes au milieu du vaste trottoir cimenté qui longeait la ligne d'eau, et où de jeunes couples assis sur des bancs sommaires se tenaient sagement par la main. Sur notre gauche clapotait une mer calme souillée par d'immenses flaques huileuses au milieu desquelles se déhanchaient quelques bateaux rouillés. De l'autre côté, des véhicules passaient en rangs épars sur l'avenue que nous venions de traverser. Surtout des Lada plus ou moins branlantes. Parfois surgissait une voiture que l'on aurait pu voir en Europe occidentale, presque toujours coréenne. Mais je lorgnais surtout sur les Volga noires si longtemps prisées par les cadres du parti. Ces copies des voitures américaines typiques des années 1960 exhibaient un capot avant interminable surmontant une large calandre chromée. Azelma racontait le cataclysme soudain dans lequel la disparition de l'URSS avait précipité les vies d'ici. Poussée par les questions de Jean-Paul, elle donnait sa version des affrontements entre Azéris et Arméniens, des massacres qui provoquèrent l'exode de ces derniers, et la disparition du Bakou cosmopolite d'autrefois. Cette avenue avait vu défiler les chars envoyés par Moscou pour rétablir l'ordre et qui, le 20 janvier 1990, avaient broyé de nombreux corps sur leur route. Dubry remarqua tout haut qu'à l'Ouest, où il était si populaire, on avait oublié, ou peut-être jamais su, que Gorbatchev avait aussi utilisé la manière forte. Ne sachant quoi dire qui ne trahisse mon ignorance, je fis mine d'approuver en hochant la tête. Heureusement, nous étions presque arrivés à notre destination.

L'Institut de politologie occupait un grand édifice d'une faible hauteur, sans charme particulier. Des couloirs d'une largeur démesurée accaparaient son espace intérieur. Sur les parois s'affichaient de très nombreuses photos en noir et blanc rappelant que ces lieux avaient abrité avant l'indépendance la plus grande école de cadres du parti au sud de l'URSS. On nous fit entrer dans une grande salle de réunion, chauffée par d'étonnants radiateurs de chauffage central en verre translucide, et où nous attendait une délégation d'hommes en costume sombre, dont Azelma nous dit qu'ils étaient des membres importants de l'administration et de l'équipe enseignante de l'Institut. Un peu à l'écart se tenait un grand garçon au visage juvénile et aux cheveux bouclés qui s'approcha de nous. Azelma fit les présentations : « Voici Fazim, qui m'a beaucoup aidée à confectionner le programme de votre visite et m'aidera à traduire vos échanges. » Je lui serrai la main avec un sourire appuyé que lui seul était en mesure d'interpréter, juste avant l'entrée du recteur de l'Institut. Cet homme corpulent dont l'apparition fit taire instantanément toutes les conversations nous invita à nous asseoir autour d'un très long bureau en forme de T dont lui-même occupait la plus grande largeur, assis sous le portrait du président Gaydar Aliev. En dehors d'Azelma, pas une seule femme dans cette assemblée, jusqu'à l'arrivée de plusieurs serveuses proposant du thé, du café, des sodas et quelques sucreries.

Le recteur prit la parole, relayé toutes les deux ou trois minutes par Azelma qui traduisait en français. Le maître des lieux nous souhaita la bienvenue en célébrant l'amitié franco-azerbaïdjanaise scellée dès le milieu du XIX$^{e}$ siècle par le « grand Alexandre Dumas », dont j'appris, grâce aux explications discrètes de Jean-Paul, qu'il était l'auteur d'un récit intitulé « Voyage au Caucase », que les élites bakinoises n'omettaient jamais de citer en présence d'un visiteur français. Suivit une brève, mais vibrante, exposition de l'excellence académique de l'Institut de politologie et des perspectives radieuses de la coopération universitaire avec la France. En retour, Dubry se fendit de remerciements et de platitudes diplomatiques de circonstance traduites en azéri par Azelma, et que je n'eus aucun mal à paraphraser lorsque je fus convié à m'exprimer à mon tour. Après quoi le recteur pria tout le monde de se diriger vers le minibus qui nous attendait dehors. Fazim m'avait prévenu que le clou de la journée était un repas dans un restaurant hors de Bakou, dont le déroulement singulier m'avait donné l'idée d'un plan plutôt incertain.

Aux confins de la ville, le trajet vers le lieu du déjeuner traversait un endroit inoubliable. La route coupait une plaine aride peuplée d'innombrables puits de pétrole à balancier qui nous enserraient à perte de vue telle une armée d'automates. La plupart des puits paraissaient figés dans la rouille, mais certains continuaient laborieusement à mouvoir leur tête d'acier comme s'ils courbaient puis relevaient l'échine en cadence. Quelques années plus tard, les images d'un James Bond, celui avec Sophie Marceau en fille d'un magnat du pétrole, me rappelèrent ce moment étrange. On y voyait la BMW-Z de 007 filmée depuis un hélicoptère, dans le même décor sidérant vu d'en haut.

Une fois sorti de cet univers de métal où l'on ne voyait ni plante, ni âme qui vive, le minibus continua en cahotant sur une route droite bordée d'une végétation rase. Il ralentit pour se laisser doubler par une Audi 80 noire, inattendue en ce lieu désert. Chose encore plus déroutante, sa plaque d'immatriculation était française, et se terminait par 69. Je me demandai comment des touristes lyonnais avaient pu rouler jusqu'ici... Lorsque nous parvînmes au restaurant, l'Audi était garée sur le parking, avec à l'intérieur trois malabars dont l'allure autochtone sautait aux yeux. Fazim me lança un coup d'œil discret, et je compris qu'il s'agissait des hommes de main qu'il avait recrutés, sortant de cette voiture parvenue en Azerbaïdjan par des voies douteuses.

Nous fûmes installés non loin des occupants de l'Audi, autour d'une grande table rectangulaire capable d'accueillir notre petite troupe d'une quinzaine de personnes. Des plats de toutes tailles étaient posés sur la nappe en plastique, remplis de crudités, de sauces au yaourt, de morceaux de poulet et de mouton, de boulettes de viande, de tranches d'esturgeon grillées, de kakis et d'oranges, et de ce pain plat, non levé, que j'avais découvert avec grand plaisir depuis mon arrivée. Mais je fus surtout attentif à l'abondance de bouteilles de vodka, dont Fazim m'avait enseigné l'importance dans le rituel attendu en pareille circonstance. Le déjeuner, m'avait-il prévenu, serait entrecoupé par plusieurs séries de toasts initiées et clôturées par le chef de la délégation invitante, le *tamada*. Après chaque discours plus ou moins succinct, tous les participants (sauf Azelma qui devait traduire dans les deux sens) videraient cul-sec un verre de vodka rempli à ras bord. Comme les convives étaient nombreux, et que les invités avaient d'abord l'obligation, puis tout loisir, de répondre aux toasts des invitants, et vice versa, on avalerait une quantité extravagante de vodka que seuls les habitués supporteraient sans dommage visible.

Mon plan reposait sur la présomption qu'un universitaire aussi sérieux que Jean-Paul Dubry se sentirait diplomatiquement obligé de jouer le jeu, sans s'avérer pour autant apte à résister à une telle débauche éthylique. C'est pourquoi je m'étais préparé à multiplier moi-même les initiatives de toasts, en sachant que Fazim se débrouillerait pour que les bouteilles que l'on m'apporterait fussent remplies au trois-quarts d'eau minérale. Il y avait une bonne chance que Dubry finît par tituber sous ces assauts d'alcool fort. Sur mon insistance, les gaillards de l'Audi entreraient alors en scène en acceptant de le ramener au plus vite à son hôtel. Où, si tout se passait bien, il ne devrait jamais arriver... Ce plan était bien sûr très hypothétique, mais il pouvait être tenté sans risquer quoi que ce soit en cas d'échec.

De fait, il échoua. Si je réussis à faire traîner ce déjeuner très arrosé en longueur en inventant mille motifs pour relancer le cycle des toasts, Dubry supporta sans broncher la multiplication des verres. Sur le chemin du retour, comme je feignais de me sentir patraque après avoir ingurgité autant d'eau-de-vie, il m'avoua le secret de sa résistance. « Mes voyages de jeunesse militante au pays de Mao m'ont endurci. Pendant les repas interminables où nous fraternisions avec les camarades chinois, c'était le même rituel. Le *maotai* coulait à flots, et ça surpassait largement la vodka russe ! »

De retour à l'hôtel Azerbaijan, je relus le programme des jours suivants tel que Fazim me l'avait exposé. Certaines visites semblaient offrir des possibilités d'agir, comme celle, récréative, du plus important marché de Bakou, où l'on trouvait, paraît-il, du caviar frais de premier choix à un prix dérisoire, et plus encore une séance de travail à l'Université d'État du Nakhitchevan. Ce territoire enclavé entre l'Iran et l'Arménie, que l'on ne pouvait alors atteindre que par avion, semblait particulièrement propice à une opération discrète. Je réfléchissais aux procédures à peaufiner lorsque le téléphone sonna. C'était Fazim. « Bonsoir, monsieur Hubert. L'ambassadeur veut vous voir maintenant, de toute urgence. Je passe vous chercher en taxi. »

L'ambassade était fermée à cette heure tardive, mais Fazim savait comment accéder à la résidence de l'ambassadeur, qui nous reçut dans un petit salon richement décoré. Ses premiers mots furent d'autant plus sidérants qu'ils ne semblaient pas en phase avec le sourire les accompagnant.

— « Nous annulons votre mission, Monsieur Serpe. Nous prétexterons un problème familial vous obligeant à interrompre votre séjour. Un vol retour vous est déjà réservé pour demain. Comme nous n'avons plus besoin de vos services, inutile de risquer que votre véritable identité soit dévoilée. Je vous rassure, vous serez payé à la hauteur convenue à l'avance.

— Puis-je vous demander les raisons de cette décision abrupte, Monsieur l'ambassadeur ?

— Les évènements se sont précipités depuis quelques heures. Mes bons amis de l'ambassade d'Allemagne, qui ne portent pas non plus les Américains dans leur cœur, m'ont averti ce matin que l'Open Society Institute de Georges Soros allait, de source sûre, ouvrir sous peu une antenne à Bakou.

— Veuillez excuser mon ignorance, Monsieur... De quoi parlez-vous ?

— Cette organisation privée prétend, je la cite, «fortifier la société civile» pour installer la démocratie dans les anciens pays communistes. Elle est déjà active dans plusieurs capitales d'Europe de l'Est. Bien sûr, nous ne sommes pas dupes. Cet Institut est en réalité une agence d'influence au service du gouvernement américain.

— Mais pourquoi cela ne rend-il plus nécessaire d'empêcher les agissements de Dubry et consorts ?

— D'après mes informateurs, l'officine a prévu de s'immiscer dans la coopération universitaire des pays d'Europe de l'Ouest avec l'Azerbaïdjan. En offrant des bourses aux jeunes recrutés ici pour étudier dans nos universités. Vous voyez le tableau ? Nous, les Européens, fournirions sur un plateau des gens bien formés aux Américains qui les tiendraient financièrement en laisse... J'ai pu aussitôt en rendre compte au ministre lui-même, qui, cette fois, m'a écouté. D'autant que cette soi-disant ONG a été créée par un aigrefin qui a fait fortune dans les cloaques de la spéculation financière internationale. Ce monsieur Soros est un escroc. Lorsque le scandale éclatera, tous ceux qui auront collaboré avec lui seront éclaboussés. Ce ne sera pas notre cas. Nous allons laisser mourir à petit feu les échanges entamés par Jean-Paul Dubry. Pas trop vite, pour ne pas fâcher l'Institut de politologie. Nous laisserons même les Roumac et Chaluste venir faire leur petit numéro. Puis nous couperons les vivres. Et avec l'argent économisé, nous inonderons les écoles secondaires d'Azerbaïdjan de manuels de français, pour redonner un élan à ce qui a toujours fait la puissance de la France : le rayonnement de sa langue. »

Le lendemain, je me rendis à l'aéroport en compagnie d'Azelma et d'un vice-recteur de l'Institut qui facilita les formalités policières et douanières. Azelma put même me suivre jusqu'à la porte d'embarquement, où nous fîmes nos adieux.

— « Merci de ton aide, Azelma, ce fut un plaisir de te faire ta connaissance. Au fait, je crois ne pas t'avoir dit à quel point j'aime ton prénom, si subtilement oriental... »

— Mais c'est un prénom français ! » dit-elle en éclatant de rire.

— « Tu plaisantes ?

— Non. Mon père adorait Victor Hugo. À ma naissance, il m'a donné ce prénom, Azelma, qui est celui d'une des filles Thénardier, dans *Les Misérables...* »

## Un quart de siècle d'amitié !

**Hicham Mourad**

Avec Jean Marcou, c'est une longue histoire d'amitié et de camaraderie qui remonte à plus de 25 ans. L'histoire commence par son arrivée en Égypte en l'an 2000 pour diriger la filière francophone de la faculté d'économie et de sciences politiques de l'Université du Caire, la FESP, alors que j'y étais enseignant depuis sa création en 1994-1995. Durant les six années qu'il a passées à la tête de la filière, celle-ci a connu son âge d'or, avec l'accroissement du nombre des étudiants et la création, par ses soins, d'un master d'études euro-méditerranéennes (MastEuroMed) en 2003. Pendant ces années, nous avons appris à nous connaître, et à nouer progressivement une amitié. Jean était devenu l'un des invités des colonnes du journal *Al-Ahram Hebdo* – où je dirigeais le service international – analysant l'actualité internationale. Je me souviens avoir réalisé un long entretien avec lui, que j'avais publié dans l'hebdomadaire.

Nous nous sommes perdus de vue après son départ du Caire vers la Turquie où il était devenu pensionnaire scientifique à l'Institut français d'études anatoliennes (IFEA) d'Istanbul, de 2006 à 2010. Mais nous nous sommes retrouvés à nouveau à la faveur du déclenchement de la révolution du 25 janvier 2011 en Égypte. Jean était venu au Caire quelques mois plus tard prendre le pouls d'un pays vibrant des secousses de la révolte populaire, à un moment où les rapports politiques, économiques et culturels entre l'Égypte et la Turquie – deux pays qui lui sont chers – étaient en plein essor grâce à leurs affinités idéologiques. Et c'était au tour de Jean de m'interviewer, alors que je suis devenu le rédacteur en chef d'*Al-Ahram Hebdo*, sur les retrouvailles égypto-turques, pour le blog de l'Observatoire de la vie politique turque (OVIPOT), qu'il avait créé en janvier 2007 en tant que plate-forme de carnets de recherche en sciences humaines et sociales.

Depuis lors, nos centres d'intérêt scientifique et de recherche nous ont liés, malgré l'éloignement géographique. Grâce à Jean, qui est devenu après son retour d'Istanbul responsable du master « Intégration et mutations en Méditerranée et au Moyen-Orient » (MMO) à l'Institut d'études politiques de Grenoble, j'ai eu le plaisir et l'honneur d'être un intervenant régulier aux journées d'études internationales qu'il co-organisait à l'IEP sur les questions du Moyen-Orient, de la Méditerranée et du monde arabe. Je suis intervenu également auprès des étudiants du master MMO pour transmettre mon expérience durant les Années folles de la révolution égyptienne et du règne éphémère des Frères musulmans. C'est également grâce à lui que j'ai eu l'occasion de contribuer à des dossiers qu'il coordonnait dans des publications, telle que la revue *Moyen-Orient*, ou à des ouvrages, comme celui intitulé « La Méditerranée, enjeu géopolitique mondial », édité par Mohammed Matmati et paru chez l'Harmattan en 2019. Je le retrouvais aussi lors de mes participations au Festival de géopolitique, organisé chaque année par Grenoble École de management (GEM).

Nos relations ont été renforcées par un lien institutionnel, après que l'Université française d'Égypte (UFE) m'a désigné en 2014 pour diriger le master de relations internationales (MRI), dont le partenaire scientifique n'était autre que Sciences Po Grenoble. Jean, directeur des relations internationales de l'IEP, était désormais mon interlocuteur pour tout ce qui concernait la dimension académique du master. Une référence sur la Turquie qu'il connaissait si bien, il était tout naturellement devenu un professeur-invité régulier pour partager avec les étudiants du MRI ses connaissances et son expérience sur la société et la politique étrangère turques. Grâce à l'accord de partenariat entre nos deux institutions, des échanges d'étudiants ont eu lieu chaque année. Outre ce partenariat scientifique, j'accueille chaque année avec plaisir des étudiants de Sciences Po Grenoble, notamment du master MMO, dans mes cours à la filière francophone de la faculté d'économie et de sciences politiques à l'université du Caire. C'est devenu une habitude de leur faire part, lors de la présentation de mes cours, des liens institutionnels et affectifs que j'entretiens avec l'IEP de Grenoble, ainsi que de l'amitié qui me lie à Jean, et de leur rappeler qu'il était directeur de la filière dans les années 2000.

C'est avec émotion que j'écris ces mots pour Jean qui prend sa retraite après tant d'années riches en enseignement et en recherche sur le Moyen-Orient et la région méditerranéenne. Pour moi, c'est un quart de siècle durant lequel nous avons partagé non seulement un travail de recherche scientifique, mais aussi une amitié sincère et des moments de détente autour d'un café ou d'un repas.

Jean, j'avoue que ta précieuse contribution sur le plan académique ainsi que personnelle a laissé une marque indélébile tant sur la filière francophone d'économie et de sciences politiques de l'université du Caire que sur le master de relations internationales de l'UFE, ainsi que sur tous ceux qui ont eu le privilège de travailler à tes côtés.

Je garde en mémoire ces nombreux colloques et séminaires auxquels j'ai participé et que tu as organisés sur des thématiques aussi essentielles que complexes. Tes contributions à la recherche scientifique et tes publications ont permis une meilleure compréhension des enjeux et des défis de la région du Moyen-Orient.

Tu n'étais pas uniquement un excellent chercheur, mais aussi un pédagogue remarquable. Tes interventions étaient toujours captivantes, avec un talent particulier pour rendre accessibles des concepts complexes. Tu as toujours su susciter l'intérêt des étudiants pour le Moyen-Orient et leur donner envie de poursuivre des études dans ce domaine. Tu as su les inspirer, les encourager et les inciter à exploiter pleinement leur potentiel. Ta bienveillance, ta patience et ton enseignement ont permis à des générations d'étudiants de s'épanouir et de progresser dans leur carrière.

Ta passion pour le savoir, ton engagement indéfectible et ton aptitude à fédérer les énergies autour de projets communs ont rendu notre collaboration enrichissante et passionnante. Au-delà de ton expertise et de ton professionnalisme dévoué, tu as su créer un environnement propice à la collaboration et à l'échange d'idées, te distinguant ainsi comme un collègue et un ami fiable. Bien plus qu'un enseignant et collègue exceptionnel, tu es un ami sincère. Tu as su tisser des liens forts avec ceux qui t'entourent, une camaraderie qui dépasse les murs des salles de classe et des salles de réunion.

Ainsi, au nom de l'ensemble des étudiants que tu as inspirés, des collègues que tu as influencés et des amis que tu as conquis, je te dis Merci. Merci pour ta passion, merci pour ton dévouement, et merci d'avoir été l'extraordinaire professeur, collègue et ami que tu es.

Je te souhaite le meilleur pour cette nouvelle étape de ta vie, riche en projets, découvertes et moments de bonheur. Sache que tu laisses derrière toi un héritage précieux et des souvenirs inoubliables. Si je te dis au revoir avec une pointe de nostalgie, c'est avec la confiance que tu continuerais de contribuer précieusement à l'enseignement et à la recherche scientifique, et avec la certitude que nos chemins se croiseront à nouveau pour partager de nouveaux projets et bien sûr de nouvelles discussions passionnées sur le Moyen-Orient et la région méditerranéenne.

Bravo pour ce nouveau chapitre et pour nos 25 années de souvenirs mémorables !

Meilleurs vœux pour cette nouvelle étape de ta vie, cher ami !

Avec toute ma gratitude et mon amitié sincère.

# Jean Marcou, un pilier de la FESP, la filière francophone d'économie et de science politique de l'Université du Caire

Chahir Zaki

Durant mon bac égyptien – spécialité science, j'avais décidé d'intégrer la faculté de médecine. Mais, après, et grâce à, une présentation de la filière francophone d'économie et de science politique (FESP) de l'Université du Caire par son directeur à l'époque, Jean Marcou, j'ai décidé de changer de projet de carrière pour devenir économiste, ou diplomate ! Car oui, Marcou m'avait convaincu d'entrer dans une des filières les plus prestigieuses d'Égypte, voire même du monde arabe et du Moyen-Orient.

En septembre 2001, je retrouve donc Jean, mais cette fois-ci en tant qu'enseignant et directeur de la filière où je vais passer quatre ans à étudier l'économie et la science politique. Quelle joie, et quel honneur !

Un an plus tard, en L2, j'ai eu la chance d'avoir M. Marcou dans le cours de géopolitique. Doté de qualités pédagogiques sans égales, il a rendu un cours de science politique sur la guerre froide très intéressant, même pour les étudiants du département d'économie dont je faisais partie. Il présentait les faits, en analysait profondément les causes, expliquait la formule de Raymond Aron « Une paix impossible, une guerre improbable » et liait cela au présent et à l'analyse des relations internationales. Je garde jusqu'à aujourd'hui mes notes de ce cours inoubliable, un cours qui a changé ma perception de la science politique.

En M1, Jean Marcou et Mona Amer (l'adjointe au directeur à l'époque) m'ont apporté un soutien sans faille pour préparer mon dossier afin de partir en France, et commencer mon M2 d'économie internationale à l'Université Paris 1 Panthéon-Sorbonne. Ce fut une étape déterminante dans ma carrière car, grâce à leur aide, j'ai pu obtenir une bourse du gouvernement français, finir mon M2 avec une très bonne mention, être classé major de promotion, et obtenir une allocation de recherche pour faire mon doctorat que je termine en 2010.

Me revoilà de retour au Caire, à partir de 2011 en tant qu'enseignant, et entre 2016 et 2023 pour servir comme directeur de cet établissement. Si cela m'a conféré personnellement un certain prestige et une immense joie, il faut avouer que la tâche n'était pas facile. Quel honneur de remplacer Jean qui a tant donné à la FESP !

Ainsi, grâce au travail acharné de Jean et d'autres directeurs, au cours des trente dernières années, la FESP a formé environ 1300 diplômés qui travaillent dans différents domaines tels que l'enseignement, la diplomatie, les organisations internationales, le journalisme, les centres de recherches et les ONG. Plus de 50 thèses ont été soutenues et les étudiants ont bénéficié de plus de 200 bourses (en particulier les bourses Eiffel), ce qui leur a donné accès à de meilleures opportunités, et leur a ouvert la voie pour s'adapter à d'autres environnements de travail et d'autres cultures. Aujourd'hui, la FESP célèbre son 30e anniversaire, et se dresse majestueusement grâce à Jean et les autres directeurs qui ont déployé des efforts hors pair pour développer des formations d'excellence ouverte à l'internationale. Au niveau pédagogique, depuis 2003, plus de 200 diplômés de la FESP ont effectué un master en France, avec un taux de réussite de 100 %. De plus, nombre des diplômés de la FESP sont titulaires d'un doctorat, ou sont actuellement doctorants dans les universités françaises. Certains de ces jeunes docteurs sont actuellement maîtres de conférences ou professeurs à la FESP, et participent ainsi au renouvellement et au renforcement du corps enseignant.

Jean,

Tu as été un modèle pour tes étudiants en leur donnant la passion de ton métier.

Tu as été un pilier de la FESP par ton investissement sans faille au service de cette filière d'excellence, des étudiants, de la recherche, et de la coopération internationale.

Tu as été un directeur ouvert d'esprit et à l'écoute de ses étudiants.

Un grand merci, Jean, pour tout le travail que tu as accompli, et pour tout ce que tu as donné à tes étudiants, que tu as marqués comme je l'ai été moi-même.

Comme le dit Hugues Aufray dans sa chanson : « *Adieu monsieur le professeur, on ne vous oubliera jamais* ». Oui, impossible d'oublier ton implication, ton investissement, ta pédagogie et ta gentillesse

Je te souhaite une belle retraite pleine de bonne santé d'abord, et une retraite dans laquelle tu continueras à lire et écrire sur l'Égypte, la Turquie et bien d'autres sujets...

Avec toutes mes amitiés,

# Le réseau des Unités mixtes des instituts français de recherche à l'étranger, UMIFRE - et leur contribution exceptionnelle à la recherche française sur l'Orient

BAYRAM BALCI

Formé à l'IEP de Grenoble où j'ai connu le professeur Jean Marcou, c'est notre passion commune pour la Turquie, mais plus globalement pour le monde arabo-musulman qui nous a réunis, et nous a permis de tisser des liens d'abord professionnels, puis amicaux à partir du début des années 1990. Cette passion commune pour la connaissance de l'Orient avec une approche plus scientifique que littéraire et romantique, s'est nourrie de plusieurs séjours prolongés dans des centres français de recherche à l'étranger. D'abord étudiant boursier, doctorant allocataire de recherche, puis chercheur et directeur de deux centres, ceux de Tachkent et d'Istanbul (IFEAC et IFEA), j'ai été à la fois un produit, mais aussi un acteur du fonctionnement de ces centres de recherche. Fondée sur ces longues expériences, la présente contribution ambitionne de montrer dans quelle mesure ces unités à l'étranger, qui sont et demeurent une spécificité française, continuent d'être un outil essentiel pour la recherche scientifique, mais aussi pour la diplomatie d'influence de la France dans le monde. En conclusion, j'insisterai sur l'impérieuse nécessité de réformer ces unités de recherche, pour les aider à s'adapter à un environnement géopolitique en constante mutation, sans quoi il leur sera difficile de remplir leurs missions, toujours plus nombreuses.

### 1) La genèse et l'histoire : la France du XIX^e siècle et la recherche archéologique

Les ancêtres et précurseurs des centres de recherches à l'étranger furent les missions archéologiques françaises, initiées au milieu du XIX^e siècle dans un contexte ambivalent de soif de connaissance pour l'Orient lui-même et ses mystères, et de volonté d'asseoir la puissance dominatrice d'un Occident colonial.

Ainsi, que cela soit en Égypte, en Syrie ou en Turquie, les premiers centres de recherche furent d'abord des centres archéologiques. Dans ces pays, liés à la France parfois par un rapport semi-colonial, l'intérêt pour la chose scientifique était relativement faible, déficient en moyens et la France ne rencontra que peu de difficultés pour créer ses structures de recherche. Initialement dédiés à l'archéologie mais animés de velléités plus profondes de diversification, ces instituts de recherches se sont peu à peu ouverts à d'autres disciplines. Dans la plupart des cas, l'ambition de domination en a fait des outils de coopération et de partenariats scientifiques en sciences humaines et sociales. Toutefois, cette intention dominatrice ne doit pas être exagérée et généralisée. Ainsi, l'Institut Français d'Études Anatoliennes (IFEA), fondé en 1930, consacré à l'archéologie, et installé dans les bâtiments des drogmans à Istanbul, a été créé dès le départ dans un véritable esprit de coopération bilatérale avec la Turquie kémaliste, sur la base de leur bonne entente idéologique de l'époque. La jeune République de Mustafa Kemal, moderne et laïque, motivée par la science, par le positivisme des Lumières et par la « *vraie civilisation* », (*dixit* Mustafa Kemal) telle qu'incarnée par la France, accueille avec enthousiasme la fondation de ce centre scientifique français, qui s'ouvrit, à partir de 1970, à d'autres disciplines de sciences humaines que l'archéologie, et contribue depuis grandement aux relations entre la France et la Turquie.

L'expérience dans le temps montra l'utilité de ces centres de recherche, leur apport à la compréhension du monde, et leur aide à la prise de décision par le politique. Parfois, aussi, la simple passion d'un ambassadeur ou d'un professeur d'université affecté comme conseiller de coopération en ambassade, ont donné lieu à la création de nouveaux centres de recherche. Ainsi, c'est à la croisée de paramètres géopolitiques et de passions personnelles et professionnelles que trois autres centres ont vu le jour après la chute du bloc de l'Est. Le Centre français de recherche en sciences sociales (CEFRES)[1] à Prague, l'Institut Français d'Études sur l'Asie Centrale (IFEAC)[2] à Tachkent, et Le Centre d'Études Franco-Russe (CEFR)[3] de Moscou témoignèrent et documentèrent la naissance d'un nouveau monde débarrassé des carcans du bipolarisme. Tous ces centres, notamment ceux basés dans des régions auparavant enclavées et peu connectées avec la France, comme l'IFEAC à Tachkent, ont joué un rôle de pépinière pour la formation de toute une génération de chercheurs de terrain.

## 2) Une répartition dans le monde, révélatrice d'une intention et d'une ambition scientifique

Aujourd'hui au nombre de 27, malgré la mise en suspens de quelques-uns pour des raisons sécuritaires et/ou diplomatiques, ces centres ou instituts à l'étranger se répartissent[4] un peu partout sur le globe, et cette répartition elle-même invite à deux constats principaux[5] :

Le premier est que la plupart de ces centres sont implantés hors du monde occidental, ce qui s'explique par la difficile accessibilité de certains terrains, le manque de moyens de la recherche locale, mais aussi par l'éloignement culturel que la science ambitionne de comprendre et documenter. Indirectement, ces structures facilitent l'ouverture à la recherche locale et étrangère et insufflent une liberté de penser, toujours émancipatrice, a fortiori dans des régions où cette dernière n'est ni garantie ni encouragée. Ainsi, à l'exception de la Maison Française d'Oxford et le Centre Marc Bloch à Berlin, l'immense majorité de ces centres se concentrent dans le monde arabo-musulman, en Afrique et en Asie (deux en Inde, un à Hong Kong et un à Tokyo).

Le second souligne la constante évolution de cette présente scientifique française à travers le monde. Ainsi, au gré de crises politiques spécifiques,

1 Voir le site web du centre : https://cefres.cz/fr/cefres-2

2 Voir le site web du centre : https://ifeac.hypotheses.org/

3 Voir le site web du centre : https://cefr-moscou.cnrs.fr/fr

4 Pour la répartition de ces centres dans le monde, voir le site qui leur est dédié : https://www.umifre.fr/ifre

5 https://www.umifre.fr/ifre

de différends diplomatiques, certains centres ont été contraints à la fermeture. Ce fut d'abord le cas de la Délégation archéologique française en Afghanistan (DAFA)[6], qui a fermé avec l'arrivée au pouvoir des Talibans. Puis, ce fut le tour de l'Institut Français du Proche-Orient (IFPO)[7] en Syrie à cause de la guerre civile dans le prolongement du « printemps de Damas ». Mentionnons aussi la fermeture de fait – et voulue par ces deux capitales – des centres de Moscou (Centre Franco-Russe de recherches en sciences humaines) et de Téhéran (IFRI) à cause de la guerre idéologique qui les opposent à l'Occident.

Or, leur bon fonctionnement exige un minimum de sécurité et d'entente bilatérale. Les tutelles de ces centres, c'est-à-dire le ministère de l'Europe et des Affaires étrangères (MEAE) et le CNRS, lequel s'implique de plus en plus dans la gestion et le financement de ces unités de recherche, cherchent alors en cas de difficultés majeures rendant la structure inopérante, à regrouper, fusionner ou redéployer les moyens et les chercheurs dans un autre pays, afin de permettre la poursuite du travail de recherche. Mais ces efforts contraints de réorganisation pèchent parfois par lenteur stratégique et opérationnelle, car les arbitrages entre les multiples paramètres logistiques, scientifiques et politiques sont délicats à départager. Coordonner une multitude d'acteurs qui n'ont pas la même perception de la recherche et du travail d'influence peut s'avérer assez inextricable, surtout quand la difficulté se prolonge en interne, entre les directions du MEAE ayant des visions concurrentes, divergentes, conflictuelles voire dubitatrices de l'utilité même de ces centres, et de ce que doit être leur mission de recherche à l'étranger.

### 3) De la pertinence et de l'utilité des centres de recherche français à l'étranger

Parmi les nombreux services qu'ils nous rendent, le premier est l'accès au terrain pour un plus grand nombre d'étudiants, de chercheurs, et même de journalistes, de diplomates et d'entrepreneurs privés qui

6 Voir https://af.ambafrance.org/-Delegation-archeologique-francaise,226-

7 Voir le site de l'Institut dont le centre est désormais basé à Beyrouth, avec plusieurs filiales dans d'autres pays de la région : https://www.ifporient.org/a-propos/antennes/beyrouth/

trouvent là appuis, réseaux, savoirs, méthodes. Plateforme ou base d'accueil, les UMIFRE permettent de nouer des contacts avec le milieu scientifique ou académique de plusieurs pays. Quoi de plus facile, par exemple, que de travailler sur l'évolution urbaine du Caire en étant basé au Centre d'études et de documentation économiques, juridiques et sociales (CEDEJ) ? d'où l'exploration urbaine permet d'arpenter véritablement le terrain, en partenariat avec des collègues égyptiens. Ou la DAFA comme partenaire incontournable pour effectuer des recherches archéologiques ou autres sur un terrain très compliqué comme l'Afghanistan. Ces services d'accès au terrain constituent un des leviers primordiaux pour encourager une recherche fine et de source directe, au plus proche des réalités. D'une manière générale, ces centres sont des lieux de rencontres, de dialogue et de fécondité intellectuelle, ce qui permet aux chercheurs français et à leurs partenaires locaux, mais aussi européens notamment, de travailler ensemble.

Ainsi, l'IFEAC, à Tachkent, depuis sa création en 1993 jusqu'à son déménagement à Bichkek en 2009[8] fut le seul centre, la seule plateforme de rencontre entre chercheurs français et ouzbeks, mais aussi européens, japonais, turcs, à organiser conférences et débats, dans un pays où le régime autoritaire d'Islam Karimov offrait peu d'espaces de débat et d'échanges. Aussi, la plupart des mémoires de DEA, à l'époque, ou de thèse, et la plupart des grands ouvrages réalisés sur l'Asie centrale ont grandement bénéficié du soutien de l'IFEAC sous forme d'aide d'accès au terrain ou de prise de contact avec les collègues ou autorités locales pour les autorisations nécessaires. L'IFEAC était même le partenaire, intermédiaire, légitime et reconnu, pour obtenir l'accès aux archives centrales de la République d'Ouzbékistan, institution notoirement méfiante de tout regard étranger.

Par ailleurs, ces établissements constituent des lieux de formation à la recherche. Cette évolution à partir d'une plateforme d'aide à la recherche à une unité de recherche proprement dite est devenue effective dans le cadre d'un accord de coopération signé en 2007 entre le ministère des Affaires étrangères et le CNRS qui, depuis, partage la tutelle de ces unités

8 Le déménagement résulte d'une nette détérioration des relations entre la France et les autorités ouzbèkes (sur des questions de droits humains), qui ont mis fin à notre présence sur leur sol.

de recherche basées à l'étranger. Ainsi, depuis cette date, la nomination des directeurs et le choix des chercheurs de ces centres s'inscrivent dans le cadre d'un conseil scientifique dont les membres sont désignés par les deux tutelles. Un pas de plus dans la considération de ces centres comme unités à part du CNRS est le fait qu'ils sont évalués par les mêmes instances d'évaluation, c'est-à-dire par le Haut conseil de l'évaluation de la recherche et de l'enseignement supérieur (HCERES). Même si le budget de fonctionnement provient encore largement du MEAE, le CNRS fait de plus en plus de grands efforts dans la dotation qu'il leur réserve, mais surtout, il affecte dans ces unités des chercheurs depuis la France.

Enfin, ces centres offrent une expertise et une aide à la décision à leur principale tutelle, le MEAE. Cette attente est à la fois délicate et relative. En effet, au sein du Quai d'Orsay, certains voudraient que l'on utilise davantage ces centres pour mieux répondre aux besoins diplomatiques. Les plus fervents de cette vision allant même jusqu'à évoquer leur transformation en *think tank* au service de l'ambassade ou au ministère à Paris. Toutefois, l'idée divise les diplomates. D'aucuns estiment que le savoir produit par ces centres de recherche suffit à contextualiser, à affiner une prise de décision dévolue à la seule chancellerie, quand d'autres souhaiteraient que les centres soient directement et complètement mis au service de l'ambassade et du ministère pour conseiller et aviser la diplomatie française. Enfin, une autre catégorie d'ambassadeurs ne voit aucune utilité dans le maintien de ces centres et affichent à leur égard une simple indifférence.

Aussi, des divergences de vue sur la mission de ces centres existent entre les tutelles. Pour le CNRS, ils ne doivent servir qu'exclusivement la recherche. Mais pour les Affaires étrangères, ces unités doivent s'intégrer et agir en symbiose avec les autres outils du dispositif français à l'étranger. Mais d'une manière générale, la double tutelle s'accorde dans une relative bonne entente pour permettre à ces structures de fonctionner dans des pays souvent difficiles et autoritaires avec toute la protection diplomatique dont ils ont besoin.

Enfin, rappelons que ces unités sont aussi considérées comme des outils d'influence au service du prestige de la France. Toutefois, avec le passage du temps, cette fonction se révèle de plus en plus difficile à assumer. Indéniable et évidente – dans les premières décennies de leur existence, le contexte international ayant très profondément changé –, ces centres ne bénéficient plus de la position avantageuse que leur garantissait la puissance de coopération qu'était la France. Concurrencée, distancée par des puissances émergentes, la France doit aussi faire face au bouleversement politiques et culturels profonds subis dans des pays comme la Syrie, l'Égypte, l'Iran ou encore la Turquie. Si à la sortie de la Première Guerre mondiale, ces pays manifestaient une appétence en matière de coopération en sciences sociales avec la France, ils ont, depuis, développé leurs propres outils et instruments de recherche. Et la France n'est plus la seule à pouvoir les accompagner. Ainsi, par exemple, si dans les années 1930, l'IFEA d'Istanbul pouvait être un acteur dans la politique urbaine ou la politique archéologique de la Turquie, aujourd'hui, cette mission est assurée par des institutions nationales nombreuses et variées. Ainsi, cette capacité d'influence existe toujours, mais a perdu beaucoup de son ampleur. Au final, ces instituts français ont rempli une partie de leur vocation, d'aider ces pays à développer leurs politiques de recherche, et en cela, ils ont rendu service à la coopération entre les pays et les nations. Pourtant bien des défis leur restent à relever.

### 4) Les défis à venir pour les UMIFRE

D'excellents instruments de recherche sur l'international, et encore très utiles malgré leur recul d'influence, les UMIFRE, font face à d'énormes défis à relever. Nous citerons ici seulement les plus importants.

Le premier d'entre eux et de loin le plus problématique concerne les moyens. En effet, l'indigence de la recherche et de l'enseignement supérieur en France, se constate également dans les moyens alloués à ces centres à l'étranger. Ainsi, les dotations accordées par les deux tutelles, le MEAE et le CNRS stagnent, quand elles ne baissent pas, alors que les coûts augmentent. Certes, les UMIFRE ne sont pas les seules instances de recherche à voir leur budget réduit chaque année. L'action culturelle, et les moyens alloués à la coopération éducative et universitaire subissent déplorablement le même sort. Mais ces baisses affectent davantage les centres de recherche qui, contrairement à l'action culturelle et artistique, rencontrent plus de difficultés à faire financer leur activité par des mécénats privés ou internationaux. De plus, et sans doute plus grave, le nombre de poste de chercheurs ou de doctorants boursiers, allocataires de recherche pris en charge par les tutelles, subit lui aussi une hécatombe drastique. Certains centres ne fonctionnent plus qu'avec un poste de direction et un chercheur ou deux. L'IFEA à Istanbul il y a 15 ans comptait un poste de directeur, au service d'une quinzaine de chercheurs, et autant de doctorants. À l'heure actuelle, nous n'avons même plus la moitié de ces effectifs. La baisse des moyens est telle que la dotation annuelle suffit à peine à prendre en charge la masse salariale et les frais de fonctionnement, ce qui rend les centres vulnérables et dépendants des autres bailleurs de fonds, pour l'animation de cette recherche. Le recours à des appels d'offres, comme les ANR, ou projets européens nécessitent des compétences spécifiques et dédiées dont ne disposent pas forcément les structures, ce qui les fragilisent, et notamment les plus petites qui doivent alors faire face à la concurrence d'unités plus importantes et plus organisées en ce sens.

Parallèlement, ils ont beau revendiquer leur attachement à la science et à leur indépendance politique, ils n'en restent pas moins des outils de l'action de la France à l'étranger, et à ce titre, se révèlent sensibles, voire vulnérables, à l'état des relations bilatérales. Même si les chercheurs en poste ne le sentent pas de façon systématique, ces instituts entrent et s'intègrent dans l'action diplomatique de la France dans ces pays. À ce titre, la conjoncture politique et internationale peut influer lourdement sur leur activité. A fortiori, la recherche en histoire et autres sciences humaines contemporaines sur ces terrains en temps réel restent tributaires de l'humeur conciliante ou non des appareils d'État. Et, la poursuite de ce travail devient particulièrement critique, quand les tensions et crises politiques concernent directement la diplomatie française. La liste est longue de nos centres qui ont dû fermer à cause des tensions ou ruptures diplomatiques entre la France et ces pays. L'IFRI à Téhéran demeure à l'arrêt en raison de la profonde crise entre Téhéran et Paris, le centre franco-russe est fermé depuis la guerre déclarée par la Russie à l'Ukraine. Idem pour le centre de Damas, fermé depuis la rupture des relations entre la France et la Syrie. Et la DAFA a dû quitter Kaboul avec l'arrivée des Talibans au pouvoir, que Paris ne veut pas reconnaitre comme l'autorité légitime en Afghanistan.

### 5) L'adaptation à un monde mouvant par davantage de flexibilité permanente

Produit de l'impérialisme intellectuel français du XIXe siècle, les structures de recherches en archéologie, devenues Unités mixtes des instituts français de recherche à l'étranger, ont su se transformer pour s'adapter à un monde en évolution constante. Cet *aggiornamento* est toutefois inachevé, et ne pourra jamais l'être pour sans cesse s'adapter aux bouleversements du monde. Ce mouvement incessant doit caractériser la flexibilité et l'élasticité de la recherche française associée à la recherche locale et internationale. Ainsi, initialement dépendant uniquement du ministère des Affaires étrangères, ces centres sont désormais sous la double tutelle de la diplomatie et du CNRS. Mais la réforme doit être menée au-delà, et gagnerait à y associer notamment le ministère de l'Enseignement supérieur, de la Recherche et de l'innovation, voire d'autres établissements publics comme l'Agence française de développement (AFD), voire encore des partenaires et mécènes privés comme les *think tanks*. Conjointement, la France devrait encourager une certaine européanisation des moyens car, dans bien des cas, ces centres fonctionnent déjà, au niveau scientifique, comme des centres européens, qui font bénéficier des chercheurs européens des moyens mis en œuvre par la tradition française. La transformation de certains de ces centres français en centres européens serait salutaire et signifiante, notamment quand il s'agit d'UMIFRE se trouvant dans un pays où la présence de l'Europe gagnerait à être renforcée, comme en Asie centrale ou en Afrique.

Par ailleurs, le fait que certains centres soient en difficultés opérationnelles et sécuritaires, à cause de crises politiques ou conflits ouverts, exige de réfléchir à leur réorganisation, sous forme de fusion ou de redéploiement dans d'autres pays, par exemple. Les centres en Russie, en Syrie, au Yémen, au Soudan, en Iran sont, de fait, fermés, et exigent un redéploiement de leurs activités depuis les pays voisins, en collaboration avec d'autres UMIFRE, eux-mêmes à réorganiser, pour qu'à l'isolement politique et international ne s'ajoute pas la double peine de l'isolement scientifique et culturel. Nous l'avons vue, la diplomatie comme l'influence de la France se nourrissent en partie de cette production de savoirs, huile essentielle aux rouages de la communauté internationale.

Le fonctionnement en mode dégradé de ces centres milite pour une réforme impérieuse de la reconnaissance du travail délicat qui incombe à cette recherche volante, et pour des financements à la hauteur de la qualité scientifique qui fait honneur à nos institutions de recherche depuis des siècles. Leur statut d'organisme public, leur budget et leurs dépenses soumises aux règles de la comptabilité publique, leur rend difficile l'accès à des financements privés ou européens, aujourd'hui indispensables pour à la fois ouvrir et garantir la pérennité de la recherche française. Ces besoins de réforme devraient, dès lors, convoquer la tenue « d'états généraux » de la recherche française à l'étranger.

# Élément d'histoire de « l'ouverture au monde » de Sciences Po Grenoble, des années 1980 à 2024

**Jean-Paul Burdy**

Sans nécessairement la faire remonter aux pérégrinations entre les universités européennes de quelques étudiants, docteurs et humanistes au Moyen-âge et à la Renaissance, la mobilité internationale des universitaires n'est pas chose totalement nouvelle[1]. En France, et en sciences sociales sans doute plus que dans les « sciences dures », elle reste toutefois longtemps limitée, au-delà de la tradition des colloques et congrès, souvent organisés par des réseaux disciplinaires[2]. Quant au départ à l'étranger des étudiants pendant leurs études, il est longtemps resté réservé à quelques doctorants, pour les besoins de leurs recherches. Au contraire des grands organismes de recherche, les universités n'étaient pratiquement jamais engagées dans le montage de programmes internationaux d'échanges et de coopération, et ne disposaient donc pas de ressources humaines et financières dédiées : pas de vice-présidence aux relations internationales,

1 L'université de São Paulo, avec laquelle l'IEP a établi des partenariats, a ainsi reçu à partir de 1935, et pour de longs séjours, l'historien Fernand Braudel, l'anthropologue Claude Lévi-Strauss, le géographe Pierre Monbeig, le sociologue Roger Bastide. « *Mission* » était alors et reste le terme officiel pour désigner l'envoi de professeurs français à l'*étranger :* il n'a pas toujours eu bonne presse dans les pays hôtes... Cf. Ian MERKEL, Les Termes de l'*échange. Les intellectuels brésiliens et les sciences sociales françaises,* Aix-en-Provence, 2024, 282 p.

2 Pour la science politique, par exemple, le réseau mondial International Political Science Association (IPSA, depuis 1949 : 4500 membres individuels environ en 2024) ; ou le réseau de l'European Consortium for Political Research (ECPR, depuis 1970, 300 membres institutionnels environ en 2024) : plusieurs enseignants et chercheurs de l'IEP y ont exercé des responsabilités, et y sont actifs.

et encore moins de service administratif chargé des relations internationales[3]. En quelques décennies, le changement a été impressionnant. « L'ouverture internationale » est devenue une dimension à part entière des universités et des écoles : mobilité des étudiants vers l'étranger en séjours académiques ou en stages ; mobilité d'enseignants-chercheurs et chercheurs ; internationalisation d'une partie des maquettes d'enseignement, enseignements en langues étrangères, en particulier pour recevoir des étudiants non francophones, etc.[4] Ces éléments quantitatifs et qualitatifs font désormais partie des critères d'évaluation des établissements dans les classements internationaux, dans ce qui est devenu « le marché globalisé de l'éducation. » Composante du *soft power*, ils sont, en outre, pris en compte dans la mesure de la « diplomatie d'influence » des États.

Les temps forts des activités du service des relations internationales (SRI) de l'IEP de Grenoble que nous rappelons ici sont, au-delà des possibles lacunes de la démarche[5], le moyen d'évoquer autant d'étapes de l'ouverture internationale de cet établissement[6]. Une évolution

3 L'Université Pierre-Mendès-France (UPMF-Grenoble 2, désormais composante de l'Université Grenoble Alpes, UGA), à laquelle l'IEP a été longtemps rattaché par convention, est fondée en 1970. Il n'y a alors pas dans son organigramme de vice-présidence aux relations internationales. Pour les quelques échanges internationaux établis par certaines facultés, les volets administratifs sont gérés par le cabinet du président de l'université. En 1987, le vice-président à la vie étudiante est également chargé des relations internationales, appuyé en 1988 par un vice-président aux relations européennes. Une vice-présidence aux relations internationales figure dans l'organigramme à partir de 1992, de même qu'un service administratif spécifique.

4 En 2024, l'Université Grenoble Alpes (UGA) revendique des partenariats avec 1042 établissements dans 88 pays ; 3 masters Erasmus Mundus ; 128 diplômes en partenariat international ; 263 conventions de cotutelle de thèse ; 1498 accords d'échange dont 1178 (78 %) dans le cadre du programme Erasmus. Cf. https://international.univ-grenoble-alpes.fr/partenariats/

5 Les lacunes tiennent pour l'essentiel à la difficulté à restituer toutes les dimensions de cette ouverture internationale, en particulier du côté des centres de recherche et des chercheurs, dont les activités relèvent de leurs commissions internes et de la commission scientifique de l'IEP. Nous laissons donc à ces chercheurs le soin de rédiger leur propre histoire. Ce texte est de l'entière responsabilité de son auteur, et n'engage ni son institution d'exercice de 1989 à 2015, ni les institutions et les personnes citées.

6 Cette mise en perspective historique s'appuie sur les archives du service des relations internationales de l'IEP, sur des archives privées (dont une « *Chronologie*

structurelle, qui s'inscrit dans un mouvement d'ensemble des établissements d'enseignement supérieur des pays développés, et qu'illustrent localement quelques chiffres : en 1993 (le cursus est alors en trois ans[7], et chaque promotion compte environ 250 étudiants), une vingtaine d'étudiants de l'IEP sont partis dans une dizaine d'universités étrangères, et une poignée d'étudiants étrangers sont venus à Grenoble. En 2005, 160 étudiants sont partis en mobilité académique, et 64 ont effectué des stages longs à l'étranger ; et 130 étudiants étrangers sont venus à l'IEP. En 2024 (alors que le cursus est désormais en cinq ans), 350 étudiants, soit l'équivalent d'une promotion, sont en mobilité internationale – en séjours académiques (dans 139 universités partenaires, dont 75 en Europe) et/ou en stages ; et 250 étudiants internationaux sont accueillis au sein de l'établissement.

**Aux origines des échanges étudiants et des programmes**

Rendons à deux pionniers des initiatives qui prendront par la suite une importance certaine. Professeur de science politique, Yves Schemeil a été directeur de l'IEP de 1981 à 1987, et consultant pour les programmes de coopération universitaire au ministère des Affaires étrangères (1987-2003). À ce titre, il a initié plusieurs projets de coopération. Il est à l'origine du projet franco-turc de Département francophone de sciences

*des activités du SRI de 1996 à 2006 », 32 p.), et sur :* Henri OBERDORFF (s.d.), *« Rapport du Comité d'orientation stratégique pour l'avenir de l'Institut d'Études Politiques de Grenoble, février-avril 2005 »,* IEP de Grenoble, 16 mai 2005, 84 p. (inédit). Nos sources sont lacunaires sur la période 2006-2012, faute de synthèses accessibles. Nous remercions particulièrement Henri Oberdorff, Jacques Lockwood, Nicole van der Louw, Jean Marcou, Sylvie Lemasson, Sandrine Vernet et Jacques Fontanel pour leur aide directe ou indirecte.

7 L'IEP de Grenoble a été créé en 1948. Dans les deux premières décennies, la formation Sciences Po complétait en deux ans une formation principale acquise à l'université en droit, en économie, en histoire ou en sociologie. Avec la loi Faure de 1968 sur l'enseignement supérieur, et le décret d'application de 1969, la formation de l'IEP, en trois ans, peut désormais se suffire à elle-même : dès lors, les étudiants suivant une double formation licence d'université + diplôme de Sciences Po sont de moins en moins nombreux. Le diplôme de l'IEP en trois ans est dit pendant des années valoir « bac+4 », soit un équivalent maîtrise, du fait de la réalisation d'un mémoire de recherche en 3e année. Pour autant, l'IEP ne délivrait pas de diplôme de licence d'études politiques (le bachelor anglo-saxon), ce qui a longtemps rendu l'IEP difficilement identifiable à l'international en tant que *graduate school.*

politiques et administratives (DFSPA) au sein de l'Université de Marmara, à Istanbul[8]. Le premier coordinateur de ce cursus de premier cycle, inspiré du modèle des IEP français, et placé sous l'égide de la Fondation nationale des sciences politiques (FNSP), a été Jean Marcou, alors maître de conférences de droit public à l'IEP, détaché à Tarabya de 1988 à 1992. Pendant plus de deux décennies, ce programme a alimenté un flux régulier d'enseignants-chercheurs des IEP vers Istanbul[9], et, en réciprocité, d'enseignants turcs dans le réseau des IEP ; ainsi qu'une modeste mobilité réciproque d'étudiants français et turcs et ce, bien avant l'entrée de la Turquie dans le programme européen Erasmus. Grenoble a ainsi pu asseoir sur la longue durée une coopération pédagogique et scientifique, et des liens personnels durables avec les enseignants-chercheurs turcs. Quelques années plus tard, le « modèle Marmara » sera dupliqué à Minsk, en Biélorussie.

Autre pionnière, Thora van Male, maîtresse de conférences d'anglais à l'IEP, où elle est arrivée en 1972[10]. En 1982, Yves Schemeil lui confie la responsabilité de deux programmes d'échanges existants depuis quelques années à l'Université Pierre-Mendès-France. Avec Kingston Polytechnic, une dizaine d'étudiants de l'IEP pouvaient passer le premier trimestre de leur deuxième année en Angleterre. Avec

8 Cf. une archive de 1988 : http://www.60ans-iepg.fr/2-figures/directeurs/schemeil/schemeil_marmara.pdf
Le DFSPA s'est installé à Tarabya, sur la rive européenne du Bosphore, dans un *yalı* historique : l'ancienne résidence d'été des ambassadeurs de France auprès de la Sublime Porte. Voir un ouvrage édité pour le 20e anniversaire : Ali Vahit TURHAN (dir.), Tarabya *çalişmaları*. 20.yıl armağan kitap [Les études de Tarabya. Le livre-anniversaire des 20 ans], Istanbul, Marmara Universitesi Yayınları, 2010, 432p. (bilingue turc-français). Et un historique de ce village prisé des ambassades européennes au temps de l'Empire ottoman : Orhan TÜRKER, Therapia'dan Tarabya'ya. Boğaz'ın Diplomatlar Köyünün Hikayesi [De Therapia à Tarabya. L'histoire du village des diplomates du Bosphore], Sel Yayıncılık, Istanbul 2006, 96p.

9 Liste des missionnaires français au DFSPA de Tarabya : http://scpo.siyasal.marmara.edu.tr/fr/personnel-academique/enseignants-visiteurs-etrangers-depuis-1987

10 Thora van Male (décédée en juillet 2016) est devenue sur le tard une lexicographe reconnue. Elle a créé le terme d'*iconophore* pour désigner les lettrines ornementales des dictionnaires. Cf. l'entrée Iconophore- Wikipédia, et : https://journals.openedition.org/cahiersapliut/3138.

Berkeley (« Programme Californie » de l'UPMF), dix étudiants, également de deuxième année, pouvaient participer à une summer school en Californie. En réciprocité, l'IEP recevait une dizaine d'étudiants britanniques, et quelques Californiens, pour des durées variables. Avec la confiance renouvelée de François d'Arcy (directeur de 1988 à 1995), puis d'Henri Oberdorff (1995-2002), Thora van Male a ensuite développé les échanges étudiants pendant plus d'une décennie, pour une vingtaine d'étudiants par an, à partir de liens personnels noués au Royaume-Uni et aux Pays-Bas), mais aussi au Canada (Thora était originaire de Colombie-Britannique)[11]. Principalement donc avec des partenaires anglophones d'Europe du nord-ouest – les réticences ironiques de Thora envers l'Europe méditerranéenne étaient notoires. En retour, nous recevions une poignée d'étudiants étrangers - le profil de certains ne laissant parfois pas de surprendre[12]. La durée des séjours était en général d'un semestre universitaire, et prenait place en fin de scolarité. Thora gérait cette activité de A à Z, s'occupant des accords avec les universités partenaires, de la sélection des candidats à la mobilité, et du suivi très personnalisé des étudiants partis ou accueillis[13]. Elle s'appuyait ponctuellement, pour les

11 Voir une longue interview de Thora van Male par Carlos Condé, dans laquelle elle revient sur sa vision et sa pratique des échanges étudiants (et de ses enseignements de l'anglais) : « *Thora van Male, l'humour british* », 12 mai 2014. URL : https://diplomes-iepg.fr/gre/portrait_tvm.php

12 Leur venue découlait de conventions dont nous n'avons pas retrouvé les traces écrites : nous avons ainsi vu passer un jeune agent de la CIA en « formation d'ouverture » (en début d'année, il a provoqué quelques huées en annonçant sa profession en plein amphithéâtre) ; un ingénieur de tir d'un sous-marin nucléaire américain (il a témoigné des longues patrouilles dans le golfe du Mexique à la recherche d'embarcations des trafiquants de drogue colombiens) ; ou un jeune pilote de chasse de l'armée de l'air de la République bolivarienne du Venezuela (fervent partisan du lieutenant-colonel Hugo Chavez, il se déclarait très satisfait des appareils soviétiques sur lesquels il volait). Cette rare diversité professionnelle a ultérieurement disparu, au profit de générations d'*étudiants plus « classiques »*.

13 Lors des obsèques de Thora, en 2016, Robin Waddle, maître de conférences d'anglais, qui a partagé pendant 20 ans son bureau, a rappelé sa conception des échanges internationaux : « *Le fonctionnement conçu par Thora reposait sur une considération individuelle de chaque étudiant, et ne laissait rien au hasard pour garantir une véritable intégration. Elle a inventé le système des parrainages, qui consistait à offrir à chaque étudiant étranger un parrain français chargé de lui faire découvrir la ville, de l'accompagner dans ses démarches administratives, et simplement de s'assurer*

tâches administratives, sur des étudiants qu'elle qualifiait avec humour de « petites mains », qui bénéficiaient de quelques heures de rémunération.

Relevée par la réunion annuelle des responsables des échanges étudiants du réseau des IEP[14], la pression pour le développement de la mobilité internationale s'affirme dans les IEP à la charnière des décennies 1980 et 1990, et à la convergence de demandes internes et externes. En interne, et explicitement pour conserver leur avantage qualitatif par rapport aux facultés voisines, les IEP entendent faire partir plus d'étudiants en séjours académiques ou en stages à l'étranger; et encourager et faciliter la mobilité de leurs enseignants. La mobilité étudiante dépend largement de son financement par des bourses de mobilité, pour le départ comme pour l'accueil[15]. Certaines collectivités territoriales, qui ont organisé en leur sein des services de coopération internationale, vont abonder ce financement. C'est, tout particulièrement, le cas de la Région Rhône-Alpes qui développe dans les années 1990 le programme Explo'RA de bourses pour la mobilité étudiante sortante[16]. Mais l'accélération principale à la mobilité étudiante et enseignante sera donnée par la Communauté européenne, quand elle adopte en 1987 le programme

*qu'il (ou elle) ne se sente pas isolé(e). » Ibid.* URL : https://diplomes-iepg.fr/gre/portrait_tvm.php

14 Aux traditionnelles réunions des directeurs et directrices des IEP se sont ajoutées successivement, dans les années 1980, les réunions des directeurs des études, puis celle des directeurs/directrices et administrateurs des services des relations internationales. Ces échanges se révèleront précieux quand apparaîtront les programmes européens de coopération universitaire.

15 On ne saurait trop souligner l'importance, pour la venue d'étudiants étrangers, des bourses attribuées, dans le monde entier, par les ambassades de France. En particulier le programme de bourses Eiffel, développé pour permettre aux établissements français d'enseignement supérieur d'attirer les meilleurs étudiants étrangers dans des formations diplômantes des niveaux master et doctorat. La sélection dans les postes diplomatiques des candidats aux bourses Eiffel a toujours été l'une des missions des enseignants-chercheurs engagés dans des programmes de coopération bilatérale.

16 Les réunions annuelles des SRI des IEP ont souligné que peu de régions françaises ont été aussi précoces et généreuses que la Région Rhône-Alpes en matière de soutien à la mobilité étudiante. La bourse Explo'RA est ultérieurement devenue la bourse Région Mobilité Internationale Etudiants (BRMIE).

d'échanges étudiants Erasmus[17]. Cité à juste titre comme l'une des initiatives européennes les plus réussies, Erasmus sera englobé en 1995 dans le programme Socrates de coopération inter-universitaire au sein de l'UE[18]. Bruxelles élargit ensuite ces programmes à l'Europe centrale et orientale post-soviétique (Tempus-Tacis, 1990) puis à des pays tiers (Erasmus-Mundus, 2004). Le ministère français des Affaires étrangères, qui entretient, en co-tutelle avec le CNRS, une trentaine de centres de recherche à l'étranger[19] sollicite depuis longtemps des universitaires, enseignants et chercheurs, pour des missions d'évaluation, et pour intervenir dans les projets des services culturels et de coopération universitaire des ambassades. Il va désormais proposer des stages en ambassade, en ciblant, en particulier, les étudiants des IEP. Et il décide, après la création des programmes européens, d'organiser les missions d'enseignants-chercheurs en deux étapes : dans un premier temps, une mise en place de programmes de coopération universitaire bilatérale sur financements français ; puis, dans un deuxième temps, un relais financier pris par des programmes européens Socrates ou Tempus-Tacis pour des coopérations académiques élargies.

17 *Erasmus* se réfère certes à l'humaniste néerlandais du XVe siècle, mais est aussi un rétroacronyme : *EuRopean Community Action Scheme for the Mobility of University Students* (Programme d'action européen pour la mobilité des étudiants) – aujourd'hui : *European Region Action Scheme for the Mobility of University Students.*

18 Socrates englobe alors plusieurs programmes européens : Comenius, Erasmus, Grundtvig, Lingua et Minerva, etc.

19 En 2024, le réseau des unités mixtes des instituts français de recherche à l'étranger (UMIFRE, anciennement IFRE) comprend 27 centres de recherche répartis, avec leurs antennes, dans près de 40 pays, et placés sous la cotutelle du ministère des Affaires étrangères et du CNRS. À travers ses enseignants et ses chercheurs, l'IEP de Grenoble a eu à connaître des activités du Centre d'études et de documentation économiques, juridiques et sociales (CEDEJ), au Caire ; du Centre français de recherche en sciences sociales (CEFRES), à Prague ; du Centre Jacques-Berque (CJB), à Rabat ; de l'Institut français du Proche-Orient (IFPO), à Beyrouth ; de l'Institut français d'études anatoliennes (IFEA), à Istanbul ; de l'Institut français d'études sur l'Asie centrale (IFEAC), à Tachkent ; de la Maison franco-japonaise (MFJ), à Tokyo. Voir, dans les « Mélanges Jean Marcou », Bayram BALCI, «*Le réseau des Unités mixtes des instituts français de recherche à l'étranger (UMIFRE), et leur contribution exceptionnelle à la recherche française sur l'Orient* ».

## 1) Les moyens de l'ouverture internationale de l'IEP de Grenoble

### La création d'un service des relations internationales en 1996

L'internationalisation d'un établissement – maquette d'enseignement, programmes de recherche, échanges universitaires – ressort de choix stratégiques, émanant des instances de direction, conseil d'administration et commission scientifique pour l'essentiel. Mais elle implique, dès lors, de disposer des moyens humains et matériels de sa mise en œuvre. La décision de créer un service des relations internationales revient au professeur Henri Oberdorff, dès le début de son mandat à la direction de l'IEP (1995-2002). Elle correspond à une nécessité fonctionnelle : un service spécialisé, avec des personnels maîtrisant une ou plusieurs langues étrangères, est désormais nécessaire pour répondre à la diversité institutionnelle et culturelle croissante des partenaires de la mobilité étudiante ; et pour répondre à la multiplication des programmes européens, sources majeures de financements. Peu ou prou au même moment, mais avec des moyens inégaux, tous les IEP installent un tel service associant personnels administratifs et enseignants[20]. En matière de hiérarchie décisionnelle, ce service fonctionne sous l'autorité du conseil d'administration et du directeur de l'IEP. L'enseignant-chercheur directeur du service fait partie de l'équipe de direction. Il organise une ou deux réunions annuelles d'une commission des relations internationales, et rend compte des activités du service à la commission des responsables pédagogiques, et à la commission scientifique[21].

La lettre de mission du SRI de Sciences Po Grenoble lui confie la responsabilité d'organiser et de gérer la mobilité des étudiants partants et arrivants, principalement en matière de mobilité académique, mais aussi en matière de stages à l'étranger et de stages au ministère des Affaires

20 Un SRI existe à l'IEP de Paris depuis plus longtemps, avec des moyens conséquents en personnels et en dotation financière grâce la Fondation nationale des sciences politiques (FNSP).

21 Le principe d'un compte-rendu écrit de toute activité importante du service et des missions à l'international ayant reçu un financement du SRI a été instauré, pour permettre l'information collective, l'évaluation et les retours d'expériences. Ce principe a été supprimé en 2006.

étrangères[22]; et d'impulser une mobilité réciproque d'enseignants-chercheurs, en s'appuyant sur les opportunités ouvertes par les nouveaux programmes européens. À ces fins, à partir des priorités définies par l'établissement, le SRI a la charge de rechercher des partenariats à l'étranger, et de préparer des accords de coopération, de la mobilité étudiante en réciprocité Erasmus à des programmes d'enseignement européens multilatéraux Socrates ou Tempus. Ce qui implique de négocier avec les partenaires potentiels, de rédiger des relevés de conclusion, des lettres d'intention, des accords et conventions de coopération, des candidatures aux programmes internationaux français et européens, puis d'en assurer la mise en œuvre administrative et financière[23]. Le SRI a également une mission de représentation de l'IEP pour les activités internationales au sein du site universitaire grenoblois (Université Pierre-Mendès-France ; structure inter-universitaire du Pôle européen de Grenoble, devenu Grenoble Universités) ; au sein du réseau des IEP ; auprès des collectivités locales (Ville de Grenoble) et territoriales (la Région Rhône-Alpes) ; auprès des ministères de tutelle (Enseignement supérieur et Recherche) ou partenaires (Affaires étrangères) ; et auprès d'institutions universitaires ou administratives étrangères.

**Une stabilité progressive en ressources humaines et en locaux**

Les « petites mains » de Thora van Male sont progressivement remplacées par une chargée des échanges étudiants, et une chargée des conventions. Ce sont initialement des contrats à durée déterminée attribués à des étudiantes diplômées et maîtrisant plusieurs langues[24].

22 La recherche de « stages à l'international » a permis de constater que la notion française de « stage en entreprise », ou « stage en administration », était largement inconnue et/ou incomprise dans de nombreux pays, y compris en Europe.

23 Ces différents volets contractualisés se sont traduits au fil des années par une bureaucratisation chronophage de l'activité des SRI. Les programmes européens, depuis le stade initial des pré-candidatures, puis des candidatures, puis des contrats de programme, jusqu'aux comptes-rendus intermédiaires et aux bilans terminaux mobilisent à plein temps des personnels administratifs de plus en plus spécialisés. Ils ont généré une masse de formulaires dont témoignent *a posteriori* des dizaines de mètres linéaires de cartons d'archives.

24 Le statut (CDD de catégorie C) et la rémunération initialement proposés étaient en décalage manifeste avec le niveau élevé de formation (Bac +5 en général), et la

La situation s'éclaircit quand l'IEP affecte deux supports de postes administratifs sur fonds propres : l'un à la mobilité étudiante, l'autre à la responsabilité administrative[25]. Les emplois sont donc peu à peu stabilisés et pérennisés. Se succèderont comme responsables administratives du service Fabienne Greffet (1997-1999), Claudia Haasis (1999-2001), Maryline Clémente (2001-2010), Delphine Bense (2010-2015) et Sandrine Vernet (depuis 2015). Du côté des enseignants-chercheurs, et sans décharge d'enseignement, un binôme fonctionne jusqu'en 1999 : Thora van Male supervise la mobilité étudiante, Jean-Paul Burdy a en charge le pilotage et la coordination des autres activités internationales. À partir de 1999, ce dernier est directeur du service, au sein duquel le principe du binôme fonctionnel est adopté pour la mobilité étudiante et l'interface avec les universités étrangères : un enseignant de langue à mi-temps, Jacques Lockwood, assure le suivi des dossiers et la sélection des étudiants partants (il est assisté pour les entretiens de sélection par les autres enseignants de langues[26]) ; une responsable administrative à plein temps s'occupe principalement des étudiants étrangers (Maryline Clemente, puis Nicole van der Louw de 2003 à 2024). À une époque où l'internet et les réseaux sociaux n'existent pas, le binôme s'occupe également de la communication orale et écrite sur la mobilité internationale en direction des étudiants[27]. L'instabilité résidentielle initiale est, elle aussi, peu à peu réduite. La création d'un service de plein exercice s'accompagne de l'attribution de locaux spécifiques. En 1997, le SRI et des stages s'installent, pour presque deux décennies, dans l'ancien logement de fonction de la

maîtrise fonctionnelle permanente d'une ou plusieurs langues étrangères (jusqu'à trois parfois), indispensable aux métiers de l'international.

25 En 2003, la FNSP accorde à l'IEP un support de poste pour le développement et la gestion des programmes de coopération, qui correspond à la direction du service déjà en place.

26 Pendant plusieurs années, des enseignants des universités partenaires seront également invités à participer à la sélection des étudiants candidats à la mobilité.

27 A destination des étudiants sont annuellement édités des dépliants « Partir », déclinés en « Vas-y » pour les partants ; et « Visa » pour les arrivants. Un amphithéâtre « Itinéraires » réunit annuellement tous les étudiants candidats à une mobilité internationale, avec participation des étudiants étrangers présents à l'IEP, et représentant leur établissement d'origine.

secrétaire générale de l'IEP[28]. Ce lieu identifie clairement le SRI. Mais sa localisation excentrée dans les bâtiments – au 2e étage, à l'exact opposé de l'ensemble des autres services administratifs de l'IEP, traduit aussi une forme d'éloignement de ceux-ci[29].

**Une politique inscrite dans le site universitaire grenoblois et dans le réseau des IEP**

Les activités internationales ne pouvaient se concevoir à l'échelle du seul établissement IEP. Elle s'est donc inscrite dans une politique de site. En partenariat avec l'Université Pierre-Mendès-France : pour élargir l'offre d'enseignements ouverts aux étudiants étrangers dans les deux établissements ; pour la mise en œuvre de coopérations en Russie ou en Amérique latine par exemple. En coordination avec des structures inter-universitaires, en particulier le Pôle européen de Grenoble, ultérieurement renommé Grenoble Universités[30] : pour la mutualisation des moyens nécessaires à l'accueil des étudiants étrangers sur le campus ; pour la participation de Grenoble à des salons de l'éducation à l'international, ou la réception de délégations étrangères, par exemple[31]. Le réseau des IEP a été une structure-support solide pour la mise en œuvre de programmes européens et internationaux, et en mettant certains partenariats de mobilité étudiante dans un pot commun. La FNSP a accordé

28 Les chambres servent de bureaux ; la cuisine et la salle de bains stockent les archives ; la salle de séjour devient l'espace d'accueil des étudiants et des visiteurs étrangers. Et la terrasse accueille les jeux d'un couple d'écureuils, vite dénommés Erasmus et Explora...

29 Certaines mauvaises langues, pour lesquelles la « mobilité internationale » n'était qu'une lubie coûteuse, surnommaient parfois le SRI *« le Club Med' », ou « l'agence de voyages »*...

30 Si l'IEP a activement participé à la commission internationale du Pôle (et l'a présidée pendant plusieurs années), puis de Grenoble Universités, s'est posée en permanence la question de son statut : « établissement d'enseignement supérieur autonome rattaché par convention à l'Université Pierre-Mendès-France », Sciences Po n'était juridiqueà ment pas considéré comme une composante à part entière de structures réunissant les seules quatre universités du site grenoblois (Grenoble 1 -Joseph-Fourier ; Grenoble 2 -Pierre-Mendès-France ; Grenoble 3 -Stendhal ; l'INPG).

31 Depuis le regroupement des universités et écoles du site grenoblois, c'est la mission dévolue à UGA International (dont Sylvie Charvet sera la première directrice). Cf. https://international.univ-grenoble-alpes.fr/internationalisation/

des subventions pérennes aux deux « IEP d'équilibre » historiques, Grenoble et Bordeaux, et a encadré pédagogiquement et scientifiquement des programmes à Istanbul, au Caire et à Rabat. Les *joint ventures* ont été régulières avec l'IEP de Lyon pendant plus d'une décennie, en particulier au Moyen-Orient et en Chine ; et plus ponctuelles avec Aix, Strasbourg ou Rennes, par exemple en Biélorussie et dans les pays baltes. Dès l'origine, l'ouverture internationale de l'établissement a été structurée par une contractualisation pluri-annuelle. Les priorités sous forme d'objectifs généraux, et les axes de mise en œuvre, ont donc été inscrits dans différents contrats d'objectifs, régulièrement actualisés ou redéfinis : le volet international du contrat quadriennal d'établissement avec le ministère de l'Éducation nationale et/ou de l'Enseignement supérieur ; le contrat d'objectifs biennal INCA avec la Région Rhône-Alpes ; la déclaration de stratégie européenne quadriennale avec la Commission européenne ; les contrats biennaux ou triennaux pour les programmes européens Tempus-Tacis, ALFA, etc. ; les conventions générales ou spécifiques entre l'IEP de Grenoble (et souvent un ou plusieurs autres IEP) et le ministère des Affaires étrangères - administration centrale ou postes diplomatiques.

### 2) Le grand chantier de la mobilité étudiante

#### Un préalable fondamental : harmoniser la mobilité à l'échelle européenne

Si le principe du développement de la mobilité académique étudiante au sein de l'Union européenne a progressivement fait consensus chez les acteurs universitaires à partir de la décennie 1990, il se heurtait cependant à une difficulté majeure : l'hétérogénéité des systèmes éducatifs nationaux, des maquettes d'enseignement aux systèmes de notation. Pour s'en tenir aux seules universités, la licence est acquise en 3 ou 4 ans ; le *bachelor* anglo-saxon repose sur des enseignements de majeures et de mineures qui peuvent associer des champs disciplinaires très différents. Les enseignements validés, qui peuvent être des séminaires, des cours magistraux, des travaux dirigés, des unités de valeur, etc., sont de durées extrêmement variables : 6h, 12h, 24h, un mois, un trimestre, un semestre, une année... La notation des exercices ou examens peut reposer sur des échelles numériques (de 1 à 20, ou de 1 à 5) ou alphabétiques (de A à E ; ou de E à A), voire même sur de simples qualificatifs (« *réussi* » / « *échoué* » – *la formule* « *passed* » étant l'une des plus courantes). À quoi on ajoutera les

« nuances » très françaises dans les notations au demi-point (13,5 ; 15,5... ou A+, A -), et l'attribution de mentions (passable/assez bien/bien...), toutes pratiques particulièrement appréciées en France, mais incomprises chez une écrasante majorité de nos interlocuteurs. Plus on signait de conventions bilatérales, plus on se heurtait à ces difficultés, qui se ramenaient finalement à une seule question : comment valider les notes obtenues par les étudiants à l'étranger, pour les intégrer aux résultats de leur scolarité dans leur établissement d'origine ?

À ce stade intervient un texte européen majeur : la Déclaration de Bologne du 19 juin 1999, signée par 29 pays[32] pour faciliter « la construction d'une dimension véritablement européenne de l'enseignement supérieur (et) la mobilité des étudiants, des enseignants et des chercheurs. » Ce qui suppose « « la mise en place d'un système facilement compréhensible et comparable pour permettre une bonne lisibilité et la reconnaissance internationale des diplômes et qualifications. » Deux objectifs majeurs sont définis par ce texte : l'harmonisation de la durée et de la dénomination des cycles d'enseignement ; et la mise en place d'un système de crédits transférables entre établissements pour la validation des résultats des étudiants. Le premier point est souvent résumé en « système LMD » : une licence en trois ans *(L : premier cycle, undergraduate)* ; un master en deux ans (M : deuxième cycle, *graduate*) et un doctorat en trois ans (D, Ph.D. : troisième cycle, *post-graduate*). Le deuxième point est l'organisation des « crédits ECTS », European Credit Transfer AMD Accumulation System / Système européen de transfert et d'accumulation de crédits. LMD et ECTS sont aujourd'hui tellement entrés dans les mœurs qu'on a tendance à oublier la révolution épistémologique qu'ils ont pu représenter à l'époque, en ouvrant la possibilité d'un espace européen de l'enseignement supérieur. Et à oublier aussi les difficultés de leur mise en œuvre initiale.

La conséquence du LMD pour les instituts d'études politiques a été importante. Le diplôme de Grenoble était alors en 3 ans, avec la possibilité d'une 4e année dite « d'ouverture », en général consacrée à la

32 Les signataires sont alors les membres de l'UE et une partie des membres du Conseil de l'Europe. Une décennie après Bologne est créé, par 48 États, l'Espace européen de l'enseignement supérieur / European Higher Education Area (EHEA).

mobilité internationale. Ce diplôme va passer à 5 ans, un premier cycle pluridisciplinaire en trois ans (et 180 crédits ECTS), et un deuxième cycle de spécialisation en deux ans par des masters nationaux ou des formations internes équivalentes (et 120 crédits ECTS). Pour ces créditations, les services des relations internationales des universités et des écoles, dont ceux des IEP, ont multiplié pendant plusieurs années les réunions avec leurs partenaires pour comparer d'abord, harmoniser ensuite autant que faire se pouvait, les maquettes d'enseignement, et mettre en place les ECTS, dont la gestion sous forme de tables de conversion des notes en crédits a toujours été particulièrement chronophage33. Cependant, elle constituait une condition sine qua non à la généralisation de la mobilité étudiante34. LMD, semestrialisation des enseignements, année internationale en L et/ou en M, crédits ECTS... : une nouvelle culture d'établissement est alors à construire.

**La mobilité étudiante et la multiplication des conventions bilatérales**

La montée en puissance de la mobilité étudiante impose une forte augmentation du nombre de partenaires, dont chacun accueille en général un ou deux de nos étudiants. Le choix des destinations répond alors à une double nécessité : une homotéthie disciplinaire dans le champ

33 Une fois le tableau de créditation ECTS des différents enseignements validé, l'une des difficultés principales a toujours été la récupération de l'ensemble des crédits délivrés par l'université d'accueil : car elle suppose que tous les travaux des étudiants ont été corrigés et notés/crédités, et que ces notes/crédits soient transmis dans les délais par la scolarité de l'université d'accueil à la scolarité de l'étabd lissement d'origine de l'étudiant, par l'intermédiaire des services des relations internationales respectifs. Un casse-tête permanent pour les enseignants et personnels des SRI en charge de la mobilité étudiante.

34 Et, selon certains, à la généralisation de la « libre concurrence entre universités » : le processus de Bologne a été présenté par ses opposants comme une application de l'idéologie néolibérale au monde de l'enseignement et de la recherche, en particulier en ce qu'il ouvrait potentiellement à la mise en concurrence des établissements d'enseignement supérieur à l'échelle européenne, puis globale. La critique peut s'entendre sur certains points, en particulier quand on analyse, par exemple, les critères et les logiques du « classement de Shanghai » : l'Academic Ranking of World Universities (ARWU) est établi depuis 2003 par des chercheurs de l'entreprise Shanghai Ranking, issus de l'université Jiao-tong de Shanghai. Ils privilégient les sciences dures, les prix Nobel, les publications dans quelques revues américaines, etc. Les volets pédagogiques et sociaux sont totalement ignorés.

des sciences sociales ; la nécessité de disposer d'une majorité de destinations européennes (pour bénéficier d'Erasmus) et anglophones, mais aussi de destinations correspondant aux autres langues pratiquées par les étudiants[35]. Avec le recul, les partenariats les plus durables sont souvent liés aux relations que les enseignants et chercheurs ont personnellement nouées auparavant, et entretenues, avec des universités étrangères spécifiques. Ainsi les premières relations avec des universités anglaises et canadiennes, partenaires de Thora van Male depuis les années 1980 ; ou avec les universités d'Istanbul (Marmara, puis Galatasaray et Bilgi), dont Yves Schemeil et Jean Marcou ont été les pivots ; ou les trois décennies d'échanges avec l'Université Jagellone à Cracovie, qui doivent beaucoup au professeur Marek Dębowski, ancien lecteur de polonais à l'Université Stendhal. Plusieurs formations post-diplôme (DESS ou équivalent) se sont appuyées sur les réseaux durables des enseignants qui les animaient (ceux de Danièle Demoustier en Économie sociale et solidaire, en Europe méditerranéenne et Afrique sub-saharienne ; ceux de Mireille Pongy sur les Projets culturels, en Europe centrale). Un certain nombre de partenariats ont été initiés et partagés au sein du réseau des IEP : Grenoble, Lyon et Aix, qui ont pendant quelques années formé un « consortium des IEP du Grand Sud-Est », ont ainsi mis une partie de leurs partenaires dans un pot commun. Plusieurs programmes européens d'enseignement-recherche appuyés par tout ou partie des IEP ont permis de consolider des échanges d'étudiants (par exemple dans les États baltes, ou en Europe orientale). Et ces échanges n'ont pu monter en puissance et se pérenniser que grâce aux compétences relationnelles et aux « bonnes pratiques » acquises au fil des années par l'enseignant et l'administratrice en charge principale de la mobilité : on se doit de rappeler ici leur rôle fondamental au quotidien, « en première ligne ».

**Les salons internationaux, ou la mondialisation du marché de l'éducation**

Les salons internationaux de l'éducation répondent à plusieurs objectifs : promouvoir les établissements universitaires à l'international ;

35 Au 1er octobre 2003, 85 conventions étaient signées avec 94 universités dont : 56 en UE (11 au Royaume-Uni ; 8 en Allemagne ; 6 en Espagne et 5 en Italie ; 4 aux Pays-Bas) ; 3 en Europe hors UE ; 4 en Amérique du Nord (via l'UPMF) ; 2 en Amérique latine ; 5 en Méditerranée-Moyen-Orient ; 4 en Asie.

recruter des étudiants qui souhaitent poursuivre leurs études en France (les étudiants de master et de doctorat sont prioritairement visés) ; et permettre d'entrer en relation avec des universités susceptibles de s'engager dans des échanges d'étudiants. À partir de la décennie 1990, le principe est qu'une agence française, émanation des ministères de l'Enseignement supérieur et des Affaires étrangères (EduFrance, créé en 1998, puis Campus France, créé en 2010) lance un appel à participation à l'un des salons régionaux (Europe, Asie, Amérique du Nord), et que des consortiums d'établissements répondent à l'appel à participation. Ce sont successivement le Pôle européen de Grenoble (décennie 1990) puis Grenoble Universités (décennie 2000) qui ont constitué le consortium grenoblois, associant les différentes universités et écoles grenobloises : l'IEP a ainsi participé au stand interuniversitaire de « l'Université de Grenoble[36] » à Singapour, à Shanghai, au Japon, à Saint-Pétersbourg, au Caire, à Istanbul, à Buenos Aires, à plusieurs salons américains de la NAFSA[37], etc. L'appel d'offres peut aussi découler de choix diplomatiques français, avec la volonté de renforcer des liens spécifiques avec tel ou tel pays, souvent dans le cadre d'une « Année du... [Mexique, Japon, etc.] », en s'appuyant soit sur des universités et écoles françaises ayant répondu à l'appel à projets, soit sur un ou plusieurs pôles universitaires particulièrement compétents sur le pays considéré. Ainsi en mai 2004, les ministères de l'Enseignement supérieur français et japonais (le Monbushō) ont organisé une tournée des établissements grenoblois au Japon, avec une forte représentation des filières scientifiques[38].

36 Une appellation bien antérieure donc à la création en 2016 de la structure unique Université Grenoble Alpes (UGA), après une très longue gestation semée de polémiques et d'embûches juridiques.

37 La National Association of Foreign Students Advisers (NAFSA, ultérieurement Association of International Educators, AIE) créée en 1948, a en charge la promotion du système éducatif et des universités américaines, en particulier par l'organisation de salons de l'éducation.

38 Cette « tournée universitaire » en mai 2004 s'est tenue successivement à Tokyo (Institut franco-japonais, Maison franco-japonaise), Sendai (Tohoku), Fukuoka (Kyushu) et Kyoto. Depuis 1999, deux sites universitaires, Strasbourg et Grenoble, étaient les principaux acteurs du Programme quinquennal bilatéral franco-japonais, dit « Programme 8 ».

Ces salons internationaux ont permis d'évaluer la marchandisation globalisée de l'éducation universitaire. Ce qui explique d'ailleurs, dans les salons hors Europe, une écrasante surreprésentation des universités du monde anglo-saxon : États-Unis (mais l'attractivité des grandes universités américaines est telle qu'elles ont à peine besoin de participer aux salons) ; Royaume-Uni, Australie, Nouvelle-Zélande (où la dépendance financière des universités aux inscriptions d'étudiants étrangers justifie des campagnes intensives de recrutement, avec des personnels à plein temps dédiés à cette seule mission). Ces universités étant, par ailleurs, avantagées par la domination globale de la langue anglaise – ce qui a d'ailleurs contraint les universités et écoles françaises à développer en leur sein des filières d'enseignement diplômantes en anglais. Dans cette logique, au tournant du siècle, l'Asie (Singapour, la Chine, etc.) a émergé comme la région du monde où la tenue de salons de l'éducation était particulièrement prometteuse pour les universités occidentales, avec une demande de formation à l'international en croissance exponentielle[39]. Et avec des demandeurs financièrement solvables, voire prêts à payer des droits d'inscription (*tuitions fees*) très élevés pour accéder aux meilleures universités occidentales : le critère local d'évaluation étant que plus le coût d'une formation en Occident est élevé, meilleure est censée être la formation, et plus prestigieux le diplôme délivré. Dès lors, le faible coût des droits d'inscription dans les établissements publics français jouait paradoxalement en leur défaveur sur ce marché global très concurrentiel[40].

### 3) Une priorité permanente : l'Europe et les programmes européens

#### Une majorité écrasante de programme européens, en Europe et sur l'Europe

En 1996, l'intitulé initial du « service des relations européennes et internationales » *(SREI)*, soulignait d'emblée le fléchage européen de l'objectif d'internationalisation[41]. En effet, l'élargissement permanent de la

39 En dehors des sciences dures et des sciences de l'ingénieur, la demande principale a toujours porté sur les MBA (masters in business administration).

40 Comme nous l'avons constaté, par exemple, à Singapour en 2003, puis à Shanghai en 2004.

41 Le SREI est vite devenu SRI, dans une volonté d'harmonisation de l'intitulé avec les services équivalents dans les autres IEP et à l'université. Dans la même

Communauté européenne, puis la multiplication des programmes financés par l'Europe dans le champ de l'enseignement supérieur, ont toujours mobilisé l'essentiel de l'activité du service, que ce soit pour la mobilité des étudiants ou pour celle des enseignants-chercheurs. Concernant les étudiants, on peut estimer que, pendant deux décennies, le programme Erasmus a représenté au moins 80 % de la mobilité sortante et entrante. Concernant les enseignants-chercheurs, Sciences Po Grenoble, comme ses homologues du réseau des IEP, a mis en œuvre toute la gamme des opportunités ouvertes par le programme Socrates. Celles-ci se déclinaient en plusieurs paliers de financements, désignés par leurs initiales : PV, TS et JEM. Les visites préparatoires (Preparatory Visits, PV), de courte durée, pouvaient associer personnels administratifs et enseignants-chercheurs, pour explorer les voies et moyens de nouer des relations avec de potentiels partenaires. La mobilité enseignante (Teaching Staff Mobility, TS) finançait ensuite des missions de quelques jours en réciprocité, permettant à des enseignants-chercheurs de donner des conférences, et surtout de discuter avec leurs homologues de la construction de maquettes de cours communs. Enfin, tripartites ou plus, pluri-annuels et reconductibles, les modules européens d'enseignement (Joint European Modules, JEM) ont été l'un des supports importants de l'européanisation thématique de la maquette d'enseignement de Sciences Po Grenoble, affirmée comme volonté et comme objectif dès la première « Déclaration de stratégie européenne » du contrat institutionnel Socrates de l'IEP, en 1996.

Jean-Louis Quermonne[42] et Maurice Croisat[43], tous deux professeurs de droit public et de science politique, ont présenté, en 1997, la première

logique, le « chargé de mission REI » est devenu « directeur des relations internationales ».

42 Directeur de Sciences Po Grenoble de 1958 à 1969, premier président de l'Université Grenoble 2, Jean-Louis Quermonne (1927-2021) a également été vice-président de la FNSP, président de l'Association française de science politique, et président d'honneur de l'Association française des constitutionnalistes. Revenu comme professeur à l'IEP en 1989, il a contribué par sa compétence et sa notoriété à amplifier les échanges avec les universités européennes, et à soutenir le principe des parcours internationalisés. Cf. https://www.univ-grenoble-alpes.fr/actualites/a-la-une/actualites-universite/hommage-au-professeur-jean-louis-quermonne-808942.kjsp ; et : https://www.sciencespo-grenoble.fr/disparition-de-jean-louis-quermonne-directeur-de-sciences-po-grenoble-de-1958-a-1969/

43 Maurice Croisat (1935-2016) était spécialiste du fédéralisme en Europe et au Canada.

candidature de l'IEP à un module européen d'enseignement, intitulé « Systèmes politiques et territoires en Europe (SPTE) » en partenariat avec les universités de Bruxelles (Paul Magnette, Pascal Delwit), de Sienne (Maurizio Cotta) et de Barcelone (Juan Vintro). Ce JEM sera coordonné jusqu'au milieu de la décennie 2000 par l'IEP de Grenoble (Maurice Croisat, Jean Marcou). L'IEP participe, à la même époque, à un module européen sur « Le gouvernement local en Europe » (Pierre Kukawka), qui permettra l'organisation ultérieure d'un colloque comparatiste franco-japonais en 2004[44], et auquel on peut associer le programme des « Quatre moteurs pour l'Europe[45] ». Une thématique proche sera également mise en œuvre avec un module européen sur « Le développement local comparé » (Gérald Assouline, Pierre Kukawka), avec des partenaires scandinaves et baltes[46]. Bruxelles a également financé, dans le cadre du Fonds européen de développement régional (FEDER), les programmes transfrontaliers de coopération territoriale Interreg. L'IEP de Grenoble a été, en 2003-2004, l'un des animateurs du programme Interreg « Mémoires des Alpes » (Jean-William Dereymez), qui a rassemblé des universités et des musées français, italiens et suisses de l'arc alpin sur les questions d'identités et de mémoires alpines, et organisé plusieurs colloques et séminaires[47]. Ces

44 Ce colloque comparatiste franco-japonais de science politique sur « La décentralisation et l'évolution de la décision publique » a été organisé en mars 2004, à l'initiative de l'IEP de Grenoble (Pierre Kukawka, Nicolas Kada, Alain Faure) et de l'Université Sophia à Tokyo (Masaharu Nakamura). Côté français, il a réuni des enseignants-chercheurs et chercheurs de cinq IEP : Grenoble, Lyon, Bordeaux, Rennes, Paris.

45 Suivis par P.Kukawka (chercheur FNSP), les « Quatre Moteurs pour l'Europe » sont nés en 1998 d'un accord institutionnel de coopération multilatérale réunissent le Land de Bade-Wurtemberg, la Communauté autonome de Catalogne, la région Lombardie et la région Rhône-Alpes.

46 Dans le cadre de ce JEM, des séminaires sur les collectivités locales ont été organisés en 2004-2005 en partenariat avec l'IEP de Lyon en Lettonie et en France. Ils ont coïncidé chronologiquement avec l'entrée de la Lettonie, de l'Estonie et de la Lituanie dans l'Union européenne. Les deux IEP ont organisé en novembre 2005 une journée d'études : « *Quelle conscience collective pour l'Europe élargie ? Mémoire, histoire, muséographie de la Seconde guerre et des totalitarismes. Riga, Lyon, Grenoble* ».

47 Sur les Interreg alpins, cf. Anne-Marie GRANET-ABISSET, « *Mémoire alpine et construction européenne* », *Revue de Géographie Alpine*, 2004, no 92-2, p.39-48. URL : https://www.persee.fr/doc/rga_0035-1121_2004_num_92_2_2291

programmes européens ont donc mobilisé les différentes disciplines représentées à l'IEP. Ils ont permis d'irriguer les enseignements et les axes de recherches de l'Institut dans le champ des études européennes, devenues depuis Jean-Louis Quermonne une des principales spécialités de l'IEP en termes d'enseignements et de recherche (principalement avec Henri Oberdorff et Florence Chaltiel, puis Sabine Saurugger et Fabien Terpan)[48].

**La participation à des réseaux européens d'administration publique**

Tout comme il n'existe pas en Europe de modèle unique d'administration publique, il n'existe pas non plus de modèle unique d'enseignement de l'administration publique. L'élargissement et l'approfondissement de la construction européenne ont amené à une réflexion sur cette diversité des situations, et à la construction de réseaux sur le sujet. Les IEP de Grenoble, Lyon, Aix et Bordeaux ont adhéré à sa création en 1997 au Réseau européen d'administration publique (European Public Administration Network, EPAN) qui, dans le cadre de Socrates, regroupe de 1997 à 2006 plus d'une centaine d'écoles et universités d'Europe occidentale formant à l'administration publique. Sciences Po Grenoble a été représenté à la réunion annuelle (Thora van Male), et un enseignant-chercheur de droit public y est régulièrement intervenu (Nicolas Kada). Parallèlement, l'IEP de Grenoble a été adhérent pendant plusieurs années au Réseau des instituts et écoles d'administration publique d'Europe centrale et orientale / Network of Institutes and Schools of Public Administration in Central and Eastern Europe (NISPAcee) créé en 1994. Dans l'optique du développement d'administrations publiques post-communistes, nationales et locales, le NISPAcee fédère des écoles d'administration, des universités et des organisations de la société civile travaillant à la mise en place de l'État de droit et de « bonnes pratiques » de gouvernance, et à leur enseignement, dans l'optique des candidatures ou de l'intégration à l'Union européenne et à ses normes. Entre 1996 et

48 L'IEP a également été représenté dans des réunions de préfiguration de l'Université franco-allemande (UFA) de Sarrebrück, créée en 1997; du Centre Interdisciplinaire d'études et de Recherches sur l'Allemagne (CIERA), un réseau de réseaux installé à Paris en 1998; de l'Université franco-italienne (UFI), créée en 1998 par un accord inter-gouvernemental à Florence.

2005, plusieurs enseignants-chercheurs et chercheurs de l'IEP sont régulièrement intervenus dans les conférences annuelles du réseau[49].

**L'ouverture à l'Est, à travers deux programmes bilatéraux puis Tempus : Minsk et Bakou**

La réussite du Programme francophone DFSPA-Marmara à Istanbul a incité le ministère des Affaires étrangères à solliciter le réseau des IEP pour intervenir dans deux pays qui venaient d'émerger de l'effondrement de l'URSS en 1991 : la Biélorussie et l'Azerbaïdjan. Des ambassades de France venaient juste de s'y installer, avec des effectifs très réduits et des perspectives de maintien initialement aléatoires[50]. Dans les deux cas, le principe a été le même : amorcer, avec un établissement universitaire local, une coopération universitaire bilatérale et francophone financée par l'ambassade ; puis répondre à des appels à projets européens Tempus-Tacis, les programmes communautaires complétant alors, ou prenant le relais, des financements français.

L'Université européenne des sciences humaines (UESH ou EHU, European Humanities University) a été créée à Minsk en 1992.[51]. Seule

49 À Saint-Pétersbourg, Tallinn, Prague, Vilnius. Le NISPAcee, dont le siège est à Bratislava, publie le *Journal of Public Administration AMD Policy.* Pour une vue d'ensemble de ces réseaux de « PA/Public Administration », cf. Marleen BRANS, « *The Europeanization of Public Administration teaching* », *Policy AMD Society*, Volume 35/4, 12/ 2016, p.333-349. URL : https://doi.org/10.1016/j.polsoc.2016.11.005. Sur NISPAcee, cf. le site : https://www.nispa.org/

50 Lors de notre première mission à Bakou, en 1996, l'ambassade de France se composait d'un ambassadeur, d'un chiffreur, d'un traducteur et d'un attaché de coopération culturelle. Elle était logée dans quelques chambres d'un hôtel jouxtant le palais présidentiel, et par ailleurs notoirement truffé des micros hérités de la période soviétique. L'ambassadeur d'alors, spécialiste de l'Asie orientale, n'était pas convaincu de l'utilité de développer une coopération universitaire à Bakou, nous prédisant un prochain retour de l'Azerbaïdjan dans le giron d'un nouvel avatar d'Union soviétique.

51 La création de l'EHU/ЕГУ (Еўрапейскі Гуманітарны Універсітэт) revient à une forte personnalité, le professeur Anatoli Mikhaïlov, à l'époque chef du département d'histoire de la philosophie de l'Université d'État, et ex-membre de l'Académie des sciences de l'URSS. Toutefois le régime Loukachenko (à partir de 1994) a veillé à placer à ses côtés un vice-recteur représentant officiel du KGB biélorusse. Les enseignements de professeurs-visiteurs étrangers, une liberté intellectuelle pour les enseignants biélorusses et une bibliothèque multilingue ont rapidement fait de l'UESH un espace de référence démocratique. Cf. Philippe

université privée du pays, mais reconnue par l'État, bénéficiant de soutiens financiers occidentaux[52], elle répondait à la volonté d'ouvrir la Biélorussie à la culture européenne, et aux sciences humaines et sociales telles qu'enseignées dans les universités occidentales. En 1993 est installée, au sein de l'UESH, la Faculté franco-biélorusse des sciences politiques, administratives et de gestion (FFB). L'initiative en revient au conseiller culturel de l'ambassade de France à Minsk, Alexandre M.Tolstoï, et au professeur Schemeil. Soutenue par le ministère des Affaires étrangères français, la FFB, sur le modèle du programme Marmara à Istanbul, a assuré un enseignement pluridisciplinaire en sciences sociales et juridiques équivalent à celui des IEP[53]. Comme à Istanbul, est organisé un consortium d'appui des IEP français à la Faculté franco-biélorusse[54]. Jusqu'en 2004, l'IEP de Grenoble a délégué régulièrement des enseignants missionnaires à Minsk. Le détachement d'une enseignante de l'IEP comme conseillère de coopération culturelle et universitaire à l'ambassade de France en Biélorussie (Sylvie Lemasson) a facilité, outre les missions bilatérales de la FFB, le montage en son sein d'un Projet européen commun (PEC Tempus-Tacis) en sciences sociales, piloté et géré par Grenoble (Gilbert Casasus). Ce PEC reposait sur quatre acteurs (les IEP de Grenoble et de Strasbourg, le Trinity College à Dublin, et l'UESH)[55]. Ce programme a mis en

PERCHOC, L'enseignement supérieur biélorussien en exil, *Le Courrier des pays de l'Est*, 2006/5, no 1057, p.79-83.

52 Juridiquement, l'UESH, association sans but lucratif, et a été principalement subventionnée par des organismes publics étrangers (le ministère français des affaires étrangères, le DAAD allemand, etc.) et des fondations américaines, notamment la fondation Soros (mais aussi l'Eurasia Foundation, le Center for Civic Éducation, etc.).

53 L'enseignement (principalement en français) se déroule alors sur cinq ans (une année préparatoire, deux ans de cours communs, deux ans de spécialisation).

54 Ce consortium qui pilote la FFB regroupe les IEP de Grenoble (Yves Schemeil, puis Sylvie Lemasson, puis Gilbert Casasus), Strasbourg (Michel Hartmeier), Bordeaux (Jean Petaux), Rennes (Dominique Maliesky), et Lille (Sonia Leverd).

55 Au PEC-Tempus de Minsk a été ajouté par l'IEP de Grenoble, avec l'appui de l'Office franco-allemand de la jeunesse (OFAJ) un séminaire franco-germano-biélorusse autour d'une thématique européenne : « De l'identité nationale à l'identité européenne : le rôle de la mémoire ». Le premier s'est tenu à Minsk en 2002, le deuxième à Berlin en juin 2003, le dernier à Grenoble en octobre 2004. Il a rassemblé dans les trois étapes des étudiants français (IEP de Grenoble et de Lyon), allemands (Freie Universität) et biélorusses. À Berlin, c'est le bureau de

œuvre un cursus à thématiques européennes enseignées en français et en anglais à quelques dizaines d'étudiants, avec un petit groupe d'enseignants biélorusses (dont le professeur de sociologie Sergueï Pankovski[56]). Initialement tolérée par le régime du dictateur Loukachenko, l'UESH a ensuite été jugée trop indépendante du pouvoir, et trop liée aux intérêts américains – à la fondation Soros, tout particulièrement, bête noire de tous les régimes de l'ex-Union soviétique[57]. Après des années de pressions croissantes, l'UESH fait l'objet en juillet 2004 d'une fermeture administrative définitive, qui englobe donc aussi la faculté franco-biélorusse. Le consortium des IEP partenaires a, en urgence, organisé la prise en charge académique des étudiants littéralement laissés sur le trottoir de la FFB par la fermeture, afin qu'ils puissent terminer leur cursus[58]. En revanche, le consortium n'a pas souhaité accompagner, quelques mois plus tard, le « transfert-reconstitution » *de l'UESH* à Vilnius *(Lituanie)*[59]. Au bilan,

l'OFAJ a organisé le séminaire européen, avec visites d'institutions berlinoises et fédérales, et de lieux de mémoire. À Grenoble et Lyon, visite des musées de la résistance, de la Maison d'Izieu, et du plateau du Vercors (Roland Lewin, Gilles Emprin, Tal Brutmann, Gilles Vergnon, JP.Burdy).

56 Ancien conseiller pour les relations internationales du président St.Chouchkievitch (1992-1993), prédécesseur pro-occidental d'A.Loukachenko, le professeur Pankovski, qui a été professeur-invité à Grenoble, et co-doyen de la Faculté franco-biélorusse des sciences politiques et administratives, a été un acteur francophone dynamique de la participation des IEP aux programmes de coopération avec Minsk. Il a disparu en 2009. Voir sa nécrologie : « *Сергей И. Паньковский (2009-1956), белорусский философ и политолог* », URL : https://soc-by.livejournal.com/54415.html (en biélorusse). Sur l'environnement géopolitique de l'époque, cf. Jean MARCOU et Sergueï PANKOVSKI, « Le phénomène biélorusse », in François Depelteau et Aurélie Lacassagne (dir.), Le Bélarus. L'État de l'exception, Québec, Presses de l'Université Laval, 2003, p.13-32.

57 L'annonce de la fermeture administrative définitive de l'UESH a été impromptue, affiché un lundi matin de juillet 2004 : pour l'anecdote, le motif bureaucratique officiel a été la non-conformité des toilettes et des installations de chauffage du bâtiment.

58 Le réseau des 6 IEP d'appui a accueilli une vingtaine d'étudiants de 4e année de la FFB comme « réfugiés académiques », pour leur permettre de terminer leurs diplômes. L'IEP Grenoble a accueilli une étudiante en master d'études européennes.

59 La Lituanie venait d'entrer dans l'UE. En se positionnant en tant qu'institution universitaire symbolique victime du régime de Loukachenko, l'UESH a obtenu un soutien financier de la Commission européenne à travers Tacis, et d'autres acteurs européens et américains. Les conditions de ce transfert ont toutefois

l'IEP de Grenoble a donc participé pendant une décennie aux projets universitaires à Minsk, à travers la FFB et le PEC-Tempus.

À Bakou, entre 1995 et 2002, le processus a été comparable à celui de Minsk : missions initiales des IEP de Bordeaux (Hubert Pérès) et de Grenoble (J.P.Burdy) en 1995-1996[60] pour évaluer un établissement dans lequel des enseignants-chercheurs français pourraient intervenir sur financement initial de l'ambassade de France ; puis élaboration d'un programme européen Tempus-Tacis prenant le relais financier. L'établissement proposé par l'ambassade a été l'Institut de gestion sociale et de sciences politiques de Bakou, ou BSIPI, formant des cadres pour les administrations et collectivités azerbaïdjanaises[61]. La coopération bilatérale et francophone a été assurée par les IEP de Grenoble et de Bordeaux, avec un programme de conférences portant sur l'histoire, les institutions et la politique étrangère de la France et de l'Union européenne ; et en installant au BSIPI un étudiant diplômé de Grenoble (Damien Helly), chargé d'assurer des travaux dirigés. Quand le programme Tempus « EurAzer » a été entériné par Bruxelles (1998-2001), les deux IEP se sont associés à l'Université de Barcelone (UB), pour un projet d'équipement et de modernisation « aux normes européennes » du fonctionnement du BSIPI[62].

été jugés discutables par le consortium des IEP, qui s'est donc retiré du projet « L'UESH à Vilnius ».

60 On ne peut que souligner ici l'importance du soutien et de l'ambiance des postes diplomatiques (personnels français et employés locaux) pour le bon (ou parfois le moins bon) déroulement des programmes de coopération. À Bakou, nos interventions doivent beaucoup à un attaché culturel volontariste, à sa secrétaire-traductrice et professeure de français à l'université Azelma Hassanova (https://www.ifa.az/fr/node/504) et à un ambassadeur orientaliste, lettré et polyglotte.

61 C'était, à l'époque soviétique, l'École du parti communiste pour la Transcaucasie (Géorgie, Arménie, Azerbaïdjan). Le BSIPI (Bakı Sosial İdarəetmə və Siyasi Elmlər İnstitutu / Institut de gestion sociale et de sciences politiques de Bakou) est devenu en 1999 le DIA (Azərbaycan Respublikasının Prezidenti yanında Dövlət İdarəçilik Akademiyası / Académie d'administration publique près le président de la République d'Azerbaïdjan). Cf : https://dia.edu.az/. Le changement d'appellation a coïncidé avec une reprise en main idéologique : épuration du corps enseignant, expulsion de la Fondation Soros de l'établissement et, peut-être, méfiance d'une partie des responsables face à une présence française dans l'établissement, Paris étant considéré à Bakou comme un ferme soutien de l'Arménie.

62 L'objectif était à la fois modeste et ambitieux, eu égard au dénuement matériel initial, et aux réflexes hérités de l'époque communiste. Ainsi, les ouvrages

Dans un pays en pleine transition économique[63], des enseignants et des personnels de direction et de documentation des IEP de Bordeaux et Grenoble, et de l'Université de Barcelone, y ont contribué[64], à la fois à Bakou, et en recevant des enseignants et cadres administratifs azerbaïdjanais[65].

La participation de l'IEP de Grenoble à ces programmes à Minsk et à Bakou a pu surprendre, ces destinations étant largement inconnues, et s'inscrivant dans un contexte politique difficile (régime dictatorial à Minsk, autoritaire à Bakou, conflit du Haut-Karabakh[66]). Mais ce serait

et manuels français et européens neufs livrés par l'ambassade de France à la bibliothèque ont été, pendant de longs mois, soigneusement mis sous clé dans un réduit pour que les étudiants ne puissent pas y accéder. Lors du premier examen terminal de nos enseignements, nous avons eu la surprise de voir les étudiants arriver avec divers cadeaux destinés aux examinateurs pour obtenir la mention « Réussi » à l'épreuve. Ils ne comprenaient pas que l'on puisse réussir à un examen sans cette corruption ancrée dans les mœurs.

63 Au tournant du siècle, la ruée des *majors* américaines et britanniques sur le pétrole et le gaz de la Caspienne a spectaculairement transformé l'Azerbaïdjan, périphérie délaissée de l'URSS depuis les années 1960, en un émirat pétro-gazier financièrement et militairement puissant. La France, gênée par son soutien à l'Arménie, y cherchait alors sa place, par le truchement de la puissante représentation locale de la compagnie ELF. Le professeur à l'IEP Michel Chatelus (1939-2004), spécialiste reconnu des questions pétrolières, a pu analyser sur place ce « grand jeu » caucasien.

64 La directrice de la bibliothèque du BSIPI, très compétente dans sa partie, était en poste depuis les années 1950, et nostalgique d'un « âge d'or » soviétique. L'impressionnante collection des ouvrages de cette période, désormais reléguée dans une salle à la toiture maltraitée par les intempéries et infiltrée par les pigeons, aurait fait le bonheur des chercheurs. Dans le cadre du projet EurAzer, l'intervention de bibliothécaires-documentalistes des IEP visait à aider à la mise en libre-accès des fichiers bibliographiques et d'une partie des collections. Cette notion de libre accès était mal comprise, voire refusée, par une partie des enseignants, qui entendaient s'en tenir au seul manuel qu'ils prescrivaient à leurs étudiants, lesquels étaient invités à le mémoriser intégralement pour l'examen terminal.

65 L'IEP de Grenoble a reçu pour des durées variables un petit groupe d'étudiants de Bakou, dont l'un deviendra professeur à l'Université d'État de Bakou, et un autre conseiller au ministère azerbaïdjanais des Affaires étrangères.

66 Après la première guerre du Haut-Karabagh (1988-1994), qui a vu la défaite de Bakou, environ 800 000 Azéris se sont retrouvés en Azerbaïdjan, réfugiés chassés d'Arménie, ou déplacés chassés du Karabagh. Soit plus de 10 % d'une population

oublier que, tout au long de la décennie 1990, un collectif de recherche pluridisciplinaire, le groupe MUDEM (Mutations démocratiques en Europe), associant enseignants-chercheurs et chercheurs de l'IEP et de l'Université Pierre-Mendès-France a travaillé, enseigné et publié sur les transitions politiques, économiques et sociales consécutives à l'effondrement de l'URSS et du « bloc de l'Est » en Europe centrale et orientale : dans l'Allemagne réunifiée, en Pologne, en Lettonie et en Lituanie, en Russie, dans le Caucase, etc. Pour Sciences Po Grenoble, compte-tenu des difficultés pour établir à l'époque des partenariats en sciences sociales avec Saint-Pétersbourg, Minsk et Bakou ont été de bons terrains d'analyse, hors des sentiers battus faciles, permettant d'évaluer les conséquences des séismes géopolitiques de 1989-1991, et les transitions socio-politiques en cours[67]. Par ailleurs, la dimension caucasienne de l'Azerbaïdjan post-soviétique rejoignait géopolitiquement le pôle de compétence grenoblois sur la Turquie (et l'aire turcophone), laquelle sera peu après candidate reconnue à l'Union européenne.

Ces programmes ont également représenté, pour les responsables de leur pilotage politique et de leur mise en œuvre administrative, une plongée instructive dans les arcanes de la bureaucratie européenne. En particulier, parce que la première vague d'appels à projets Tempus-Tacis dans l'ex-URSS a été élaborée dans l'urgence par Bruxelles, qui a exigé des retours très rapides des universités. Du coup, les opérateurs universitaires attributaires des premiers contrats manquaient de recul et de retours d'expérience pour apprécier en amont toutes les difficultés découlant à la fois des exigences de Bruxelles, et du décalage complet entre les normes

de l'Azerbaïdjan qui était alors d'environ 7 millions de personnes. Ces réfugiés et déplacés, en partie pris en charge par le HCR, le CICR, le PAM, etc., étaient logés de manière précaire dans des cités universitaires, dans les cellules d'une prison désaffectée, ou dans les compartiments de wagons stationnés en périphérie de Bakou. C'est là un angle mort persistant de la perception du conflit en Europe occidentale, et en France en particulier, où le point de vue arménien était et reste, assez logiquement, le seul connu. Entre 1995 et 2002, nous avons été régulièrement interpellés en Azerbaïdjan sur ce dossier sensible, en général sans agressivité.

67 Un éminent professeur grenoblois de science politique, par ailleurs intéressé à la « transitologie » dans d'autres régions du monde, a cru devoir déclarer à l'époque : « [Les programmes à] Minsk et Bakou n'apportent rien, ni à l'IEP, ni à la science politique ». La remarque a surpris.

administratives et financières européennes, et celles des pays dans lesquels les programmes étaient mis en œuvre[68]. Les exigences initiales des comptabilités publiques française et bruxelloise se sont également révélées largement contradictoires, avec nombre de contentieux à la clé[69].

**ALFA-EuroConosur ; un programme européen du site grenoblois en Amérique latine**

Si la participation de Sciences Po Grenoble aux programmes de Minsk et Bakou s'est inscrite dans le réseau des IEP, une partie des activités internationales a été partagée avec les composantes grenobloises, soit en bilatéral (l'Université Pierre-Mendès-France et l'IEP), soit à l'échelle du site au sein du Pôle européen de Grenoble, puis de Grenoble Universités. Entre 1996 et 2004, l'IEP a ainsi participé à plusieurs phases du programme européen ALFA (Amérique latine Formation académique) en association avec l'École supérieure des affaires de l'UPMF (ESA, actuelle IAE), l'Institut d'urbanisme de Grenoble (IUG), et un groupe de recherche sur l'Amérique latine, le GRESAL (François d'Arcy). Ce consortium renvoyait à une spécialité thématique latino-américaine structurée sur le campus de Grenoble dans les années 1970, quand la ville a accueilli de nombreux réfugiés politiques chassés par les dictatures militaires du Cône Sud. Plus spécifiquement pour le volet IEP, un échange avec le Chili a été mis en œuvre dans le cadre d'un projet ECOS en science politique au niveau doctoral (Olivier Ihl)[70]; et le programm.e

68 L'impossibilité de tout virement bancaire vers Bakou nous a ainsi amené à plusieurs reprises à transporter d'importantes sommes en devises pour le programme EurAzer (mais aussi à destination du PAM, le Programme alimentaire mondial des Nations Unies en charge des réfugiés). Ces procédures en « zones grises » ont parfois entraîné des dérives financières d'acteurs de programmes Tempus-Tacis en Russie ou dans d'autres pays de l'ex-URSS.

69 Des contentieux financiers ont couru pendant des années concernant les originaux des pièces comptables (par exemple les cartes d'embarquement aérien), réclamés à la fois par les chambres régionales des comptes françaises, et par Bruxelles. On rendra ici hommage au service financier de l'IEP (Christiane Schemeil, Carmen Lavergne) qui a eu à gérer des programmes aux normes comptables littéralement... hors normes.

70 ECOS-Chili, programme d'école doctorale franco-chilienne, réunissait, côté français, Paris I (pilote du projet), l'ENS-Ulm, l'IHEAL et l'IEP Grenoble. Le programme Evaluation-orientation de la COopération Scientifique (ECOS)

EuroConosur (Célia Himelfarb), en association avec les universités de Bologne et Madrid a permis une mobilité pluriannuelle en réciprocité d'enseignants-chercheurs et de chercheurs, et une mobilité d'étudiants avancés boursiers, autour autour de la thématique des « Constructions régionales comparées Union européenne-Mercosur »[71]. Les partenariats avec des universités du Cône Sud ont été ultérieurement, au sein de l'offre de masters de Sciences Po, l'un des supports d'une formation spécialisée sur l'Amérique latine ; et ouvert à l'encadrement de thèses de doctorat.

### 4) Des freins, des tensions et des échecs

La « culture de l'international », ou les freins à la mobilité des enseignants-chercheurs

Si les réussites de la stratégie d'ouverture internationale sont attestées par les statistiques de la mobilité et des partenariats conclus (y compris avec des universités prestigieuses), on se doit aussi d'évoquer les difficultés, les tensions et les échecs. L'internationalisation est aussi un état d'esprit, et la « culture internationale » suppose de rechercher l'implication de l'ensemble des acteurs, en particulier du côté du corps enseignant. Or, il a parfois été difficile de convaincre un certain nombre de nos collègues qu'un séjour étudiant à l'étranger était une véritable année d'études, avec des cours et des séminaires ayant la même valeur académique que les enseignements dispensés à l'IEP. Arguant de la spécificité pluri-disciplinaire des IEP, qui serait une forme « d'exception française »[72], quelques

a été créé en 1992 par les ministères français des Affaires étrangères et de l'Enseignement supérieur et de la recherche, pour soutenir des projets en Amérique hispanophone.

71 Les pays partenaires d'EuroConosur étaient l'Argentine (Université de Buenos-Aires, UBA), l'Uruguay (Université de Montevideo) et le Brésil (Université du Rio Grande do Sul à Porto Alegre, UFRGS ; Université de São Paulo, USP). À la demande du service des relations internationales de l'ENA, le centre de formation aux métiers de la fonction publique de l'IEP a organisé, en septembre 2001, une session de formation de cadres administratifs argentins.

72 Il est vrai que les facultés des universités étrangères partenaires sont presque toujours organisées sur une base disciplinaire – le droit, l'économie, etc. Mais le système anglo-saxon, largement répandu, permet en réalité aux étudiants de choisir une discipline principale (*la majeure*) et une ou plusieurs disciplines secondaires (les *mineures*). Et la majorité des accords prévoient que les étudiants en

enseignants ont longtemps pensé que nous étions les seuls à pouvoir, et savoir, enseigner ces différentes disciplines[73]. Dans les premières années d'ECTS, des doutes se sont exprimés parfois sur la valeur des crédits transférés à l'issue de séjours à l'étranger présentés par leurs opposants comme étant, au mieux, à finalité linguistique[74], au pire, purement festifs[75].

Le développement de la mobilité des enseignants-chercheurs a été, à Grenoble, comme dans les autres IEP, difficile. D'abord et avant tout pour des questions de disponibilité. Si l'on met de côté les séjours longs à l'étranger dans le cadre d'un congé sabbatique[76] ou d'un détachement, il est difficile pour les enseignants-chercheurs, mobilisés par leurs enseignements, leurs responsabilités pédagogiques et administratives sans décharge d'enseignement, et le temps qu'ils doivent consacrer à la recherche, de s'engager fortement dans une mobilité d'enseignement à l'étranger[77]. Au fil des années, l'augmentation du nombre d'étudiants, et

mobilité établissent leur « menu disciplinaire » sur une « carte » variée, ensuite validé par leur responsable pédagogique.

73 Sur ce point, voir le témoignage de Thora van Male in Carlos Condé, « *Thora van Male, l'humour british* », 12 mai 2014. URL : https://diplomes-iepg.fr/gre/portrait_tvm.php : « *Il a été extrêmement difficile de convaincre mes collègues qu'une année passée dans une université étrangère puisse être considérée comme véritablement équivalente à une année à l'Institut. À l'époque, la formation de l'IEP en trois ans conduisait à un diplôme valant maîtrise. Même quand nos partenaires nous envoyaient des étudiants pour une année et reconnaissaient entièrement les résultats reçus à l'Institut, nous restions sur la défensive s'agissant de nos propres étudiants : une année ailleurs ne valait pas une année dans nos murs. Je dis « nous », mais en réalité je me suis beaucoup battue contre cette attitude qui me semblait bornée.* »

74 Au-delà de l'immersion linguistique dans l'anglais comme langue globale pour la majorité des étudiants partants, seules les destinations où les enseignements sont assurés dans des « langues rares » peuvent être considérées comme ayant une forte dimension d'acquisition linguistique et civilisationnelle : le chinois, le japonais ou le persan, par exemple. Mais une poignée d'étudiants seulement étaient ou sont concernés chaque année.

75 Grand succès populaire, le film de Cédric Klapisch « L'Auberge espagnole » (2002) a sans doute pu nuire à la réputation du programme Erasmus auprès de quelques universitaires cinéphiles...

76 Si la pratique du congé sabbatique est largement inscrite dans les mœurs universitaires anglo-américaines, elle l'est beaucoup moins en France.

77 Nos interlocuteurs étrangers, anglais et américains en particulier, se sont souvent étonnés de la charge pédagogique et administrative pesant sur les universitaires

l'allongement de la durée du cursus de trois à cinq ans, à effectifs enseignants presque constants, n'a pu qu'aggraver la situation. En sens inverse, il y a toujours eu à l'IEP des professeurs-visiteurs étrangers, initialement à l'invitation des enseignants-chercheurs ou chercheurs de l'IEP, et pour des durées variables. Il a longtemps été difficile de « rationaliser » ces venues en définissant en amont, au sein de la commission scientifique d'établissement, des priorités scientifiques et pédagogiques, suivies par un appel à propositions et à candidatures. Les obstacles pour les professeurs-visiteurs étaient de calendrier, mais parfois aussi de rémunération, eu égard à la faiblesse notoire des supports financiers de l'université française.

S'y ajoute, en matière de mobilité enseignante vers l'étranger, l'obstacle linguistique. Un sondage interne mené à la fin des années 1990 avait relevé que de nombreux enseignants-chercheurs et chercheurs signalaient des échanges privilégiés avec le Québec, grâce à l'existence de plusieurs programmes bilatéraux, mais aussi du fait de la communauté de langue[78]. La crainte de l'obstacle linguistique – la maîtrise de l'anglais en l'occurrence, a pu représenter un frein à la mobilité d'enseignement et à la participation à des programmes souvent à dominante anglophone[79]. Cet obstacle explique ainsi largement qu'il ait fallu presque deux décennies pour que soit mis en place dans l'établissement un certificat d'études politiques en anglais (ultérieurement baptisé « *English track* »),

français. Sans parler de leur niveau de rémunération.

78 Le campus de Grenoble abrite un Centre d'*études canadiennes, le CEC38, inscrit dans le réseau national de l'*Association française d'*études canadiennes (AFEC). Depuis 1963, la Conférence des recteurs et des principaux des universités du Québec (CREPUQ, devenu le Bureau de coopération interuniversitaire, BCI) a pour mission d'*encourager une mobilité étudiante réciproque entre le Québec et la France. Dans le cadre des échanges Province du Québec-Région Rhône-Alpes, les universités et écoles rhônalpines participent depuis 1987 aux Entretiens Jacques Cartier, alternativement à Lyon et à Montréal. Cf. https://entretiensjacquescartier.com/.

79 Le SRI a procédé en 2001, à partir des ordres de mission qu'il a eu à traiter, à l'analyse empirique de 172 missions à l'étranger réalisées du 1er septembre 1996 au 30 juin 2001, soit 88 missions d'enseignement et 84 missions d'ingéniérie et d'administration (hors participation à des colloques ou activités de recherche, qui n'étaient pas du ressort du SRI). Il est apparu qu'une dizaine d'enseignants sur une cinquantaine environ représentaient à eux seuls presque les deux tiers des déplacements à l'étranger.

permettant de proposer à des étudiants étrangers non francophones un ou deux semestres complets d'enseignements pluridisciplinaires, soit 30 ou 60 crédits ECTS. L'obstacle linguistique s'est progressivement atténué avec les jeunes générations d'enseignants-chercheurs et de chercheurs, pour lesquelles la pratique de l'anglais est désormais requise et acquise, sont habituées à une mobilité internationale désormais exigible dans leur carrière, et peuvent donc assurer une partie de leurs enseignements dans les *English tracks*.

La négociation de doubles diplômes faisait partie des objectifs initiaux assignés au SRI : permettre à des étudiants de l'IEP effectuant une année à l'IEP et une année dans une université étrangère d'obtenir un diplôme et de l'IEP, et du partenaire étranger – et réciproquement bien sûr pour un nombre équivalent d'étudiants de l'université étrangère partenaire. Plusieurs projets ont mis des années à se concrétiser, pour un nombre infime d'étudiants, par exemple avec l'université du Kent à Canterbury (UKC) ; ou avec l'université allemande de Constance. Plusieurs obstacles sont apparus, aux causes diverses. Un volet financier, parfois : côté anglais, on butait sur la question de l'exonération réciproque des droits d'inscription, ceux-ci étant très élevés à Kent ; les universités britanniques, largement dépendantes de ces *tuitions fees* exigés des étudiants étrangers, étaient très réticentes au principe de l'exonération. Un volet pédagogique : côté allemand, les négociations avec Constance n'ont pas permis de repérer assez tôt que la dominante « économie tournée vers l'entreprise » des enseignements allemands était, au final, en décalage disciplinaire avec les attentes de l'IEP. Un volet humain : l'instabilité des équipes en charge des négociations a pu compliquer la mise en œuvre des projets. Au-delà des conventions signées, il est apparu que la pérennité d'un double-diplôme ne pouvait reposer que sur l'engagement fort et pluriannuel d'au moins un enseignant-chercheur par projet.

### Des tensions et des échecs

Les missions exploratoires menées en Iran en 2004 et 2005 (Pierre Bréchon, JP.Burdy) conjointement avec l'IEP de Lyon (Paul Bacot, Patrick Lecomte, Michel Boyer, Christian Velud), l'ont été à la demande et sur financements du ministère français des Affaires étrangères[80], sur la base des compétences et engagements précédents de ces deux IEP au Moyen-Orient (Istanbul, Bakou, Beyrouth, Le Caire). L'objectif était d'évaluer la faisabilité de mobilités d'étudiants iraniens vers la France (IEP et universités, en particulier les facultés de droit) au niveau doctoral, et d'éventuelles courtes mobilités d'enseignants-chercheurs en réciprocité en science politique, sciences sociales et droit[81]. Les contacts préliminaires ont été organisés par l'ambassade de France[82] à Téhéran, Ispahan et Shiraz, dans huit universités (4 publiques, 4 du réseau para-public Azad). Côté iranien, les demandes formulées par les universitaires rencontrés, juristes, politistes et sociologues[83] concernaient les droits de l'homme, les droits des femmes[84], les droits des enfants et le droit électoral, ainsi que la sociologie électorale et les politiques publiques. Les mobilités doctorales alors envisagées avec des universités françaises, dont le réseau des IEP, n'ont jamais été amorcées. L'élection du président ultra-conservateur

80 Les IEP étaient donc là opérateurs au profit du ministère des Affaires étrangères, comme ils l'ont été lors d'autres missions exploratoires, à Bakou en 1995-1996, à Tbilissi en 2000 (préfiguration d'une filière européenne), à Vilnius en 2004-2005, etc.

81 En 2003, après Paris et Strasbourg, Grenoble est le troisième site universitaire pour le nombre d'étudiants iraniens accueillis, presque tous au niveau doctoral. Les doctorants iraniens à Grenoble sont concentrés dans les disciplines scientifiques et technologiques, ainsi qu'en médecine.

82 La mission a été encouragée par Emmanuel Bonne, alors deuxième conseiller à la chancellerie diplomatique à Téhéran, en charge des affaires stratégiques, militaires et nucléaires. Diplômé de l'IEP de Grenoble, section Service public, 1992, il est ultérieurement devenu conseiller diplomatique du président Hollande, puis ambassadeur à Beyrouth, puis conseiller diplomatique et sherpa du président Macron.

83 Nombre des universitaires iraniens rencontrés avaient soutenu leur thèse en France (ou, parfois, en Suisse) à l'époque du shah – préparée parfois dans les IEP de Paris, Bordeaux, Lyon ou Aix-en-Provence. Ils étaient donc francophones (en 2004, une partie des cours de droit de l'Université de Téhéran est encore enseignée en français). En revanche, les jeunes générations d'enseignants et chercheurs sont anglophones, ayant poursuivi leurs études doctorales au Royaume-Uni et surtout aux États-Unis. Le « Grand Satan » reste à ce jour la destination privilégiée des étudiants iraniens pour leur doctorat – souvent suivi d'une installation définitive, faute de débouchés en Iran même.

84 Dans ces deux domaines, la demande explicitement formulée concernait la dimension universaliste des droits, par opposition (implicite) au droit chariatique appliqué par la République islamique.

Ahmadinedjad en 2005 s'est, en effet, traduite par une fermeture brutale des perspectives de coopération bilatérale. Après 2005 et 2009, nombre des collègues iraniens rencontrés précédemment ont été soit chassés de l'université, soit contraints à l'exil, soit, pour certains, emprisonnés. Ce qui a démontré, *a posteriori* et si besoin était, que leurs demandes thématiques allaient à l'encontre de l'idéologie du régime théocratique. Pour autant, ces missions exploratoires ont suscité des critiques au sein de l'IEP de Grenoble (mais pas à l'IEP de Lyon), eu égard à la nature du régime iranien. Il en était allé de même quand avait été évoquée par un ancien directeur de l'IEP une possible coopération avec une université palestinienne (Bir Zeit, en Cisjordanie), même s'il avait alors été posé par principe que devrait alors parallèlement être mise en place une coopération avec une université israélienne (l'université de Haïfa avait été citée). Ces tensions renvoyaient à un problème récurrent, et toujours d'actualité : peut-on établir, ou maintenir, des relations académiques avec des universités de pays qui ne respectent pas les droits humains et les libertés fondamentales ? comment prendre en compte la demande d'une partie du corps enseignant et de nombreux étudiants de ces pays de coopérations avec des pays démocratiques[85]? La réponse ne peut qu'être au cas par cas, et doit être débattue publiquement. On sait que la lecture idéologique et politique de la question des partenariats a ressurgi violemment en 2024 en France, en Europe et en Amérique du Nord à l'occasion de la guerre à Gaza, avec les demandes de manifestants pro-palestiniens d'une rupture des relations avec les universités israéliennes, et le boycott de celles-ci[86].

85 Les étudiants iraniens ont toujours été un des fers de lance de la contestation du régime par une partie la jeunesse, en 1999 comme en 2009 ou en 2023-2022. À Minsk, le régime Loukachenko a fermé l'UESH en 2004, car considérée comme trop ouverte aux « influences occidentales ».

86 À la fin de la décennie 1990, le site grenoblois a décidé de développer un axe de coopération universitaire renforcé avec Innsbruck (Tyrol), cette ville autrichienne présentant nombre de similitudes avec Grenoble : site montagnard, population comparable, organisation de jeux olympiques d'hiver (en 1968 à Grenoble et 1992 à Albertville, en 1964 et 1996 à Innsbruck). En 2000, après l'entrée au gouvernement fédéral du Parti de la liberté d'Autriche (FPÖ), d'extrême-droite, les quatorze autres États membres de l'Union européenne cessent (pendant sept mois) toute rencontre bilatérale avec le gouvernement autrichien et restreignent leurs relations avec Vienne. Le site grenoblois décide alors de stopper *sine die* les coopérations avec l'Université d'Innsbruck. *A posteriori*, cette rupture des

Deux projets peuvent être considérés comme des échecs, l'un en Russie, l'autre en Chine. Aux côtés de l'Université Pierre-Mendès-France, à l'initiative de la démarche, et de la Ville de Grenoble[87], l'IEP a travaillé entre 1995 et 1998 à nouer des partenariats à Saint-Pétersbourg avec l'Université d'État (en particulier les facultés de droit[88] et de sociologie) et la Ville de Saint-Pétersbourg. Les conditions financières posées par la partie russe, alors que le pays est plongé dans l'anarchie eltsinienne[89], et l'arrogance de certains interlocuteurs, ont eu raison des bonnes volontés grenobloises· Les projets n'ont pas débouché au-delà de l'accueil à l'IEP de trois stagiaires du personnel administratif de l'université, de l'accueil épisodique d'étudiants pétersbourgeois, et de la contribution de l'IEP à deux séminaires comparatistes sur les services publics, l'un à Saint-Pétersbourg (juin 1996), l'autre à Grenoble (mars 1997[90]).

À la demande de la Région Rhône-Alpes, qui entretenait des relations institutionnelles avec la ville de Shanghai, et en partenariat avec l'IEP de

échanges peut être considérée comme une erreur d'évaluation de la place et des responsabilités des universités et des universitaires dans un système politique, *a fortiori* dans le cas d'un pays membre de l'UE. Les coopérations universitaires de Grenoble avec Innsbruck reprendront en 2004.

87 L'Université et la Ville de Grenoble se sont associées pour les projets de coopération pétersbourgoise. Le thème retenu est celui de la gestion des flux et des réseaux (déchets, chauffage urbain, transports urbains), sur laquelle Grenoble pense alors avoir quelques expertises innovantes. Dans ce cadre, l'IEP est sollicité pour ses compétences en matière de politiques publiques et de collectivités territoriales.

88 La prestigieuse faculté de droit était, sous le régime communiste, grande pourvoyeuse de cadres du KGB, dont certains accèderont à la notoriété politique, en particulier Vladimir Poutine (à l'époque vice-maire dans la municipalité du réfora miste Anatoly Sobtchak, son ancien professeur de droit).

89 *À* quelques mois d'intervalle en 1996-1997, deux directeurs des services techniques de la Ville de Saint-Pétersbourg ont été assassinés par les mafias locales pour avoir refusé de « privatiser » l'un les cimetières, l'autre le déneigement. On pourra se reporter, pour apprécier le contexte russe de l'*époque, à la contribution de* JP. BURDY, *« Et l'après-midi, Boris a dansé le rock. Saint-Pétersbourg 1996 » dans ces « Mélanges Jean Marcou ». Également : (Collectif), Liber amicorum.* Hommage en l'honneur du professeur Jacques Fontanel, L'Harmattan, 2013, 436 p.

90 Le séminaire « Le service public et les politiques publiques. Une approche comparative », s'est tenu à Grenoble du 13 au 15 mars 1997, associant l'Université, l'IEP, des élus de la Ville de Grenoble, des représentants de l'Université de Saint-Pétersbourg, et les partenaires suédois et allemands (Stockholm, Tübingen) du Programme St-Petersbourg.

Lyon[91], plusieurs missions exploratoires ont été menées en Chine entre 2003 et 2006 pour envisager le développement d'un master franco-chinois en Administration publique (MPA), sanctionné par un diplôme français. La demande initiale venait de Shanghai, en 2001, via deux professeurs de la Shanghai International Studies University (SISU)[92], établissement de langues et civilisations partenaires de longue date de l'Université de Grenoble. Elle entendait proposer à des fonctionnaires chinois en poste, un master en formation continue, avec des sessions organisées en fin de semaine en Chine, et un séjour terminal en France. L'une des premières réunions tenues à Shanghai l'a été, de manière pesamment protocolaire, avec la commission du parti pour la coopération éducative et universitaire de la Municipalité de Shanghai, qui a donné l'impression d'acquiescer au projet. Des discussions ont été engagées successivement avec quatre universités shanghaïennes - Huadong, Fudan, Tongji et Liaodong. Chacune de ces universités était censée avoir reçu l'habilitation de Pékin pour co-construire un master en Administration publique (MPA). Plusieurs maquettes-pilotes ont, dès lors, été élaborées. Les réponses positives qui nous étaient régulièrement données ne débouchaient cependant jamais. Il a fallu un changement de conseiller à la coopération universitaire à l'ambassade de France à Pékin pour apprendre que le bureau politique central avait élaboré une liste (à diffusion interne) de secteurs dans lesquels une coopération universitaire avec des universités étrangères ne pouvait pas être envisagée. Parmi lesquels tout ce qui concernait l'administration publique. Ce que tous nos interlocuteurs shanghaiens (y compris et surtout le comité *ad hoc* de la Municipalité de Shanghai) savaient nécessairement sans jamais nous en informer, peut-être pour ne pas perdre la face. Nous avons là péché par méconnaissance préalable, politique et sociologique, du terrain. D'un commun accord, les deux IEP

91 S'inscrivant dans la longue tradition d'échanges entre Lyon et l'Asie (remontant au XIX^e^ siècle et à l'industrie de la soie), l'IEP de Lyon assure un cycle de formation en Affaires asiatiques, avec une spécialisation, y compris linguistique, sur la Chine et le Japon.

92 Les professeurs CAO Deming et XIAO Yunshang (SISU) ; le professeur de manao gement YOU Jianxin, (Université Tongji).

ont donc interrompu le projet de MPA, et restitué à la Région Rhône-Alpes les crédits fléchés pour ce projet.[93]

**Mastérisation, crise de croissance et « année d'ouverture » dans la décennie 2000**

L'IEP de Grenoble a traversé, en 2004-2005, une période de turbulences qui a infléchi l'ouverture internationale et, partant, impacté l'organisation du service des relations internationales. Au-delà d'une crise de gouvernance[94,] les difficultés renvoyaient à une crise de croissance de l'établissement, marquée principalement, dans la logique européenne du LMD, par le passage du diplôme de 3 à 5 ans et la mastérisation, sans que les moyens en personnels et en locaux suivent le rythme. Ce passage à 5 ans a interpellé la communauté enseignante sur l'identité et la fonction des IEP. À Grenoble, onze puis treize, puis seize filières de niveau master, ont pris le relais des anciens DESS et DEA. Dès lors, se posait la question de la localisation de « l'année d'ouverture » à l'étranger. Alors que les autres IEP la situaient en 1^er^ cycle (en général en 3^e^ année), Grenoble avait jusque-là placé la mobilité en 4° année, en forme de couronnement terminal du diplôme en trois ans. Désormais, fallait-il prioritairement « internationaliser » au niveau du premier cycle, ou du deuxième cycle ? Du côté des étudiants, très attachés à la possibilité d'effectuer une année

93 Coïncidant avec ces missions exploratoires, des séquences d'enseignement sur les questions européennes, de formation à l'administration, ou de politiques de santé (Monika Steffen) ont été assurées par les missionnaires grenoblois et lyonnais. Les rencontres à Pékin ont été facilitées par le politiste et sinologue Jean-Luc Domenach, qui y dirigeait alors l'antenne permanente de la FNSP, et était responsable du séminaire franco-chinois de sciences humaines et sociales à l'université de Tsinghua.

94 La « crise de 2005 » a été ouverte par le rejet du projet de budget 2005 par le conseil d'administration de l'IEP, provoquant le retrait du directeur Pierre Bréchon (2002-2005), et l'élection de son successeur Olivier Ihl (2012-2005). Un comité d'orientation stratégique (COS) présidé par le professeur Henri Oberdorff a alors dressé un bilan, établi un diagnostic, et formulé des propositions à l'issue d'un important travail collectif. Cf. Henri OBERDORFF (s.d.), *« Rapport du Comité d'orientation stratégique pour l'avenir de l'Institut d'Études Politiques de Grenoble, février-avril 2005 », IEP de Grenoble, 16 mai 84 ,2005 p. (inédit, Archives de l'*IEP). Ce document offre une coupe transversale détaillée de l'ensemble des activités de l'IEP.

complète en séjour académique ou en stage à l'étranger, la crainte de « la disparition de l'année à l'étranger » s'est fortement exprimée.

À l'issue de longues discussions, la nouvelle maquette du premier cycle a établi le principe d'une année à l'étranger pour la totalité de la promotion en deuxième année – et donc la réception d'un nombre équivalent d'étudiants internationaux. Au niveau master, le principe retenu pour la majorité des filières a été un départ à l'étranger d'un semestre académique en première année (M1) et un semestre de stage à l'étranger en deuxième année (M2). Ces décisions imposaient de réviser l'ensemble des conventions d'échanges signées jusque-là, et d'en ouvrir d'autres. Ce qui ne posait pas de problèmes particuliers pour la deuxième année du premier cycle, pluridisciplinaire et généraliste. En revanche, pour la mobilité au niveau master, il fallait solliciter des formations spécialisées aux plans disciplinaires et des thématiques équivalentes aux nôtres. Et rechercher de nouvelles destinations géographiques correspondant à des masters traitant d'une aire géopolitique (Europe, Méditerranée-Moyen-Orient, ou Amérique latine, par exemple).

### 5) Les réorientations des séquences 2005-2012 et 2012-2024

**Les relations internationales dans la zone de turbulences du milieu de la décennie 2000**

S'est donc posée au mitan de la décennie 2000 la question de la reconduction ou de l'interruption des interventions internationales engagées jusque-là dans le cadre de programmes européens Socrates, Tempus-Tacis ou ALFA, de projets régionaux, et de demandes du ministère des Affaires étrangères. Plusieurs de ces programmes étaient alors arrivés à échéance normale entre 2002 (Bakou) et 2004 (ALFA), d'autres ont été interrompus pour des raisons politiques externes (Minsk en 2004, Iran en 2005) ou pour impossibilité de mise en œuvre (Shanghai, en 2006). Fallait-il, dès lors, « réduire la voilure », et toiletter, ou réviser drastiquement, les destinations géographiques et les types de coopérations internationales engagées jusque-là ? Quel pouvait être l'avenir, pour l'ouverture internationale, de la stratégie de coopération renforcée des trois « IEP du Grand Sud-Est » (Grenoble, Lyon, Aix-en-Provence) menée pendant quelques années, et de la coopération avec l'IEP de Paris et la FNSP ? L'IEP de Grenoble avait-il la taille critique suffisante pour être tête de projet d'une candidature européenne Erasmus Mundus[95]? Autant de questions qui sont arrivées simultanément sur la table lors du débat du comité d'orientation stratégique (COS) de 2005. D'autant que se confirment à l'époque les limites des capacités humaines de l'IEP à porter certains projets internationaux, alors que les volumes d'enseignement exigés par la mastérisation augmentent fortement. Des enseignants-chercheurs, absorbés par ces exigences, se sont découragés ; d'autres ont quitté l'IEP, par mutation, ou par détachement à l'étranger[96]; d'autres ont pris leur retraite. Enfin, les thématiques structurantes d'enseignement et de recherche évoluent en fonction des besoins pédagogiques de la mastérisation, du contexte géopolitique global et des demandes sociales. Il est donc logique que, dans le champ de l'action internationale des IEP, dont Grenoble, les priorités thématiques et géographiques[97], et les engagements programmatiques, pédagogiques et scientifiques, évoluent et s'adaptent.

**Une nouvelle ventilation des activités internationales**

Si l'ouverture internationale est une priorité confirmée, la prise de fonction d'un nouveau directeur en 2005 s'est accompagnée d'une restructuration du fonctionnement et d'une réduction des responsabilités du service des relations internationales[98]. La mission de directeur des relations internationales, telle que définie en 1996, est supprimée[99]. Trois chargés de mission sont désignés : un pour les conventions (rapidement démissionnaire, il ne sera pas remplacé), un pour les doubles-diplômes en

95 Le SRI a consacré beaucoup d'efforts à répondre à un appel d'offres Erasmus Mundus dans le champ thématique des Organisations internationales, mais a échoué à être retenu pour ces « programmes d'excellence », masters internationaux particulièrement bien dotés financièrement.

96 Le détachement à l'étranger concerne souvent des enseignants-chercheurs partiticulièrement engagés dans des programmes internationaux, ce qui représente une perte nette pour ceux-ci.

97 Pour Grenoble, à l'époque : l'Europe communautaire et l'Europe centrale et orientale ; le Proche- et le Moyen-Orient ; pour Lyon : l'Amérique du nord et l'Asie orientale ; pour Aix : la Méditerranée et l'Afrique du Nord ; pour Bordeaux : les Afriques ; pour Strasbourg : l'aire germanique et l'Europe centrale et orientale.

98 Faute d'archives écrites accessibles, en particulier de relevés de décision et de comptes-rendus de missions, ce paragraphe est nécessairement beaucoup plus bref que les précédents.

99 L'intéressé n'a jamais été notifié officiellement de cette suppression estivale.

Europe et les partenariats avec les États-Unis (Klaus Kinzler), et une pour l'Amérique latine (Célia Himelfarb). Le principe des comptes-rendus écrits des activités internationales disparaît. La commission des relations internationales, qui avait une fonction d'information et de discussion, et dont la valorisation était recommandée par le rapport du COS, n'est plus réunie au-delà du printemps 2006. Le relais en est partiellement pris par le conseil d'administration, qui a à connaître des éventuels partenariats internationaux lors de la présentation des maquettes des nouveaux masters.

L'activité du service des relations internationales est recentrée sur la mobilité étudiante, avec la recherche de nouveaux partenariats permettant chaque année à une promotion entière d'étudiants de partir en mobilité, et à l'IEP de recevoir en réciprocité une promotion entière d'étudiants internationaux. La priorité aux partenariats européens a été réaffirmée – comme elle l'avait toujours été depuis les années 1980. En matière de doubles diplômes, quelques étudiants peuvent, chaque année, profiter des conventions conclues avec l'université de Kent à Canterbury, et avec l'université de Constance, en Bade-Wurtemberg. En revanche, l'objectif initial de développement prioritaire d'un réseau de partenariats aux États-Unis (sous l'influence possible du « modèle américain » prôné à l'époque par le directeur de Sciences Po Paris[100]) ne s'est jamais concrétisé. Car, mais on le savait depuis longtemps déjà, le « marché américain » des partenariats est difficile d'accès : la demande internationale pour contracter avec les établissements américains est très forte ; mais les universités américaines n'ont pas besoin de signer des conventions pour

100 Richard Descoings, flamboyant directeur de 1996 à 2012, ambitionnait de faire de Sciences Po Paris « le Harvard à la française ». Ses premières réformes dès 1996 ont modifié la structure des études : allongement de la scolarité de 3 à 5 ans ; généralisation d'une année d'étude à l'étranger ; signature de nombreuses conventions à l'international, appuyées par le ministère des Affaires étrangères, et gérées par un SRI fortement doté. Parmi les premiers accords, de grandes univerm sités japonaises (Tōdai, Waseda) et américaines (Harvard, Columbia). Lors de son décès à New York en avril 2012, Richard Descoings participait à un colloque de présidents de grandes universités mondiales (*Global Colloquium of University Presidents*) organisé à l'université Columbia par le secrétaire général de l'ONU. Le « tropisme américain » du directeur de l'IEP de Paris, qui éloignait l'établissee ment de ses missions pédagogiques historiques, a été souvent critiqué.

sélectionner des étudiants étrangers capables de payer des droits d'inscription très élevés. Les conventions signées par l'IEP de Grenoble, et qui ont ouvert quelques destinations aux États-Unis pour nos étudiants, l'ont été grâce à l'aide des enseignants américanistes de l'IEP de Lyon ou, ultérieurement, à l'occasion de quelques salons de l'éducation de la NAFSA aux États-Unis.

Certaines des missions qui étaient jusque-là en partie coordonnées et soutenues administrativement par le SRI reviennent, pour partie, à un pilotage par la commission scientifique. C'est, en particulier, le cas pour la mobilité des enseignants-chercheurs, avec des appels d'offres annuels pour l'invitation de professeurs-visiteurs étrangers dont les spécialités peuvent s'inscrire dans les filières de masters. En matière de co-activités à l'international, l'IEP a été moins présent dans les structures interuniversitaires grenobloises ; et les relations privilégiées avec l'IEP de Lyon ont été abandonnées au profit de Bordeaux, l'autre « IEP d'équilibre » français – mais sans incidence connue sur l'ouverture internationale. Les programmes européens auxquels l'établissement est amené à candidater le sont désormais au niveau des centres de recherche, et sont du ressort de la commission scientifique d'établissement. Au fil des années, les enseignants-chercheurs et chercheurs des différents laboratoires de l'IEP ont continué à s'investir dans des programmes transnationaux, inscrits en particulier dans les appels à participation des programmes-cadre pluri-annuels pour la recherche et le développement technologique (PCRD) successifs[101]. Par ailleurs, le directeur a soutenu l'objectif d'une participation de l'IEP de Grenoble au projet de filière « Sciences Po Rabat » à l'Université internationale de Rabat en 2011.

### Le rétablissement de la direction des relations internationales (2012) et la relocalisation du service des RI (2016)

Dès son arrivée à la direction de l'IEP, le professeur Jean-Charles Froment (2012-2020) a rétabli la mission de direction des relations internationales, dès lors confiée à Jean Marcou, lequel pouvait faire valoir sa longue expérience de praticien des programmes de coopération universitaire,

101 Les PCRD sont aussi appelés Programmes-cadre, en abrégé FP (Framework Programmes).

successivement à Istanbul et au Caire[102], et dans des programmes européens Socrates, Tempus-Tacis et EuroMed. Le personnel administratif est resté dans une configuration désormais bien rôdée, avec une responsable administrative arrivée en 2015 de l'Université (Sandrine Vernet, qui succède à Delphine Bense) et une répartition fonctionnelle des missions (Nicole van der Louw pour la mobilité étudiante entrante ; Corinne Braud pour la mobilité sortante ; un(e) chargé(e) des bourses de mobilité). La répartition est identique pour les enseignants responsables de la mobilité étudiante, sortante et entrante[103]. Le rétablissement d'une direction des relations internationales, qui a permis de relancer un indispensable travail d'équipe et une dynamique d'ouverture internationale, s'est accompagné peu après, dans le cadre de l'extension des locaux de l'Institut, de l'attribution de nouveaux locaux spécifiques (salle d'accueil des étudiants et bureaux) à proximité de l'ensemble des autres services administratifs de l'IEP. Cette relocalisation a traduit spatialement la pleine intégration des Relations internationales dans l'ensemble des services de scolarité et administratifs de l'institution.

### Des mobilités étudiantes et académiques renforcées[104]

L'arrivée de Jean-Charles Froment à la tête de Sciences Po Grenoble, en 2012, est surtout marquée par la généralisation et le renforcement des mobilités académiques étudiantes. Le nouveau directeur des relations

102 Deux structures francophones coexistent au Caire. La Filière d'économie et de science politique (FESP), qui délivre une licence égyptienne en 4 ans, a été créée en 1994 au sein de l'Université du Caire, et repose sur une convention avec la FNSP et l'IEP de Paris. Jean Marcou a été détaché au Caire comme responsable de la FESP pendant quatre ans, au mitan des années 2000. Il y a organisé un master euro-méditerranéen, « EuroMed », financé par l'Union européenne. L'Université française d'Égypte (UFE) est fondée en 2002 comme structure privée, avant d'avant d'être placée sous la double tutelle des ministères de l'enseeignement supérieur égyptien et français. L'UFE a pu apparaître comme concurrençant la FESP. Elle a noué des conventions avec plusieurs universités françaises au niveau de la licence. Sciences Po Grenoble y est partenaire du master en relations internationales, dirigé par le professeur Hicham Mourad. Sur le rôle de Jean Marcou dans la FESP et l'UFE, voir, dans les Mélanges, les contributions de Chahir Zaki et Hicham Mourad.

103 Jacques Lockwood, James Anderson, Anna Jeannesson, Imad Khillo

104 Ces deux derniers paragraphes sont, pour l'essentiel, de la plume de Jean Marcou

internationales, Jean Marcou, et son directeur adjoint (Jacques Lockwood, puis Imad Khillo), sont ainsi chargés de mettre en œuvre une réforme qui voit tous les étudiants de deuxième année en premier cycle partir obligatoirement pendant deux semestres dans une université partenaire. Cette réforme transforme profondément Sciences Po Grenoble dans les années qui suivent. En effet, non seulement chaque promotion vit pendant un an une expérience académique et humaine unique, qui lui ouvre de nouveaux horizons culturels et professionnels, mais en retour, conformément au principe de réciprocité des mobilités académiques, Sciences Po Grenoble, accueille un nombre équivalent d'étudiants internationaux venant des universités partenaires où ses étudiants se rendent.

Pour pouvoir relever le défi d'envoyer chaque année une promotion complète de deuxième année à l'étranger, Sciences Po Grenoble a dû certes augmenter ses partenariats, mais être également capable d'attirer les étudiants internationaux de ses partenaires, alors même qu'en général seule une minorité d'entre eux parlent le français. Dès lors, Sciences Po Grenoble a augmenté sensiblement le nombre de cours dispensés en anglais en premier cycle. Ainsi, dans les années qui ont suivi l'instauration d'une mobilité obligatoire, les responsables de la mobilité entrante, Anna Jeannesson et Nicole Van der Louw structurent des parcours de mobilité thématiquement variés, susceptibles de séduire un nombre croissant d'étudiants internationaux, y compris un parcours intégralement en anglais (*English Track*) permettant aux étudiants qui ne parlent pas le français de choisir Sciences Po Grenoble. Les résultats de cette stratégie en termes d'internationalisation ont été spectaculaires.

En premier lieu, cette nouvelle approche a permis de réussir la réforme instaurant la mobilité obligatoire. En effet, l'augmentation importante des étudiants entrants a vu Sciences Po Grenoble sécuriser les possibilités de mobilité sortante de ses étudiants. Car cette mobilité sortante, basée sur une bonne connaissance des capacités d'accueil des partenaires et sur le travail rigoureux de placement de ses responsables (Imad Khillo et Corinne Braud), s'est de mieux en mieux intégrée dans le cursus de l'établissement. En second lieu, l'internationalisation de Sciences Po Grenoble s'est accrue, ne serait-ce que parce que l'augmentation des cours dispensés en anglais a aussi bénéficié aux étudiants français de 1re et de 3e année. En dernier lieu, ce processus ne s'est pas accompli au détriment du français, car non seulement, les étudiants internationaux ont conservé la possibilité d'opter pour des cours dispensés en français, mais qu'ils ont pu aussi améliorer, voire carrément apprendre cette langue, du fait de l'inscription de cours de français langue étrangère (FLE) dans leurs parcours de mobilité. En réalité, en attirant des étudiants non francophones qui sont désormais majoritaires au sein de ses étudiants en mobilité entrante, Sciences Po Grenoble a généré une foule de nouveaux locuteurs de français.

Au niveau des masters, la mobilité académique est devenue surtout une mobilité de spécialisation, comme c'est le cas par exemple pour le Master Méditerranée-Moyen-Orient (MMO), lancé en 2012 par Jean Marcou et Jean-Paul Burdy. Mais dans ce cycle final du diplôme de Sciences Po Grenoble, la mobilité est souvent désormais une mobilité professionnelle effectuée sous forme de stages dont une bonne partie sont réalisés à l'étranger. Sciences Po Grenoble est ainsi devenu le second institut d'études politiques de France pour le nombre de stages en ambassades.

**L'ouverture au monde**

La solidité de cette internationalisation par la mobilité académique a pu être mesurée à l'aune de l'épreuve redoutable qu'a constituée l'épidémie de Covid-19 entre 2019 et 2021. Perturbée pendant deux ans, le système mis en place a finalement bien résisté. Cette résilience a pu s'appuyer sur l'expérience de son service des relations internationales, la réputation de fiabilité acquise par Sciences Po Grenoble dans les réseaux internationaux, et une pratique de l'enseignement à distance dans laquelle l'institution avait déjà fait ses preuves.

Pourtant, alors même que l'acquis de la mobilité n'était plus à démontrer, d'autres défis sont apparus au tournant des années 2020. Ayant fait de l'internationalisation et du développement de l'enseignement à distance ses mots d'ordre, Sabine Saurugger, devenue directrice en 2019, charge ses co-directeurs des relations internationales, Jean Marcou et Fabien Terpan, d'engager une nouvelle phase d'internationalisation. Il ne s'agit plus seulement d'organiser des échanges académiques et de les valider dans notre cursus, mais bien de recruter des étudiants internationaux et d'en faire des diplômés de Sciences Po. Au cours des dernières années, un recrutement d'étudiants internationaux s'est développé, via le concours de 4^e^ année, permettant à des étudiants, n'ayant pas fait leurs trois premières années à Sciences Po Grenoble, d'intégrer son diplôme au niveau du master, et de sortir diplômés après une équivalence de premier cycle, la réussite à un concours sélectif et l'accomplissement de deux ans d'études. Mais le nouveau projet de recrutement international a une autre ambition qui consiste à recruter des étudiants internationaux dès la première année. Il découle du constat qu'un nombre croissant de nos partenaires ne recrutent plus dans leur seul pays. Il n'est pas rare de voir, par exemple, une université néerlandaise envoyer en mobilité quatre étudiants à Grenoble dont un seul est néerlandais, les autres étant allemand, italien, polonais.... Pour être véritablement international, Sciences Po Grenoble devait donc ouvrir son recrutement au-delà des frontières nationales.

Un nouveau programme, baptisé « Politics and International Studies », est ainsi lancé par le service des relations internationales dès 2021. Il ne s'agit pas d'une section spécifique en anglais, mais d'une nouvelle voie de recrutement en 1ère année, permettant à des étudiants étrangers, qui ne maîtrisent pas nécessairement le français, d'accéder au diplôme de Sciences Po Grenoble en suivant initialement les cours qui y sont dispensés en anglais, avant d'être en mesure, suite à leur apprentissage du français, d'entrer dans le master de leur choix en 4e année.

Ce nouveau programme consacre une ouverture au monde de Sciences Po Grenoble qui s'est également manifestée, au cours de la dernière décennie, par de multiples initiatives : ouverture de double-diplômes (à celui de Constance s'ajoutent ceux développés avec les universités de Salamanque, de Padoue ou avec l'Université du Québec à Montréal) ; développement de nouveaux masters internationaux (par exemple le master Méditerranée-Moyen-Orient – MMO) ; développement de partenariats privilégiés avec l'Université internationale de Rabat (Maroc), l'Université de Bath (Royaume-Uni) ou l'Université de Caroline du Nord à Chapel Hill (États-Unis) ; insertion de Sciences Po Grenoble dans les grands réseaux d'accueil en Europe d'étudiants venus de multiples universités américaines.

Depuis les années 1990, l'activité du service des relations internationales de Sciences Po Grenoble raconte ainsi l'histoire d'une institution qui est devenue, à proprement parler, une institution internationale, et qui est à bien des égards, assez unique en France.

# Des souvenirs tels des petites bulles qui pétillent

SANDRINE VERNET

Très Cher Jean, quel honneur de pouvoir te célébrer et te dire « Merci ! ».

Tes petites attentions et ta prévenance ont saupoudré de douceur la direction des relations internationales toutes ces années passées à tes côtés : tu es de ceux qui ramènent toujours de mission des petits souvenirs personnalisés pour chacun, qui achètent des viennoiseries pour vous régaler, qui nous entraînent de l'autre côté de la route de Sciences Po un jour de canicule après avoir repéré une machine à glaces à l'italienne !

Tu incarnes le respect, la confiance, la sincérité. Tout en élégance, tu es un modèle d'« humanité ». Doté d'un sens aigu de la situation, à l'aise, partout (en mode protocolaire officiel ou à la bonne franquette), tu sais comment « accueillir l'autre », mission phare des relations internationales.

Nous te savons visionnaire et calme, tu nous as guidés à ne pas gesticuler à l'approche des problèmes, et de toujours orienter les décisions pour le bien de tous. Tu nous as montré ce que signifie vraiment « Inchallah ! », le lâcher-prise au bureau, ça compte autant que dans la vie en général ! Ton professionnalisme et ton expérience nous ont tant apporté et fait grandir ! Surmonter les difficultés se fera toujours avec ton équipe et pour les étudiants : tu nous as accompagnés, tu nous as laissé de la place, tu nous as compris, tu nous as soutenus, tu as toujours eu à cœur de nous préserver.

Tes étudiants t'adorent et nous aussi, comme beaucoup de services administratifs à Sciences Po ! Tu donnes du temps, tu échanges, tu connais ceux qui t'entourent.

Merci pour tout ce que tu es et ce que tu as fait, nous ne sommes pas près de t'oublier, tu as marqué nos vies à jamais !

# BIOGRAPHIE DES AUTEURS ET AUTRICES

## Liste des auteurs et autrices

François d'ARCY, professeur émérite de science politique, directeur honoraire de Sciences Po Grenoble-UGA

Bertrand BADIE, professeur émérite de science politique et de relations internationales, Sciences Po Paris et Centre d'études et de recherches internationales (CERI)

Bayram BALCI, chercheur HDR en science politique au CERI-Sciences Po Paris, ancien directeur de l'IFEAC (Tachkent) et de l'IFEA (Istanbul)

Tolga BILENER, maître de conférences et directeur du centre de recherches stratégiques à l'Université Galatasaray, Istanbul, chercheur associé au laboratoire CERDAP2 (Grenoble)

Pierre BRECHON, professeur émérite de science politique, directeur honoraire de Sciences Po Grenoble-UGA, chercheur au laboratoire PACTE (Grenoble)

Jean-Paul BURDY, maître de conférences d'histoire associé au master Méditerranée-Moyen-Orient (MMO), ancien directeur des relations internationales, Sciences Po Grenoble-UGA

Jean-Charles FROMENT, professeur de droit public, directeur honoraire de Sciences Po Grenoble-UGA, chercheur au laboratoire CERDAP2 (Grenoble), chargé de mission au ministère de la Justice

Jean-Jacques GLEIZAL, professeur émérite de droit public à l'Université Grenoble Alpes (UGA), poète et collectionneur.

Ferhat HORCHANI, professeur de droit et de science politique à l'Université centrale de Tunis, ancien ministre de la Défense de la République tunisienne

Bernard HOURCADE, géographe, directeur de recherche émérite au CNRS (Monde iranien), ancien directeur de l'IFRI à Téhéran

Ahmet INSEL, professeur émérite d'économie à l'Université Panthéon-Sorbonne-Paris 1 et à l'Université Galatasaray (Istanbul), journaliste éditorialiste

Ibrahim KABOĞLU, professeur de droit public émérite à l'Université Marmara (Istanbul), ancien bâtonnier de l'ordre des avocats de Turquie, ancien député d'Istanbul, ancien président du Conseil consultatif des droits de l'homme.

Sümbül KAYA, maîtresse de conférences en science politique à l'ENTPE, chercheuse à l'IRSEM, Paris

Imad KHILLO, maître de conférences de droit public, directeur-adjoint des relations internationales, Sciences Po Grenoble-UGA, chercheur au laboratoire CERDAP2 (Grenoble)

Elisenda MALARET i GARCIA, professeure de droit à l'Université de Barcelone, députée aux Cortes espagnoles (2004-2008)

Daniel MEIER, professeur de science politique et directeur du master Méditerranée-Moyen-Orient (MMO) à Sciences Po Grenoble-UGA, chercheur au laboratoire CERDAP2 (Grenoble)

Hicham MOURAD, professeur de relations internationales à l'Université française d'Égypte (UFE), Le Caire, journaliste et éditorialiste

Henri OBERDORFF, professeur émérite de droit public, directeur honoraire de Sciences Po Grenoble-UGA

Hubert PERES, professeur émérite de science politique à l'Université de Montpellier, ancien directeur du laboratoire CEPEL (UMR-CNRS, Montpellier)

Max-Valentin ROBERT, docteur en science politique de l'UGA (laboratoire PACTE), chercheur post-doctoral à l'ESPOL (Lille)

Sabine SAURUGGER, professeure de science politique, directrice de Sciences Po Grenoble-UGA, co-responsable de l'École de gouvernance européenne.

Jamil SAYAH, HDR de droit public à l'Université Grenoble Alpes (UGA) et à Sciences Po Grenoble-UGA, chercheur au laboratoire CERDAP2

Fabien TERPAN, maître de conférences HDR de droit public, Chaire Jean-Monnet, Sciences Po Grenoble-UGA, directeur adjoint du CESICE, co-responsable de l'École de gouvernance européenne.

Élisabeth VALLET, professeure en études internationales à l'UQAM, Montréal, directrice de l'Observatoire de géopolitique, Chaire Raoul-Dandurand en études stratégiques et diplomatiques

Sandrine VERNET, administratrice du service des relations internationales à l'Université Pierre-Mendès-France (Grenoble), puis à Sciences Po Grenoble-UGA

Joan VINTRO, professeur de droit constitutionnel à l'Université de Barcelone, avocat et juriste, ancien membre du Conseil consultatif pour la transition nationale de Catalogne

Chahir ZAKI, professeur d'économie à l'Université d'Orléans, ancien directeur de la Filière francophone d'économie et de science politique à l'Université du Caire.

## Structures éditoriales du groupe L'Harmattan

**L'Harmattan Italie**
Via degli Artisti, 15
10124 Torino
harmattan.italia@gmail.com

**L'Harmattan Hongrie**
Kossuth l. u. 14-16.
1053 Budapest
harmattan@harmattan.hu

---

**L'Harmattan Sénégal**
10 VDN SICAP AMITIE 3
BP 45034 Dakar-Fann
direction@senharmattan.com

**L'Harmattan Cameroun**
Tsinga/Derrière polyclinique FECAFOOT
BP 11486 Yaoundé
Jacques.koukam@harmattan.fr

**L'Harmattan Burkina Faso**
Villa 281, secteur 23 623, rue 14.32
Ouagadougou
zagbie@outlook.fr

**L'Harmattan Guinée**
Almamya, rue KA 028 OKB Agency
BP 3470 Conakry
harmattanguinee@yahoo.fr

**L'Harmattan RDC**
185, avenue Nyangwe
Commune de Lingwala – Kinshasa
matangilamusadila@yahoo.fr

**L'Harmattan Congo**
219, avenue Nelson Mandela
BP 2874 Brazzaville
deunovmikhael@gmail.com

**L'Harmattan Mali**
Immeuble Mgr Jean Marie Cissé
Aci Hamadallaye
BP 145 Bamako
syllaka@yahoo.fr

**L'Harmattan Togo**
Djidjole – Maison Amela
face EPP BATOME
02 BP 20680 Lomé
didieramela11@gmail.com

**L'Harmattan Côte d'Ivoire**
Résidence Karl – Cité des Arts
Abidjan-Cocody
03 BP 1588 Abidjan
harmattan.ivoire@gmail.com

**L'Harmattan Bénin**
Rue 604, (Immeuble à l'entrée
de la rue UCAO- Cite de Saint-Jean)
Cotonou
stepcorpus@gmail.com

---

## Nos librairies en France

**Librairie internationale**
16, rue des Écoles
75005 Paris
librairie.internationale@harmattan.fr
01 40 46 79 11
www.librairieharmattan.com

**Librairie des savoirs**
21, rue des Écoles
75005 Paris
librairie.sh@harmattan.fr
01 46 34 13 71
www.librairieharmattansh.com

www.ingramcontent.com/pod-product-compliance
Lightning Source LLC
LaVergne TN
LVHW011434061026
849535LV00004BA/808